应用型学前教育专业系列教材 | 丛书主编 蔡迎旗

第二版

国家卓越幼儿园教师培养计划改革项目"中澳合作办学——国际性卓越幼儿园教师培养模式探索"研究成果

特殊儿童发展与学习

主编 朱 楠

参编人员（排名不分先后）

黄钟河 冯雅静 冯 超 贾 玲 杜 林

WUHAN UNIVERSITY PRESS
武汉大学出版社

图书在版编目(CIP)数据

特殊儿童发展与学习/朱楠主编 . —2 版.—武汉:武汉大学出版社,2023.8
(2024.1 重印)
应用型学前教育专业系列教材/蔡迎旗主编
ISBN 978-7-307-23274-7

Ⅰ.特… Ⅱ.朱… Ⅲ.儿童教育—特殊教育—教材 Ⅳ.G76

中国版本图书馆 CIP 数据核字(2022)第 154437 号

责任编辑:郭 静 责任校对:李孟潇 版式设计:韩闻锦

出版发行:**武汉大学出版社** (430072 武昌 珞珈山)
(电子邮箱:cbs22@ whu.edu.cn 网址:www.wdp.com.cn)
印刷:武汉中科兴业印务有限公司
开本:787×1092 1/16 印张:23.5 字数:557 千字 插页:1
版次:2016 年 3 月第 1 版 2023 年 8 月第 2 版
2024 年 1 月第 2 版第 2 次印刷
ISBN 978-7-307-23274-7 定价:69.00 元

编写委员会名单

（按姓名音序排列）

丛书主编

蔡迎旗

编委会成员

蔡　艳	江汉艺术职业学院	王　雯	华中师范大学
陈　虹	中国教育发展战略学会心理教育专委会	王　莹	华中师范大学
陈　思	黄冈师范学院	汪媛媛	信阳师范学院
邓霁岚	江汉艺术职业学院	邢莉莉	沧州师范学院
杜燕红	洛阳师范学院	夏　征	好欣家长学校
段晓娅	郧阳师范高等专科学校	杨　进	武汉城市职业学院
黄胜梅	淮南师范学院	杨　宁	华南师范大学
姜　华	荆州教育学院	张玉娥	江汉艺术职业学院
姜　勇	华东师范大学	郑晓边	华中师范大学
金晓梅	湖北省幼儿师范高等专科学校	赵红霞	荆楚理工学院
刘晓红	河南师范大学	周立峰	仙桃职业技术学院
龙明慧	长沙师范学院	周端云	湖南民族职业学院
莫源秋	广西幼儿师范高等专科学校	朱　楠	华中师范大学教育学院
秦振飙	湖北师范学院	卓　萍	武汉城市职业学院

总　序

　　幼儿教师是幼儿学习与发展的支持者、促进者与引导者。幼儿教师的素质直接决定着我国幼教机构的办学水平，也是保障我国适龄儿童接受基本而有质量的学前教育的关键性因素。而高质量的幼教师资来源于高水平的学前教师教育。为顺应我国学前教育事业发展的迫切需求，2011 年至 2012 年，我国先后颁布了《教师教育课程标准（试行）》和《幼儿园教师专业标准（试行）》，幼儿园教师资格制度和聘任制度也随之进行了一系列急剧变革与转型。

　　我国教师职前教育倡导育人为本，要求准教师们树立正确的儿童观、学生观、教师观与教育观；奉行实践取向，引导未来教师主动建构教育知识，掌握必备的专业知识与技能，发展实践能力，学会发现和解决实际问题，形成个人的教学风格和实践智慧；要求他们终身学习，树立正确的专业理想，养成独立思考和自主学习的习惯，加深专业理解，形成终身学习和应对挑战的能力。

　　我国学前教师教育课程改革既具有一般教师教育所具有的共性，也具有鲜明的学前教育特色，这彰显了学前儿童的年龄特征和我国独树一帜的学前教师教育的传统与积淀。当前，我国学前教师教育课程已呈现如下五种趋势。

　　第一，生动多样的师德与理念教育。除必要的公共政治课程以外，国家要求各级各类幼师院校突出师德修养教育，采取多种生动活泼的教育教学方式，提升准幼儿教师的师德修养。如开设幼儿园教师专业特点与道德规范、中国名师风采录、幼儿教师生涯讲座、学前教育政策法规、现代幼儿园教师职业风范与专长成长等课程。

　　第二，保教相融的课程体系。依据幼儿园教师专业标准，遵循教师培养和发展规律，以加强专业理想、专业基础、实践能力、反思与研究能力为核心，构建保育与教育相融合、幼儿园与家庭和社区教育相结合、幼儿生活与游戏和学习于一体的课程体系，用以培养准幼儿教师的保教一体化的能力。

　　第三，全面平衡的课程结构。我国正通过幼儿园教师资格制度、聘任制度、评优评先制度等的改革，倒逼各级各类幼师院校与专业，促使其纠正以往过分偏重艺术技能而相对忽视人文科学类课程、教育素养类课程的倾向，注意课程结构中的师德理念、人文素养、科学素养、信息素养、教育素养、艺体素养、科研素养等的协调与平衡。

　　第四，实践取向的课程内容。为培养准幼儿教师的教育教学能力，许多幼师院校与专业开设了大量务实的实践取向课程。如幼儿园五大领域的活动设计和案例分析类课程，幼儿园环境布置与玩教具制作、动漫画设计技术、音乐、美术、戏剧等方面的课程。

第五，模块式的课程设计。我国各类幼师院校与专业正竭力打破学前教育学、学前心理学、幼儿园各科教学法"老三门"的课程结构体系，开设模块化的、开放的、专题性的学前教育课程。基于学前教育专业各类人才培养目标，合理配置各课程模块，如音乐教育模块、美术教育模块、健康教育模块、特殊教育模块等。通过设先行课，将学生导入不同模块课程，引导学生多样化、有个性地发展。

以上学前教师教育课程改革已对我国原有的传统意义上的大中专学校的教材和教辅资料提出了严峻挑战，要求学前教育同仁务必更新教学资源观、教师教育观和学前教师观，依据我国幼儿园教师专业标准和教师教育课程标准，遴选课程并合理设计教材。

本套基于《教师教育课程标准（试行）》的应用型学前教育专业系列教材，正是应我国学前教师教育改革的时势而生，充分体现了以上提及的学前教师教育课程改革的五种发展趋势。适用于大中专学校的课程与教学，也可作为学前教育爱好者、相关工作人员的专业拓展学习。本丛书涵盖了学前教育大中专学校绝大多数专业课程；内容具有一定的理论性，更具有实践应用的特征；编写规范与设计务实活泼，知识点和案例穿插其中；丛书的编委遍及全国；作者主要来自华中和华南地区的本、专科院校，他们均具有丰富的教学经验和较好的研究基础。

在丛书的编写过程中，我们参阅、借鉴和引用了国内外许多同行的观点与成果。各位同仁的研究奠定了本丛书的学术基础，在此一并感谢。另外，受水平和时间所限，书中难免有疏漏和不当之处，敬请读者批评指正。

最后，我谨代表丛书的所有编委和作者，衷心感谢本丛书的策划者谢群英编辑和武汉大学出版社有关领导。他们对学前教育满腔热情，对丛书的未来充满信心，极度的敬业与审慎。出版丛书虽是一项浩大而艰苦的工作，但有谢群英编辑和武汉大学出版社相伴而行，相信梦想终会成真。

蔡迎旗

2015 年 5 月

武汉桂子山·华中师范大学教育学院

第二版前言

习近平总书记在党的二十大报告中再次强调"加快建设教育强国""强化学前教育、特殊教育普惠发展"。全面推进融合教育成为特殊教育高质量发展的重要途径，也成为普通教育难以回避的一个问题。在我国，20多年前"随班就读"的教育理念被提出，并有相关的实践探索。近年来，越来越多的特殊幼儿进入普通幼儿园，早期融合教育成为幼儿园正在面临或即将面临的挑战。目前，摆在我们面前的严峻现实是，幼儿园及其他幼儿教育机构对开展早期融合教育认识有限；家长、社会对特殊幼儿的融合教育缺乏理解和支持；幼儿教师以及其他幼儿教育工作者对特殊幼儿教育相关的知识和技能了解甚少。教师是教育发展的最基本条件，若教师缺乏特殊儿童发展与学习规律的基本认识，那么特殊幼儿在普通幼儿机构接受优质高效教育的目标将难以实现，普通幼儿在融合教育环境中学习对弱者的同情、支持和帮助，早期融合教育的推进将困难重重。

然而，值得高兴的是，在新一轮的教师教育改革中，《特殊儿童发展与学习》终于走进了幼儿教师教育课程，走进了包括特殊儿童在内的所有幼儿全面发展的教育主阵地。作为特殊教育工作者，我们深切感受到这将是引导我们将理想转化为现实，将情怀付诸行动的好机会。因此，当受武汉大学出版社谢群英编审和华中师范大学蔡迎旗教授邀请时，我愉快地接受了主编《特殊儿童发展与学习》一书的任务。

特殊儿童首先是儿童！每一个儿童在人格和人权上都是平等的。即使有某种发展障碍的儿童，他们在许多方面都是正常的，就如普通儿童，在发展上有不同程度的偏差。所有儿童都能学习！每一个儿童都具有一定的学习能力，我们可以从发展的视角进一步去认定，不同类型的儿童都具有学习学前教育课程的能力。如何将这两种哲学理念传递给幼儿教育工作者？如何为现代幼儿教师撰写一部实用教材？这无疑是一项有意义且具有挑战价值的工作。

与发展水平相适应的教育实践是有效教学的基础。《教师教育课程标准》要求幼儿教师要"理解幼儿的认知特点和学习方式""尊重幼儿的个体差异"。那么，在融合环境中，如何为发展情况各不相同的儿童提供有效教学？怎样按照每个儿童的不同需要设计并执行学习计划？怎样确保每一个儿童的兴趣和能力能够被其他儿童所认知和接纳？这些问题都是幼儿教师及其他幼儿教育工作者在融合背景下会面临的问题。能否将特殊教育领域中的研究和实践成果与学前教育实际相结合，来帮助幼儿教师及其他幼儿教育工作者应对上述问题，促进学前教育阶段融合教育的推行？

有幸的是，今天我们有机会从理论到实践上对融合教育背景下学前特殊儿童的发展与学习进行探索。本书是"应用型学前教育专业系列教材"之一，以《教师教育课程标准》为指导，专门针对三年制高职学前教育课程设置的要求，突出理论与实践的结合，本书内容符合新的幼儿园课程标准和学前教育专业大专以上学生学习目标。作者基于当前学前教育阶段推行融合教育的基本精神，对特殊儿童发展与学习的一般规律、影响因素、评估方法、理论基础、学习模式进行了系统、翔实的阐述，在此基础上，再具体探讨不同类型特殊儿童的基本概念、发展与评估、学习与教育等。本书适合学前教育专业的本、专科生作为通用教材，也适合学前专业工作者研究和幼儿教师职后培训的参考。

本书的编写宗旨在于指导学前特殊儿童教育实践，因此，它不限于对特殊儿童发展与学习理论框架的讨论，而是重在为基层幼儿教育工作者和家长提供工作指南和参考。根据上述思路，本书内容共分为十章。第一章力求帮助学习者建立理论框架和方法系统，涉及特殊儿童发展与学习的一般规律、影响因素、评估方式、理论基础和学习模式的探讨，帮助学习者树立正确的特殊儿童观、教育观。第二章至第十章侧重于各类特殊儿童的发展与学习策略，分别阐述了发展障碍、学习障碍、行为障碍、感官障碍、身体障碍、健康问题、资赋优异儿童的发展特点、评估方法、学习特点与教育策略。书中穿插"知识链接""活动设计""案例分析"等专栏，每章以"故事专栏"开始，以对案例"未来展望"结尾（回应故事专栏中的案例），汇集专家学者和基层教育实践者的研究与实践成果，第二章至第十章每章附有一个完整的案例，凸显本书内容的丰富性、实践性以及操作性。每章前面有"学习目标"，后面有"小结""思考题""推荐读物"和"参考文献"，以便学习者学习。希望本书能成为特殊教育与学前教育理论和实践工作者联系与交流的窗口。

今天，我们在缕缕曙光中，步履蹒跚地探索特殊儿童的早期融合教育，深感任务之艰巨。但是，我们坚信，这缕缕曙光终究会照耀大地，特殊教育与普通教育之间的藩篱终将打破。

本书由朱楠设计编写思路与写作提纲。各章编写人员具体分工如下：第一章，朱楠；第二章，黄钟河；第三章，冯超；第四章，朱楠；第五章，黄钟河；第六章，朱楠和黄钟河；第七章，朱楠；第八章，冯雅静；第九章，贾玲和杜林；第十章，杜林。最后由朱楠整理统稿。

本书出版得益于一批专家学者和基层教师的相助。衷心感谢华中师范大学蔡迎旗教授的鼎力支持，感谢中国教育科学研究院冯雅静博士、新疆师范大学特殊教育系贾玲博士、南京特殊教育师范学院的冯超博士、西南大学特殊教育学院的杜林博士为本书所做的贡献，感谢南宁师范大学黄钟河老师所做的大量工作！同时，本书修订中，感谢北京师范大学教育学部博士生王娇娇、华中师范大学特殊教育系硕士生施莅、唐润林、周小玲、赵文蓉、高菲等的辛苦付出。

本书在编写过程中参考了大量的文献资料，尽量做到明确标注，但难免有所疏漏，在此表示诚挚的歉意。时间仓促，撰稿者较多，难免有疏漏欠妥之处，敬请广大读者不吝赐正。

朱　楠

2023 年 8 月

目 录

第一章　特殊儿童的发展与学习引论

学习目标

　　特殊儿童，首先是儿童。特殊儿童的发展在许多方面都是正常的，他们也和普通儿童一样，在发展上有不同程度的偏差。教师需要在了解普通儿童发展的一般规律的基础上，归纳特殊儿童发展与学习的特点，理解影响其发展与学习的因素。特殊儿童的发展与学习同样离不开客观的教育评估，建立在科学评估基础上的教育计划才有可能满足特殊儿童发展与学习的需要。那么，教师如何为特殊儿童制定教育计划？特殊儿童应该在什么样的环境下学习？又有哪些理论和课程为特殊儿童的发展与学习提供支持？对这些问题的思考将是教师理解和促进特殊儿童发展与学习的基础。

　　知识目标：

　　(1) 掌握特殊儿童的相关概念，理解特殊儿童发展与学习的一般规律和影响因素；

　　(2) 掌握特殊儿童教育评估的概念，了解教师在评估中的作用，了解个别化教育计划的要求；

　　(3) 理解特殊儿童发展与学习的理论，理解这些理论对特殊儿童发展与学习的解释；

　　(4) 了解特殊儿童的教育安置模式，了解特殊儿童发展与学习的课程模式，掌握其在特殊儿童发展与学习中的应用。

　　能力目标：

　　(1) 能根据特殊儿童的发展特点协助评估特殊儿童，能使用观察法收集特殊儿童发展与学习的相关资料；

　　(2) 能根据特殊儿童教育评估的结果，协助其他专业人员制定个别化教育计划。

　　(3) 能根据特殊儿童的发展与学习特点，初步调整课程模式。

教学重难点

　　(1) 能根据特殊儿童的发展特点协助评估特殊儿童，能使用观察法收集特

殊儿童发展与学习的相关资料;

（2）能根据特殊儿童教育评估的结果，协助其他专业人员制定个别化教育计划。

（3）掌握特殊儿童发展与学习的课程模式的应用，能根据特殊儿童的发展与学习特点，初步调整课程模式。

教学课时

8课时。

 故事专栏

幼儿园中的特殊儿童

杰瑞是目前为止幼儿园里年龄最大的男孩了。他看起来是 7 岁，但他的行为却像 5 岁的样子。

小彰，3 岁时可以流利地说三种语言，可以阅读两种语言的文字。

小蜜和小香，双胞胎，两人一周岁后很快就开始说话了。只不过，她们发展了属于自己的语言，别人无法理解。

思考问题

这些孩子是特殊儿童吗？如果教师在幼儿园中发现了这些有点"特殊"的孩子应该怎么做？他们可以在哪里接受教育？如果她（他）在您的班级里，您可以怎么帮助他们呢？

"钟声三巡，不知何因。"大概15%的儿童都存在障碍问题，它几乎涉及我们这个时代的大多数家庭。[①] 在您的一生中，至少可能会听到这种有关各种障碍的警钟：一次是您接受教育的时候，一次是您老了的时候。钟声不仅是对特殊儿童本身，而且对他的家庭、朋友、教师、管理者和整个社区都提出了警告。特殊儿童已经成为我们这个时代影响人们生活的问题。但是，特殊儿童并非与普通儿童完全不同。事实上，即使那些认为是正常的儿童，每个也都是独特的，有与同龄人不同的特征。大多数特殊儿童与普通儿童的共同点多于他们的不同点。因此，需要我们谨记的是，特殊儿童首先是儿童；每个儿童，就其本质而言，都是特殊的，是有别于他人的独一无二。

---

① 路得·特恩布尔，安·特恩布尔，玛里琳·尚克等. 今日学校中的特殊教育（上册）（第三版）[M]. 方俊明，汪海萍，等译. 上海：华东师范大学出版社，2004：4.

第一节　特殊儿童发展与学习概述

特殊儿童，从教育的目的上来说，是那些需要特殊教育和相关服务才能实现他们全部潜能的人。他们之所以需要特殊教育是因为他们与大多数儿童在以下一个或多个方面存在显著不同：他们可能存在智力障碍、学习或注意障碍、情绪或行为障碍、肢体残疾、沟通障碍、自闭症、脑外伤、听觉障碍、视觉障碍，或者他们是天才。特殊儿童的发展与学习是指特殊儿童从孕育到出生后的身心发展与知识经验习得的过程。特殊儿童的发展规律具有其特殊性。然而，尽管在强调特殊儿童的特殊性的同时，仍然需要考虑其遵从人类身心发展的一般规律。本节将对特殊儿童及其发展与学习的一般规律进行探讨，分析影响特殊儿童发展与学习的因素，为教学实践提供基础。

一、特殊儿童概述

（一）特殊儿童的概念

英国在沃诺克报告（Warnork Report，1978）中首次提出"特殊教育需要儿童"（child with special needs，简称SEN）。特殊教育需要儿童，我们也称为特殊儿童，广义地理解，是指与普通儿童在各个方面有显著差异的各类儿童。这些差异可表现在智力、感官、肢体、行为或言语等方面，既包括在发展上低于正常的儿童，也包括高于正常发展的儿童以及有轻微违法犯罪的儿童。狭义地理解，特殊儿童专指残疾儿童，即身心发展上有缺陷的儿童，又称"缺陷儿童""障碍儿童"，包括智力障碍、听觉障碍、视觉障碍、肢体障碍、言语障碍、情绪和行为障碍、多重障碍等类型的儿童。特殊儿童在发现障碍后应进行教育和训练，使其达到最佳的康复水平、减少障碍的不良后果，从而得到全面发展，能够适应社会，成为社会平等的成员。[①]

> **指导教学的价值观念[②]**
>
> 怀有更大期望：儿童有许多潜能，发掘这些潜能是可能的。这些想法能变成现实。我们需要形成新观点，即我们在生活中能通过获得支持以实现这些想法。

---

① 朴永馨. 特殊教育辞典（第二版）［M］. 北京：华夏出版社，2014：1.
② 路得·特恩布尔，安·特恩布尔，玛里琳·尚克等. 今日学校中的特殊教育（上册）（第三版）［M］. 方俊明，汪海萍，等译. 上海：华东师范大学出版社，2004：5.

强化积极的服务：儿童能积极地服务于家庭、学校、朋友、社区。我们需要发展提供这些服务的更多机会。

建构强项：儿童和家庭有许多潜在能力。他们需要有机会得到教育去证明、加强和建构他们的强项。

执行选择：儿童和家庭能够自我安排他们的生活，能够按照他们自己的意愿做出决定。

加强联系：关键是为了提高生活质量。在社区生活中，儿童和家庭需要彼此联系，并与教育者、朋友保持联系。

确保充分的公民权：障碍并不意味着没有价值，包括异常儿童在内的所有儿童，与其家庭成员都有权充分参与社会生活。

（二）特殊儿童的分类

对于特殊儿童的划分一直是有争议的问题。过去，人们往往将特殊儿童的身份与各类名称相连，如他是唐氏综合征，她是自闭症儿童。当前，现在我们反对用这种标签来称呼特殊儿童。我们更加强调的是儿童的问题，而不是儿童本身，例如，我们会说"她是一位学习障碍儿童"，只是对事而不对人，强调儿童的问题所在，而不说"这孩子有学习障碍"，强调儿童是障碍者。这种表述方式的改变正是聚焦于所有的儿童都是儿童，我们的教育实践也应该是反映出这样的一个理念。因此，"残疾"（handicapped）这一术语被"有特殊需要"的儿童所取代，并且，特殊儿童与普通儿童的差异仅仅是"他们需要适合他们发展的环境来降低障碍带给他们的影响，以及促进他们各项技能的学习"。

基于这一理念，将特殊儿童分为发展障碍儿童、学习与行为障碍儿童、感官障碍儿童、肢体障碍和健康问题的特殊儿童、天赋优异儿童。[1] 如图 1-1 所示，本书中的特殊儿童包括智力障碍儿童、超常儿童、学习障碍儿童、注意力缺陷多动儿童、情绪与行为障碍儿童、语言发展障碍儿童、自闭症谱系障碍儿童、听觉障碍儿童、视觉障碍儿童、肢体障碍儿童、病弱儿童等。

（三）特殊儿童的出现率

出现率是指有某类特殊性的个体在群体中的百分比或数量。比如说，智力障碍的出现率为 2.3%，也就是群体中有 2.3% 或者每千人中有 23 人被推断为患有智力障碍。[2] 确定特殊儿童数量的任务看似简单，但实际上大多数特殊性的出现率都是不确定的，存在很大争议。定义的模糊性、频繁更改以及学校在确定特殊儿童中的角色等都使我们很难精确说出到底有多少特殊个体。

---

① K·S·艾伦，J·S·施瓦兹. 特殊儿童的早期融合教育［M］. 周念丽，等译. 上海：华东师范大学出版社，2005：98.

② 丹尼尔·P·哈拉汉，詹姆士·M·考夫曼，佩吉·C·普伦. 特殊教育导论（第十一版）［M］. 肖非，等译. 北京：中国人民大学出版社，2010：8.

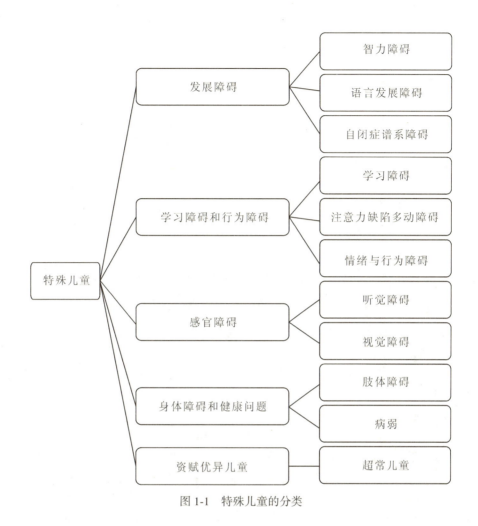

图 1-1　特殊儿童的分类

　　我国第二次残疾人抽样调查数据显示，在 31 个省、自治区、直辖市（未包括港、澳、台地区）2006 年 4 月 1 日零时的残疾人口数占本省（区、市）总人口的比例分布为 5.29%~7.57%。[1] 美国政府的统计数据显示在 21 世纪初期每 100 个学生中有 10 个正在接受特殊教育。[2] 但是，特殊儿童的比例也在最近几十年发生了相当大的变化，比如，学习障碍从 20 世纪 70 年代中期开始到现在，比例有了大幅度增长，占据了特殊儿童的半数。相反，感官障碍、智力障碍的数量则有所下降。当然，这与对某些特定障碍的定义和诊断标准的变化有关，也与科学技术的进步有很大的关系。

　　如今，对于出现频率相对较高的障碍，称为高发生率障碍，如学习障碍、沟通障碍

　　① 国家统计局，第二次全国残疾人抽样调查领导小组. 第二次全国残疾人抽样调查主要数据公报（第二号）[EB/OL]. http://www.stats.gov.cn/tjsj/ndsj/shehui/2006/html/fu3.htm, 2007-05-28.

　　② 丹尼尔·P·哈拉汉，詹姆士·M·考夫曼，佩吉·C·普伦. 特殊教育导论（第十一版）[M]. 肖非，等译. 北京：中国人民大学出版社，2010：8.

（言语和语言障碍）、情绪和行为障碍、轻度智力障碍。其他障碍，如视觉障碍、听觉障碍、聋-盲以及重度智力障碍，相对较少出现，被认为是低发生率障碍。

二、特殊儿童的发展与学习的一般规律

特殊儿童的发展与学习具有一般性，也有特殊性。所谓一般性就是指特殊儿童也是儿童，他们的发展不能完全偏离普通儿童发展与学习的普遍规律；特殊性是指在遵从普通儿童的发展与学习规律中，又有其特殊的一面，不能与普通儿童完全一致。要想有效地从事特殊儿童的教育工作，教师必须掌握正常发展（normal development，或称为常态发展）和特殊发展的知识。正如 Thurman 和 Widerstrom 所指出的："要想促进有特殊教育需要的儿童的发展，必须懂得什么是正常的发展，包括那些在正常的发展过程中出现的问题。"①

（一）特殊儿童的发展与学习遵从儿童发展的基本规律

特殊儿童的发展遵从儿童发展的一般规律，其学习也可以用学习理论来解释。特殊儿童与普通儿童具有相似的发展顺序、生理组织结构、心理需求要素、人格结构和社会适应内容；也遵循着从低级到高级、从简单到复杂的发展历程。遗传、环境和教育对特殊儿童的发展与学习也起着非常重要的作用。特殊儿童本身也具有很大的潜能和可塑性，成为其学习的基础。

1. 发展顺序

在儿童的发展过程中，不可能存在完全以同样的速率发展的儿童，例如，有的孩子8个月学会走路，有的孩子18个月学会走路，大多数幼儿学会走路的时间在8~18个月之间。这种一定区间的不同程度的偏离中线的变化都可以看作正常的发展。无论儿童发展中会有哪些变化，还是有基本的脉络和规律的。因此，正常发展的顺序是可以预测的。每一个正常发展的儿童都能按照一定的顺序在每个发展阶段学会一定的发展技能，但是发展的具体情况又有其本身的个体差异。每一个儿童都有自己独特的发展方式和速率，但发展的前后顺序是大致相同的。但是，按部就班、平平稳稳的发展过程也是罕见的，更常见的是非规则性的发展或发展迟缓。例如，有些较早会行走的幼儿也可能过段时间又不会行走，仍然需要学习。

对于特殊儿童而言，除了极少数之外，绝大多数特殊儿童尽管发展速率不同，但都是按照同样的顺序发展。如果能够得到适当的早期干预，许多有严重困难的婴幼儿的发展问题都能解决。例如，早产儿往往都会表现出一些发展的滞后，但是如果得到合适的干预，大多数早产儿在5岁时，和一般儿童就没有什么区别。有些发展障碍，并不扰乱发展的顺序。如果能够予以支持，儿童的障碍或许可以找到弥补的方法，以保证儿童正常机能的发挥。而有些孩子的发展只是比普通儿童要慢一些。

———————————

① THURMAN S K, WIDERSTROM A H. Infants and Young Children with Special Needs ［M］. Baltimore, MD：Brookes, 1990：11.

> ### 获得家人有效支持的贝蒂①
>
> 　　贝蒂（化名）生出来就是短臂，且手部畸形，家人对她的小手进行训练。学前期，贝蒂就能像其他儿童一样猜谜语，用纸折小船，玩搭房子的游戏。在上幼儿园时，她是一群孩子中第一个学会系鞋带的。
>
> 　　**启示**　先天不足和后天的补救造就了儿童的个体差异。适当的早期干预，可以弥补儿童发展中的先天不足，保证正常机能发挥。

　　2. 发展的关键期

　　在可以预测的发展顺序中，可以把某些特殊技能的获得看成是发展的里程碑。凡是那种没有达到或严重落后于发展里程碑的儿童应该引起注意，它是儿童发展障碍的警报信号。

　　在学前期，3~6岁的儿童，完全具备了基本的活动能力。正常的儿童能熟练地东奔西跑，跳来跳去。运用工具如刷子、铅笔、蜡笔等的能力日复一日地增长。能进行角色扮演的游戏，发挥创造力和想象力。词汇和概念发展也很快，这使得儿童表达思想、做出判断、解决问题和计划事情的能力快速增长。儿童的发展也使得他们的活动范围和思考能力得以扩大和增强。儿童也更加独立，倾向于和他们认为重要的成人接触。

　　学前期儿童的生理发展相对较慢，因此他们所需的食物也相对减少，可能会出现吃东西少等情况。家长、教师和保育员应该意识到这是孩子生理上的正常变化。

　　学前期也是儿童语言发展的关键期。然而有些儿童可能会出现短期的言语不流畅问题，这是正常的现象。通常，这种口吃时期很快会自动消失，除非家长经常要求孩子"说慢点""别说错"以至于给孩子造成压力。一般而言，6岁的儿童都能自由交谈，大部分儿童都能掌握母语的语法。

　　学前期儿童也开始懂得"他"或"她"是一个独立的个体。这种自我指向是本体意识形成的基础。在学前后期，多数儿童至少有时会有分享和轮流的行为；也开始出现移情现象，他们已经懂得他人的感情，同时也出现了"最好的朋友"的意识。

　　对于特殊儿童而言，其本身所具备的潜能和可塑性，给干预和康复训练提供了基础。特殊儿童的潜能和可塑性同样存在发展和学习的关键期，这与正常发展的儿童并无差别。学前阶段可以说是特殊儿童发展与学习的关键期，在关键期内进行康复训练效果最好，而过了关键期，在一定的时间范围内仍然可以通过干预训练，得到一定程度的提高（有关关键期的理论请参看本章第三节）。

---

　　① Ｋ·Ｓ·艾伦，Ｊ·Ｓ·施瓦兹. 特殊儿童的早期融合教育［Ｍ］. 周念丽，等译. 上海：华东师范大学出版社，2005：99.

（二）特殊儿童的发展与学习的特殊性

当然，在概述特殊儿童的发展与学习规律时，也不能忽视特殊儿童与普通儿童的差异，忽略特殊发展与正常发展之间的差异。因此，特殊儿童的发展与学习又具有特殊性。这种特殊性既表现在群体间差异，也表现在个体间和个体内的明显差异。

群体间差异，表示依据不同标准划定的不同人群之间的差异。在每个群体中，各种要素特征正常者在这个群体中占大多数，离开平均数越远，数量越少。[1] 特殊儿童作为一个特殊的群体，与普通儿童相比，其在智力、感官、肢体、情绪、行为或语言等方面存在的显著差异，就构成了其自身的独特性。例如，有些特殊儿童比普通儿童对某种刺激更为敏感，有的则十分迟钝；超常儿童则在某些方面异常高于普通儿童等。具体而言，特殊儿童与普通儿童相比发展进程相同但速度不同；发展内容相同但重点不同，如智障儿童需要强化适应行为的培养；发展目标相同但程度不同，如超常儿童的发展程度往往较普通儿童更深入，而智障儿童的发展程度则不及普通儿童。

不同的特殊儿童群体之间也存在显著差异，例如，学习障碍儿童的主要表现为学业的问题，而智力则是正常的；智力障碍儿童则主要表现为智力低下；感官障碍儿童主要表现为感官损伤等。尽管特殊儿童群体与普通儿童群体、不同类型特殊儿童群体间存在巨大的差异，但是除了超常儿童以外的特殊儿童也存在一定的共性：①特殊儿童普遍存在明显的身心缺陷。特殊儿童的障碍妨碍了他们发展与学习，极易引发第二性缺陷。例如，听障儿童由于听觉器官的功能缺陷，即使其有正常的语言系统，仍然不能进行语言学习；视觉障碍儿童由于视觉通道受到限制，影响其对外在世界的感知。②各类型特殊儿童，如智力障碍、学习障碍、注意力缺陷多动障碍、语言发展障碍、情绪行为障碍、自闭症谱系障碍等群体之间的差异十分显著。因此，需要针对不同障碍类型儿童的发展与学习特点区别研究。③特殊儿童发展与学习普遍迟滞，需要特殊的教育支持。[2]

个体间差异是指不同个体之间智力、能力、个性、兴趣等心理特性方面的差异。就特殊儿童而言，即使是属于同一类型的特殊儿童，个体间的差异也是巨大的，表现在障碍程度的差异、行为表现的差异、心理发展特征的差异等。例如，视觉障碍儿童因视力损伤程度不同，视力功能也表现出较大的个体差异；语言发展障碍儿童的语言问题表现也是千差万别，有的是构音问题，有的是流畅性问题，有的则是嗓音问题等。

个体内差异表现为个体自身各方面素质发展的不均衡。相较于普通儿童，特殊儿童表现出更明显的个体内差异。特殊儿童可能会表现出心理发展的不同步，既存在认知或人格发展中各个领域发展不一致的现象，也会有认知和人格发展的不同步状况。在认知方面，视障儿童的形象记忆差，但听力记忆、短时记忆则相对较好；自闭症儿童的机械记忆发展较好，有些儿童能够背出一大串广告词或者新闻报道，但是对信息的再认、提取困难，无法阅读。在人格方面，特殊儿童需要的发展与情绪情感发展往往不同步，以自闭症儿童为例，其往往具有某些独特的兴趣需要（如需要某些玩具），但是由于其情

---

① 钱志亮. 特殊需要儿童咨询与教育［M］. 北京：北京师范大学出版社，2006：2.

② 韦小满. 特殊儿童心理评估［M］. 北京：华夏出版社，2006：5.

绪情感调节能力发展的迟滞，造成其无法抑制自己的需要，当其需要无法达成时，容易表现出较多的问题行为（哭闹、尖叫、自伤等）。特殊儿童也会存在动机与成就发展不一致，以听障儿童为例，听障儿童总的学习动机、社会取向的成就动机、个体取向的成就动机都显著高于普通儿童，并且自身的内在动机高于外在动机①，但是其学业成就水平则普遍低于普通儿童。特殊儿童的认知和人格发展也往往表现出差异。比如，有些智力超常儿童的知觉、记忆、推理等有快速发展，但是却不善于交际、自我封闭、孤僻等，认知的发展超前于人格发展；有的智障儿童则是人格发展超前于认知发展，他们可能在感知、记忆、思维等能力上发展缓慢，但是他们心地善良、乐于交往等。

特殊儿童的个体内差异还表现在身心发展的不同步。例如智力超常儿童智力水平至少要超过整体平均水平两个标准差，他们的思维力、想象力、感知力、求知欲等通常远远超过同龄普通儿童，使得他们的身高、体重与智力不相符，明显表现出身心发展的不同步；而智障儿童的智商、感知力、洞察力、记忆力等远远低于同龄普通儿童，而身高、体重却与同龄儿童相近，心理的发展远远慢于身体的发展。

特殊教育支持服务为特殊儿童的潜能发挥提供可能

每个人生而具有若干潜在能力，其多少大小因人而异。潜能透过环境的作用和学习而表现出来。由于任何人都无法完全发挥潜能，所以潜能和实际表现之间，总存在着一定的距离（图1-2）②。此种差距，如一切环境和学习条件正常，则有合理的差距，但如学习的条件和环境的作用不良，则潜能和实际表现之间的差距便会加大，此种现象，不仅存在于智能不足儿童，天赋优异者亦然（如高智商低成就）。

图1-3表现了不同儿童的不同潜能与实际表现的差距，同时也说明了提供的特殊教育支持服务的差异性，特说明如下③：

（1）A、B代表资优儿童，A有正常的表现，B因某种原因，虽然表现优于C（普通能力的儿童），但仍无法有适当的表现，需要特殊协助，以发挥其潜能。

（2）C、D为普通能力的儿童，C表现正常，D表现距潜能甚大，虽然仍优于E（智能不足儿童），但需要特殊协助，以发挥其潜能。

（3）E、F为智能不足儿童，E的表现虽不如D，但就差距现象来看，已有适当的表现。特殊教育不一定对他有帮助。但F则不然，其较大的差距显示正常的教育措施无法发挥其最大潜能，因此需要特殊教育的协助。

① 陶新华，朱艳，张卜林. 聋生心理健康与成就动机、行为方式的相互影响［J］. 心理学报，2007（6）：1074-1083.

② 毛连塭. 特殊教育行政［M］. 台北：五南图书出版公司，1989：7.

③ 毛连塭. 特殊教育行政［M］. 台北：五南图书出版公司，1989：7-8.

（4）归纳而言，特殊儿童的认定和特殊教育的提供，并不是因为他在心智上、生理上或人格上的缺陷，当然这些缺陷，增加了特殊需要的可能性（但非必然因果关系），而是强调其潜能和实际表现上的差异程度、需要特殊协助的程度和方式，以及特殊协助的有效程度等方面。人各有潜能，融合教育过程中特殊教育训练的目的，在于补充普通教育之不足，以发挥特殊教育方案以及其他有关的服务设施的作用。

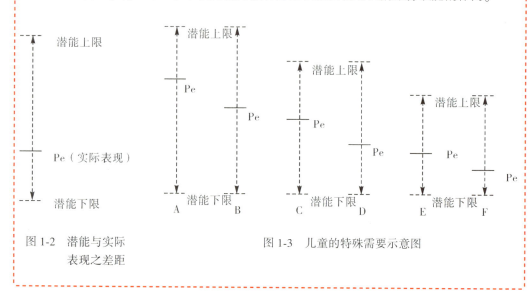

图 1-2 潜能与实际
表现之差距

图 1-3 儿童的特殊需要示意图

三、特殊儿童的发展与学习的影响因素

哪些原因引起儿童发展的问题？这是教师、心理学家、临床医生总是无休止地考虑的问题。但是目前为止并没有一个大家全部认同的答案。尽管经过多年的探索，研究者们基于各自的专业视角，提出了不同的观点，迄今尚没能形成统一的看法。最好的答案可能是儿童的发展问题是影响儿童发展的各种因素相互作用的结果，这些复杂的因素包括生物遗传因素、个性因素和各种环境因素。大量确凿的证据证明了生物和环境因素的相互作用导致了儿童的正常发展或发展问题。在多数情况下，环境因素也会影响一些儿童先天的气质，而这种气质对今后也会产生深远的影响。

（一）生物遗传因素

在判断儿童是否健康发展方面，生物遗传因素起决定性作用。这些因素可能发生在受胎期，导致遗传的问题；也可能发生在怀孕期，尤其是孕期前三个月；也可能发生在出生时或其他发展时间段。

遗传紊乱。遗传紊乱所造成的发展障碍可能是由于染色体的结构变异引起的，也可能是单个基因引起的。例如，唐氏综合征，由第 21 对染色体多了一条染色体所引起，造成儿童智力障碍。脆性 X 综合征，一种出现在 X 染色体上的具有连锁性以及重复性的突变，引起儿童智力发展障碍。新陈代谢混乱，这是一种机体的新陈代谢的复杂化学反应中出现障碍和紊乱，是单一基因的损伤引起，如苯丙酮尿症。伴有苯丙酮尿症的新生儿缺乏一种能分解小麦、牛奶、鱼等食物中阿米诺酸的酶。如果家长未能注意孩子饮食，可能造成儿童不可逆转的脑损伤，造成各种发展障碍。

异常基因紊乱也是造成儿童发展的主要原因之一。比如，镰状细胞贫血症，这是一种常染色隐性基因紊乱引起的红细胞疾病，发作时可能危及生命或造成身体残疾，使儿童的健康条件恶化。

（二）环境因素

尽管遗传因素是影响儿童发展的重要因素，但是，事实上，真正有遗传性障碍的儿童的比例还不到出生即发现障碍的儿童总数的3%。[①] 母亲在怀孕时健康状况不佳或者孕妇在孕期使用某些化学物质、出生时的并发症以及后天环境其他不良因素对孩子造成的影响的比例更高。

1. 母亲健康状况

孕期母亲的健康状况会影响腹中胎儿的发展。多种母体的病症会威胁胎儿大脑和生理的健康发展。母亲在怀孕时健康状况不佳给孩子的发展造成影响的比例占出生障碍儿童总数的25%。例如，德国麻疹，如果母亲在孕期前三个月染上此病，可能会造成胎儿严重或终生的残疾。巨细胞内涵症病原体，可能导致新生儿出现智障、进行性的听力损伤、视障或其他障碍。单纯疱疹，是一种难以医治的滤过性疱疹引起的疾病，可能造成婴儿生殖器疼痛，还可能会引发婴儿脑膜炎或脊椎炎。糖尿病，可能会给胎儿带来高风险，导致胎儿低氧血症，甚至导致胎儿死亡。血毒症，这是一种常见的妊娠并发症，它可能会使胎儿早产、低体重等。

母亲的营养问题也十分重要。母亲的饮食会影响出生前的胎儿及出生后的婴儿。母亲营养不良可能会导致儿童健康和认知等方面的发展问题，而且可能持续到成人期。母亲营养过剩、体重过重又可能导致儿童肥胖症、并发症以及带来剖宫产的风险。母亲在孕期及母乳期食用不健康的食品也会致使儿童出现肥胖问题或形成不健康的饮食习惯。

2. 酒精或其他药物中毒

母亲在怀孕期间，出于医疗或消遣的目的使用任何化学物质都可能对胎儿造成伤害。摄入酒精，会以胎儿酒精综合征和胎儿酒精影响两种形式对婴儿的发展造成影响。胎儿酒精综合征，主要是由于母亲孕期嗜酒，对胎儿产生毒性作用，造成胎儿身体缺陷以及发育迟缓。研究发现，在孕期饮酒的母亲所生孩子的智障比例是正常的三倍多[②]。另外，那些在出生前接触过酒精的，满足胎儿酒精综合征部分标准的儿童被诊断为胎儿酒精效应，通常表现出注意力缺陷/多动障碍和学习障碍等。

许多用于治疗的化学药物也会对胎儿的发展造成伤害。因此，在没有医生指导下，

---

① K·S·艾伦，J·S·施瓦兹. 特殊儿童的早期融合教育［M］. 周念丽，等译. 上海：华东师范大学出版社，2005：118.

② K·S·艾伦，J·S·施瓦兹. 特殊儿童的早期融合教育［M］. 周念丽，等译. 上海：华东师范大学出版社，2005：119.

孕妇最好不要接受化学药物，特别是不能服用超剂量的药物。而怀孕期间，各种非法药物，如可卡因等，都会给胎儿造成短期或长期影响，使他们成为高风险的孩子，这些孩子可能会面临生理发展滞后、认知缺陷、语言障碍、学业失败以及注意技能缺陷等各种发展问题。例如，可卡因可能导致早产、新生儿癫痫、婴儿头围萎缩，并可能对大脑结构和功能产生持续的负面影响。

烟草（尼古丁）也会造成儿童发展不良。胎儿接触烟草会影响其神经发展，这些孩子出生后可能会出现低体重、生长速率降低、注意缺陷多动障碍、情绪行为问题。儿童吸食二手烟更加危险，环境中的二手烟所含化学物质的量是直接吸入的二倍。因此，在儿童周围吸烟的人群使孩子面临更大的风险。

3. 并发症

出生本身也是一种外伤，对婴儿来讲，只有经历了分娩的考验后才算健康落地。但是分娩过程的并发症可能导致婴儿缺氧症、脑损伤等。脑部损伤或严重的神经问题可能导致脑瘫。早产儿，也是另外一种外伤，可能存在脑溢血，也面临着呼吸困难、心力衰竭和感染等高风险。一些研究者认为，即使早产儿在出生时并未表现出严重的问题，但是学龄期儿童的学习障碍多少都与新生儿低体重或出生时不顺利有一定的联系。此外，剖腹产也可能会造成婴儿的外伤，特别是那些因为难产而进行剖腹产的婴儿，在难产时胎儿处于极度危险状态，婴儿可能心力衰竭。

图 1-4　"家是陪伴我长大的地方……"
注：图片来源于教育部官方微信"微言教育"，学前教育宣传月插画《什么是家》。

出生后的婴儿可能伴随着一些并发症，也会影响儿童的正常发展。例如，脑膜炎（髓膜炎），主要是由病毒或细菌感染引起，可能会导致儿童神经受损。脑炎，其症状多样，发病很快，也很容易误诊，有一系列的不同程度后遗症，如神经性损伤、学习障碍等。铅中毒，可能对正在生长发育的儿童的身体和神经系统造成伤害。研究发现，铅中毒对儿童智商的不利影响可能会持续到 10 岁左右。

此外，儿童的营养问题也十分重要。营养失调不仅影响身体和运动的发展，也会影响认知的发展。饮食不健康的儿童也面临着各种发展性问题的危险。

4. 其他环境因素

早期经验、家庭环境以及其他诸如教育水平、社会支持状况等也会影响儿童的发展。婴幼儿的发展与他们在丰富的环境中的早期经验有密切关系。丰富的环境为儿童提供了适宜的学习刺激环境。然而，成长在贫困中以及生活在低教育水平家庭中的婴幼儿的早期经验的剥夺与他们的认知障碍和此后学习上的问题存在关联。在早期发展阶段，遭受严重忽视的儿童也会存在发展问题，包括智力、语言、运动能力发展迟滞，也更容易出现多动、冲动等行为。对婴幼儿而言，丰富的环境不仅包括渐进地、仔细地呈现多类型的感觉刺激，还包括照料者对婴幼儿给出的各种线索的反应。因此，适宜的教育材料和玩具本身并不足以促进幼儿的早期脑的发展，而是特定的机遇早期关系的经验（婴儿与照料者之间的交流、对话等），教会婴幼儿感受安全，调节不同感觉刺激，认识周围环境，探索环境并与环境中的材料互动。

　　家庭环境，比如照料者与婴幼儿的关系、家庭结构、家庭应对方式等都会对特殊儿童的发展与学习产生重要影响。例如，健康的照料者与儿童的关系对高危儿童的发展具有最强的缓冲和治疗效果。因为早期的照料者与儿童之间的关系对儿童今后的社会情绪发展极为关键。单亲家庭特殊儿童的情况要比核心家庭（父母与未婚子女所组成的家庭）将要面临更多的困难，孩子也可能面临各种发展问题。家庭所受到的支持可以改变家庭的应对方式，也会影响特殊儿童的发展与学习。比如，美国社区为特殊儿童及家庭提供一系列服务，家长也能够接受一定的心理支持和辅导以及专门的培训，减轻家长的各种压力，为特殊儿童的发展与学习创设了有利的条件。如果家长能够克服困难，利用各种资源为孩子提供较好的发展条件，那么儿童的发展障碍可能就会避免。因此，良好的家庭环境、适当的教养方式等对于儿童的正常发展十分重要，也是特殊儿童发展与学习的积极因素。

父母是对孩子影响最大的老师

1. 公益广告。父母是对孩子影响最大的老师。

http://www.letv.com/ptv/vplay/20014904.html

2. 2015 学前教育宣传月视频。http://v.qq.com/boke/page/t/0/h/t0157fw1eoh.html

- 在孩子眼中，父母哪些行为是爱、哪些行为是不爱？
- 孩子就像一粒种子，我们只需给他一个适宜生长的环境，去唤醒他内在的力量。
- 过高的期望，过多的干涉，过度的保护对孩子皆不适宜。

　　讨论　观看以上视频资源，思考家长应该如何为特殊儿童的成长提供适宜的环境。

　　总之，特殊儿童的发展与学习受到遗传和环境的相互影响。正如赫罗威兹所描绘的机体与环境之间的相互作用模型所解释的，那些出生时低体重、婴儿期有神经方面问题

的儿童，很可能认知发展落后，学业技能发展不佳。然而，当这些机体脆弱的儿童能够在一个充满支持性、刺激丰富的环境中成长时，他们在学校一般不会产生学业或适应方面的问题。

第二节　特殊儿童的教育评估

评估活动贯穿教育的始终。评估是为了有助于回答问题所进行的信息收集过程，需要解决的问题决定了所需收集问题的类型。一些涉及儿童与同龄人行为的比较，另一些则是有关他（她）在不同时期行为的比较。本节旨在介绍特殊儿童的评估过程，特别是作为一名幼儿园教师如何参与评估工作。但是，评估仅仅是手段而非最终目的，将评估与教育、康复紧密结合是促进教学质量提升、实现特殊儿童发展的基本要求。① 因此，本节还将介绍根据评估结果为特殊儿童制定个别化教育计划的方法，以发挥评估的真正作用，为教育提供支持。

一、特殊儿童的教育评估概述

评估（assessment）是指根据一项标准，对所测量的数值予以价值判断。在教育上，评估是指使用测验和其他测量手段测量儿童的成就和行为，以便做出教育性决定的过程。特殊儿童的教育评估则包含各式各样的评鉴、估计、评价以及判断特殊儿童需求的技术和程序。这种技术和程序，与一般教育环境上所使用的评估过程不同，特殊儿童的教育评估考察了特殊儿童的独特需求，因而每个儿童都有所不同。

教育评估在教学和管理中都起着非常重要的作用，评估的结果直接决定着特殊儿童的教育形式、教育内容及方法的选择。因此，特殊儿童的教育评估是一件严肃又细致的工作，不经过准确的鉴别和判定并经过仔细分析，则很难客观地说明儿童的各种特性，也很难有针对性地对其进行教育。

评估包括观察、收集和记录信息，所使用的工具和数据收集取决于教师所面临的问题类型。因此，进行评估时，教师的首要任务是了解为什么要收集这些信息，即，评估要解决的问题是什么。根据评估目的的不同，特殊儿童教育评估包括筛查、转介、鉴别、制定教育计划和教育效果评估等阶段（表1-1）。评估信息可以用多种方式收集，如观察、作品分析、档案袋、标准化的测验以及填写检查清单等方式。评估过程中应灵活运用这些方法，提高特殊儿童教育评估的真实性、针对性和准确性。

二、教师在早期鉴别中的作用

对于特殊儿童的早期鉴别可以在怀孕几周到18岁之间的任何时间进行，并不局限

---

① 韦小满. 特殊儿童心理评估［M］. 北京：华夏出版社，2006：30-34.

于 6 岁之前或 3 岁之前。儿童任何年龄段的早期鉴别都有利于进行及时治疗。及时治疗也能减轻问题的严重性并预防由此造成的对其他领域发展的影响。在学前教育中，教师在评估中所起的作用非常有助于鉴别接受早期干预的儿童及收集用于 IEP 发展和评估的信息。

表 1-1　　　　　　　　　　　　　特殊儿童教育评估的阶段①

阶　　段	目　　的
筛查	鉴别出需要进一步做评估的儿童
转介	将可能存在异常的儿童转介至专门的评估机构
诊断	确定特殊儿童的障碍类型和程度、了解儿童的特殊教育需要
制定教育计划	获取资料发展个别化教育计划
评估儿童进展情况	评估儿童成就表现、监督方案实施

（一）教师作为观察者

教师在婴幼儿发展问题鉴别中起关键性的作用。教师可以在各种场景中观察儿童，随着时间的积累，这些观察记录确凿地说明了儿童的技能、能力和特殊需要。

教师具有在自然情境中对儿童进行观察的优势，在教室中，儿童可能感到更舒适自然。此外，教师能通过观察兴趣一致的同龄儿童，对比个别儿童的发展状况，判断儿童发展是否符合常态；教师也能长时间里和多种情境下对儿童进行观察。鉴别存在有发展问题的特殊儿童总是从对儿童在家、在幼儿园、在教育机构中进行的活动和游戏的系统观察开始的。教师往往是能看到儿童在不同的时间和情景中与许多成人和同伴如何相处的唯一成人。教师对儿童进行的正式和非正式观察为了解儿童的发展情况提供了大量信息。这样，就能够更真实地获得有关儿童发展的丰富素材，成为儿童鉴别、诊断、教育计划制定、教育效果评估等的重要素材。

教师的观察必须是客观的，避免主观判断对观察记录的影响。系统、客观的记录观察结果是有效鉴别儿童发展问题的关键。每次观察应该从以下四个部分开始：

（1）儿童的姓名。

（2）日期和具体时间。

（3）情境（包括儿童及在场教师或其他同伴的名字及数量）。

（4）观察者的姓名。

教师的观察可以采取多种形式和方法。如果能够几位教师共同观察一个儿童，则所获得的观察结果会更为准确和理想，能够减少对儿童行为看法的个人偏见和误解。在与儿童相处中可以使用的观察工具主要有检核表、观察记录表、观察日志和日记等。

检核表　检核表（checklists）是系统收集一个或多个儿童信息的快速有效的方法。

---

①　张世慧，蓝玮琛. 特殊教育学生评量（第 5 版）[M]. 台北：心理出版社，2011，10.

教师、助教、家长、志愿者和儿童自己都能使用检核表。例如，对于大班的孩子，很多孩子都能认识自己的名字，教师想要知道哪些孩子在进入特定的区角进行学习，可以在每个区角入口处贴上有儿童名字和照片的清单，当儿童进入区角时在自己的名字旁边做出记号；对于不会自己做记号的孩子，老师可以指导和帮助孩子。经过一段时间（一周或者几天），教师就可以了解孩子的兴趣取向，也可以收集一些特殊的信息（比如，有些孩子有注意力缺陷、多动的问题，总是在每个区角跑来跑去，而不能专注做一件事情）。当然，教师也可以使用一些已有的根据儿童发展规律所编制的检核表，了解儿童的发展状况，从而判断儿童是否有发展障碍。

表 1-2　　　　　　　　教师观察表及检核表（社会性发展部分）①

儿童姓名：　　　　　　　　　　　　　　　　　　出生日期：

日　　期：　　　　　　　　　　　　　　　　　　记录教师：

社　会　性	是	否	有时
1. 一天之中有两次以上的破坏性行为（如发脾气、打架、尖叫等）？			
2. 似乎逃避外部世界（如发呆、摇晃身体）？			
3. 一个人玩，很少和别的孩子说话？			
4. 大部分时间都花在试图获得成人注意上？			
5. 每周出现一次或多次如厕问题？			

频次计数　教师可以使用频次计数的方法记录儿童某个特定行为的发生频率以及发生的情境。每当特定行为发生时，教师可在随身携带的纸上或贴在墙上的记录表上做记号。几天后，根据记录的结果判断儿童是否存在某种问题以及问题的严重程度。

表 1-3　　　　　　　　　　频次记录表（举例）

儿童姓名：小华　　　　　出生日期：2010 年 4 月 12 日　　　　记录教师：王老师

目标行为：上课时未举手就大声发言

日期	起止时间	数量记录	次数
2015. 1. 10	10：00—10：20	╫╫ ╫╫ ∥	12 次
2015. 1. 11	10：00—10：20	╫╫ ∥∥∥	9 次
2015. 1. 12	……		
2015. 1. 13			

---

① K·S·艾伦，J·S·施瓦兹. 特殊儿童的早期融合教育［M］. 周念丽，等译. 上海：华东师范大学出版社，2005：270.

约翰的安全问题

约翰在户外游戏时经常企图翻越篱笆，老师无法确定这种行为发生的频次如何，是否存在安全隐患。教师使用频次计数法记录在户外游戏时约翰爬篱笆行为的次数。实际次数显示：约翰的爬篱笆行为在每次户外游戏期间发生4~5次。教师们一致认为这确实是一个问题。他们评估了游戏场地，发现这里并没有太多适合约翰爬的地方。他们开始在一周的几天中安排攀爬活动。此后，约翰每天攀爬篱笆的行为降为一次或消失。在没有安排攀爬活动的日子，约翰的爬篱笆行为又有反弹。

案例分析：

根据案例描述，约翰的爬篱笆行为出现的原因可能在于户外活动中约翰对攀爬行为的喜爱，所以，在有攀爬活动时约翰的问题行为明显减少。利用频次计数为教师了解约翰的问题行为的严重程度以及成功地减少不安全行为提供了线索。因此，为了更深入评估及有效矫正约翰的问题行为，教师可采取如下措施：第一，教师可在户外活动时为约翰增加攀爬活动，并继续观察记录约翰的行为；第二，与家长沟通，获得有关约翰攀爬行为的更多信息；第三，为家长提供更多评估资源，转介约翰去医疗机构或专业评估机构进行专业评估。

持续时间测量 持续时间测量主要用于测量一个事件或行为持续了多长时间。教师通过简单地注意一个儿童活动的起止时间，对诸如儿童的注意广度、问题行为持续时间或者何种情形下某种行为更可能持续等问题进行测量。对于某些行为而言，较长的持续时间非常重要，例如：注意听讲的持续时间，做练习题的持续时间，安静地坐在凳子上的持续时间等；而有些行为持续时间过长，则表现出行为问题的严重性，例如：有的儿童要花1个小时才能吃完一顿饭，有的儿童持续哭泣50分钟，连续看电视2小时等。[①] 所以，当我们设计行为干预方案时，行为持续时间是我们经常要用到的一个重要纬度。

持续时间可以有两种记录方式。一种是平均持续时间（average duration），一种是总的持续时间（total duration）。例如：小华在上课的时候情绪特别不好，一节课里哭了三次，第一次为5分钟、第二次为10分钟、第三次为3分钟，那么平均持续时间就是6分钟，总的持续时间就是18分钟。当然，有时候行为的开始和结束并不是那么界限分明，比如小华的这三次哭泣中，有几分钟的时间是不停地哭闹，有几分钟是短暂的抽泣，有几分钟是停止所有的声音，然后又开始大哭。在记录该行为的持续时间时，就要

---

① 伍新春，胡佩诚. 行为矫正［M］. 北京：高等教育出版社，2005：57.

图 1-5　观察记录可以关注儿童的某些特定行为

对行为的开始与终止有明确的界定。

记录卡　记录卡则是一种观察摘要记录法，教师使用手头各种大小的卡片进行记录。记录卡也可用于对儿童的各个发展领域的记录，从而发现儿童的发展状况以及教育的效果。

连续记录　这是一种叙事性记录，用于记录儿童在一个时期里的言行。定期进行这种连续记录可以栩栩如生地描绘出每个儿童全面的发展和行为。但是，这也是一种最费工夫的记录方式，教师很难在教学的同时进行记录。教师需要抽出一定的时间来完成记录工作。教师也可以与志愿者、助教、保育员等合作，针对某一个有特殊需要的孩子开展观察记录。

日志和日记　这类记录和连续记录类似，但操作更为简单，教师可以用一个笔记本进行记录，每个孩子的情况可以记录在同一个本子上，也可以为每个孩子建立单独的文件夹。可以记录儿童的一般情况，也可以对儿童某些方面的行为特别关注。例如，教师想要搞清楚某个儿童的户外活动情况，就可以记录：她和谁在一起玩？孩子在户外玩什么？玩多长时间？她有特别喜欢的活动吗？为什么？等等。通过这些记录可以为儿童的教育计划的制订提供线索。

时间取样　时间取样是确定某种行为出现与否的短暂、周期性的观察。例如，小明花在游戏材料上的时间多吗？小美参加的游戏大部分是独自的或是合作性的？取样中，教师可以每隔一段时间，如 2 分钟、5 分钟或 15 分钟对特殊儿童观察几秒钟；也可以在一天中的特定时间快速进行 2 到 3 次的观察。如果目标行为发生，那么就在记录单上做上一个记号。根据观察的结果，教师可以做出一些初步的判断。例如，5 岁小美在 15 次记录中有 10 次都是自己一个人在玩，只有 1 次是在和其他小朋友进行合作性游戏，剩余 4 次是参加团体游戏，这对于 5 岁的孩子来说，是不均衡的，需要特别注意小美的社会性发展问题。

图 1-6　教师在与儿童互动中观察儿童的行为

表 1-4　　　　　　　　　　　幼儿行为观察记录表（时间取样范例）

儿童姓名：小华　　　　　　　出生日期：2015 年 4 月 12 日　　　　　　　记录教师：王老师

场　　景：教室内课堂上　　　目标行为：未经老师同意大声讲话

程　　序：每间隔 5 分钟观察 5 秒，如果在这 5 秒钟内出现目标行为，记录一个 "+"，若没有出现这种行为，记录一个 "0"。

日期	起止时间	5	10	15	20
2015.1.10	10：00—10：20	+	+	0	+
2015.1.10	11：00—11：20	0	0	+	+
2015.1.11	10：00—10：20	+	+	+	+
2015.1.11	11：00—11：20	+	0	0	+
……					

行为发生率＝标有 "+" 的时间间隔数目/总观察次数×100%

结果分析：小华在每天的 10：00—10：20 目标行为发生率为 87.5%，在 11：00—11：20 目标行为发生率为 50%

语言样本　这是收集儿童语言信息的主要方法之一。一般而言，收集儿童语言的适当场所是教室，因为在这里儿童会与熟悉的老师或同伴谈论熟悉的事情。教师可以在教室中逐字逐句地记录儿童所说的话或他们发出的声音。例如，儿童说 "fa"（花），教师就记下 "fa"，即使观察者知道儿童的意思是 "花"。对于一些复杂的语言样本，教师可以配合专业的评估人员完成收集的工作。

（二）教师的其他职责

除了作为观察者，教师在特殊儿童的教育评估的各个阶段都起着关键性的作用，教师可以参与特殊儿童的筛查、转介、诊断、教育计划的制订以及教育效果的评价等各个阶段。

1. 教师作为转介者

转介是指把怀疑有生理、心理、行为或学习问题的儿童介绍到专业机构，请有关的专家做更细致、严格的评估。① 虽然任何人都可以转介儿童，不过教师通常是主要的转介者。教师可以透过课堂接触、行为观察等途径观察幼儿的学习表现、社交和自理能力，识别可能存在有障碍的特殊儿童，并及时与家长联络，利用一些简单的工具了解特殊儿童的困难所在，及早提供辅导。例如，教师可以使用一些上述各种观察方法来收集资料，通过对儿童家长的访谈和观察进一步分析儿童存在的问题。但是值得注意的是，当教师发现儿童可能存在某些发展问题时，可以根据初步评估的结果采取一些尝试性的干预措施，比如改变孩子学习的环境、提供孩子更感兴趣的材料等，排除因教育不当或其他环境因素所引起的儿童的发展问题。教师也应该避免对儿童轻易下诊断，因为诊断需要专业的评估人员做出。教师也应避免用标签来描述儿童或者告诉家长做什么。教师在与家长进行沟通时，应表明慎重、敏感和尊重家庭的态度，和家庭建立良好的关系。教师应认真倾听家长的话语和心声，帮助家长进行心理调适；也应了解当地的资源，并做出帮助和适当的转介。

当经过初步的干预，儿童的问题仍未予以改善。教师需要在与专业人员、家长等商讨后，转介儿童到合适的机构或专家接受评估（专门的鉴定机构一般是由政府认定的专业性医院、医院中心专科、专业性教育评估机构等②）。

表 1-5　　　　　　　　　　　　转　介　表③

儿童资料	姓名		性别		出生日期	年　　月　　日	
	学校		班级	年　　班	导师		
家庭情况	家长姓名		教育程度		职业		
	住址				电话		
转介者姓名			与被转介者关系				
电话			填写日期		年　　月　　日		

① 韦小满. 特殊儿童心理评估［M］. 北京：华夏出版社，2006：26.
② 华国栋. 特殊儿童随班就读教师用书［M］. 北京：华夏出版社，2014：143
③ 陈丽如. 特殊儿童鉴定与评量［M］. 台北：心理出版社，2001：17.

续表

转介理由						
困难领域（请在勾选处打√，可复选）	项目	勾选处	问题叙述	项目	勾选处	问题叙述
	阅读能力			自理能力		
	口语能力			知觉动作能力		
	书写能力			行为问题		
	数学能力			人际关系		
	理解能力			学习习惯		
	其他					
备注						

知识链接

给教师的建议：各类型特殊儿童应向哪类专家咨询？

特殊儿童类型	评估机构/专家
特殊学习困难	教育心理学家或临床心理学家
智力障碍	教育心理学家、临床心理学家、儿科医生、心理科医生
自闭症	精神科医生、儿科医生、心理科医生
注意力缺陷/多动障碍	精神科医生、儿科医生、心理科医生
肢体障碍	医生
视力障碍	眼科医生
听力障碍	听力学家
言语障碍	言语治疗师

知识链接

给教师的建议： 教师如何与家长沟通？[①]

教师应避免：

- 下诊断。
- 用标签描述儿童，记住教育方案中的所有儿童首先是儿童。
- 增加家长的焦虑。
- 告诉家长做什么。
- 不根据充分的观察资料得出结论。

教师应该：

- 和家庭建立良好的工作关系。
- 向家长表达对儿童可能存在的发展差异的关注。
- 认真和尊重地倾听。
- 了解当地的资源，并能做出有帮助和适当的转介。
- 仔细判断。
- 评估行为时要考虑到文化和语言的差异。
- 与家长合作。
- 记住所有的儿童都是不同的，正常的发展包含了广泛的个体差异范畴。

2. 教师作为协助者

当疑似特殊儿童被转介至专门机构或教育部门接受诸如心理评估、医学检查等专业评估时，教师可以促进家长、各类专业人员及教育部门的合作，也可以作为直接的观察者，配合专业评估，提供更多的资料和线索。

特殊儿童的教育评估是建立在专业团队或小组的基础上的。教师在评估团队中将承担起重要的协调工作。例如：促进父母与专业评估人员或机构之间的有效沟通；促进父母与幼儿园管理人员及行政管理机构的沟通，协助父母获得有关儿童入园、支持保障等相关政策的信息与资源；促进专业评估人员之间的交流，整合来自医学、心理、语言等各方面专业人员的评估资料等。

经过系列专业评估，将获得有关儿童各个领域发展状况的评估结果。一方面，教师应认真阅读儿童的评估报告以了解儿童的特殊教育需要；另一方面，教师应协助专业评估人员向家长解释儿童的发展状况及特殊教育需要，并一同协商进一步的教育干预计划。教师在与家长沟通中，应注意保持尊重、谨慎的态度，认真聆听并解释家长的疑问，为家长的心理调适提供支持。此外，教师应促进家长与幼儿园及当地教育部门的积极沟通，整合资源，提供信息和资源支持。

---

① K·S·艾伦，J·S·施瓦兹. 特殊儿童的早期融合教育［M］. 周念丽，等译. 上海：华东师范大学出版社，2005：276.

但是，由于儿童的心理状态、测定时的环境因素以及测试人员的专业水平等多因素影响，评估结果有可能存在问题，因此，一般对于特殊儿童的专业评估需经过一段时间的行动评估和测查复审，特别是对于处在发展关键期的学龄前儿童，教师应对儿童的发展过程和特殊教育需要持续关注和多次测查与分析，保证评估结果的客观与科学。

　　评估的目的是为了制定满足儿童需求的教育计划。教师可以参阅专业评估的结果了解学生的特殊教育需求，作为制定教育计划的指南。此外，教师使用观察、非正式测验和主观印象等资料，决定特殊儿童在班级中应接受何种教学服务，确定教育的目标（包括长期目标和短期目标），以及教学方法。

 案例分析

一个多动性注意缺陷儿童感知能力评估结果的分析[①]

　　一、评估记录

　　评估领域：包括视觉、听觉、触觉、嗅觉、味觉、前庭觉、本体觉、运动知觉、空间知觉和实践知觉等能力。

　　评估方法：采用正式评估的方法，如标准化测验，或是非正式评估方法，如观察、晤谈、评定表等。

项目	评估的方法或工具	评估日期	评估者	结果摘要
正式评估	□韦氏智力测验（第四版） □希-内学习能力测验 □瑞文推理测验 □儿童智力筛查测验 □学龄前儿童50项智能筛查量表 □其他	2012.5.17	陈琳	14个分测验中，积木、类同、译码、字母数字排列、矩阵推理、理解、符号检索、填图、划消测验以及算术10个分测验均得零分，仅有背数（2分）、图画概念（1分）、词汇（3分）及以及常识（3分）4个分测验得到了少量的分数，凭这些分数无法得出真实智商。这个测验结果反映：明明具有有限的工作记忆、知觉推理、言语表达与生活自理能力
非正式评估	□观察 □晤谈：其家长与老师 □检核表 □评定量表：儿童感觉统合发展能力评定表 □其他	2012.5.10	白岩	晤谈：在家需要母亲照顾，自己能够控制大小便，厕后需要他人处理，自己不会洗脸刷牙，不会自己独立穿衣服，知道饥饱，可以用羹匙自己吃饭，不挑食。老师反映，明明不会主动交流，别人问他问题时，只可以理解简单的话语，不理解复杂的话语。上课时，他有时会

① 王辉. 特殊儿童感知觉训练［M］. 南京：南京大学出版社，2014：74-76.

续表

项目	评估的方法或工具	评估日期	评估者	结果摘要
				喊叫；要求得不到满足或逃避问题时也会喊叫，或是坐在地上哭闹；在陌生环境中不知所措，会出现拍打头部、吸吮手指的行为；和其他小朋友几乎没有语言交往，对吃特别感兴趣，喜欢看动画片尤其是挖土机的视频 观察：在课堂上，明明注意力不集中，几乎不参与教学活动，随意说话，用手拍桌子，不被关注时就会离开座位甚至坐在地上哭闹；在要求没有立即满足时会控制不住自己的情绪，在课堂上喊叫；总是出现咬手指的行为；不会主动与人交流，当别人问他问题时，简单的可以理解，复杂的不理解；持续活动的时间较短暂；有时为了逃避一些自己不喜欢的事情就大声喊叫或赖地哭闹或躲避；对于喜欢的事情，比如看动画片或是挖土机视频可以维持较长时间；不会数数，更不认识5以内的数；不理解多少、轻重等概念，也没有颜色、大小等概念；有点胆小，本体觉严重失调；喜欢吃，不挑食 感觉统合发展能力评定：前庭平衡轻度失调，本体感重度失调，没有学习能力

二、现况描述

运动能力	独立行动方面：□完全独立行走　□需用拐杖　□需用轮椅 □需借助其他辅具 □完全无法独立行走，需协助
	精细动作方面：□能用手指捡起物品　□能捏揉　□能握拿　□能抓放 □能剪贴　□能穿插拔　□能击准 □手眼协调不佳，需协助 □其他观察记录：

感知觉 能力/ 健康 状况	视知觉能力	□良好	□普通	□不佳
	听知觉能力	□良好	□普通	□不佳
	触知觉能力	□良好	□普通	□不佳
	味知觉能力	□良好	□普通	□不佳
	嗅知觉能力	□良好	□普通	□不佳
	手眼协调能力	□良好	□普通	□不佳

三、优劣势能力综合分析

请根据前项现状描述勾选结果，分别就：视觉、听觉、触觉、味觉、嗅觉、本体觉、前庭觉、运动知觉、空间知觉及时间知觉能力，进行优劣势分析。

优　势	劣　势
1. 视觉注视和追视、熟悉人物和常见物品的辨认能力较好 2. 坐姿、站姿、爬、坐、站立、简单行走能力发展较好 3. 摆弄物品、简单的操作能力较好 4. 触觉能力基本正常	1. 听觉注意、理解和记忆能力以及视觉记忆与区辨能力等都很弱 2. 直线走、侧走、踮脚走、倒退走、脚跟脚尖走以及跳跃、推、抛、击、接、拍能力欠缺 3. 较复杂操作、双手配合、手眼协调、握笔写画、工具能力使用能力严重缺乏 4. 前庭平衡轻度失调，本体感重度失调，没有学习能力 5. 口腔器官的运动能力不佳

在教育计划实施过程中，需要不断进行评估和修订。在实施教育方案之后，教师要及时对教育训练中儿童的表现、出现的问题、采取的措施以及有效性等进行总结和反思，在此基础上，调整、完善教育计划。通常当儿童的实际学习成效和预期实现目标的时间不一致，或出现影响教育效果的因素时，需对教育计划进行评估以调整计划。教师需要在教学中将儿童的实际表现与教育计划中的每一预期目标做比较，重新审视教育计划和方法，针对儿童的具体情况，找出主要原因，并进一步进行调整、修改和补充。值得注意的是，在教育计划的制订和修订过程中需要教师协同家长、教育行政人员、专业训练人员等共同参与。

为检验教育效果的有效性，在实施教育方案时，需要对儿童的进步情况进行监控和评估。例如，在教学过程中，教师可以通过每日、每周或每月的观察或行为管理等资料来监控儿童的行为改变或进步情况。在某一阶段教育计划结束后，教师可以使用能力检核表、测验等方式评估教育效果，也为下一阶段教育计划的制订提供资料。

对约翰平衡能力训练的效果评估①

教学主题：学会平衡

具体目标：学会单足跳

评估对象：约翰

评估内容：分别用左、右脚单足跳

评估情境：在教室的自由游戏时间

评估标准：单脚连续跳 5 次

评估结果：

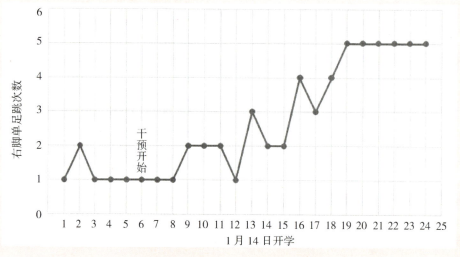

图 1-7　约翰的单足跳记录结果

分析：在给定的时间里，约翰起初单足跳的次数仅为 1~2 次，从第 7 天开始实施干预，在干预的过程中约翰单足跳次数不断提升。通过 13 天的干预（第 7 天~第 18 天），在第 19 天约翰能够在指定时间里用连续跳 5 次，达到训练目标。

---

① K·S·艾伦，J·S·施瓦兹. 特殊儿童的早期融合教育 [M]. 周念丽，等译. 上海：华东师范大学出版社，2005：286-287.

学前儿童各项能力参照表（36~48个月）（节选）①

	36~48个月
粗大动作技能	1. 绕着障碍物跑 2. 直线行走 3. 单脚保持平衡5秒钟 4. 单脚跳 5. 推、拉、操纵带轮的玩具 6. 骑（推拉或踏）三轮车 7. 自己使用滑板 8. 跳过15厘米高的物体并双脚着地 9. 有方向地投球
精细动作技能	1. 用九块方块建塔 2. 用小锤锤钉 3. 复写圆圈、临摹写十字
前学业技能	1. 匹配六种颜色 2. 将五块积木按照大小搭塔 3. 完成由七块拼图块组成的拼图 4. 模仿成人 5. 数到五 6. 理解三以内数字的概念
自助技能	1. 平稳地扶水壶倒水 2. 用小刀切东西 3. 扣/解大的纽扣 4. 自己洗手 5. 在提醒下清鼻孔 6. 独自使用厕所 7. 在教师极少的帮助下遵守教室规则 8. 知道自己的性别、年龄、姓
音乐/艺术/故事技能	1. 知道歌词 2. 听简短的故事（五分钟） 3. 绘画：命名自己的图画，有时难以辨认；要求各种颜色 4. 画人的头部和身体的另一部分 5. 玩黏土：如搓球，捏蛇、饼干等

---

① K·S·艾伦，J·S·施瓦兹. 特殊儿童的早期融合教育［M］. 周念丽，等译. 上海：华东师范大学出版社，2005：574-576.

续表

	36~48个月
社会技能 游戏技能	1. 与其他孩子一起游戏；开始互动 2. 与他人分享玩具，在帮助下轮流 3. 开始演剧游戏且有始有终：如旅游，家庭游戏，扮动物
理解性语言	1. 对把它放在旁边和放在下面作出反应 2. 对双宾语的语句作出反应：如给我球和鞋子 3. 对两个动词的要求作出反应：如给我杯子并把鞋子放在地上 4. 通过选正确的选项作反应：如硬对软
口语	1. 命名物体以回答你要哪一个？ 2. 回答如果……什么，当……怎么等问题：如果你有钱要做什么？ 3. 你饿的时候做什么？ 4. 回答功能的问题：如书用来做什么？ 5. 用语法正确的句子请求或述说：如果我能去

知识链接

教师参与特殊儿童教育评估的流程①

观察	教师观察儿童的学习和行为表现

⇩

筛查	1. 教师协助专业评估人员采用简单易行的测验进行测查 2. 教师观察儿童的发展状况、行为特征等，为筛查提供信息

⇩

预诊	1. 教师系统观察儿童的各领域发展状况 2. 教师及时与家长联络，秉持慎重、敏感和尊重家庭的态度 3. 教师根据初步评价结果，采取尝试性干预措施，排除因教育不当引起的发展问题或障碍。
转介	教师与专业人员、家长商讨，对儿童进行转介

⇩

---

① 编者注：结合美国特殊儿童"无歧视评估"的过程、教师在特殊儿童早期鉴别中的作用等内容编制了此流程图。文献来源：K·S·艾伦，J·S·施瓦兹. 特殊儿童的早期融合教育［M］. 周念丽，等译. 上海：华东师范大学出版社，2005：261-267. 路得·特恩布尔等. 今日学校中的特殊教育（上册）（第三版）［M］. 方俊明，汪海萍，等译. 上海：华东师范大学出版社，2004：56-65.

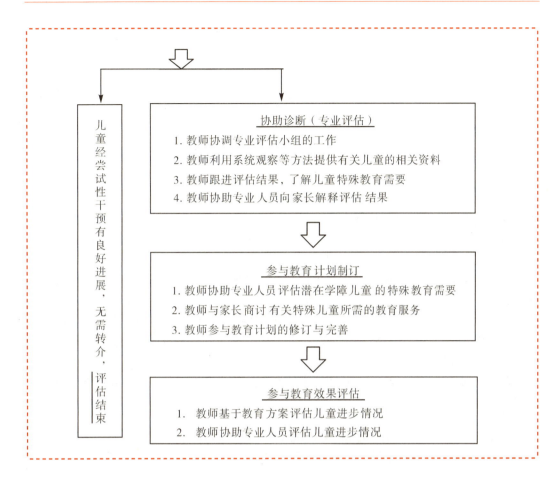

三、个别化教育计划

个别化教育计划（individual education program，IEP）指根据每一个特殊儿童的身心特点和教育需要制定的有助于个体最大限度发展的教育方案。整个个别化教育计划制定过程中，教师承担着重要角色，比如，对儿童的评估、为实施个别化教育计划对班级活动所做的调整和修改、教育计划执行中的评估等。教师是将教室内的教学实践与个别化教育计划中所推荐的干预方法融合在一起的重要纽带。此外，对每个儿童的教育计划适宜性的进行性评估也主要依赖教师。也就是说，教师在整个个别化教育计划制定与实施过程中处于核心地位。

（一）个别化教育计划的要求

个别化教育计划应该建立在准确的发展性评估信息的基础上，所依据的信息应该是多方面的，包括测验分数、自然情境下对儿童的观察以及从儿童生活中的重要成人处所收集的信息（父母、其他养育者等）。一份完整的个别化教育计划应该包括如下内容：儿童当前已有的行为表现和技能水平；儿童长期目标和为实现长期目标制定的短期规划；所提供的特殊服务（教育方法与策略）和起始日期；对确定目标是否达成负有的责任（评估儿童的发展状况）等。

1. 评估

在制定个别化教育计划之前，必须首先评估儿童的发展技能，而这种评估并非一次性完成的终结性评估，而是进行性评估，即在一年当中经常进行，从而全面描述儿童在一段特定的时期内的发展状况。依据筛查的结果，专业的评估人员（医生、特殊教育专家、言语治疗师等各种专业的干预人员）再进行进一步专门的评估。此时，如上文所提及，教师需要收集有关儿童的一般性信息，并且整合儿童发展的各方面信息；通过观察儿童在幼儿园中的各种活动和行为表现，能够获得有关儿童发展技能和干预措施有效性的宝贵信息，为全面评估儿童的发展状况提供充分的支持。因为教师每天与儿童相处，最能发现儿童的优点和特殊需要。

教师可以使用一些适用于学龄前儿童的评估量表，如皮博迪图片词汇测验、AAMR适应行为量表（学校版）等，评估儿童特定领域的发展状况。教师也可以使用各种发展量表，对儿童的多个领域发展状况进行观察：如粗大和精细动作技能，前学业能力，自理能力，音乐、艺术、故事、社会和游戏行为以及接受性和表达性语言等。这些发展量表逐条列出了技能的表现，教师可以参考这些发展量表快速了解儿童在各个领域的发展状况。在进行性评估中，教师可以用不同颜色或不同标记来表示儿童已经达到的领域技能（如表1-6所使用的不同符号，标记儿童在某项技能上的掌握情况）。最终，在个别化教育计划某一阶段结束时，就能清晰地看出儿童的进步情况，也能确定下一阶段儿童的教育目标。

表1-6　　　　　　依据发展量表使用不同标记记录儿童发展状况

领域	项目	评量结果				
		2014. 9. 15	2014. 10. 15	2014. 11. 15	2014. 12. 15	2015. 1. 15
粗大动作技能	1. 绕着障碍物跑	☆	★	—		
	2. 直线行走	☆	★	—		
	3. 单脚保持平衡5秒钟	☆	☆	☆	☆	
	4. 单脚跳	○	☆	☆	☆	★
	5. 推、拉、操纵带轮的玩具	☆	☆	☆	★	—
	6. 骑（推拉或踏）三轮车	○	☆	☆	☆	★
	7. 自己使用滑板	○	☆	☆	☆	★
	8. 跳过15厘米高的物体双脚着地	○	☆	☆	★	—
	9. 有方向地投球	○	☆	☆	☆	★

注：○表示未达到，☆表示在帮助下可以达到，★表示能够独立完成。

2. 长期或年度目标

个别化教育计划必须详细说明儿童每年度预期的学习结果。长期目标或年度目标往往是对儿童的一般性期望，比如，小华将学会用非攻击性的方法得到想要的东西。长期目标的核心在于以儿童的全面发展为根本点。每个儿童长期目标的数量和侧重点不同，针对每一个儿童的目标不应该过于复杂或繁多，这样会使儿童以及家庭不知如何配合。例如，小君是一个听障儿童，一直在接受唇读的训练，主要使用口语与他人交流，所以提升小君听与说的沟通能力将是一个重要的长期目标。

3. 短期目标

每个个别化教育计划必须列有短期目标，这是帮助儿童实现长期目标的具体步骤。短期目标通常着眼于数周或数月内应习得的可测量的技能或行为。测量能为儿童取得的进步提供客观证明。短期目标中应包括对谁、什么、何时、何地和如何进行等问题的回答：谁将习得这一行为？明确该行为是什么？如何练习该行为？该行为应如何进行？如下请继续参看小君的案例。

小君的沟通领域的短期目标与评估

领域	沟通训练	班级姓名	大班小君	教材来源	自编	教学者	曾老师	时数	2节/周
学年目标	提升小君听与说的沟通能力								
学期目标	1. 小君可以理解任何与他沟通者的话语达八成以上 2. 小君可以使用适当的方式在合适的情境下说话，任何人可听懂七成以上								
特殊教学策略	1. 示范教学 2. 随机教学 3. 听觉训练 4. 构音训练 5. 强化策略（爬格子）								
评量方式	观察、测量、操作								
评量标准	90%以上——5　89%～80%——4　79%～70%——3　69%～60%——2 60%以下——1								

教学内容	教学重点	评量结果与记录	评量日期
1. 在课堂中能主动表达与课堂学习有关的意见或看法	☆运用"消退""强化"等策略来养成良好行为	5	课堂随机
2. 在上课时能先举手并得到老师同意后再发言		5	课堂随机
3. 在他人发言时能注意倾听		5	课堂随机
4. 在他人发言时能保持安静		5	课堂随机
5. 没有他人的帮助下，能察觉包含 b、p、m、f、d 等音的语音	☆运用录音带、游戏等方式进行 ☆每一项教学时间不宜过长 ☆与父母沟通，回家后能每天选择一小段时间练习	4	○/○
6. 在没有他人的帮助下，能辨别包含 b、p、m、f、d 等音的语音		4	○/○
7. 在没有他人的帮助下，能指认包含 b、p、m、f、d 等音的语音		3	○/○
8. 在老师的示范下，能正确练习口腔运动	☆先进行基本的发音训练，之后再以辅助活动练习目标音的发音	5	课堂评量
9. 经老师评估的结果显示：小君能正确发出 b 音		正确发音	
10. 经老师评估的结果显示：小君能正确发出 p 音		发音不清晰	
11. 经老师评估的结果显示：小君能正确发出 m 音		p 音替代	○/○
12. 经老师评估的结果显示：小君能正确发出 f 音		发音不清晰	
13. 经老师评估的结果显示：小君能正确发出 d 音		正确发音	
期末检讨	1. 经过一学期教学策略运用和提醒，小君在上课时已经能专心听清其他同学发言，当要表达自己意见时也能先举手征询老师的同意 2. 小君目前对于语音的觉察与区分能力不错，正确率达到80%，但对于更高层次的指认部分仅能达到70%～79%，对于包含 p、m、f 的词语指认能力较差 3. 小君能清晰发出 b、p 音，b、d 互相代替的情形有所改善，但是在发 p、m、f 这三个音时仍有省略、替代等现象，因此，在暑假期间请家长持续给予孩子关于这三个音的听觉与发音练习		

注：本案例来源于：黄瑞珍等. 优质 IEP：以特教学生需求为本位的设计与目标管理［M］.台北：心理出版社，2007：128. 编者有所调整。

4. 特殊教育服务及起始日期

每个个别化教育计划必须包括为儿童提供的特殊干预服务、支持和设备的说明。一个个别化教育计划除了列举提供哪些服务外，还应该介绍如何提供这些服务项目。在幼儿园中，往往开展以活动为基础的干预，也就是说通过儿童在正常的教学活动中的活动实现特殊教育需要。例如，约翰有单足跳的平衡问题，与其将约翰单独叫到室外进行训练，不如在集体游戏活动中，教师特别关注约翰的单足跳问题，予以特别训练。上述案例中的听障儿童小君，根据评估，其特殊教育服务之一是要给其配备单独的 FM 系统，并让小君及他的老师学会使用并习惯佩戴 FM 系统。另外，小君的沟通技能训练可能还会需要专业的语言治疗师的介入，这些都是特殊教育服务的内容。

哪些专业人员可以提供特殊教育专业服务？①

专业人员	职　责	需要者
物理治疗师	评估特殊儿童的姿势、移动、行动、平衡、动作控制及协调能力，提供辅具使用、体能训练，以及环境调整与改造的建议	☆有知觉动作困难、需要协助行动等辅具的儿童 ☆日常生活中行动需要无障碍设施的儿童 ☆动作协调技能较弱、参与一般体育课有困难的儿童
职能治疗师	训练儿童日常生活所需的各项能力，同时运用环境改造的方法，帮助儿童执行有意义的日常活动，维持身心功能	☆发展迟缓或疑似发展迟缓的儿童，例如脑瘫、智力障碍 ☆学习障碍的儿童，包括注意力缺陷及多动症、自闭症 ☆肌肉神经功能障碍的儿童，包括肌肉萎缩、脑伤等
语言治疗师	提供有关沟通障碍、吞咽障碍的评估、诊断与治疗，以及沟通辅具的设计与运用	☆语言理解有困难的儿童，例如常听不懂指令 ☆语言表达有困难的儿童，例如句子过于简单 ☆有构音障碍、口吃等说话问题

① 黄瑞珍等. 优质 IEP：以特教学生需求为本位的设计与目标管理［M］. 台北：心理出版社，2007：66.

续表

专业人员	职　责	需要者
听力治疗师	借助各种仪器评估及诊断儿童听力系统的障碍类型及程度，并依据检查结果拟定听觉康复与训练计划，并实施	☆有听力障碍的儿童 ☆有使用或需要使用听力辅具的儿童，例如助听器、人工耳蜗等
心理咨询师	运用访谈、行为观察及心理测验等方法来诊断儿童的问题，进而采取心理咨询或心理治疗的技术来改善儿童的问题	☆有情绪困扰，包括抑郁、躁郁或焦虑的儿童 ☆冲动、多动或有精神症状的儿童 ☆认知功能，例如记忆力、注意力有障碍的儿童
社工	协助联结学校、社会福利及社区资源，协助儿童家庭解决问题，增进家庭功能和运作	☆儿童为弱势家庭，需要社会资源，例如低收入家庭 ☆儿童家庭功能有障碍，包括严重疏忽、虐待、暴力等

每项特殊教育服务都需要具体说明服务计划的起始日期。例如，小君是从9月1日开始到本学期末，每周需要两次在学校接受专门的语言训练，学期结束后将确定训练是否继续。通过起始时间的确定，确保儿童能够享受重要的特殊教育服务，防止服务过早中止。

5. 教育效果评估

一年至少应对每个儿童的个别化教育计划进行一次评估，以了解是否实现了预定目标。评估建立在测试、观察等基础上。在计划实施过程中，过程性评估是十分必要的。同时，为了简化评估程序，也可以选择在各个关键点（即儿童发展的里程碑）评估儿童的发展状况。例如，学前儿童的发展量表同时提供了进行性的评估和终结性评估的标准。每个项目描述一个具体的行为，教师在教学中可以参考，判断儿童是否习得了这项行为或技能，并追踪儿童的进步情况；到特定的关键点或计划实施结束时，可以运用学前儿童发展量表进行终结性评价。

（二）个别化教育计划的拟定

1. 个别化教育计划的拟定人员

个别化教育计划需要来自不同学科领域的专业人员组成儿童学习小组制定。在这个小组中必须包括儿童家长和教师。一般小组成员包括来自各学科领域的专家，包括物理治疗师、语言治疗师、心理治疗师等，以及特殊教育教师、社工、学校管理人员、学区教育管理部分的人员、家长、班级教师等。但是，根据儿童的需要，也可以有不同的小组类型和所涉及的领域。比如，多学科形式的小组，每个专业人员以平行的方式各自独立工作；各个领域（比如语言、社会性等）都视为同等重要，但是每个小组成员只对自己的专业领域负责。多学科协作的小组，则由专业人员共同确定当前儿童的优先顺序及发展目标；不同学科的专业人员协同合作，借鉴其他学科的技能纳入自己的实践中等。

2. 个别化教育计划的拟订步骤

个别化教育计划的拟订一般分为以下几个步骤：

搜集基本资料与生长史、医疗史、教育史：教师可以通过家访或邀请家长到校访谈的形式同家长进行深入交谈，同时对儿童进行不少于半个月的跟踪观察，以了解儿童，初步建立儿童的个人资料库。如果儿童在入园前接受过任何教育干预服务，教师应谨慎

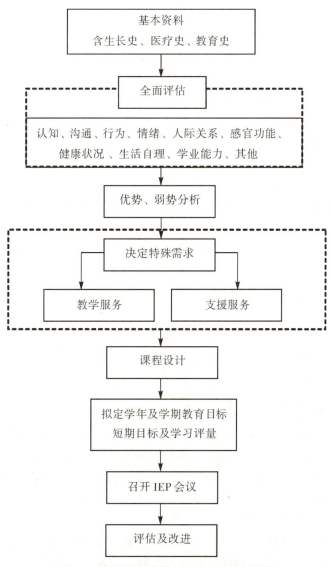

图 1-8　个别化教育计划（IEP）拟订流程

阅读所有前一阶段的资料或是访谈主要照顾者，或详细阅读前任教师所拟定的个别化教育计划及教学辅导记录。

实施全面评估：全面评估应该参考过去所实施的所有评估结果，选用标准化的或非标准化的评量方法来评估儿童的认知、沟通、行为、情绪、社会性、感官功能、健康状况、生活自理等，明确简洁地书写清楚。

优势弱势领域分析：依据评估结果综合整理儿童的优势和弱势领域。即使功能再弱的儿童，仍有优势可以描述，应多发现儿童可使用或可增强的能力进而弥补其不足之处。

决定特殊需求：根据儿童的优势和弱势来决定儿童有哪些需求，例如哪些弱势能力需要被训练，哪些优势能力可以用来协助改善弱势能力等。儿童的特殊需求是以儿童的全面发展的需求为基础的，而且是对未来的发展有重要影响的需求，按照优先顺序排列，例如情绪管理、注意力提升、辅具使用、物理环境改善、学习策略的调整、各类课程的提供与调整等。

直接教学与支援服务：确定是否需要为儿童提供直接教学，例如是否需要提供专门的注意力训练、社交技巧训练、某些学业技能的补救教学等。支援服务主要指一些见解服务，比如是否需要提供助教与志愿者、是否需要专业团队的连接（比如需要语言训练的听障儿童需要教师或幼儿园与聋儿康复中心或其他专业康复机构沟通与合作）、社会福利的申请（民政部门、残联部门、教育部门所提供的各种福利的申请等）等。

课程设计：主要依据儿童的需求，提供多元的课程，例如功能性课程或专门的训练课程等，并且由哪些人负责或是合作，课时多少、评量方式、教材版本等，均应说明清楚。

拟定长期目标和短期目标：依据提供的课程和服务内容，清楚列出长期目标（学年目标和学期目标）及评量方式，同时依据学期目标拟定每月、每周的目标或教学进度、评估方法、学习情况记录、使用的特殊教学策略等。

召开 IEP 小组会议：邀请与儿童个别化教育计划相关的人员，于每学期期初和期末分别召开一次，共同协定执行事宜。

评估与改进：每学期期末由园方主动邀请家长，依据个别化教育计划的合约内容，评估所达成的绩效及改进方法，并做具体说明。

（三）个别化教育计划的实施

个别化教育计划的实施首先根据长、短期目标确定教学内容，其次是针对短期目标设计教学方法和教学步骤，然后进行短期目标的教学与评量，对不合适的部分进行调整，待完成一个个短期目标后，再对长期目标的完成情况进行评量，评量合格后即完成了本学期的个别化教育计划的教学任务。

1. 选择相应的教学内容

根据个别化教育计划设定的教学目标来选择相应的教学内容及相关的教学材料。例如，小毅的精细动作训练内容包括在宽 0.5 公分的纸板上拉下或夹上夹子、挤压胶水、撕贴圆形贴纸、拇指和食指握持饮料瓶、掌心握积木拿放积木等。

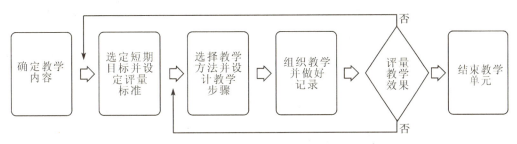

图1-9 个别化教育计划（IEP）实施流程图①

2. 设计具体的教学方法

针对学前特殊儿童常用的教学方法有直接教学、结构教学、工作分析、情境教学、社会故事教学等方法。为了让儿童轻松快乐地学习，一个单元目标要选择多种方法来配合使用。方法选择时，不仅要考虑儿童的障碍类型及程度，还要考虑教学内容的性质和儿童的心理特点，另外，儿童的气质类型和学习习惯也应该考虑在内。例如，利用工作分析法针对智力障碍儿童的自理能力进行训练。

工作分析法的应用

工作分析法是一个将复杂的教学目标分析、精简成一连串教学小单位的过程。工作分析法包含两个概念：对于每一个教学目标的分析，必须以儿童现阶段能力为评量起点，必须与系统化的教学流程密切配合。

范例

学会洗手

活动目标

1. 逐步锻炼儿童独立洗手的技能。

2. 培养儿童良好的卫生习惯。

活动准备

洗手液、毛巾。

活动设计

1. 拧开水龙头，清水冲洗双手，关掉水龙头。

2. 取适量的洗手液于手心。

3. 双手掌心相对摩擦。

4. 双手掌心向下相叠，十指交叉，摩擦指缝和手背；双手位置交换。

---

① 雷江华. 学前特殊儿童教育 ［M］. 武汉：华中师范大学出版社，2008：270.

5. 一只手握对侧手拇指摩擦，再交换。

6. 五指尖并拢，放在另一掌心旋转搓揉，交换进行。

7. 必要时，螺旋搓揉洗手腕，双手交替进行。

8. 拧开水龙头，用清水冲洗双手，将洗手液冲洗干净。

9. 关掉水龙头。

10. 用毛巾擦干手。

图 1-10　学会洗手

活动要点

1. 若儿童某一动作不能完成应继续分解。

2. 注意引导儿童了解为什么要洗手、什么时候需要洗手。

3. 实施教学

教学实践是检验个别化教育计划是否合理有效的最佳手段。因此，在教学中应细心观察、善于思考、不断总结，做好教学记录。在结束一个单元目标的教学后，要及时评量教学效果，检验本单元目标的完成情况，根据孩子在教学过程中的表现及评量结果及时调整教学设计。然后继续下一单元的教学、评量与调整。

4. 学习成果的评量

评估是与个别化教育计划的实施相随相伴的。拟定前的评估是为了了解儿童的基本情况及能力状况；实施过程中的评量则是为了检验教学效果及教学设计的合理性以及短期目标的完成情况；学期或学年目标完成后，同样也应进行及时的评量，以检验儿童从个别化教育计划中的获益情况。

5. 教学中的调整

如果教学效果不太理想，未能达到预期目标，这时教师和家长就要反思是哪些方面出了问题。从教学内容、教学方法、教学目标、施教人员、儿童自身、教育场所、教学记录等方面逐一检查，找出问题根源，对不合适的设计进行修改与补充，从而使个别化教育计划得以顺利实施。

第三节　特殊儿童发展与学习的理论基础

儿童发展理论用各种规律或规则对人的发展进行阐述，逐渐深化对人发展历程的认识。心理发展理论帮助我们更好地理解儿童的孕育、出生、成长及学习，也可以为儿童的学习和发展提供指导。除此之外，来自不同领域的理论与学说也为理解和指导特殊儿童发展与学习提供了科学依据，为教育教学奠定了坚实的理论基础。

一、生物学基础

生物学是研究生物有机体并揭示其发育规律的科学。特殊儿童的学习活动与个体大脑及神经系统发育水平以及健康状况密切相关，特殊儿童的身心发展在很大程度上受到生物力量的影响。英国生物学家达尔文指出，物种的生存受到自然选择法则的制约。人种的发展与遗传及基因密切相连。生物学中的许多理论，为特殊儿童的发展与学习提供了科学的理论依据。

（一）器官用进废退与功能代偿理论

法国生物学家拉马克（Lamarck，1808）指出"用进废退"是生物进化的主要法则，生物如果某器官没有达到其发展的极限，在环境条件影响下，受到生物本身欲求等的经常持续性作用，便会逐渐增加这个器官的功能，使它发展壮大起来。相反，如果任何器官不经常使用，则会逐渐衰弱，功能减退，以致最后消失。但是，个体在发展过程中，身体最终的发育状态，还会有一个弹性阈限，由后天生长发育过程中生活环境决定身体这一阈限内的具体位置。例如，从生理学角度，经常运动的器官神经刺激和血液循环较多，生长刺激和营养供给偏高，就会发育比较充分；而相对来说那些长期不使用的器官（如人类的阑尾、尾骨）就会逐渐消退等，这就是个体发育中的"用进废退"现象。因此，如果从小对特殊儿童进行相应的训练，反复、频繁的训练可以促进这一器官功能，避免其退化萎缩。如对听障儿童的残余听力训练、脑瘫儿童的肢体运动训练等。

此外，生物器官还有一种功能代偿的现象。当机体的某一部位或器官发生病变或功能失常时，有机体通过新的条件联系建立，可调动器官的残存能力或其他器官的能力对失去的功能进行补偿和代替。并且，在神经生理学层面，神经学家也发现，在发育的某一时期，局部细胞缺失

图 1-11　生物学家拉马克

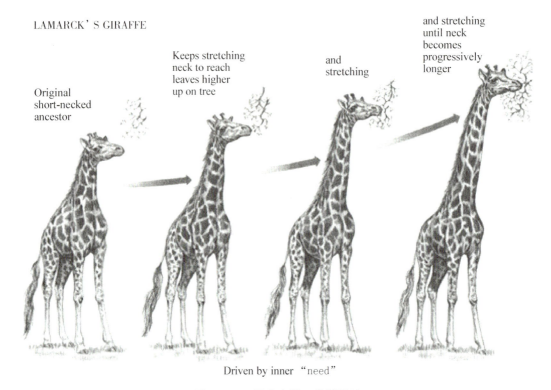

图 1-12 "用进废退"学说图示

注：左（1）由于内在欲求（inner need）的驱使，短颈鹿祖先延伸头颈，吃高树上的叶子，头颈的"使用"改变了动物的遗传性。

中（2）（3）祖先遗传性改变后，使子代个体的头颈稍稍长些。

右（4）在很多代之后，后代的头颈都比祖先长很多。

可由临近细胞代偿，但过了一定敏感期后，缺陷将陷入永久性。因此，对于有需要的机体，器官的代偿作用越早发挥越好。这就要求我们要对特殊儿童的干预训练及早进行，比如听障儿童丧失听力后，及早进行听力补偿和视觉训练，提高其沟通能力等。

（二）成熟理论

成熟理论是美国著名心理学家盖塞尔的主要观点。他认为支配儿童心理发展的因素是成熟和学习，但成熟更为重要。儿童发展中生物因素具有重要作用，这种通过基因控制发展过程的机制为成熟（maturation）。成熟与内环境有关，而学习与外环境有关。儿童的心理发展是儿童行为或心理形式在环境影响下按一定顺序出现的过程，成熟是推动儿童发展的主要动力，学习本身并不能促进发展，只是给发展提供了适当的时机而已，同时发展是呈螺旋上升的，不同阶段的发展会重复和产生不平衡。为了验证自己的理论他进行了有名的双生子实验。请参考下文知识拓展之经典实验。

经典实验之盖塞尔的双生子实验

　　1929 年，盖塞尔选择同卵双生子 T 和 C 作为实验对象，他让 T 从出生后第 48 周开起每日做 10 分钟爬梯练习，连续训练 6 周。在此期间，C 不进行此种练习。C 从第 53 周起每日开始做与 T 同样的训练，只训练了 2 周，C 就赶上了 T 的水平。盖塞尔原来认为这是一种偶然现象，但是当他换了另外一对双生子时，结果类似；又换了一对，结果依然如此。如此反复进行了上百对双生子的对比试验，最终结果是相似的：孩子在 52 周左右，学习爬楼梯的效果最佳，能够用最短时间达成最佳的训练效果。

图 1-13　什么时候让孩子开始练习爬楼梯

　　不成熟就无从产生学习，学习只是对成熟起一种促进作用，成熟是学习与训练的基础，只有在成熟的基础上进行学习或训练才能有效而成功。对于特殊儿童而言，应注重儿童发展的成熟状况，抓住成熟时机开展针对性训练。例如，婴幼儿 13 个月左右精细动作逐渐发展，这时就需要抓住训练时机，对儿童开展精细动作训练。

（三）关键期理论

　　关键期是指器官在发育过程中对某些影响因素最为敏感的时期。洛伦兹发现的印刻现象就是对可视对象敏感期的重要证据（图 1-14）。对于人类而言，不仅对外在信息有感觉敏感期，对内部刺激也有。例如，人体器官在胚胎和出生后某段时间对某些影响尤为敏感，如婴幼儿听毛细胞对链霉素、庆大霉素的敏感反应，可导致婴幼儿失去听力。因此，在器官发育最为迅速的时期，应为个体提供良好的、适度的刺激以促进器官的发育；否则可能会使器官畸形，导致各种障碍的发生。

　　婴儿出生后的最初几年是脑发育的快速时期和关键期。儿童的脑体积增大、脑细胞

图 1-14　小鸭的追随行为

注：洛伦兹研究小鸭、小鹅的习性发现，它们通常将出生后第一眼看到的对象当作自己的母亲，并对其产生偏好和追随反应，洛伦兹称此为印刻（imprinting）现象，印刻发生的时期成为关键期。

数目增多、突触密度增大、神经回路的构建及维持等。在这个时期，脑的结构和功能都有很强的适应和重组能力，对环境刺激表现得最为敏感，易受环境和经验的影响，脑功能的建立比青春期脑发育成熟后更容易。因此，如果这一时期能够为儿童提供感觉、运动、语言方面的早期训练及其他脑功能正常发育所需的经验刺激，则能最大限度地促进脑的发育与脑功能开发。

　　事实上，在出生之前及生命的前三年是脑发育最关键的时期，也是智力提高最快的时期。在妊娠第 10~18 周和第 28~36 周，是脑细胞快速分裂的第一个关键期，其后一直到出生后 6 个月，胎儿及婴儿的神经发育处于关键期；大脑发育的关键期是在妊娠开始到出生后 3 岁；小脑神经细胞在妊娠初期到出生后 12 个月增值最高，神经胶质细胞发育的关键期在分娩前后到 4 岁。在此期间，婴幼儿未成熟脑的可塑性也是最强的。虽然有些有害因素会导致新生儿神经的生理性死亡概率增加，但是脑的某些区域还能再生新神经细胞。但是，如果过了中枢神经系统代偿的最佳时期，神经细胞将不能再复制或产生新的神经细胞，脑损伤也就不可恢复了。因此，在关键期内，儿童需要充足的营养、丰富的刺激，这就为特殊儿童教育中营养的干预提供了根据；也为特殊儿童发展与学习中智力的开发提供了时间参考。

除此之外，目前大致上承认的发展的关键期还有言语发展的关键期、人格与社会性发展的关键期。如表1-7所示。

表1-7　　　　　　　　　　　　儿童发展的主要关键期①

发展领域		时　间
脑和智力	胎儿及婴儿神经元	妊娠10~26周到出生后6个月
	大脑	妊娠开始到出生后3岁
	小脑神经细胞	妊娠初期到出生后12个月
	神经胶质细胞	分娩前后到4岁
感知觉	形象视觉	0~4岁
言语	口语	1~3岁
	书面语	4~5岁
	外语学习	10岁之前
认知	数概念	5岁左右
艺术	音乐	5岁之前
人格与社会性	生活风格	4~5岁前
	依恋	6个月~3岁

语言发展的关键期一般在4~5岁。儿童的口头语言几乎是在0~5岁发展起来的。出生4天的婴儿已经能区分不同长度的语言音节，区分母语和非母语；两个月龄的婴儿能够区分音素；4月龄的婴儿表现出对言语刺激的偏好；大约在6个月以后，婴儿已经能够"听懂"一些词。1岁到1岁半的幼儿对语词的理解能力迅速发展，一般在1岁左右能说出少量的词；而在1岁半以后，能"开口说话"，且表现出较高的积极性。两岁以后，特别是3岁之前，幼儿的语音、语法和口语表达飞速发展，基本掌握了口语。3~5岁儿童的语言发展开始变得复杂。这就为特殊儿童早期语言的发展与学习提供了有力的时间指标。

人格和社会性发展的关键期，主要由精神分析学派的一系列理论和临床实践证明，早期环境对人格的形成具有决定作用。著名精神分析理论家阿德勒将儿童在生活中由应对困境的方法和策略而形成的特殊行为方式称为"生活风格"。儿童4~5岁时已形成"生活风格"，如果童年的"生活风格"适应不良往往会导致成年后的某些精神症状的产生，如强迫症、性变态、攻击行为等。此外，6个月到3岁是儿童依恋形成的关键期，安全型依恋不仅给儿童提供了情绪安全的基地，也为儿童今后自身的发展和社会交往的发展奠定了良好的基础，而不安全型依恋则会影响今后的人际交往和自我认同。因

① 张福娟，杨福义. 特殊儿童早期干预［M］. 上海：华东师范大学出版社，2011：13-14.

此，人格形成与依恋关键期提醒我们重视对特殊儿童早期发展与学习中健康人格的培养和心理康复。

关键期理论的提出，为特殊儿童发展与学习提供了坚定的理论基础。同时，根据这些关键期，为特殊儿童提供适合的教育与干预有助于儿童的发展与学习。可以说，关键期理论为特殊儿童发展与学习提供了时间和效果的参考标准并奠定了坚实的理论基础。

二、心理学基础

特殊儿童的发展、学习与儿童发展心理学、教育心理学和变态心理学的关系密切，为特殊儿童发展与学习提供了强有力的支持。例如，建构主义中皮亚杰的认知发展理论和维果茨基的最近发展期理论、精神分析学派的埃里克森的心理社会发展理论、行为主义理论观点等。从心理学角度探讨特殊儿童发展与学习，根据特殊儿童的身心发展特点和学习特点制定个别化教育计划，是特殊儿童教育中必须贯彻的重要原则。

（一）皮亚杰的儿童认知发展理论

建构主义的学习理论认为学习是通过信息加工活动建构对客体的解释，个体是根据自己的经验建构知识的。在学习的过程中，每个儿童从自身角度出发，建构起对某一事物的各自看法，教师只是起辅助作用。建构主义认为每个儿童都是主动学习者，借助听、看与环境（如同龄人、成人、各种材料）进行互动，为了去理解这些东西，儿童需要建构自己的知识体系。皮亚杰和维果茨基的理论是建构主义的主要代表。

皮亚杰（Jean Piaget，1896—1980 年）是瑞士儿童心理学习家。皮亚杰还认为影响心理发展的因素有四个：成熟（maturation）、物理环境（physical environment）、社会环境（social environment）、平衡（equilibration）。成熟是指机体的成长，主要指神经系统的生长。儿童心理的发展必须依赖于先天的遗传因素和生理基础。物理环境提供两种经验：物理经验和数学逻辑经验。社会环境是指影响个体心理发展的社会因素，包括社会生活、社会传递、文化教育、语言信息等。皮亚杰强调，社会环境对人的心理发展的影响，是以个体的认知结构为前提，并通过社会互助作用而实现的。他在其儿童发展理论中，认为儿童在认知过程中，要么通过同化达到暂时的平衡，要么通过顺应达到认知上的暂时平衡。个体的心理发展就是低层次的平衡向高层次平衡不断运动的过程。

皮亚杰还提出了儿童心理发展的四个阶段，即感知运动阶段（0~2 岁）、前运算阶段（2~6、7 岁）、具体运算阶段（6、7~11、12 岁）和形式运算阶段（11、12~14、15 岁）。其中，感知运动阶段是智力的萌芽阶段，在这一阶段婴儿依靠动作和感知觉来区分自己与物体，知道动作与效果之间的关系，开始认识客体的永久性，动作之间开始协调并逐渐发展为动作和感知觉之间的协调。到了这一阶段末，婴儿逐渐将感知觉运动图式内化为具有象征性的表征图式。随着言语的出现，儿童可以用言语和表象来描述周围事物并与他人交往，这样，儿童就进入了第二个阶段——前运算阶段。在这一阶段，儿童开始出现延迟模仿、象征性游戏、自我中心化倾向等特点。在这一阶段，由于表象、语言的出现以及行走能力的发展，儿童与社会接触的空间和时间变得越来越大、越

图 1-15　皮亚杰一家

注：皮亚杰对他的三个孩子的系统观察为他的认知理论做出了巨大贡献。

来越多。在具体运算阶段，儿童开始具有逻辑思维和运算能力，对大小、体积、数量和重量进行推论思考；把概念体系用于具体事物；逐渐能够运用保守原则。在形象运算阶段，儿童不再依靠具体事物来运算，能够脱离具体事物进行抽象概括，能够做出集中假设推测，并通过象征性的操作来解决问题；达到了认知发展的最高阶段；同成熟的成年人思维能力相当。

学前儿童的自我中心和泛灵论[①]

按照皮亚杰的理论，学前儿童一般处于前运算阶段，这一阶段的孩子往往具有两个明显特征，即自我中心和泛灵论。自我中心的主要表现就是个体不能区分自己的观点和其他人的观点。下面是一个在家的 4 岁孩子与工作在外的父亲的电话对话：

父亲：玛丽，妈妈在吗？

玛丽：(默默地点头)

---

① SANTROCK W J. Educational Psychology（2nd Ed.）［M］. New York：McGraw-Hill Higher Education，2006：41-42.

> 父亲：玛丽，我能和妈妈说几句话吗？
>
> 玛丽：（再次默默地点头）
>
> 玛丽的反应充分体现了自我为中心的特点，她不能站在父亲的角度去思考，父亲是无法看到电话这端自己的点头行为的。
>
> 泛灵论也是前运算阶段的典型特征。孩子会给所有的物体赋予生命，所有现象当作有生命的物体的行为。比如，一个孩子可能会说"老师，快看，那棵树在用力地扯叶子，所以叶子掉下来"或者说"那个路边边真让我生气，因为它害我跌倒了"。

皮亚杰的发展理论，为了解特殊儿童的发展特点和学习需求提供了参照。对于学前阶段的特殊儿童，其心理发展恰恰处于感知运动和前运算这两个阶段，因此，在对特殊儿童进行教育干预的过程中，对处于感知运动阶段的儿童来讲，提供丰富多样的感官刺激和动作训练是最重要的内容，从而帮助他们获得对外界事物的初步认识；对于处于前运算阶段的儿童而言，最关键的就是语言的训练，尤其是针对语言发展异常的听力障碍、智力障碍、自闭症、语言障碍和言语障碍儿童。

（二）维果茨基的心理发展理论

前苏联心理学家维果茨基（Vygotsgy）提出"最近发展区"理论，他认为儿童的发展存在两种水平：一种是儿童在独立活动中表现出来的心理发展水平，即儿童的现有水平；另一种是儿童在有指导的情况下借助成人的帮助所达到的解决问题的水平，即将达

图 1-16　维果茨基的最近发展区

到的发展水平，这两种水平之间的差异称为"最近发展区"（zone of proximal develop-ment，ZPD）。最近发展区是一个动态的概念，处于某一年龄阶段的儿童，他的最近发展区在一定条件下会转变为下一个年龄阶段的现实发展水平，而下一个阶段又有自己的最近发展区。教学的可能性是由儿童的最近发展区来决定的，"教学应走在发展的前面"，即教学在发展中起主导作用，它决定着儿童的发展，决定着发展的内容、水平、速度及智力活动的特点；同时，教学又创造着最近发展区。此外，维果茨基也强调学习的最佳学习期限，提出了学习的最低期限，即必须达到某种成熟程度才能学习某些内容，而且强调了学习的最晚期限，即超过了最晚期限，儿童的学习效果就会大打折扣，这两个期限之间的时间范围，就是"最佳学习期限"。

维果茨基的理论十分重视同伴与成人在儿童学习中的作用，在特殊教育中同伴指导对提高儿童的能力发展有显著作用。根据维果茨基的理论，成人应该给儿童提供恰当的支持，比如成人根据儿童表现水平调整教学，提供恰当的支持"脚手架"（scaffolding）。

（三）埃里克森心理社会发展理论

埃里克森（Erik Homburger Erikson）认为人的本性最初无善恶之分，有向任何方向发展的可能性。个性的发展既是连续的也是分阶段的，每个阶段都包含两个对立的受文化制约的特定的发展任务。个人在发展任务的斗争和解决过程中，按次序向下一个阶段发展。如果人在各个阶段能顺利解决矛盾，就能形成积极的个性品质；如果矛盾解决不好，则形成消极个性品质，容易产生心理危机，出现情绪障碍，削弱自我力量，阻止个人适应环境以至于不能顺利完成下一阶段的发展任务，出现病态或不健全的个性。每个儿童完成任务、解决冲突的程度不一样，因此，发展的结果和过程也是多样的。但是，如果一个阶段的任务没有完成，在下一个阶段仍有完成的可能。埃里克森根据人一生中出现的心理社会问题，把人格发展分为八个阶段（图 1-17）。这八个阶段按生理发展的顺序排列，但每阶段能否顺利渡过则是与社会环境出现的各种问题有关，所以也称为"心理社会问题"理论。以下仅就针对学前儿童发展的前三个阶段予以介绍。[①]

阶段一：信任对不信任（0~1 岁）这一阶段的婴儿发展的基本任务是培养信任感。信任，是指对别人的一种基本信赖，也是对一个人自己的一种基本信任感。它是建立人际关系、形成健康个性品质的基础。关键是使儿童的生活有一定规律，使儿童建立一种感觉：能够预期父母的活动和自己需要的满足，并且是生活在安全的环境中。婴儿若得不到及时的抚慰或被抱得过紧，会产生不信任感。如果婴儿内心的信任感多于不信任，那他就可以顺利渡过这一阶段的危机，同时也将形成一些积极心理品质，如不怕挫折和失败，敢于冒险、能积极面对困难等。

阶段二：自主感对羞怯感（1~3 岁）这一时期幼儿的主要活动是实现对大小便的

---

① 桑标. 当代儿童发展心理学［M］. 上海：上海教育出版社，2003：332-334.

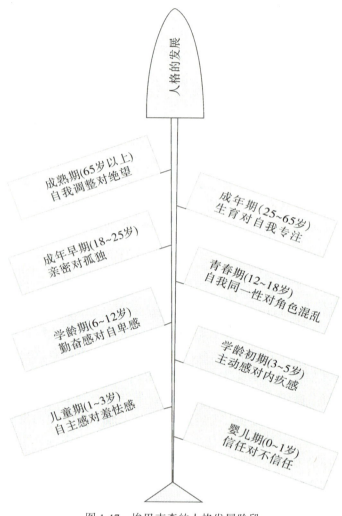

图 1-17 埃里克森的人格发展阶段

控制，主要影响者仍然是父母，发展的基本任务是培养自主性。为了自主性的成长，儿童"必须具有一种坚定发展的早期信任"。在此基础上，随着儿童语言的出现，生理的发展，活动空间的扩大，自我开始萌芽，儿童处处希望体现自己的自由意志。这一阶段的关键是让儿童感觉到自己的力量，感到自己对环境的影响力，这是自主感的源泉。父母要给儿童适度的自由，又要对儿童的行为作必要的控制，不要为偶然的排便不当而辱骂或嘲笑儿童，不要伤害儿童的自尊心，要让儿童形成宽容和自尊的人格。否则，儿童可能产生永久的羞怯和疑虑，压制自主的冲动，到成人期可能会出现强迫症症状。

阶段三：主动感对内疚感（3~6岁）这一时期影响幼儿个性发展的主要因素仍是父母，人格发展的主要任务是发展良心，获得性别角色。关键是建立同性权威和幼儿认同的对象，正确解决恋母情结或恋父情结。这一阶段强调家庭关系的重要性，否则孩子一旦找不到学习的榜样，长大后就会出现性别混乱。父母对儿童有目的性和导向性活动的支持，有助于儿童主动性发展。如果父母在这一阶段能耐心解答儿童的各种问题，鼓励他们的好奇心和想象力，那么儿童就会形成积极进取、具有创新精神的品质；反之，如果父母嘲笑、打击儿童的好奇心或对他们的疑问不给予正面的回答，他们就容易产生罪疚感、无价值感。

对于大多数特殊儿童而言，其生理上的残疾和功能上的障碍会影响家长的教养方式，存在两种极端的行为，或是过分保护，或是过度忽视。但是这些不良的教养方式都会影响特殊儿童的健康发展，使他们更容易形成一些消极的人格品质。所以，特殊儿童的发展不仅需要关注其认知的发展，更重要的是帮助他们形成积极的个性品质，为之后的发展与学习以及融入社会提供精神上的力量。

（四）行为主义理论

行为主义的学习理论将学习过程解释为条件作用，认为学习是个体处于某些条件限制（刺激环境）之下所产生的反应，因此个体学习到的行为可以解释为刺激与反应之间关系的联结，学习的过程是一种累积归纳的过程。行为主义中具有代表性的理论是经典条件反射理论、操作条件反射理论、社会观察学习理论等。根据行为主义的理论观点，教育者可以对特殊儿童的问题行为使用各种行为矫正的策略、积极行为支持的方法等，矫正问题行为。因此，特殊儿童的学习与教育，应以行为分析为基础，通过教学过程中的行为观察与记录，设计、调整教学方案，改善特殊儿童问题行为。应用行为分析和积极行为支持技术是应用于特殊儿童教学的重要方法。

应用行为分析是一门科学，其策略是由行为原理所发展出来的，以系统化的介入增进社会的重要行为，透过实验来证实造成行为改变的变项。[1] 积极行为支持（positive behavior support，PBS）是应用行为分析领域的一个分支，它是将行为分析方法用于应对由自我伤害、攻击、破坏财产、异食症、违逆等行为产生的社会问题，是指为在社会方面获得重要行为改变而进行的积极行为干预技术及其系统应用。[2] 教育者通过观察儿童问题行为产生之前、之中以及之后的各种线索，了解问题行为与周围环境中各种因素之间的关系，并可以以此为基础判断问题行为的动机，提出问题行为功能的假设，制定干预计划。干预过程中，积极行为支持的核心体现为强调在自然的环境中改善个体整体的生活质量，强调多方成员的共同合作，通过系统的改变来达到改善问题行为的目的；注重预防，教给个体恰当的行为方式替代问题行为，重视问题行为发生之前的线索，通过改变和调整环境刺激来减少诱发问题行为的可能性。

---

①　COOPER J O，HERON T E，HEWARD W L. 应用行为分析（第二版）[M]. 美国展望教育中心，译. 武汉：武汉大学出版社，2012：23.

②　昝飞. 积极行为支持：基于功能评估的问题行为干预 [M]. 北京：中国轻工业出版社，2013：2-7.

案例分析

提前预防，让坏脾气发不出来！①

小雅是一名活泼的自闭症儿童，老师们经常看到小雅一边大声念念有词，一边满校园跑，一刻都停不下来。活泼的小雅还有一个让老师们头痛的问题：喜欢发脾气。

根据老师的观察，小雅发脾气主要有两种情况：一是想要某种东西的愿望不能达成（大多数情况是小雅想吃某种食物，老师不允许）。如果这个时候老师满足她的愿望，她一般会很快安静下来。二是不想完成某项任务时也会发脾气，比如老师让她和其他小朋友一起画画而她不愿意。但是，老师如果停止对她的要求，她仍然要等很长时间才能安静下来。

小雅发脾气时通常的表现是用嘴巴发出很不高兴的"嗯嗯嗯"的声音，听起来就像是向老师发警示。如果情况没有改善，她就会大声尖叫，然后使劲蹦跳。如果这样的行为还是不能让她如愿吃到东西，她就会扔东西、晃桌子。最严重时，小雅会抓别人的头发、咬人。

1. 针对不想完成任务的发脾气行为的措施

因为小雅发脾气时严重的行为表现，主要发生在老师布置任务并要求她完成时；而且小雅总是拒绝完成学习任务对她能力发展也是不利的。因此，老师首先考虑针对这一类发脾气行为的干预措施。干预措施的核心内容是：提前预防，不让小雅有机会发脾气。具体做法包括：

措施一：布置适合于小雅的任务

首先，充分考虑小雅的能力，比如，小雅能够参加一些简单的操作性活动，包括涂色、指认图片、配对等。所以，老师在布置任务时，选择小雅能够完成或者在老师帮助下可以完成的任务。

措施二：利用奖励提高小雅完成任务的动力

小雅特别喜欢吃东西，老师在对小雅提出要求前，会用奖励板提前告诉小雅完成任务后可以得到奖励。小雅为了得到奖励，会努力表现出老师要求的行为，相应地，发脾气的行为也就减少了。

措施三：根据小雅的反应及时调整任务

如果要求小雅完成任务后，她出现了发脾气行为，教师就等待小雅情绪稳定之后再将任务难度降低，重新要求小雅完成。由于小雅在逃避任务时产生的发脾气行为总是有明显的逐渐升级现象，因此，当小雅对教师布置任务发出抗

---

① 昝飞，张琴. 特殊儿童的问题行为干预——实例与解析 [M]. 北京：中国轻工业出版社，2013：59-62.

议性不高兴的声音后，老师可以及时停止对小雅的任务要求，避免其进一步情绪爆发。当其情绪稳定后，老师可以适当降低任务难度，然后再对小雅提出要求。例如，老师让小雅完成一个卡通人物的涂色任务，但小雅明显不乐意，老师可以跟小雅说："小雅，我们休息一下，待会儿再来涂。"过一会儿等小雅安静了，老师可以尝试提出："小雅，这个小女孩很好看，我们来帮她把裙子涂成红色，好吗？"最重要的是，老师还要加上一句"小雅可以做得很棒！老师喜欢看小雅涂色。"此时，小雅一般都会完成任务。当然也有小雅仍然感到不乐意的时候，此时老师才最终完全撤销任务。之所以采取这一措施，其出发点就是尽可能不让小雅发脾气的情况升级，导致处理难度更高。

2. 针对想要吃东西的发脾气行为的措施

接着，老师们进一步考虑了针对小雅因为想得到食物出现的发脾气行为，制订的干预措施的核心仍旧是提前预防。老师们认为，如果将食物全部收放在小雅看不见的地方，也就是没有食物这一诱因，小雅发脾气的行为应该可以减少。另外，如果小雅非常强烈地要求获得食物，老师的做法可以是：先将食物放在手边，然后冷静地告诉小雅："小雅表现好才会有奖励！"因为小雅能够听从指令，而且很喜欢食物这一奖励物，她就会比较少地发脾气。

（五）生态系统理论

美国心理学者布朗芬布伦纳（Bronfenbrenner）认为儿童的发展不仅仅受到与其直接联系的环境的影响，如家庭、幼儿园，而且还会受到一些间接的生态环境的制约，如社会文化等。这些生态环境是"一组嵌套结构，每一个嵌套在下一个中，就像俄罗斯套娃一样"。换句话说，发展的个体处在从直接环境（像家庭）到间接环境（如宽泛的文化）的几个环境系统的中间或嵌套于其中。每一个系统都与其他系统以及个体交互作用，影响着发展的许多方面（图1-18）。

微观系统（microsystem）指与儿童有切身关系的生活环境。包括家庭、学校、同伴及社区等。

中间系统（mesosystem）指各微系统之间的联系或相互关系，主要包括父母与学校的合作情况，友伴群体的影响等。如果微系统之间有较强的积极联系，发展可能实现最优化，反之，则会产生消极的后果。

外层系统（exosystem）指儿童并未直接参与但却对他们的发展产生影响的系统。例如，父母的工作环境就是外层系统中的因素。儿童在家庭中所经历的情感关系可能会受到父母是否喜欢其工作的态度影响。

宏观系统（macrosystem）指存在于以上三个系统中的文化、亚文化和社会环境。它实际上是一个广阔的意识形态，决定着如何对待儿童、教给儿童什么以及儿童应该向什么目标努力。

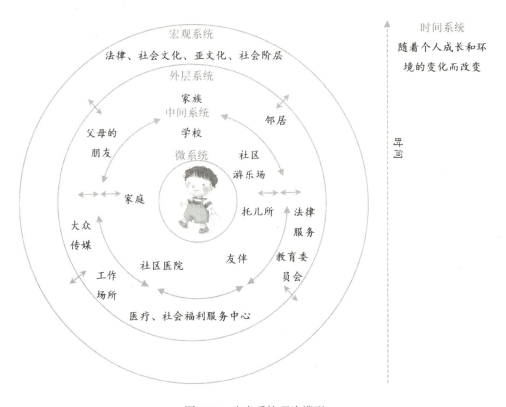

图 1-18 生态系统理论模型

时间系统（choronosystem）又可称作历时系统，即把时间作为研究个体成长中心理变化的参照体系，强调将时间和环境结合来考察儿童发展的动态过程。婴儿一出生就置身于一定的环境之中，并通过自己本能的生理反应来影响环境。也会根据外界环境来调节自己的行为，随着时间的推移，儿童生存的微观系统环境不断发生变化。

生态系统理论提醒教育者用整合的视角探讨儿童发展和学习的影响因素。例如，不仅要关注儿童所处的微观系统，如家庭、学校对其的影响，也要关注其他系统及各个系统之间的相互关系对儿童个体主动性的影响。

三、教育学基础

教育必须遵循人的身心发展规律并为人的身心发展服务，教育必须遵循社会的发展规律并为社会发展服务。这是教育学中提出的两大规律，在特殊儿童的教育中，这些规律也尤为重要。教育学在长期的研究与发展过程中提出了很多具有代表性的观点，如全面发展观、动态发展观、潜能发展观、主动发展观等，这些都为特殊儿童的发展与学习提供了重要启示。①

西方，自文艺复兴运动后，一大批教育学家、哲学家提出了关于儿童教育的理论，这些理论观点对于学前特殊儿童的教育都有重要启示。例如，夸美纽斯（Johann Amos Comenius，1592—1670 年）主张让幼儿自在地活动，让他们去尝试、去模仿、去体验、去学习多种运动和游戏。卢梭（Jean Jacques Rousseau，1712—1778 年）强调教育与儿童的身心发展结合起来，强调感官训练，引导儿童直接从外界事物和周围环境中学习和掌握现实的、有用的知识。此外，他还强调从小培养孩子善良的品德。他所强调的以儿童的自身成长发展为基调使儿童的活动和生活组织化的教育思想，以及感觉训练的思想，对学前教育的理论起了十分重要的启发和引导作用。尤其是把儿童放到了教育活动的主体地位上，使儿童成为教育活动的中心。根据卢梭的教育思想，特殊儿童的教育应注重挖掘儿童的主体性，并在训练和日常生活中使儿童的主体性得到有效的发挥。

福禄贝尔（Friedrich Wilhelm August Froebel，1782—1852 年）主张教育必须遵循儿童发展阶段的特点，并使儿童获得和谐的发展；在教学中，主张尊重儿童自由，让儿童自动、自发活动；重视游戏的价值，让儿童在游戏中获得发展等。

杜威（John Dewey，1859—1952 年）的儿童中心论"反对传统的以教师、书本和课堂为中心，主张从儿童的本能、兴趣和需要出发，以儿童自身的活动为教育过程的中心。"他主张教育只是一种过程，要求教学中以"从做中学"为基本原则，注重体验、操作及练习，并贯穿到教学过程、课程编制、教学方法及教学组织形式中去。杜威教育理论中有关"经验""活动"等概念范畴对儿童的教育以及当今特殊儿童的教育都有重要的启示。例如，当今特殊儿童的教育中常使用的活动本位模式，通过生态评量选取生活中的重要活动作为教学训练主题，在训练时发挥儿童的主动性，实施综合教学等。

蒙台梭利（Maria Montessori，1870—1952 年）主张教育的目的在于发现儿童"生命的法则"，帮助儿童发展生命，使每个儿童具有的天赋潜能在适宜的环境中得到自然的发展，在了解儿童的基础上促进儿童的全面发展；教育的根本原则是使儿童获得自由，使儿童从妨碍其身心发展的障碍中解放出来，使儿童的天性得以自然表现。同时，蒙台梭利强调儿童的感官训练和肌肉练习。她的这些教育思想对于特殊儿童的发展与教育影响深远，比如为特殊儿童提供"最适宜的教育环境""全面发展观""潜能开发观"特殊儿童感觉统合训练和运动能力训练等理念和教育方法都受到蒙台梭利的教育思想的启发。②

在我国，蔡元培、陶行知、胡适等人介绍和宣传美国教育家杜威的教育思想，强调"尊重与发展儿童的个性才能"。此外，鲁迅、蔡元培、恽代英、陶行知、陈鹤琴等人主张建立新型的、注重儿童个性的儿童观、教育观，积极影响了现代儿童教育思想。这些教育思想也为特殊儿童的发展与学习奠定了基础。

① 雷江华. 学前特殊教育 [M]. 武汉：华中师范大学出版社，2012：25.
② 虞永平. 学前教育学 [M]. 苏州：苏州大学出版社，2001：18-22.

知识链接

游戏促进特殊儿童的发展与学习

玩常被称为是孩子们"生命中的呼吸"，玩也是各种早期学习的主要通道。特殊儿童在游戏中学习新的技能，并在自发的游戏活动中将它们应用于实践。但是，在有障碍的儿童身上，可能这些现象不会发生，这就需要老师教孩子"玩"，为孩子创设游戏氛围。

例如，听障的孩子游戏社会性更少，孤立性更强。发展障碍儿童的游戏技能比较少。他们可能呆呆站着，不知道如何参加其他孩子的游戏；或者试图用不恰当的方式参加，如让手推车进家政游戏的场地，结果遭到孩子们的拒绝。教孩子玩似乎有反常规，但是教师需要掌握一些简单的游戏行为的教授策略，以帮助特殊儿童学会"玩"。①

（1）通过身体的引导带孩子进入游戏活动，并帮助他们安静下来。

（2）引导孩子走向游戏材料或器械，将材料递给这个孩子。

（3）用语言告诉孩子应该做的事情："在你的手上有个夹子。你可以把它放进这个罐子里。"

（4）对孩子做出的最小的成绩都表现出由衷的高兴："看！你成功了，你把夹子成功地放进了罐子里！"

（5）在某一活动中将孩子安排在其他孩子身边，这样教师就可以指出并描述其他孩子正在做的事情，并开始让特殊儿童模仿。

（6）一旦孩子基本习得这项游戏技能，逐渐让其他孩子也加入这一活动（例如，两个孩子可以将夹子放在同一个罐子里）。

（7）为这一游戏提供社会强化，如教师可以鼓励儿童："你们两个小伙伴要把这个罐子用夹子装满哦！"

（8）慢慢地让特殊儿童加入集体活动，先从两人的集体活动开始，然后三个人，小集体活动的成员可以是能够和这个特殊孩子一起参与简单游戏的儿童。

第四节 特殊儿童发展与学习的模式

一、特殊儿童的教育安置模式

最少受限制环境是特殊儿童教育安置的基本原则，这就意味着儿童应该尽可能少地

---

① K·S·艾伦，J·S·施瓦兹. 特殊儿童的早期融合教育［M］. 周念丽，等译. 上海：华东师范大学出版社，2005：394.

与非残疾儿童、家庭、家人以及社区隔离。特殊儿童的生活应该尽可能地正常，干预应该与个人需要相一致，如果没有绝对必要，不能干预个人自由。从 20 世纪 80 年代开始，越来越多的特殊儿童被安置在普通班级中，相应地更少将特殊儿童安置在隔离机构中。在我国，学前特殊儿童的主要安置模式有融合幼儿园模式、特殊幼儿园模式、训练中心模式、家庭教育模式、综合安置模式等。①

（一）融合幼儿园模式

融合幼儿园模式，在我国又称为"随园就读"模式，是我国大陆地区特殊儿童早期融合教育的主要模式。该模式是指将特殊儿童安置在普通幼儿园中，在普通幼儿教育机构中对特殊儿童实施教育的一种形式，让特殊儿童与同龄普通儿童一起学习和活动，教师则根据特殊儿童的特殊教育需要给予特别的教学和辅导（图 1-19）。

图 1-19 聋健融合的民办幼儿园②

1988 年，《中国残疾人事业五年工作纲要》中首次提出了特殊儿童"随班就读"的概念，强调 7~16 岁学龄特殊儿童在普通学校随班就读完成小学和初中的义务教育的问题。融合幼儿园模式可以说是"随班就读"模式向学前教育的延伸。1990 年 12 月，第七届全国人大常委会通过的《中华人民共和国残疾人保障法》第二十二条规定：普通幼儿教育机构应当接收"能适应其生活"的特殊幼儿。1994 年 8 月 23 日国务院颁布的《残疾人教育条例》第四十一条规定：通过残疾幼儿教育机构、普通幼儿教育机构、残疾幼儿福利机构、残疾幼儿康复机构、普通小学的学前班、特殊学校的学前班以及家

---

① 方俊明. 特殊教育学［M］. 北京：人民教育出版社，2005：82-86.

② 图片来源：邹毅. 托幼一体、聋健融合的民办幼儿园——上海启英幼儿园. 人民画报［EB/OL］. http://www.chinapictorial.com.cn/ch/se/txt/2011-12/21/content_414143.htm，2011-12-21.

庭等开展学前特殊教育。2001年7月教育部颁布的《幼儿园教育指导纲要（试行）》中明确指出："幼儿园的教育是为所有在园幼儿的健康成长服务的，要为每一个幼儿，包括有特殊需要的幼儿提供积极的支持和帮助。"作为普通幼儿园有责任和义务为特殊幼儿提供教育和服务。这就要求幼教工作者掌握基本的特殊教育知识技能，为特殊儿童的随园就读做好准备。

特殊儿童的早期融合教育，一方面使有发展障碍的儿童从小建立起归属感、接纳感，使自己成为一个有信心有能力融合到社会之中，自食其力为社会做出贡献的人；另一方面强调普通儿童在融合环境中从小形成一种乐于助人的友善态度，培养他们实现公平、主持正义的社会责任感和在具有多元文化背景下的合作能力。但是，当前由于师资问题、特殊教育资源匮乏等问题，特殊儿童的早期融合教育还存在许多不足；特殊儿童早期融合的具体实施形式还处于进一步摸索阶段。特殊儿童的早期融合的推广和实现仍是一个漫长的过程，需要专业人员的共同努力和协作、全社会的理解与支持、深入的科学研究和相关制度与法规的保障。[1]

（二）特殊幼儿园模式

特殊幼儿园模式是指特殊儿童进入专门的特殊幼儿园或特殊教育学校的学前部接受教育。这种模式的最大优势在于拥有具备专业知识的专业人员。特殊幼儿园或特殊教育学校学前部的工作人员不仅对某类特殊儿童有深入的了解，而且具备对某类特殊儿童进行教育的经验。在这种模式下，特殊儿童所接受的课程和教学活动一般都是根据每个儿童的不同水平和需求进行设置，并且按照其发展状况进行不断调整。在物理环境方面，特殊幼儿园或特殊教育学校学前部能够为特殊儿童提供具有保护作用的环境，消除环境中的不恰当刺激。例如，聋校有灯光设计、手语等信号标记；盲校的无障碍设施有助于视障儿童的安全行走；教室中的布置更加结构化，减少引起儿童分心的杂乱因素，适合各类发展障碍儿童的学习需求等。尤为重要的是，特殊幼儿园或特殊教育学校学前部中每一位工作人员、每一项工作都是围绕着"为特殊儿童提供更有效、更恰当的支持"这一目标进行的。比如，智障儿童的语言训练不仅被运用于教学中，还存在于日常生活中的各种社交场所，这些都为其提供良好的生活学习环境。

但是，这种隔离式的教育模式的也有一定局限性。这种模式剥夺了特殊儿童与普通儿童沟通交流的机会，不利于特殊儿童语言和社会技能的发展，更不利于其回归主流社会。此外，目前我国专门的特殊幼儿园的数量十分有限，无法满足学前特殊儿童的入学需求。

（三）训练中心模式

训练中心模式是指在固定的场所内由专职或兼职的特殊教育专业人员对特殊儿童进行专门的训练和教育的一种模式。在我国一些大中城市一般都建立了聋儿语训中心、自

---

① 周念丽，方俊明. 医教结合背景下早期融合教育的实证研究［J］. 上海教育科研，2012（7）：38-41.

闭症教育训练中心之类的训练中心。这些训练中心多隶属于地方民政局、残联，有些挂靠在医院名下，还有各种民办的机构。这种模式适合于年龄稍大（3~7岁）、在某些方面存在明显障碍的特殊儿童。

图1-20　正在训练中心接受干预的儿童

训练中心模式一般具有固定的场所，配备较齐全的特殊教育设备，而且教师大多受过特殊教育或培训，具有较强专业素养。这种教育模式针对性较强，针对孩子的独特需求制定个别化教育计划，训练内容比较系统；孩子在训练中心可以与其他儿童游戏、活动，有利于社会适应能力和交往能力的培养；训练中心也能为家长提供专业的咨询和定期培训，指导家长在家庭中进行康复训练，也为家长提供交流的场所。但是，训练中心模式一般费用较高，而且多处于大中城市，对于家长来说，距离遥远。训练中心的个别化训练多采用封闭式的教育，限制了家长直接参与教学活动和亲子关系的发展。训练中心往往侧重儿童的某一个方面进行训练，不利于儿童的全面发展，例如聋儿康复中心往往只重视儿童的语言训练，忽略其社会交往、认知等能力的训练。

（四）家庭教育模式

家庭教育模式是将家庭作为教育基地，由接受过最基本训练的特殊儿童的父母来承担主要教育任务的一种模式。这种模式适合于年龄较小（0~4岁）以及无法进入幼教机构的特殊儿童。实行这一模式之前，要对特殊儿童的父母进行必要的基本训练，使他们掌握一些基本的特殊教育知识和训练技能。这种模式以家长教育儿童为主，专业人员可以定期到各个家庭中指导家长。

这种模式的优势在于，儿童在家庭的自然环境中学习，比较轻松，可以使儿童学会适应自己所处的独特环境，保持儿童情绪的稳定，促进积极行为的巩固。当然，家长是儿童最好的老师，最熟悉儿童各方面的情况，教育的针对性较强。但是，家庭教育模式中虽然家长受过一定培训，但毕竟不是专业的特殊教育人员，缺乏系统的知识技能，会影响教育效果；而且，在家庭中儿童缺少同伴交往的机会，对其社会性发展是不利的。

此外，没有参照对比，儿童的进步情况、发展速度等不易被家长及时发现，对于教育计划的调整也十分不利。家庭中的其他因素，如家庭成员态度、家庭成员关系等，也会影响教育效果。

（五）综合安置模式

这是一种将家庭、幼儿园、康复机构等结合起来的安置模式。这种模式采用的方法是家长把特殊儿童送到普通幼儿园或特殊学校上学，利用周末或课余时间带孩子到特殊教育训练中心接受训练，其余时间在家里由家庭成员进行教育康复。这种模式需要家长投入大量的时间精力，几乎全部时间围绕着儿童的教育，与幼儿园老师、训练中心老师之间密切沟通，随时发现孩子的进步，在教育、康复上做出调整。

这种安置模式对于特殊儿童的教育全面到位，在补偿原有缺陷的同时，积极发掘儿童其他方面的潜能，培养儿童良好的生活、学习习惯、发展思维、想象等能力。在教育的过程中，孩子也会面对不同的人群，有利于社会性的发展。

除了上述几种安置模式之外，对于一些重度的特殊儿童，如脑瘫、病弱、肢残儿童，医疗康复模式也是一种重要的安置模式。在医疗层面，对儿童进行康复训练。这种训练往往是在医院康复部或残疾儿童康复机构进行，由医护人员与教师对儿童进行专业性极强的康复训练，如针对脑瘫儿童的运动障碍和姿势异常进行运动康复等。

二、特殊儿童发展与学习的课程模式

（一）蒙台梭利课程模式

蒙台梭利（Maria Montessori）是 20 世纪享誉全球的教育家。她的幼儿教育实践是从其对特殊儿童的教育开始的。虽然蒙台梭利真正从事特殊教育的时间只有 5 年（1896—1901 年），但这 5 年针对智障儿童所开展的工作为其之后的教育思想的形成奠定了重要基础。蒙台梭利充分借鉴了伊塔德（Itard）和塞甘（Seguin）的教育理念和教学方法。她看到了特殊儿童与普通儿童在心理发展上的相似性，她曾说过"如果缺陷儿童和正常儿童之间有时能相差无几的话，那就是在幼儿时期，这时，一个是没有能力发育的儿童，另一个是还没有发育的儿童，他们是有某些相同之处的。"所以，在这种思想的指导下，她把特殊儿童的教育方法应用于普通的幼儿教育。因此，她对特殊儿童发展与教育的贡献是无法磨灭的。蒙台梭利课程模式是建立在她的儿童观、教师观、教学观的基础之上的，进而提出了特殊儿童教育的方法和内容。

1. 蒙台梭利的特殊教育理论

蒙台梭利的特殊教育思想在很大程度上是由其儿童发展观决定的。蒙台梭利认为，人都有一种内在的生命潜力，儿童的生长、发展过程，就是这种内在生命力"按照遗传确定的生物学规律显现和发展的过程"，而生命力的冲动通过儿童的自发活动表现出来，所以在蒙台梭利的教育中特别强调互动的重要性。蒙台梭利也强调这种生命力还表现为不同阶段的心理发展"敏感期"，在一个创造力旺盛、各种功能形成的时期，任何

图 1-21 蒙台梭利和儿童

疏忽和偏差都有可能导致永久的缺陷，因此，她尤为重视儿童敏感期的教育，并进一步指出不同个体有不同成熟节律，必须尊重儿童的个体差异，进行个别教学。此外，蒙台梭利也认为儿童的发展是个体与环境相互作用的结果，外界环境为儿童的发展提供了一种媒介。

　　根据其儿童观，蒙台梭利认为教育就是要根据儿童生长的内在秩序，为儿童自然生长提供"有准备的环境"，自主活动、自由生长。"有准备的环境"主要包括物质环境（如蒙台梭利教具、室内设施、教学材料等）和人文环境（各种有价值的人类文化遗产）。环境的设置必须适合儿童发展的节奏和步调，不断变换；环境必须是有秩序的、美的、对儿童有吸引力的，也必须能保护儿童，体现与成人的世界联系。蒙台梭利也强调儿童的"自由"，但是这种"自由"是一种有限制的自由，是与纪律对立统一的自由。教育是为了"引导孩子向独立自主的方向发展"。蒙台梭利认为儿童具有秩序的敏感。因此，教学的节奏和日常生活必须是可以预测的，教育必须是有秩序的组织，教师对儿童的行为指导必须准确而精确。儿童具有"工作"的本能，在开放、自由的空间中，儿童全神贯注投入自己选择的"工作"之后，会表现出极度的欢愉、平和和宁静。"工作"使儿童个性成长进入秩序状态，并为其继续成长创造广泛的可能性。

教师在教育中的作用主要是"跟随幼儿"。教师既是环境的提供者、示范者，也是儿童的观察者、支持者和志愿者。教师需要观察儿童的内心需要，为他们创设环境，示范教具操作，给予启发、引导和帮助。

2. 特殊儿童教育的原则

蒙台梭利的理论思想对特殊教育具有重要意义。她提出了特殊儿童教育四个原则。

第一，早期干预原则。蒙台梭利认为，特殊儿童的某些障碍和缺陷，只要在敏感期之前进行教育，就能得到很大的改善。而儿童的敏感期多集中在出生到 6 岁这一阶段，因此，对特殊儿童的干预应越早越好。

第二，尊重个体差异原则。尽管特殊儿童与普通儿童有相似之处，但蒙台梭利仍看到特殊儿童与普通儿童之间存在着的差异，需要区别对待。这就要求教师从特殊儿童的身心发展特点出发，结合特殊儿童所处敏感期及个体差异，采取与之相适应的连贯的步骤与方法，提供教育和训练。

第三，自主性原则。由于儿童生命力的冲动通过自发活动表现出来，同时儿童的自发活动又是教具与儿童的敏感期相结合的关键，所以蒙台梭利强调训练必须由特殊儿童自己操作，给特殊儿童以活动的自由，成人尽量不要干涉，引导特殊儿童按照自己的兴趣爱好去自由选择、独立操作。

第四，循序渐进原则。蒙台梭利强调由简到难、循序渐进地教授特殊儿童。特殊儿童的思维发展缓慢，缺乏学习的兴趣和主动性，且情感发展迟滞。在实施智障儿童感官教育时，必须从相对简单的预备性练习入手，应该在孩子完成一个任务之前，真正找到如何教他去完成这个任务的办法。更为重要的是，对智障儿童的训练应在相应的敏感期之前开始教育，就能使智障儿童的缺陷得到纠正。通过引导智障儿童对教具的反复操作，不仅可以纠正智障儿童已被破坏的、原始的感官本能，使他们获得良好发展，而且还能帮助其获取知识和提高识别能力。以视觉感觉教具（圆柱组）为例，参看如下的知识链接。

使用圆柱体进行视觉感觉训练

教具：一套逐渐减小的 10 个圆穴和与之相对应的 10 个圆柱体。

教学目的：智障儿童通过反复练习能够把每个圆柱体放入到配套的圆穴中。

评析：这套教具训练的真正目的，不在于让智障儿童能将每个圆柱体放回适当的圆穴里，而是要通过训练过程，锻炼智障儿童的观察力，培养他们辨别相同性（都是圆柱体）、相异性（高度不同或直径不同）、次序性（由左到右或由大到小，引导儿童能够用了解和思考来判断事物，在心智上产生"推断"后，能做成"决定的思考"和行为。

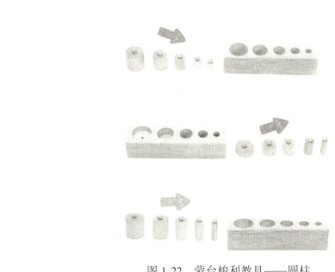

图 1-22　蒙台梭利教具——圆柱

3. 特殊儿童教育的方法及内容

活动作业法。蒙台梭利的儿童发展观认为，通过活动，儿童的生命力和个性不但得到表现和满足，而且得到进一步的发展。所以，蒙台梭利在教育特殊儿童时，安排了大量的活动，她认为这不仅有助于肌肉的协调和控制，而且可以训练他们的动作灵活，具有适应周围环境的能力，另外还可以培养独立性和意志力。

感官训练。蒙台梭利将课程模式的内容分为日常生活联系、感官训练、肌肉训练和初步知识学习（包括阅读、书写和算术）四个方面。在开设顺序上，以日常生活联系和感官训练为先，在此基础上进行初步知识的学习。其中感官训练在整个课程体系中占有特别重要的地位。这是因为，一方面感官训练符合该时期儿童的心理发展状况，另一方面感官训练有助于儿童日常生活的练习和初步知识的学习。

蒙台梭利认为智能的培养首先依靠感觉，利用感觉收集事实，辨别它们。感官练习是初步的、基本的智力活动，感官训练能够补偿儿童的智力缺陷。她深信："心理缺陷和精神病患儿童，通过运动和感觉训练的活动，可以使他们的身体动作协调，并促进其智力发展。"针对智障儿童，他们不仅存在智力缺陷，还可能引起其他缺陷，诸如审美能力缺失、自卑胆怯等个性问题。因此，通过感官教育能及时发现儿童的某些缺陷并及时进行补救，予以改善。为此，蒙台梭利针对五种感官设计了单独的教具，每一套教具只训练一种特殊感觉（视觉、触觉、听觉、嗅觉和味觉），尽可能排除其他感觉渠道的干扰，使被训练的感官得到的印象尽可能纯正、清晰。

在教学时，针对智障儿童思维发展缓慢、缺乏学习兴趣和主动性、情感发展迟滞等特点，实施感官教育之前，必须先从简单的预备性练习入手。比如，在让孩子学习写字之前，就需要先锻炼儿童的肌肉运动能力；在学习缝纫之前，就需要练习所需的手的运动能力等。另外，教学遵循循序渐进的原则，一般采用分解的方法，把复杂的整体分解为简易的几部分进行练习；在操作时结合语言。例如，教儿童识别颜色，蒙台梭利采用了塞甘的三阶段"名称练习"法。先让孩子将感觉和名称联系起来（出示颜色，教师说"这是红色的"）；其次让儿童认识相应名称的物品（成人对孩子说"给我红色的"，让孩子拿出红色的物品）；最后是记忆相应物品的名称（给孩子看某一物品，问他："这是什么颜色?"）。此外，在针对智障儿童的教学中，教师要必须及时提醒儿童的操作错误。对普通儿童进行训练的时候，蒙台梭利强调"自主"教育，教具必须由儿童自己操作，要给予儿童活动的自由，让儿童自己选择教具，自己纠正错误，外人尽量不要干预，让他们按照自己的兴趣爱好去自由选择、独立操作。但蒙台梭利在对智障儿童观察的时候发现，由于心智方面存在缺陷，智障儿童在纠正操作过程中发生的错误时，普遍缺乏正常儿童的这种自主性。教师必须注意及时提醒和纠正他们的操作错误，这一点与普通儿童练习时的要求完全相反。随着智障儿童智力和思维水平的不断完善，教师对智障儿童操作错误的纠正次数应该逐渐减少，以培养智障儿童的自主能力，完成智障儿童的自主教育。

小班蒙氏活动教案：插座圆柱体组[①]

一、设计思路

插座圆柱体是蒙氏感官教具比较经典的一种，它分为四组，A：直径一定，高度渐减。B：高度一定，直径渐减。C：直径与高度同时渐减。C′：直径渐减，高度渐增。这四组教具将小班上学期的一些大小、高矮、粗细等概念融入其中，让孩子们在直观的教具中，在自由的操作活动中获得感官。这是比较符合幼儿的年龄特点与学习特点的。

二、过程实录

（一）活动目标

（1）直接目的：培养幼儿辨别大小的视觉能力。

（2）间接目的：a. 作为写字前的准备（抓握圆柱的圆柄可以当作握笔的准备练习）；

　　　　　　　　b. 培养逻辑思考能力（对应、顺序）；

　　　　　　　　c. 培养敏锐的观察力。

（二）活动准备

（1）教具：木制圆柱体 B 组：高度一定，直径渐减。

---

① 浙江学前教育网. 幼儿园小班蒙氏活动教案：插座圆柱体组［EB/OL］. http://data. 06abc. com/20100821/53984.html，2011-03-26.

（2）错误订正：在教具上，每个圆柱只能嵌进相合的圆穴。

（三）活动过程

基本提示：1-P：用圆柱体 B 以圆柱找穴练习。P 为 Pairing（配对）的代表符号。

（1）准备地毯，介绍圆柱体。

师："今天我们工作的是插座圆柱体。"教师示范从教具架上把圆柱体取下。用双手托握教具两端（大拇指在后，小拇指弯曲托住底端，其余三指略微弯曲把住前面和侧面）搬运。

幼：用眼睛仔细观察老师的每一个细微动作。

（评析：在蒙氏教学中，教师很少用语言告诉孩子该如何操作，而是用慢而精确的动作示范来让孩子了解操作步骤，这一点是符合幼儿的直观形象思维趋势的。同时需要孩子们全身心地投入活动中观察。）

（2）将圆柱取出，放在木枕下方。

师："这是插座圆柱体。"

幼："这是插座圆柱体。"

师："插座圆柱体在哪里？"

幼："插座圆柱体在地毯上。"

师："这是什么？"

幼："这是插座圆柱体。"

（3）教师握住圆柄，圆柱体底部朝上，一手触摸圆柱体的直径和洞穴直径，进行配对工作。

（评析：在蒙氏教学中，三段体的教学方式是经典而有效的。首先老师具体让孩子了解工作的名称（例："这是插座圆柱体。"），接着让孩子理解工作（例："插座圆柱体在哪里？"），最后让孩子运用工作（例："这是什么？"）。孩子们通过三段体的学习，真正掌握了工作的名称。

（4）请小朋友试试看。

师：你想试试看吗？

幼：好的。

（5）将教具、地毯归位。

（评析：蒙氏教具最终是为幼儿的发展服务的，让幼儿用自己的手去触摸，用眼睛观察，用思维来控制操作，才能促进孩子的发展。教师的每一个提示和所需的时间都要考虑到幼儿的思考能力。）

三、活动评价

蒙台梭利认为，儿童对某一件教具愈专心，愈表示他正在将具体的知识转变成抽象的知识。在这一种自然的过程中决不可加以干扰。蒙台梭利教具是为自动教育而设计的，所以，对错误的控制是操之于教具本身的设计，而不在于教师。控制错误的设计会引导幼儿使用教具，并让幼儿自己发现自己的错误。

孩子们在集体活动中所表现出来的专注和跃跃欲试，让他们对插座圆柱体组充满了好奇和渴望。在操作中能安静有序。

案例思考 如果班级中有一个智障儿童，那么这样一节蒙氏活动课应该如何调整？

蒙台梭利认为要对智障儿童进行早期的教育。智障儿童是操作感官教具的主体，因此，要根据智障儿童的发展情况为其提供教具。在智障儿童感官教育的实施方法上，蒙台梭利强调必须孤立儿童的各种感觉，分别进行训练，并及时提醒和纠正儿童操作中出现的错误，同时要注意教具的刺激等级和教学语言的正确使用。遵循正确的方法和原则是教育效果的最佳保证。蒙台梭利的感官教育有一定的合理性和积极意义，但是她孤立地进行个别感官的单独训练，割裂了儿童的各种感官在认知活动中的相互联系，这是不科学的。[1]

生活技能训练。赛甘的"生理教育法"主张以人类的实际生活需要激励低能儿童进行活动，使他们通过活动增长智力。蒙台梭利受塞甘（Seguin）的影响，认为对于特殊儿童来说，实际的生活技能不仅可以激发动机，而且因为这些技能的发挥要求神经系统和肌肉的高度协调，所以对特殊儿童的发展能起到积极的作用。此外，生活技能训练能培养特殊儿童的生活自理能力和独立能力。因此，蒙台梭利的学校中要求特殊儿童尽可能地做家务，进行自我服务等。后来，蒙台梭利还将这些运用到其他生活技能的练习中，比如，走路练习、正确地呼吸、说话练习、开抽屉、开门锁练习、看书写字练习等。但是，蒙台梭利狭义地理解了实际生活能力的培养，使之与一切自由联想对立，贬斥想象游戏，忽视情感培养，这不能不说是一种严重的缺陷。

（二）奥尔夫课程模式

奥尔夫音乐教育体系是由德国近代著名的音乐家、教育家卡尔·奥尔夫（Carl Orff）创立的，奥尔夫音乐教育主要是针对儿童音乐教育设计的。奥尔夫音乐教育强调"整体的艺术"与"原本的音乐"，他所致力的音乐是融合音乐、舞蹈、诗歌、戏剧等各种艺术于一体，每个人必须是真正、完全参与到音乐中，而不是被动式地接受音乐知识，不是为舞蹈表演而习得的技能，而是自发、自我的情感表露，而这些近于生活、自然及儿童天性的简单易行的活动方式是合乎儿童天性的。奥尔夫音乐教学法不仅为儿童学习音乐提供了最天然的方式，而且，在培养学生自尊、自信、人格等多方面发挥了很大

图 1-23 卡尔·奥尔夫

---

[1] 李芳. 试论蒙台梭利特殊教育思想 [J]. 现代特殊教育, 2000（4）: 4-5.

的功效。正是因为奥尔夫音乐教学法的这一独特的功能性，致力于奥尔夫音乐教育的教师和其他治疗师们，为了帮助特殊儿童，便将奥尔夫乐器、声势、童谣和律动等，特别是即兴演奏、演唱的方法运用于特殊儿童的教学和治疗中，收到了意想不到的效果。① 20世纪60年代，经美国的坦普尔、德国的格特鲁德、朱迪斯和耶加德等多位奥尔夫教育法的研究者，以卡尔奥尔夫的音乐教育思想为基础，不断地实践探索，将奥尔夫教学法与音乐治疗不断结合，最终形成了系统化的奥尔夫音乐治疗方法。

1. 奥尔夫音乐治疗的基本思想与特点

奥尔夫音乐治疗是以奥尔夫教学法与音乐治疗相融合而产生的。其思想体系的核心是"整体艺术"，是一种把音乐、舞蹈、语言、节奏融合在一起的音乐行为教育法。②主要的特点呈现为：原本性、整体性、节奏性、交流性。奥尔夫认为，在每一个人都有能力参与音乐理念的指导下，将有能力或无能力的儿童，根据其能力给予合适的位子，让其参与奥尔夫教学法的合奏。

奥尔夫音乐治疗是音乐治疗中的一种学派，与所有音乐治疗活动的性质相同，活动的目的不是对音乐的学习，而是以缺陷矫正或代偿机能的发展以及后继障碍的防治为目标，通过音乐使心灵力量得以散发，产生投射、移情、社会适应性行为等，帮助患有身心障碍的儿童更好地适应社会生活。

在奥尔夫音乐活动中使用的教材及相关的乐器都遵循儿童的发展规律，倡导"循序渐进"的核心思想。所使用的歌曲内容贴近儿童的生活，来源于民间的童摇、民歌等。歌曲中旋律、节奏等音乐要素，律动活动中设计的动作，器乐表演中使用的乐器均跟随儿童发展的水平而由浅入深地逐步递进。

奥尔夫音乐治疗在奥尔夫音乐教育的"人本性""原本性""综合性"等基本理念指导下，鼓励儿童通过语言、声音、演奏等一切发声形式，亲自参与音乐活动并表达自己内心的情感。奥尔夫音乐治疗活动方式丰富多彩又简单易行，使孩子在治疗过程中能积极主动地参与其中。

2. 奥尔夫音乐治疗的活动类型

奥尔夫教育理念注重以过程为取向，而不是以结果为动机，这个理念非常适用于特殊儿童。奥尔夫音乐治疗旨在帮助特殊儿童能更好地融入音乐治疗的活动中，在感受音乐的同时，用歌唱、舞蹈、律动、乐器演奏等去模仿、探索、即兴音乐。奥尔夫的治疗模式也是多重感官的，它能在人的听觉、触觉、运动觉和视觉上引起不同的刺激和反应。奥尔夫音乐治疗的主要活动类型有以下4种：

（1）声音感知：让儿童通过聆听音乐、体会情感，其中对"声音"的定义并不只局限于具有音高、速度、节奏的旋律，也可是最原始的、单纯的节奏感知，有时可将语言进行音节拆分，加入节奏或者旋律中进行体验活动。

---

① 王琳琳. 奥尔夫音乐治疗对河南农村留守儿童焦虑情绪的干预研究［D］. 硕士学位论文. 北京：中国音乐学院，2012.

② 宁夏. 奥尔夫音乐治疗对唐氏综合征儿童工作记忆及注意的影响研究［D］. 硕士学位论文. 上海：华东师范大学，2010.

（2）"动作造型"——声势、律动舞蹈和戏剧表演活动：通过身势模仿练习、形体训练、简易舞蹈运动，身体不同的部位在时间、空间、方位中的运动，配合即兴动作、形体表演，使身心得到平衡发展。奥尔夫认为："音乐来自动作，动作来自音乐。音乐不只是单纯所指的音乐本身，是和动作、舞蹈所联系在一起的。"音乐会唤起人身体自然律动的潜能，在这种相互作用下维持主体对音乐的注意。

（3）"声音造型"——乐器即兴演奏活动：奥尔夫乐器的演奏方式有敲、打、摇、拉、吹、弹等，活动中不强调乐器演奏的艺术性和技巧性，而是强调参与的过程。奥尔夫认为在参与乐器即兴演奏活动中，可以根据儿童的能力水平，可从个别训练逐步过渡到团体活动中多声部的器乐合奏。在这个过程中，儿童在音乐感知的基础上，可以通过器乐进行自我表达，在器乐合奏的过程中提供其与人沟通的契机，促进社会交往能力的发展。

（4）"嗓音造型"——歌唱活动和节奏朗诵活动：将语言引入音乐活动是奥尔夫体系最重要的特点之一。通过模唱、演唱儿歌，发展语言能力，学习表达。在参与奥尔夫音乐活动的过程中，通过与他人互动、合作，促进回应性和主动性语言的产生。语言是与动作和音乐融合在一起的，这里的音乐主要指的是节奏因素，运用歌谣与语言相结合的方法，其核心就是节奏训练。通过抽取语言中最短小的、具有一定音乐意味的字、词拼成最小节奏单元，作为"节奏基石"。通过声音节奏的训练，激发特殊儿童本身具有的潜能，提升他们的反应、感知和创造能力，促进特殊儿童的身心平衡发展。"节奏基石"训练方法是智障儿童音乐教育中最佳的方法之一。

图 1-24　奥尔夫集体音乐活动

3. 奥尔夫音乐治疗的活动形式

个别训练、小组活动和集体活动是奥尔夫音乐治疗的基本形式。在治疗实施的初级阶段，通常由两个治疗师作为一个小组进行个别化训练，一名为主治疗师，另一名为辅助治疗师，其分工也有所不同。主治疗师负责根据特殊儿童进行治疗前的评估结果，包括其身体、心理、情绪、认知等各方面的综合评估，制定相应的初步治疗方案和计划，在治疗进行时，促使儿童尽可能地参与治疗性的音乐体验，并根据他们即时的情绪反应和信息反馈找出需要缓解或解决的问题，决定下一步如何开展，负责整个治疗的方向。辅助治疗师则根据主治疗师所指定的计划，直接启发、引导、促进儿童对音乐的反应和即兴创作，并做好相关的记录工作。

随着治疗的深入，根据治疗效果和儿童自身情况，决定儿童是否需要参与集体活动。当儿童还未具备完全参与集体活动的能力时，2~3人的小组活动成为介于集体活动与个别训练之间的过渡阶段，为儿童提供更多同伴活动，更有利于模仿行为、榜样意识和沟通交流的产生。集体活动的形式也是多种多样的。

总之，奥尔夫音乐疗法所采用的治疗方式是丰富多彩的，其引发特殊儿童包括视觉、听觉、运动觉和触觉等多重感官的刺激和反应，使身心有障碍的儿童有机会通过音乐活动来表达情感和开发想象。由于奥尔夫音乐治疗富于自发性、创造性、人本性和游戏性且可灵活采用个体与团体相结合的治疗形式，这些更适合应用于特殊儿童的音乐教育中，近年来也在各种特殊儿童群体上有了较好的应用，如留守儿童、情绪障碍儿童、多动症儿童、自闭症儿童、智障儿童、听障儿童、视障儿童等。

（三）瑞吉欧课程模式

瑞吉欧（Reggio）课程模式的理论基础是以皮亚杰的建构主义为主的。从1963年在意大利瑞吉欧这个小镇创立第一所市立幼儿学校开始，罗里斯·马拉古奇（Loris Malaguzzi，1902—1994年）和当地幼教工作者不断吸收不同时代的理论和思想，从杜威、布鲁纳、维果茨基、加德纳、皮亚杰到霍金森，瑞吉欧跨越了包括心理学、教育学、神经学、哲学等不同领域。其中影响最大的是皮亚杰的建构主义思想，强调幼儿的学习过程是一种主动建构知识的过程，认为儿童在与环境的互动中积极建构其知识体系，从而获得智力的发展，除此之外杜威的"教育无目的论"和民主教育、维果茨基的最近发展区都对瑞吉欧课程有一定的影响。

1. 瑞吉欧课程模式的教育理念

儿童具有潜能和求知欲。这是瑞吉欧模式最为基本的儿童观。儿童是社会的一分子，是社会与文化的参与者，儿童有权利发表自己的看法，与成人一样，是拥有独特权利的个体。儿童是积极主动的学习者，他们带有强烈的好奇心和求知欲。他们有自己的经验和认识，不是空的容器。他们有自己独特的学习方式，并渴望主动探索和认识整个未知世界。儿童具有巨大的潜能，他们有能力认识世界。他们并非只能单纯接受知识的灌输，他们富有好奇心、创造性，具有可塑性。

瑞吉欧的知识观主要受建构主义者的影响。他们强调知识通过各种关系整体建构。第一，知识是通过社会建构来形成的，知识是灵活的，它是在孩子与孩子、孩子与成人的相互关系中建构的。"如果对要学的知识水平提前规定的话，就会阻碍儿童潜能的发展。"知识建构中常有的辩论、争吵和冲突是促进更高水平思考的重要途径。第二，知识具有多种表现形式，因而知识也有多种表达、说明和介绍的方法。在瑞吉欧模式中，鼓励幼儿用一种或多种语言来表达他们的计划、想法和理解。第三，知识是作为整体来掌握的。幼儿在与同伴、教师和父母的相互关系中构建自己的知识并进行理解。瑞吉欧模式非常重视联系，在瑞吉欧学习的过程中包括在感觉、想法、语言和行为之间形成的联结和关系。知识是通过各种各样的联系建构起来的整体。因此，瑞吉欧的主要教学方法——方案教学是要促进幼儿努力找出各种联系和意义，幼儿通过不同主题融合的有意义的活动进行学习。

教育应从儿童出发，以学定教。这种教育观是与其儿童观密切联系的。教育应以儿童为中心，从儿童的兴趣、需要和经验出发。儿童在教育过程和课程决策上应有参与和发表意见的权利和机会。但并不是绝对的儿童中心主义，除儿童之外，教师与家长在幼儿教育上扮演重要角色，起重要的作用。教育方法上，反对传统的单向灌输，教育在于给儿童创设学习的情境，帮助儿童在情境中的人、事、物相互作用的过程中主动建构知识。教育的目标就是要充分发展幼儿的创造力，使幼儿形成健全的人格。教学中"教"比"学"更为重要，因此瑞吉欧模式中更注重"以学定教"。此外，环境也是非常重要的教育因素，学校环境是"我们的第三位老师"。把环境作为教育的"内容"，包含着丰富的教育信息和资源，对幼儿的学习起着促进、激发的作用。

2. 瑞吉欧模式的课程与教学方法

生成课程。瑞吉欧幼儿教育法追求的教育目的是幼儿健康、愉快、幸福地成长，把主动性和创造性作为幼儿健康快乐成长的前提和核心。因此，瑞吉欧教育中没有明确规定课程的内容，更没有固定的"教材"或预先设计好了的"教育活动方案"。他们认为日常生活是取之不尽的课程来源，课程内容可来源于周围的环境、幼儿和老师感兴趣的事物、现象和问题，也可来自各种活动。瑞吉欧的生成课程来源广泛，且多为幼儿身边感兴趣的主题。这些主题一般由幼儿的兴趣和能力聚焦而成，它不仅体现了科学性、开放性，还有助于培养幼儿对真、善、美追求的浓厚兴趣。

方案教学。瑞吉欧方案教学是其课程也是其主要的教学方法。方案教学是以某一主题为核心向四周扩散编制主题网络，制作主题网络程序，然后根据儿童的兴趣、需要让儿童对主题网络中的不同小子题进行探索、研究的教学活动。[①] 方案教学强调要以合乎人性的方式，积极鼓励儿童与环境中的人、事、物产生有意义的互动；从学的观点来看，方案教学强调儿童主动参与他们的研究方案，以取得第一手资料。而方案的内容或主题，通常要取自儿童所熟悉的生活世界。

合作教育。合作教育贯穿于瑞吉欧教育之中，是瑞吉欧幼儿教育中的一个重要特色。在瑞吉欧模式中，幼儿教育不等于幼儿学校教育，幼儿学校、家庭、政府和社会对幼儿的教育都负有一定的职责。合作包括教师间的合作、教师与幼儿合作、幼儿间的合作、家长和社区参与的合作等。

方案记录。许多幼儿教育实践都重视记录，因为它是观察和了解幼儿成长的重要途径。与其他幼儿教育实践相比，瑞吉欧的记录更集中于幼儿经验、记忆、思想和学习探究中的想法。瑞吉欧幼儿学校非常注意并仔细地记录幼儿平时的表现。记录主要包括幼

---

① 屠美如. 向瑞吉欧学什么——一百种语言解读［M］. 北京：教育科学出版社，2002：9.

儿在不同阶段的作品；表现工作不断进步的图片；与幼儿一起合作的教师或其他成人写的评论；幼儿对活动的讨论、评价、表达和解释的文稿；还有家长的评论；幼儿讨论工作的照片、录音带和录像带等。这些记录揭示幼儿如何计划、实施和完成方案的各项工作。这种记录工作不仅可以促进儿童的学习；也促使儿童在性情上认真对待自己的工作，在过程和结果中感到兴奋和满意；还有利于家长了解儿童的学习情况，以使家长参与进来；同时也便于教师了解儿童的学习进程，以更好地进行研究。

3. 瑞吉欧模式在特殊儿童发展与学习中的应用

（1）强调互动关系的作用，发挥儿童主动性。互动关系是瑞吉欧课程模式的一个重要理念，也是贯彻在整个教育活动过程中的一项原则。互动包括教师和学习者的相互沟通；关怀和控制的不断循环；以及教育活动相互引导的过程。在特殊儿童的教育过程中，儿童往往处于"弱势"地位，被动地接受训练和干预。而瑞吉欧所强调的互动关系体现了对特殊儿童的尊重，重视儿童的表达和情感发展，努力开发和发展特殊儿童和其他同龄人、家庭、教师、社会环境之间的相互关系。儿童与儿童之间的互动为特殊儿童的融合奠定了基础。儿童之间是平等互动的，教师为了使儿童能够充分发挥自己的能力，所实行的小组合作制，对于特殊儿童积极性的调动具有积极作用。这种小组合作不仅有利于特殊儿童的知识、能力和情感得到协调发展，更能促进特殊儿童与普通儿童的融合，能够加强特殊儿童对自身的认同，获得归属感和自信心。

（2）关注儿童的"百种语言"，促进潜能开发。在瑞吉欧课程模式中，儿童的发展方向并没有被限定，幼儿可以使自己的潜能自由地发展。他们可以运用自己生来的"百种语言"来自由表达并且反映想法。特殊儿童也有"百种语言"，虽然很多特殊儿童的语言发展迟缓，但是他们仍然有其他丰富的表达形式，比如，动作、表情、情绪、作品等。教师需要对特殊儿童细心观察，用心聆听他们的声音，用恰当的方式向他们传递重视和爱意，建立有效的师生互动信息平台，并帮助他们发展沟通技能，促进其与周围同伴、成人的互动。

"百种语言"也是一种隐喻，儿童有自己特殊的、各种各样表达自我、自我与他人、环境建立关系的方式。它所暗含的，是成人对儿童的特点、权利、自由、精神世界的承认，是成人对儿童发展潜能的肯定。这种理念同样对特殊儿童的发展与学习具有重要的启发。教师在教学中应根据儿童的特点与差异，为特殊儿童提供充分的条件和支持，促进其通过积极探究用自己的多种语言进行积极表达，使特殊儿童在整个方案探究过程中潜力得以充分挖掘。例如，对于自闭症、智障、听障等存在语言障碍的儿童，教师鼓励儿童使用图画语言、黏土泥塑、手工制作等方式来替代口头语言表达自己的想法，抒发自己的情感，促进儿童心理和身体的全面发展。

（3）重视合作与协调，发挥集体智慧和优势。瑞吉欧形成了专家指导、教师合作、家长和社区参与的幼儿教育模式，这种模式无疑也是特殊儿童发展与学习中重要的支持条件。专家是教育中的重要角色，他们将帮助教师理解新的教育观念，协调家长与行政人员的关系，组织培训和引导方案与活动的开展。在特殊儿童发展与学习中，专家是专业资源的主要提供者，为教师、家长、社区工作者等提供专业指导。家长也是非常重要的构成要素。特殊儿童的发展与教育离不开家长的参与。社区参与则为特殊儿童的发展提供了良好的社会条件，比如在社区中宣传正确的观念，引导人们正确认识、对待特殊孩子，为特殊儿童的社区参与提供环境支持等。而各类人员之间有效、良好的交流和合作能够给特殊儿童的发展与教育带来最好的经验。

（4）利用档案记录，构建动态评估体系。特殊儿童的发展与教育离不开对儿童发展状况的持续关注与评估，瑞吉欧的"档案记录"成为动态评估儿童发展状况的重要工具。它是每个孩子发展过程的展示，是孩子情感发展的重要支柱，体现了特殊儿童与周围环境互动的美妙人际关系，包括教师与儿童、儿童与儿童、儿童与社会等。档案记录使教师更准确、客观地了解儿童的发展状况，以此来对每个教学活动进行必要的调整和设计，使教学活动更符合儿童的兴趣和发展与学习的需求。档案记录同时也为其他人员，如家长及其他专业人员，更清晰地了解儿童的发展动态和受教育状况，为教育计划的制订、教育与干预的实施等提供更准确、更恰当的支持。

（5）构筑有序环境，发挥环境教育作用。环境是"第三位老师"，是产生互动的容器，具有极高的教育价值。瑞吉欧的环境舒适、温暖、轻松，他们努力营造一种有利于儿童发展学习的氛围。强调环境的开放性以及材料的相对自由使用，环境和材料作为一种促进儿童交流和对话的方式而存在。教师在特殊儿童教学实践中，需要充分发挥环境教育这一功能。教师需要考虑引起特殊儿童兴趣的环境因素，并不断调整环境。比如，教师可以将教室分成不同的区域，儿童可以根据自己的兴趣爱好进行自由活动；教师可以不断变换环境要素，引起儿童的好奇心和求知欲，促进儿童的发展和学习；教师可以利用环境的记录功能，在墙上贴上认真挑选过的儿童的作品，当儿童看到自己的作品时，都会兴奋不已，充分感受到自己被重视、被关注。

（四）高瞻课程模式

20世纪60年代初，韦卡特（David P. Weikart）在美国密歇根州政府的财政支持下，在美国密歇根州伊普西兰蒂公立学校系统（Ypsilanti Public School System）中的佩里学前学校（Perry Preschool）设计了一套认知导向的学前课程（即后来著名的高瞻课程），用来帮助贫困儿童做好入学准备，减少他们在学业中的失败。这也是美国"开端计划"开始实施后，第一批专门针对贫困儿童而开发的"补偿教育"课程方案之一，引起了人们的广泛关注。早期高瞻课程的理论基础也是建立在皮亚杰的认知理论基础上，只重视幼儿认知的发展，后期则以皮亚杰的认知建构主义为理论基础，对社会和情感的发展也逐步重视起来。①

1. 高瞻课程的目标与内容

高瞻课程模式的功能目标是为儿童进入小学做准备，但在发展中关注点则是逐步发生改变。1995年以前，该课程模式关注的是儿童认知的发展，而社会和情感发展只是认知发展的积极的副产品。1995年，该课程模式进行的第四次修订中，"主动学

---

①　缪胤，房阳洋. 蒙台梭利教育和瑞吉欧教育之比较研究［J］. 学前教育研究，2002（5）：38-41.

习"从原来的"关键经验"中变成课程的核心，但其基本的目标仍然是培养儿童上小学所应具备的认知能力。该课程模式的课程目标从前期的促进儿童认知能力的发展，走向后期强调以儿童的主动学习为中心，促使儿童的认知、情感、社会性的协调发展。

高瞻课程模式根据皮亚杰对儿童认知发展的描述，将其"主要方案"内容总结为十大类"关键经验"，包括创造性的心象、语言和文学、社会关系、运动、音乐、分类、数、空间、时间，每一类下面又细分了该类涵盖的主要经验。然而，课程并不是一个可供消费的练习包或者预先设定的活动包，"关键经验"只是教师用来确保他们所认可和所设计的活动能够促进儿童的认知发展的清单，同时也为成人观察每一个儿童提供了框架。相反，课程是通过一系列推荐进行的活动来实现的。这些活动包括"计划——工作——回顾"序列、小组活动时间、大组活动时间以及户外活动时间，它们共同构成了儿童日常的常规活动。其中"计划——工作——回顾"序列是该课程模式中主动学习的核心内容，也是一天各时段中最长的一个时段，在该时段，幼儿可以根据自己的兴趣来实现对活动的选择。

在课程实施方面，高瞻课程强调儿童与周围环境、教师的积极互动，促进儿童认知的发展不再依靠教师的直接传授与训练，而是靠儿童自己的主动探索。高瞻课程方案强调教师们应该不断提供新材料并创设富有挑战性的情境促进儿童思维能力的发展，而不是为了推动儿童的认知水平从一个发展阶段进入下一个发展阶段，简单、精确、准时地实施干预方案①。在课程实施过程中，教师已经从教学任务中解放出来，与儿童一起分享学习经验，教师所扮演的角色是观察者、支持者和引导者，教师对儿童有目的的提问和引导是促进儿童认知发展的重要手段。高瞻课程并没有固定的教学大纲，却有一个程序化的流程来引领儿童的主动学习，高瞻课程的一日活动划分为固定的几个时段，分别是：小团体活动时间；计划——工作——回顾时间；集体活动时间；环节转换时间；午餐与休息时间等。无论在哪一个环节之中，都十分强调儿童学习的积极主动性。

2. 高瞻课程模式对特殊儿童发展与学习的启示

（1）以儿童为中心，满足儿童特殊需要。高瞻课程提出的初衷是为了解决儿童入学后低学业成就的问题，因此，可以说高瞻课程本身就体现了对特殊儿童早期预防和早期干预的原则。高瞻课程模式突出以"幼儿为中心"的理念，这就需要教师具备良好的专业素质，善于从幼儿的兴趣爱好以及与幼儿的交流中发现教学点，和幼儿一起"协商"进行什么主题的课程以及如何进行。因此，教师要在适当的范围内给予儿童最大的自主，根据儿童的兴趣和需要设定课程内容，以儿童亲身经历的方式展开课程。由于每个儿童都是独一无二的，在课程实施中要照顾不同类型儿童的需要，采取不同的策略，充分体现教师作为指导者和支持者的角色。对于特殊儿童的发展与教育而言，这些理念和方法同样适用。

① HOHMANN M, WEIKART D P. Educating Young Children：Active Learning Practices for Preschool and Child Care Programs［M］. Ypsilanti, MI：High/Scope Press, 1995：300.

（2）创设安全、适宜的环境，促进儿童主动学习。高瞻课程模式强调环境的建设，为孩子创设主动学习的条件。在物理环境建设上，"兴趣区"的安排是该模式环境创设的重点，兴趣区的区分要鲜明，并且有弹性，可根据儿童的兴趣进行调整；要有多样性、数量充足并具有可操作性的材料。在心理环境上，要为儿童创设一个心理上的安全环境，高瞻课程要求教师与孩子分享控制权，比如教师控制环境的布置，而孩子决定自己该学什么；要求教师关注孩子的实际水平，找出孩子的兴趣点，并围绕孩子的能力水平与原有经验作出计划；与孩子建立真诚的伙伴关系，给孩子具体的反馈，并认真对待孩子的问题；与孩子一起游戏，支持孩子的游戏活动等。对于特殊儿童而言，这些要求同样重要。教师要在儿童的能力水平、经验基础之上设计教育方案。教师要尊重特殊儿童，不因其存在缺陷和障碍，而忽视儿童的主动性和创造性，忽视儿童的话语和表达。倾听儿童内心真正的声音，才能更好地为其提供支持和教育。

特殊儿童，从出生那天起，就享有受教育的权利。当然这种权利是需要通过学校的发展和法律的实施来实现的。对于普通儿童而言，早期教育十分关键；而对于特殊儿童，早期阶段更为关键，因为错过了学习的关键期，可能某些学习内容永远无法学好。

在当前融合教育的大趋势下，越来越多的特殊儿童进入普通幼儿园接受教育。所以，在幼儿园中出现类似于杰瑞、小彰、小蜜和小香等这一类的特殊儿童不足为奇。重要的是，如何为这些孩子提供适合的教育？显然，科学的评估以及基于评估的教育教学的调整必不可少。

教师是特殊儿童的发展与学习中的重要成员。教师可以通过观察，为评估提供丰富的、客观的、全面的资料，成为学校、家庭、专业机构的重要纽带和桥梁。在与其他教师、志愿者、专业人员等合作下，调整教育策略，实施教学，促进特殊儿童的发展与学习。那么，作为一名的教师的你，将会发现这些特殊孩子将会展现给你更多的惊喜，也将体验到更大的职业价值。

（1）广义上的特殊儿童是指与普通儿童在各个方面有显著差异的各类儿童。这些差异可表现在智力、感官、肢体、行为或言语等方面，既包括在发展上低于正常的儿童，也包括高于正常发展的儿童以及有轻微违法犯罪的儿童。狭义的理解，特殊儿童专指残疾儿童，即身心发展上有缺陷的儿童，又称"缺陷儿童""障碍儿童"，包括智力障碍、听觉障碍、视觉障碍、肢体障碍、言语障碍、情绪和行为障碍、多重障碍等类型的儿童。

（2）特殊儿童与普通儿童具有相似的发展顺序、生理组织结构、心理需求要素、人格结构和社会适应内容；也遵循着从低级到高级、从简单到复杂的发展历程。特殊儿童的发展与学习的特殊性表现在群体间差异、个体间差异和个体内差异。生物遗传因素和环境因素共同影响特殊儿童的发展与学习。

（3）特殊儿童的教育评估是指使用测验和其他测量手段测量儿童的成就和行为，以便作出教育性决定的过程。教师在早期鉴别中是主要的观察者，教师也可以参与到特殊儿童的筛查、转介、诊断、教育计划的制订以及教育效果的评价等各个阶段。

（4）个别化教育计划指根据每一个特殊儿童的身心特点和教育需要制定的有助于个体最大限度发展的教育方案。整个个别化教育计划制定过程中，教师承担着重要角色，包括对儿童的评估、为实施个别化教育计划对班级活动所作的调整和修改、教育计划执行中的评估等。

（5）器官用进废退与功能代偿学说、成熟理论、关键期理论、皮亚杰的儿童认知发展理论、维果茨基的心理发展理论、埃里克森的心理社会发展理论、行为主义理论、生态系统理论等来自生物学、心理学、教育学等不同领域的理论与学说，为理解和指导特殊儿童发展与学习提供了科学依据。

（6）学前特殊儿童的主要安置模式有融合幼儿园模式、特殊幼儿园模式、训练中心模式、家庭教育模式、综合安置模式等。

（7）蒙台梭利课程模式、奥尔夫课程模式、瑞吉欧课程模式以及高瞻课程模式等为特殊儿童的发展与学习奠定重要课程基础。

 **思考题**

1. 什么是特殊儿童？
2. 简述特殊儿童发展与学习的基本规律。
3. 教师在教育评估中的职责是什么？
4. 如何使用观察法收集特殊儿童教育评估所需资料？
5. 如果在你的班级中发现了可能存在问题的特殊儿童，如何将其转介到专业评估机构？你该如何参与和支持该儿童的教育评估过程？
6. 教师在教育评估中如何为特殊儿童家长提供支持？
7. 如何理解心理发展理论与特殊儿童发展与学习的关系？
8. 什么是关键期理论？试举例说明。
9. 特殊儿童的教育安置模式有哪些？你认为特殊儿童应该进入普通幼儿园学习吗？
10. 特殊儿童发展与学习的课程模式有哪些？这些课程模式如何应用于特殊儿童的教育中？请举例说明。

［1］雷江华.学前特殊教育学［M］.武汉：华中师范大学出版社，2011.

［2］王辉.特殊儿童教育诊断与评估［M］.南京：南京大学出版社，2007.

［3］［美］艾里克·J·马施，大卫·A·沃尔夫.儿童异常心理学［M］.孟先章，等译.广州：暨南大学出版社，2004.

［4］程黎.特殊儿童早期干预［M］.北京：北京师范大学出版社，2012.

［5］K·S·艾伦，J·S·施瓦兹.特殊儿童的早期融合教育［M］.周念丽，等译.上海：华东师范大学出版社，2005.

［6］教育部.3—6岁儿童学习与发展指南［EB/OL］.http://www.moe.edu.cn/publicfiles/business/htmlfiles/moe/s3327/201210/143254.html，2012-10-09.

［7］影视资源：《有一天》（中国，2014）

［8］视频资源：《温柔的坚持》（CCTV-1，柴静主持《看见》，2013年4月1日）

参考文献

［1］COOPER J O，HERON T E，HEWARD W L.应用行为分析（第二版）［M］.美国展望教育中心，译.武汉：武汉大学出版社，2012：23.

［2］HOHMANN M & WEIKART D P. Educating Young Children：Active Learning Practices for Preschool and Child Care Programs［M］. Ypsilanti, MI：High/Scope Press，1995：300.

［3］K·S·艾伦，J·S·施瓦兹.特殊儿童的早期融合教育［M］.周念丽，等译.上海：华东师范大学出版社，2005.

［4］SANTROCK W J. Educational Psychology（2nd Ed.）［M］. New York：McGraw-Hill Higher Education，2006：41-42.

［5］THURMAN S K & WIDERSTROM A H. Infants and Young Children with Special Needs［M］. Baltimore, MD：Brookes，1990：11.

［6］陈丽如.特殊儿童鉴定与评量［M］.台北：心理出版社，2001.

［7］丹尼尔·P·哈拉汉，詹姆士·M·考夫曼，佩吉·C·普伦.特殊教育导论（第十一版）［M］.肖非，等译.北京：中国人民大学出版社，2010.

［8］方俊明.特殊教育学［M］.北京：人民教育出版社，2005.

［9］国家统计局，第二次全国残疾人抽样调查领导小组.第二次全国残疾人抽样调查主要数据公报（第二号）［EB/OL］.http://www.stats.gov.cn/tjsj/ndsj/shehui/2006/html/fu3.htm,2007-05-28.

[10] 胡世红. 特殊儿童的音乐治疗 [M]. 北京：北京大学出版社，2011.

[11] 华国栋. 特殊儿童随班就读教师用书 [M]. 北京：华夏出版社，2014：143.

[12] 黄瑞珍等. 优质 IEP：以特教学生需求为本位的设计与目标管理 [M]. 台北：心理出版社，2007：66.

[13] 雷江华. 学前特殊儿童教育 [M]. 武汉：华中师范大学出版社，2012.

[14] 李芳. 试论蒙台梭利特殊教育思想 [J]. 现代特殊教育，2000 (4)：4-5.

[15] 路得·特恩布尔，安·特恩布尔，玛里琳·尚克等. 今日学校中的特殊教育（上册）（第三版） [M]. 方俊明，汪海萍，等译. 上海：华东师范大学出版社，2004.

[16] 毛连塭. 特殊教育行政 [M]. 台北：五南图书出版公司，1989.

[17] 缪胤，房阳洋. 蒙台梭利教育和瑞吉欧教育之比较研究 [J]. 学前教育研究，2002 (5)：38-41.

[18] 宁夏. 奥尔夫音乐治疗对唐氏综合征儿童工作记忆及注意的影响研究 [D]. 硕士学位论文. 上海：华东师范大学，2010.

[19] 朴永馨. 特殊教育辞典（第二版） [M]. 北京：华夏出版社，2014.

[20] 钱志亮. 特殊需要儿童咨询与教育 [M]. 北京：北京师范大学出版社，2006.

[21] 桑标. 当代儿童发展心理学 [M]. 上海：上海教育出版社，2003.

[22] 陶新华，朱艳，张卜林. 聋生心理健康与成就动机、行为方式的相互影响 [J]. 心理学报，2007 (6)：1074-1083.

[23] 屠美如. 向瑞吉欧学什么——一百种语言解读 [M]. 北京：教育科学出版社，2002.

[24] 王辉. 特殊儿童感知觉训练 [M]. 南京：南京大学出版社，2014.

[25] 王琳琳. 奥尔夫音乐治疗对河南农村留守儿童焦虑情绪的干预研究 [D]. 北京：中国音乐学院，2012.

[26] 韦小满. 特殊儿童心理评估 [M]. 北京：华夏出版社，2006.

[27] 伍新春，胡佩诚. 行为矫正 [M]. 北京：高等教育出版社，2005.

[28] 虞永平. 学前教育学 [M]. 苏州：苏州大学出版社，2001.

[29] 昝飞，张琴. 特殊儿童的问题行为干预——实例与解析 [M]. 北京：中国轻工业出版社，2013.

[30] 昝飞. 积极行为支持：基于功能评估的问题行为干预 [M]. 北京：中国轻工业出版社，2013.

[31] 张福娟，杨福义. 特殊儿童早期干预 [M]. 上海：华东师范大学出版社，2011.

[32] 张世慧，蓝玮琛. 特殊教育学生评量（第 5 版） [M]. 台北：心理出版社，

2011：10.

　[33] 浙江学前教育网. 幼儿园小班蒙氏活动教案：插座圆柱体组 [EB/OL].
http：//data. 06abc.com/20100821/53984.html，2011-03-26.

　[34] 周念丽，方俊明. 医教结合背景下早期融合教育的实证研究 [J]. 上海教育
科研，2012（7）：38-41.

第二章　智力障碍儿童的发展与学习

 学习目标

　　智力障碍儿童智力明显低于同龄儿童的正常水平，并伴有社会适应行为问题，感知觉、语言、言语、沟通、认知、生活自理等能力也都存在很大缺陷。在学前教育阶段，如果教师能够了解智力障碍儿童发展与学习的特点，并及时予以干预与支持，这将对儿童未来发展具有重要的意义。

　　知识目标：

　　（1）了解智力障碍儿童的相关概念。

　　（2）理解智力障碍儿童的发展特点。

　　（3）掌握智力障碍儿童的学习特点、教育目标、教育方法等。

　　能力目标：

　　（1）能根据智力障碍儿童的特点协助评估智力障碍儿童。

　　（2）能根据智力障碍儿童的特点设计教学活动，进行教学环境创设。

　　（3）能根据智力障碍儿童的特点开展班级融合活动。

　　教学重难点

　　（1）掌握智力障碍儿童的学习特点、教育目标、教育方法等。

　　（2）能根据智力障碍儿童的特点协助评估、设计教学活动，进行教学环境、班级融合活动创设等。

　　教学课时

　　4 课时。

 故事专栏

欣欣的故事①

　　欣欣，男，6 岁，幼儿园大班。欣欣妈妈生欣欣时产程太长，造成欣欣出生时脑部

---

　　① 王丽娟. 幼儿园智障儿童的识别与早期干预［EB/OL］. http://www.tangshibaobao.com/ganyu/fangan.html，2012-12-21.

严重缺氧，导致欣欣智力存在缺陷。他长得个子高大，身体发育良好。刚入园时，他不参加任何活动，甚至在教师组织活动时睡觉，对任何事物都不感兴趣，性格内向，言语表达能力差。他虽然6岁了，但经常用手势或单个词句来表达自己的意愿，如说"早上好"或"再见"，他只会点头示意或摇手。在画画时缺乏创意，总在纸上重复画同一个图案，注意力集中的时间非常短暂。与女孩在一起时能友好相处，喜欢摸女孩头发，靠在女孩肩膀上，与男孩在一起时往往不能友好相处，经常有攻击性行为。动作协调性较好，在参加轮滑训练时，能够整理好自己的用具，并且能保护好自己不摔跤；能参加阅读活动，所有阅读材料都能记住并认识阅读材料中罗列出来的字。

　　思考问题

　　相比于普通儿童，欣欣的行为表现有何异同？试想如果你是欣欣的老师你会如何对他进行教育呢？

　　智力障碍儿童（简称智障儿童）是指儿童智力明显低于同龄儿童的正常水平，并伴有社会适应行为障碍的儿童。教师了解智障儿童发展与学习的特点，鉴别智障儿童并对他们进行针对性的教育，有助于他们更好地融入普通儿童之中，既能更好地促进智障儿童的发展，又有益于教育质量的提升。

第一节　智力障碍儿童的概述

　　智障儿童的缺陷主要包括智力和社会适应能力的缺陷，遗传和环境因素都有可能对儿童的智力和社会适应能力有影响，根据智障程度的不同，智障分成轻度智障、中度智障、重度智障和极重度智障四类。

一、智障儿童的概念界定

　　智力障碍，又称智力残疾、弱智、智力落后、精神发育迟滞等。2002年，美国智力落后协会（American Association on Mental Retardation，AAMR）对智力落后定义为："智力落后是一种障碍，以智力功能和包括认知、社会和日常生活适应技能的适应性行为受到严重限制为特征，智力落后发生在18岁以前。"[1] 2006年，我国第二次全国残疾人抽样调查中的残疾标准，对智力残疾的定义是"智力残疾是指智力显著低于一般人水平，并伴有适应行为的障碍。此类残疾是由于神经系统结构、功能障碍，是个体活动和参与受到限制，需要环境提供全面、广泛、有限和间歇的支持。智力残疾包括在智力发育期间（18岁之前），由于各种有害因素导致的精神发育不全或智力迟滞；或者智力发育成熟以后，由于各种有害因素导致的智力损害或智力明显衰退。"[2]

---

①　雷江华. 学前特殊儿童教育［M］. 武汉：华中师范大学出版社，2008：108.

②　雷江华，方俊明. 特殊教育学［M］. 北京：北京大学出版社，2011：53.

综上所述，智障儿童是指智力显著低于一般人水平，并伴有适应行为障碍的儿童。此类儿童以智力功能和适应性行为受到严重限制为特征，需要环境提供全面、广泛、有限和间歇的支持。

智障儿童的分类和出现率

1. 智障儿童的分类

美国智力落后协会按智商水平把智力障碍分为轻度智力障碍、中度智力障碍、重度智力障碍和极重度智力障碍四类，如表 2-1 所示：

表 2-1　　　　　　　**美国智力落后协会对智障儿童的分类**

类型	标准差范围	智商	
		比纳-西蒙量表	韦氏量表
轻度智力障碍	−3.00～−2.01	65～52	69～55
中度智力障碍	−4.00～−3.01	51～36	54～40
重度智力障碍	−5.00～−4.01	35～20	39～25
极重度智力障碍	−5.00 以下	19 以下	24 以下

2006 年第二次全国残疾人抽样调查使用的分类标准如表 2-2 所示：[①]

表 2-2　　　　　　　**智障儿童的分级标准表**

级别	分级标准		
	发展商（DQ）0～6 岁	智商（IQ）7 岁以上	适应行为（AB）
一级	25	<20	极重度
二级	26～39	20～34	重度
三级	40～54	35～49	重度
四级	55～75	50～69	轻度

① 中国残疾人联合会. 2006 年第二次全国残疾人抽样调查：全国残疾人分残疾类别和残疾等级的年龄构成［EB/OL］. http://www.cdpf.org.cn/sjcx/content_83889.html，2008-04-07.

智障的分级同时满足两个标准：一个是智商标准，另一个是社会适应能力标准。中国学者肖非、王雁按照智商分数和社会适应行为把智障分为轻度智障、中度智障、重度智障和极重度智障四个等级。①

　　轻度智障：这类儿童的智商通常在 50~75，约占智障儿童总数的 75%。轻度智障儿童生活基本能自理，具备一般日常生活中所需要的沟通与交往能力。虽然逻辑推理能力比较差，但也具备简单的读、写、算的能力。轻度智障儿童的社会适应性在很大程度上受历史、社会、文化和经济因素的影响较大，自身缺陷的影响较少。轻度智障儿童在自理、学习和社会参与等方面需要提供的支持较少，即只需要根据具体情况提供一种零星的支持和帮助即可。因此，这类儿童可以进入普通幼儿园进行学习。

　　中度智障：这类儿童的智商为 35~55，约占智障儿童总数的 20%。中度智障儿童在生活自理和社会交际等方面存在一些困难，需要帮助和教育才可以形成基本的生活自理和社会交际等技能。他们也能进行阅读、写作和数学计算，但学习能力有限，也需要短时间但经常性的支持。因此，这类智障儿童大部分需要在康复机构和学前特殊教育班级进行学习。

　　重度智障：这类儿童的智商为 20~40。重度智障儿童具有严重的社会适应障碍，很难与人进行简单的沟通与交往，生活也很难自理。重度智障儿童需要在自理、学习和社会参与等方面提供广泛的支持，即持续性和经常性的支持。因此，重度智障儿童需要在特定的教育环境中由专门的人员进行教育与干预，这样才有可能提高他们的社会适应能力，增强他们独立生活能力。

　　极重度智障：这类儿童的智商在 20~25 以下。极重度智障儿童一般还伴随着多重障碍，生活上不能自理，需要在自理、学习和社会参与等方面提供全面的支持，需要长期的监护与康复训练。因此，此类儿童一般需要在康复机构进行训练和治疗。

　　2. 智障儿童的出现率

　　2006 年第二次残疾人抽样调查的资料表明我国各类残疾人的总数为 8296 万人，智障总数为 554 万人，占残疾人总数的 6.68%，占总人口的 0.42%。其中男性占 55.39%，女性占 44.16%。② 以智力测验的分数作标准，按照正态分布的规律，智障约占人口总数的 2.28%；2001 年我国 0~6 岁残疾儿童抽样调查报告，我国 0~6 岁智力残疾儿童现患率为 0.931%。③

　　① 肖非，王雁. 智力落后教育通论［M］. 北京：华夏出版社，2000：17-18.

　　② 第二次全国残疾人抽样调查领导小组、中华人民共和国统计局. 2006 年第二次全国残疾人抽样调查主要数据公报（第一号）［EB/OL］. http://www.gov.cn/fwxx/cjr/content_1311944.htm，2009-05-08.

　　③ 朴永馨. 特殊教育辞典（第 3 版）［M］. 北京：华夏出版社，2014：292.

二、智障儿童的病因

（一）遗传因素

遗传因素主要分为染色体异常、代谢异常和近亲结婚三大类。染色体异常是指儿童由于某种偶然因素（如孕妇受到辐射、风疹等病毒感染和慢性缺氧等），或是由于不良遗传因素的影响导致染色体发生变异，如唐氏综合征儿童，此类儿童在智障儿童中占很大比例；代谢异常是指儿童体内某一蛋白质或酶的结构和功能异常或有缺陷，从而引起蛋白质、氨基酸、糖类、核酸、卟啉、胆红素、内分泌素、电解质代谢以及肾小管的分泌和吸收等发生障碍，如苯丙酮尿症儿童；近亲结婚是指儿童的父母亲可能携带同一种疾病的基因对儿童产生不良的遗传影响。[①] 遗传不能决定智障儿童的发展与学习，但它是智障儿童发展与学习的生物前提。

（二）环境因素

环境因素是指能影响人的一切外部条件，包括在出生前、出生时及出生后起作用的全部非遗传性影响，可分为自然环境因素和社会环境因素。

1. 自然环境

自然环境因素指的是温度、地理条件等对人有影响的因素，最明显的两个表现为化学损伤、物理损伤和疾病感染。一些有害的物质，如酒、烟、铅、汞等进入妊娠妇女体内直接作用于胚胎，也可以直接对母体产生不良的影响进而间接地对胎儿产生不良的影响。这些有害物质也可以直接作用于出生后的儿童，从而影响儿童的生长发育，如胎儿酒精中毒、铅中毒和治疗药物中毒等。妊娠妇女由于职业原因经常受到射线的照射，或医学治疗中 X 射线检查、放射治疗等都有可能对胎儿的智力产生影响。在儿童的生长发育中，意外的事故，如车祸或从高处摔下导致的头部重击也可能引起儿童智力下降。儿童生产过程难产造成的窒息缺氧或器械损伤也会影响大脑，甚至导致智力障碍。母亲的一些感染性疾病以及儿童的某些自身感染都可能对儿童的智力造成难以修复的损害，如风疹、麻疹、巨细胞病毒和弓形体病等。[②]

2. 社会文化环境

因社会文化因素造成的智障约占智障总人数的 70% 左右，绝大部分为轻度智障。[③] 世界卫生组织在《精神发展迟滞：面临挑战》中总结了影响儿童智力发展的社会文化因素主要为以下几点：①贫穷；②大家庭；③生育过密；④居住过于拥挤；⑤父母一方或双方患有精神或躯体病；⑥父母或其他子女有轻度精神发育迟滞者；⑦父母的文化水平低；⑧生长在条件非常差的孤儿院或其他儿童保育机构。

---

① 茅于燕. 智力落后与早期干预 [M]. 上海：上海教育出版社，2007：29-38.
② 肖非，王雁. 智力落后教育通论 [M]. 北京：华夏出版社，2000：47-56.
③ 肖非，王雁. 智力落后教育通论 [M]. 北京：华夏出版社，2000：57.

不良的社会经济状况是造成儿童智障的重要社会因素。家庭生活贫困的儿童，父母受教育水平低，教育观念落后，从而使儿童失去适应社会所必需的学习机会。儿童如果长期处于饥饿状态，血糖水平下降，造成脑细胞供应不足，就会影响脑细胞的功能，造成学习效率、对刺激反应的灵敏度下降。[1]

天才指挥家舟舟的成长环境

从两三岁起，舟舟就随父亲泡在排练厅里，性情温和的他从不捣乱。舟舟像一株无人在意的植物在乐团宿舍大院自由自在地生长着，音乐进入他的生命一如阳光雨露之于世间万物。

舟舟的逻辑思维能力很差，但形象思维能力却很强。长期泡在乐队，使他对老指挥家张起先生观察得相当细微。大约6岁的一天，一次排练休息时，乐手们在排练休息时和舟舟开起了玩笑。"舟舟，想不想指挥？""想！"舟舟爬上了指挥台，举起了指挥棒。奇迹出现了，舟舟惟妙惟肖地把张起先生的动作都表现了出来，甚至用左手推眼镜架看谱的动作都惟妙惟肖。舟舟煞有介事地敲了敲谱台："预备，开始！"乐手们起初觉得挺逗，看到舟舟的动作很有感觉惹得众人大笑，并纷纷随着他的指挥棒演奏起来。舟舟将这首《卡门》指挥完毕，转过身认真地鞠了一躬。在场的人也许只有舟舟没有把这次操练当作一次游戏。也许这就是他非职业指挥生涯的开始吧！《卡门》也因此成为他最爱的曲目，几乎无《卡门》不欢。如果他说哪场音乐会不好听，原因很可能就是没有《卡门》。

乐团有演出的日子，舟舟快乐得像过年。在繁忙的化妆间，舟舟也会趁机认真地将自己涂抹得五彩斑斓。演出的时候，舟舟喜欢站在舞台的一侧。他总是万分陶醉地和着乐队的演奏作出各种指挥动作，如入忘我之境。

讨论　作为一名幼儿教师，应该如何给智障儿童创造良好的成长环境？

3. 心理环境

心理环境对儿童智力发展的影响也是深刻的。儿童的神经细胞树突、轴突分支少，就像植物增长需要阳光一样，神经细胞的发育需要环境给予丰富的视、听、触等感知刺激。俄罗斯学者萨格杜拉耶夫认为，在儿童智力发展过程中，母亲的抚摸、亲吻、照顾、言语情感交流具有非常重要的意义。[2]例如，印度的狼孩从小缺少关爱及社会教育，造成其许多脑细胞没能得到充分的发育。

研究表明，亲人患病及死亡、夫妻不和、经济拮据和战争等一些造成孕妇精神长期

---

① 肖非，王雁. 智力落后教育通论［M］. 北京：华夏出版社，2000：57-60.

② 肖非，王雁. 智力落后教育通论［M］. 北京：华夏出版社，2000：61.

压抑的因素，也有可能是潜在的致胎儿畸形的因素。另外，儿童所处的心理环境，如难以激发儿童学习兴趣的家庭环境，父母无暇顾及儿童的需要和不恰当的家庭教养方式等，都有可能阻碍儿童智力的发展。[①]

4. 教育机会

儿童智力的发展除了先天的遗传因素外，更重要的还是环境和教育因素。如儿童早期的咿呀发声没有得到关注，父母较少和他们互动，导致儿童学习动机被削弱；父母忽视修正儿童的发音，使他们错过学习语言的最佳时期。儿童在出生后头些年受到的感觉刺激不足，又缺乏教育，这也有可能影响他们的智力发展。超常儿童除了天赋外，他们的智力水平更多取决于环境的刺激和早期教育，智障儿童如果早期给予特殊教育，其智力水平将会比没有接受过这种教育的同类儿童高。[②]

第二节　智障儿童的发展特点与评估

由于智障儿童身心发展存在障碍，他们的感知觉、社会适应、沟通、认知、生活自理等能力均存在一定的缺陷。教师需要通过观察智障儿童在日常生活与学习中的表现，收集有关其发展状况的资料，协助专业人员进行诊断与评估，并根据评估结果对智障儿童开展有效的教育。

一、智障儿童的发展特点

（一）感知觉特点

1. 感觉特点

智障儿童的感觉特点与普通儿童既有相同点，也有不同点。相同点在于智障儿童也遵循着和普通儿童一样的发展顺序，不同点在于感觉的量或质有区别。[③] 智障儿童感觉的典型特点是感受性慢和范围狭窄。智障儿童的各种感觉一般比较迟钝，如轻度智障儿童感受性比较低，一般很难或不能辨别物体的形状、大小、颜色的微小差异，中度智障儿童根本不能辨别多种颜色；智障儿童听觉迟钝较明显，识别语音更加困难；智障儿童的皮肤对冷热、疼痛的感觉一般也不如普通儿童灵敏；有些智障儿童分不清咸淡，闻不出酒、醋和酱油三者的区别，重度智障儿童嗅觉和味觉可能缺失；智障儿童比较难辨别物体的轻重，肢体协调能有障碍，对饥、渴、躯体的不适感等的感受性降低。[④]

① 王书荃. 智力落后儿童的早期发现与训练［M］. 北京：中国妇女出版社，2008：39-40.

② 郑子健，曹蓉，张富昌. 秦巴山区弱智儿童的社会文化成因及防治对策［J］. 西北大学学报（哲学社会科学版），1999（3）：107-110.

③ 肖非. 智力落后儿童心理与教育［M］. 大连：辽宁教育出版社，2002：93-99.

④ 陈云英. 智力落后心理、教育、康复［M］. 北京：高等教育出版社，2007：129-130.

2. 知觉特点

由于智障儿童的大脑皮层不善于分析和综合，对输入的感觉信息需要比普通儿童用更多的时间进行加工才能把刺激物知觉为一个整体。因此，相比于普通儿童，智障儿童知觉的速度比较缓慢，如智障儿童认出刺激物所需的时间比普通儿童所需时间长得多；知觉容量小，如同一时间内智障儿童感知到的事物数量比普通儿童少得多；知觉范围狭窄、不够分化和联系少，如智障儿童分辨物体细小差别的能力差，颜色视觉的发展缓慢，听觉分化水平低，不善于把有关事物联系起来；知觉缺少积极性，智障儿童在感知物体时，往往欠缺应有的好奇心，没有仔细观察和深入了解事物特征的强烈意向或意愿，恒常性较差。①

蒙台梭利教学内容与康复训练课程的有机融合②

蒙台梭利教学法的内容涉及领域广泛，包括：日常生活训练、感觉教育、数学教育、语文教育、科学文化教育五大项内容。康复训练课程选取了蒙台梭利感觉教育内容作为训练的主要内容，并根据智障儿童自身情况加以改进和融合。具体情况如表2-3所示：

表2-3　　　　　　　**蒙台梭利教学内容与康复训练课程的融合示例**

训练项目	训练目标	训练内容	训练说明
视觉训练	帮助弱智儿童提高度量的视知觉，通过眼睛的观察认知事物，能够通过目测对事物作出基本的判断。学会鉴别学具的大小、高低、粗细、长短、形状、颜色及不同的几何形体	1. 比较学具的大小、高低、粗细、长短、形状；2. 通过色板认识基本的颜色，并学会分辨；3. 认识一些简单的几何形体	训练中学具为主要的教学载体，儿童掌握之后要在日常生活中加以指导，提高学习的实用性
触觉训练	训练弱智儿童的触觉能力，提高儿童的感受性，能够通过触摸感知事物外在基本的情况，辨别物体是光滑还是粗糙，辨别温度的冷热，辨别物体的轻重、大小、厚薄	1. 触摸光滑和粗糙的平面，学会辨别；2. 通过手感知水的冷和热；3. 通过触觉感知物体的轻重、大小、厚薄	这项目训练主要针对触觉障碍的学生进行，在训练中要蒙上学生眼睛，要完全靠触觉来进行判断

---

① 陈云英. 智力落后心理、教育、康复［M］. 北京：高等教育出版社，2007：130-131.

② 中国蒙台梭利协会［EB/OL］. http://www.montessori-china.org/Html/879.html，2011-02-17.

续表

训练项目	训练目标	训练内容	训练说明
听觉训练	训练弱智儿童认真去听声音，并且习惯于区分声音的差别，使他们在听声的训练中不仅能够分辨音色、音高，还能形成初步的审美和鉴赏能力	1. 辨别音的强弱、高低； 2. 辨析简单的节奏； 3. 辨别常见的乐器音； 4. 学习欣赏简单的儿童音乐	在弱智儿童中有不少在音乐方面有特长的学生，对这一类学生可以在掌握的基础上做拓展和延伸
嗅、味觉训练	训练弱智儿童的嗅、味觉，使他们能够根据闻到或尝到的味道做出简单的判断，注重提高嗅觉和味觉的灵敏度，并能对味道和气味做出反应	1. 辨别常见的气味，如香味、臭味、刺鼻的气味； 2. 辨别酸甜苦辣咸的味道	训练中要关注自我防范和保护能力，如分辨一些有害气体时

（二）社会适应能力发展特点

社会适应能力障碍是智障的核心特征之一，从这个意义上来说，智障儿童都有程度不等的社会适应能力障碍。

1. 社会适应能力水平低、发展速度慢

相比于普通儿童，智障儿童的社会适应能力比较低，智障儿童的适应能力明显低于同龄普通儿童的发展水平。[1] 随着年龄的增长，智障儿童的如厕能力、进食能力、参与团体活动的能力以及自我控制的能力都有显著提高。[2] 但就整体而言，智障儿童社会适应能力发展的速度也明显低于同龄普通儿童。

2. 社会适应能力发展不平衡

张福娟研究发现，智障儿童社会适应能力发展比较好的是自制能力，包括反映个人动力方面的能力，如注意力、主动性、行为控制能力、日常爱好及个人习惯等；还包括反映社会责任的能力，如遵守社会规范及交往原则等。其次是智障儿童的独立生活技能，如生活自理能力、劳动技能以及经济活动能力等。发展最差的是认知技能，如语言能力、时间概念和空间定向等。[3] 随着智障程度的加深，这种不平衡的表现更加明显。

---

[1]　刘春玲，马红英. 智力障碍儿童的发展与教育［M］. 北京：北京大学出版社，2011：106-108.

[2]　张福娟. 智力落后儿童适应行为发展特点的研究［J］. 心理科学，2002（2）：170-172+253-254.

[3]　张福娟. 智力落后儿童适应行为发展特点的研究［J］. 心理科学，2002（2）：170-172+253-254.

（三）语言、言语与沟通特点

1. 语音特征

智障儿童言语的发展规律与普通儿童是一致的。但是，由于智障儿童智力、听辨能力、发音器官和社会心理等的特点①，他们语音发展要比普通同龄儿童困难而缓慢。刘春玲等对智力障碍儿童语音障碍的类型进行了系统的研究，结果表明，智力障碍儿童的语音障碍以构音障碍和声音障碍两种类型为主。构音障碍是智障儿童普遍存在的问题，具体表现为替代音、省略音、扭曲音。声音障碍属于一部分智障儿童存在的问题，具体表现为嗓音沙哑、发音异常、口齿不清、声调平淡缺乏变化等。②

2. 词汇、语法特征

与普通儿童相比，智障儿童所掌握的词汇比较贫乏，而且词汇的积累和增加非常缓慢，使用的词类也不全面。研究发现，轻度智障儿童到入学年龄也只能掌握几百个词语。由于智障儿童的抽象思维能力发展迟滞，所以他们在语言表达过程中较多使用表达具体事物的名词、表达具体动作的动词、表达事物具体特征的形容词，很少使用抽象词汇、感受性词汇或者连接词。③ 言语中的语法结构实际上是人的思维的体现，尤其是抽象思维的体现。智障儿童思维有明显的缺陷，理解和使用复合句比较困难，使用的语法比较简单。④ 因此，智障儿童到入学时还只能使用一些简单句和情境性语句，甚至只讲些短语。

3. 语义、语用特征

智障儿童容易出现对词的理解与表达相脱离的情况，言语理解能力发展很慢。他们从别人讲话中区分词语的过程比较慢，辨认讲话的意义就更加困难了。⑤ 智障儿童很难用言语表达自己的心理世界和主观要求，也难正确及时地理解别人言语的含义及对自己的要求。他们在言语交往中较少获得成功的喜悦和体验，使他们不愿与人交往，容易产生自卑感。⑥

（四）认知特点

1. 注意力特点

智障儿童不能有效地运用选择性注意和持续性注意，他们的注意主要以自己的兴趣为中心，注意的稳定性差，并且难以转移，如智障儿童很难完成需要较长时间专注的活动，也很难随刺激或情境的不同而发生注意转移；智障儿童的注意范围狭窄，如普通儿童注意广度一般为7±2 个，而智障儿童只能注意到3~4 个；智障儿童动作熟练比较难

① 方俊明，雷江华. 特殊儿童心理学［M］. 北京：北京大学出版社，2011：89.
② 刘春玲，马红英. 智力障碍儿童的发展与教育［M］. 北京：北京大学出版社，2011：83-85.
③ 方俊明，雷江华. 特殊儿童心理学［M］. 北京：北京大学出版社，2011：93.
④ 教育部师范教育司. 智力落后心理学［M］. 北京：人民教育出版社，1999：66.
⑤ 方俊明，雷江华. 特殊儿童心理学［M］. 北京：北京大学出版社，2011：107-110.
⑥ 教育部师范教育司. 智力落后心理学［M］. 北京：人民教育出版社，1999：66.

形成，加上注意转移不灵活，他们很难恰当地分配注意力，复杂的注意分配几乎是不可能的。①

2. 记忆特点

记忆包括识记、保持、再认或回忆三个基本环节，是一个复杂的心理加工过程。有研究表明智障儿童对学习或接触过的事物进行再认相对容易一些，但在感知新的事物时却很难直接进行准确的回忆。智障儿童认知活动的主要缺陷之一是记忆障碍，主要表现在：③ ①识记缓慢，记忆容量小；保持差，易遗忘；再现困难，不完整。例如，智障儿童只会机械地记住个别词语、短句，但不会连贯地复述故事的情节。②记忆编码加工过程不完善，如智障儿童一般缺乏主动地记忆加工过程，只会机械地重复记忆，所以他们的记忆一般只能停留在短时记忆系统中，很难进入或形成长时记忆。③记忆目的性欠缺，有意识的记忆差。例如，智障儿童一般很难根据某个既定的目的进行有意识的记忆，他们的无意识记忆相对好一些。④意义识记差，机械识记相对较好。例如，智障儿童一般不能很好理解感知材料，找不出事物的内在逻辑关系，有意识的记忆较差。

3. 思维特点

智障儿童的思维由形象思维和抽象思维两部分组成。智障儿童的思维水平较直观和具体④，如智障儿童的思维容易受具体形象或表象的束缚，不能很好地理解形象背后本质的共同特征，他们的思维要依赖于事物的具体形象或表象以及这些形象和表象之间的联系，但缺少分析和综合，很难将自己已有的知识、概念和表象综合起来。他们需要把事物与具体情境联系在一起时才能理解其意义。

相比于形象思维，智障儿童的抽象思维发展水平比较低，一般不能通过分析与综合的方式从已有的知识中概括出事物的本质特征，思维的抽象概括能力差。智障儿童思维目的性不强，他们进行思维时不能有的放矢，连贯性不强。所以，智障儿童思维刻板性

①　银春铭. 弱智儿童的心理与教育［M］. 北京：华夏出版社，1992：50-54.

②　吴婷. 感统训练的几点做法改善智障儿童的注意力［J］. 教育艺术，2013（1）：26-27.

③　陈云英. 智力落后心理、教育、康复［M］. 北京：高等教育出版社，2007：135-136.

④　肖非. 智力落后儿童心理与教育［M］. 大连：辽宁教育出版社，2002：120.

强，不能灵活变通，在遇到新情况时还使用原来的解决问题模式去面对。智障儿童的思维缺乏批判态度，独立性也比较差，很多智障儿童很难独立思考问题和解决问题，没有自己的主见，容易受别人观点的影响。智障儿童缺乏批判性思维又会导致思维调节作用的削弱，他们很难通过思维调节自己的行动。[①] 智障儿童的思维还未到达具体运算阶段，所以他们的思维不能体现守恒性，如只能辨别人的左右方位却不能区分物体的左右方位。[②]

（五）生活自理能力特点

生活自理能力是指每个人独立地完成与基本生存和需要密切相关的一系列活动。生活自理能力的基本内容包括饮食、大小便、着衣、睡眠、卫生和安全等六大方面，其中大小便和饮食是人体新陈代谢、维持生命的第一需要；睡眠和卫生免受疾病的困扰，是健康的保证；着衣具有保暖和遮身的功能，也是人体及生活所必需的。儿童生活自理能力是逐步获得的，最先发展的基本自理能力是大小便，其次是饮食，第三是穿戴、睡眠，最后是个人卫生。根据一些中外学者的研究，儿童获得生活自理能力的进程如表2-4所示。

表2-4　　　　　　　　　　儿童获得生活自理能力的进程[③]

年龄阶段	自 我 状 况
0~1岁	能保持尿布不湿1小时以上；能在帮助下用杯子喝水；能用手抓食物吃；不流口水；洗手能伸出手来合作
1~2岁	会咀嚼食物；会脱短袜；能用杯子喝水；会用匙进食；白天通常不会尿湿；基本能控制大便，很少拉在身上；上厕所会提出要求；能积极配合穿衣脱衣，会自己洗手
2~3岁	会脱外衣；自己会拿饮料喝；会把湿手擦干；会躲避直接的原始危险；会自己穿外套
3~4岁	会扣外衣上的大纽扣；自己洗脸；能熟练使用小匙等用具吃饭；会用牙刷刷牙、漱口；完成大小便训练，达到能自理的程度
4~5岁	洗澡时能学着洗；自己能把上衣穿好，扣上扣子；会洗手帕、袜子等小东西；会用筷子吃饭，饮食基本上自理
5~7岁	能独自去离家近的幼儿园或学校；会用小刀分割物品；在帮助下能自己洗澡；睡觉不用帮助；基本能独自穿戴；会系鞋带

① 花蓉. 弱智儿童思维特点与教育初探 ［J］. 江西教育科研, 2001 (6)：36-37.

② 广州越秀区培智学校，广州市教育科学研究所联合课题组. 弱智儿童左右概念的测试研究 ［J］. 教育导刊，2002 (2)：62-64.

③ 汪文鋆. 弱智儿童家庭教育咨询 ［M］. 杭州：浙江教育出版社，1997：129-130.

续表

年龄阶段	自 我 状 况
7~9岁	能说出几点钟几刻；会梳头；能自理日常饮食起居，如盛饭、洗碗、洗衣、铺被等；能独立洗澡；会购买少量的物品
9~15岁	能整理餐桌；会独立完成整理房间，打扫家庭卫生；穿戴上完全自理，包括卫生和打扮；能进行日常家务
15岁以后	能离家住读；能较恰当地花费钱物；能照顾自己的健康；能独立生活

表2-4所列举的生活自理内容并非是生活自理的全部内容，而是生活自理六大方面在不同时期的一些典型行为。除此之外，上表不同时期的生活自理能力并不是固定不变的，对具体儿童来说，有些能力发展会出现或早或晚的情况。

由于智障儿童智力水平比较低，理解与接受能力也比较差，有些儿童还经常伴有动作发育迟滞，手脚协调和精细动作能力差等状况，再加上缺乏教育，智障儿童生活自理能力很差。研究表明，生活自理能力的很多技能并不要求很高的智能。因此，智障儿童可以通过教育和训练而掌握基本的生活自理能力。智障儿童生活自理能力发展能扩大他们对自身及对周围环境的认识，并为感知、动作、语言等能力的发展增加了实践的机会，促进身心健康发展，同时也为智障儿童进一步学习、生活打下基础。

二、智障儿童的评估

智障儿童的鉴别与诊断是干预与教育的前提。不同障碍程度儿童的表现有较大差异，障碍程度重的儿童比较容易被发现，但障碍程度轻的儿童难以被发现。当儿童入学以后出现了显著的学习困难，家长和教师才发现儿童智力发育可能存在问题，这就有可能错过干预与教育的最佳时期。因此，及早发现与鉴别对于促进智障儿童的发展有十分积极的作用。

（一）评估工具与技术

1. 智力测验

智力测验是通过测验的方式来衡量个体智力水平高低的一种科学方法，这对于智力障碍的评估和鉴定起着至关重要的作用。常用的智力测验工具有以下几种：斯坦福-比奈智力量表（Stanford-Binet Intelligence Scale，SB）、韦克斯勒儿童智力量表（Wechsler Intelligence Scale for Children，WISC）、韦克斯勒学前儿童智力量表（Wechsler Preschool and Primary Scale of Intelligence，WPPSI-III）、考夫曼儿童智力量表（Kaufman Assessment Battery for Children，K-ABC）、瑞文标准推理测验（Raven's Standard Progressive Matrices，SPM）。

2. 适应行为评定量表

适应性行为是区分智力障碍和非智力障碍的两个主要参数之一。适应性行为包括社会智力（social intelligence）和实践性智力（practice intelligence）。社会性智力是指理解和解释他人以及社会互动的能力，例如，能够"识别"出别人在生气，而且不易轻信、受骗或受摆布。实践性智力是指解决日常问题的能力，如备餐、使用交流系统、找零钱、使用网络，以及解决与特定工作情境相关的问题。美国智力与发展障碍协会（American Association on Intellectual and Development Disabilities，AAIDD）认为智力障碍儿童的适应性行为缺陷表现在概念性、社会性以及实践性适应性技能上（图 2-1）。[1] 智力障碍儿童的适应行为可以通过标准化的适应行为量表来评定，而常用的适应行为评定量表有适应性行为评估量表（Diagnostic Adaptive Behavior Scale，DABS）、文兰适应行为量表（Vineland Adaptive Behavior Scale，VABS）、儿童适应行为量表（Children Adaptive Behavior Scale，CABS）、婴儿-初中生社会生活能力量表（Social Adaptability Testing Form）等。

概念性技能	社会性技能	实践性技能
• 接受性和表达性语言 • 阅读和写作 • 金钱概念 • 自我引导	• 人际关系 • 责任 • 自我尊重 • 信任 • 真诚 • 遵守规则 • 服从法律 • 避开危险	• 个人生活自理技能 • 使用日常工具的活动能力

图 2-1 AAIDD2002、2010 版智力障碍定义中的适应行为（能力）结构[2][3]

智力障碍定义演变中的适应行为

1959 年，美国智力落后协会（AAMR）将包括社会技能在内的社会适应行为缺

---

① 丹尼尔·P·哈拉汉，詹姆士·M·考夫曼，佩吉·C·普伦. 特殊教育导论（第十一版）[M]. 肖非，等译. 北京：中国人民大学出版社，2010：128-129.

② 陈云英. 智力落后心理、教育、康复 [M]. 北京：高等教育出版社，2007：27.

③ 丹尼尔·P·哈拉汉，詹姆士·M·考夫曼，佩吉·C·普伦. 特殊教育导论（第十一版）[M]. 肖非，等译. 北京：中国人民大学出版社，2010：128.

陷正式列为智力障碍定义的成分之一。仅仅两年之后，1961 年，美国智力落后协会在 1959 年定义的基础上，对智力落后的定义进行了修订，将智力落后定义为"生长发育期出现的低于平均水平的一般智力功能，并伴有适应行为的障碍"。1959 年和 1961 年的定义与早期智力落后定义的最大区别是引入了适应行为（adaptive behavior）的概念。

1992 年由 Luckasson 任主席的智力落后术语与分类委员会推出了美国智力落后协会的智力落后的第 9 版定义。该定义在以前版本的基础上进行了大刀阔斧的修改，智力落后定义为：现有的功能存在实质性的限制，其智力功能明显地低于平均水平，同时伴有以下各项适应功能中的两项或者两项以上的限制：沟通交际、自我照顾、居家生活、社会技能、社区运用、自我指示、健康安全、实用性学科技能、休闲娱乐和工作，并且智力落后发生在 18 岁之前。1992 年的定义与先前的定义相比，最大的变化是用十个适应行为领域代替了适应行为，且规定如果在十个领域中的两个或两个以上领域存在限制，就可以认定个体是智力障碍。

表 2-5　　　　　　　　　适应行为的十大领域的定义①

自我照顾	包括如厕、进食、穿衣、卫生和仪容等技能
居家生活	在家中的功能性技能，包括整理衣物、家务处理、财物保管、食物准备和烹饪、购物的计划和预算、居家安全、家庭安全和日常安排等
社交	与他人社会交往的技能
沟通	通过符号行为和非符号行为来理解和表达的能力
社区利用	适当利用社区资源的相关技能
自我引导	与选择相关的技能
健康与安全	相关技能涉及通过饮食来维持个人健康、疾病识别、治疗与预防、基本的救护、性活动、身体保健、基本安全考虑……
功能性学术技能	认知能力以及与学校学习和个人实际生活有直接关系的技能
休闲	考虑到个人的喜好与选择以及活动是否公开、是否符合年龄与文化背景等因素，发展大量的休闲娱乐与兴趣
职业技能	根据其特定的工作技能、适当的社交行为以及相关的工作技能，拥有一份兼职或全职工作的技能

到 21 世纪，美国智力与发展障碍协会（即原美国智力落后协会）在分析 1992 年

---

① 路得·特恩布尔，安·特恩布尔，玛里琳·尚克等. 今日学校中的特殊教育（上）[M]. 方俊明，汪海萍，译. 上海：华东师范大学出版社，2004：270.

版定义的基础上，提出了 2002 年版的定义：智力障碍是指智力功能和适应行为两方面明显受限而表现出的一种障碍，适应行为表现为概念性、社会性和应用性技能（图 2-1）；智力落后出现在 18 岁以前。该版定义中对智力障碍的适应行为的概念更加具体化，定义较之前的版本更强调功能导向，强调人与环境的互动。在该版定义中，将适应行为的三种表现做了如下的界定：概念性技能包括语言的理解和表达、钱的概念、自我定向等；社会性技能包括处理人际关系、责任心、自尊、遵守规则、服从法律、自我保护等；实践性技能包括个人日常生活技能（如吃饭、穿衣、大小便、做家务、使用交通工具和职业技能等）。2010 年，美国智力与发展障碍协会组织来自医学、精神病学、法律以及特殊教育领域的 18 名知名专家历经 7 年多研究，推出了第 11 版的智力障碍定义分类与支持体系手册，第一次提出了智力障碍（之前为智力落后）的官方定义。2010 年版的定义沿用了 2002 年版的定义。智力障碍（intellectual disability）是指智力功能和适应行为两方面明显受限而表现出来的一种障碍，适应行为表现为概念性、社会性和应用性技能；智力障碍出现在 18 岁以前。新版定义对智力障碍适应行为表现的界定沿用了 2002 年版的界定，再一次证明了智力障碍领域对社会技能的重视。

（二）教师在评估中的角色

1. 观察与筛查

在日常生活、游戏与学习过程中有目的、有计划地观察儿童的整体表现，并对照儿童生长发育关键阶段的表现，如果在一定年龄范围之内没有出现该有的行为模式，那么这个儿童就有可能有智力障碍的问题，应该给予重视。儿童智力是否正常，可以从他们一些日常生活的表现中进行判断。[①]

（1）吞咽或咀嚼困难。这表明儿童的神经系统有可能受到损伤，因此有可能影响智力的发展。吞咽或咀嚼困难往往是最早出现的异常生理症状。

（2）面容、体态。有些先天性的智障儿童在面容、体态上有明显的表现，如唐氏综合征儿童眼距宽、双眼斜吊、鼻梁塌，舌头常拖在外面、头颅成方形、额高。

（3）运动。运动发展迟缓，如普通儿童一岁多一些就学会走路，但智障儿童往往要到三四岁或更晚才学会走路，而且步履也不稳定。

（4）语言。语言发展落后于普通儿童，并且还伴有运动、感知等方面的障碍，他们就有可能是智障儿童。

（5）视、听缺陷。视、听缺陷造成信息的输入与输出的障碍，这也可能对智力的发展产生影响。

（6）对环境的适应性。智障儿童对环境漠不关心，出生两个月的儿童还不会用视觉、听觉追踪物体和声音，不会用眼睛与成人对视，逗引时也不发笑，整天表现得很安静。

但是，有些儿童以上这些症状只是暂时的，并不代表他们的智力发展有问题，所以需要对这些儿童进行进一步鉴别。运用比较简单的、花费时间较少的测试项目对被怀疑儿童的智力发展状况做出粗略的估计，对他们智力障碍问题进一步进行证实或否定。

---

① 茅于燕. 智力落后与早期干预 [M]. 上海：上海教育出版社，2007：71-73.

儿童智力障碍不容易鉴别，而诊断性智力测验不仅花时间而且费用很昂贵。智力筛查方法是用尽可能简便的方法获得被查儿童在智力发展方面的信息，并在此基础上确定所测儿童是否需要作进一步的诊断性测验和评价。因此，通过这种方法可以从大量儿童中初步筛选出可能有发育问题和障碍的儿童。常用的筛查工具有：丹佛发育筛查测试、画人测试、瑞文测试和团体儿童智力测试。

2. 协助专业评估

对经过筛选后被证实智力发展有障碍的儿童还需进行更加科学的测试与评定，因此，教师对观察和筛选测验后疑似有智力发展障碍的儿童还应该送到专门机构请专业评估人员对其进行诊断。

智障儿童的评估与鉴定

0~6岁儿童智力障碍的评估与鉴定主要分为以下几个步骤：①

第一，筛选。经丹佛发育测试筛查，如果属于阴性就被判断为正常儿童，如果属于阳性就判断为疑似智障儿童。

第二，评估与鉴定。对于疑似智障儿童，使用盖赛尔发展量表进行进一步评估与鉴定。测试结果依适应能区测查分数进行分类：①适应能区测查结果大于78分直接诊断为正常；②适应能区测查大于72并小于或等于78分，就要继续测查精心能区、语言能区、个人—社会能区，部分对象还要进行适应行为评定；③适应能区测查小于72分，就直接诊断为智障，并根据测查结果进行智力障碍分级。

第三节　智障儿童的学习特点与教育

由于智障儿童的感知觉、社会适应、语言、言语、沟通、认知、生活自理等能力存在缺陷，导致他们的学习特点和普通儿童明显不同，他们的学习内容除了基本的知识和技能外还包括针对自身缺陷所进行的补偿性教育内容。因此，智障儿童对学习环境的要求较高，同时，教师只有结合他们发展和学习的特点进行教学才有可能取得更好的教学效果。

一、智障儿童的学习特点

（一）学习能力发展缓慢

学习能力是人类生存最重要的能力之一，学习能不断获得知识与技能，并提高自身

---

①　田宝. 智力残疾标准解读［J］. 中国残疾人，2006（7）：34-35.

能力。不同智力水平的儿童有不同的学习能力，而不同的学习能力又会产生不同的学习效果。智障儿童由于自身智力的缺陷，在学习上存在很多困难，随着智障程度的加深，这种困难愈加明显。相比于普通儿童，智障儿童学习能力发展比较缓慢。一方面，在某个阶段，有些智障儿童还不具备相应的学习能力，如幼儿园阶段的某些智障儿童还不能独立上厕所。另一方面，智障儿童要掌握一个学习内容需要花费比普通儿童更多的时间，同时还需要通过不断的强化才能掌握，如普通儿童通过观察、学习就学会了一个字的发音，而有些智障儿童需要一遍一遍地训练才能掌握。

（二）学习迁移能力差

学习迁移是指一种学习对另一种学习的影响，通过迁移可以利用已学的经验来解决新问题。迁移是学习的继续和巩固，又是提高和深化学习的条件。但是，智障儿童的思维较刻板，不会灵活变通，以前形成的思维模式不易改变，所以他们很难把原有的知识迁移到新学的知识上并使两者结合起来学习。再加上他们经验贫乏，概括能力低，学习迁移很困难。

（三）学习动机水平低

智障儿童的需要多以低级需要为主，主要是以满足生理的需求为主，其学习的需要不占优势。[1] 智障儿童的兴趣范围较单一、狭窄，多数儿童的兴趣仅局限于个别事物或个别活动上；在兴趣内容上，他们对形象的、生动的材料感兴趣，而对抽象的文字材料不感兴趣；在兴趣倾向上，他们的直接兴趣多于间接兴趣；在兴趣的品质上，他们的兴趣不稳定。[2] 由于智障儿童的身心特点，复杂学习也容易让他们产生挫败感，从而慢慢地对学习失去了兴趣。父母、教师也对他们的期待很低，因此，智障儿童长期得不到鼓励和支持，这也有可能影响他们的学习动机。

（四）元认知能力差

元认知技能是个体对认知活动进行调节的能力，包括计划、监控和调整。由于智障儿童元认知能力比较低，他们在学习中注意力不集中、易分心、小动作多等，难以形成良好的学习习惯。他们很难自己规划自己的学习目标，也很难按照一定的学习目标进行学习，不能很好地控制学习的进度和行为，也很难能根据实际情况调整自己的学习进度和行为。他们进行学习和练习时，需要教师或家长的督促。

（五）学习效率偏低

由于认知能力发展缓慢，再加上基础的薄弱，智障儿童需要经过多次重复及长时间的积累，才能掌握一项生活技能或者一个生活常识，学习效率较低，尤其是没有接受过早期干预和康复训练的儿童，其学习效率更低。

① 肖非，刘全礼. 智力落后教育的理论与实践［M］. 北京：华夏出版社，1993：89-90.
② 肖非，王雁. 智力落后教育通论［M］. 北京：华夏出版社，2000：163-164.

二、智障儿童的教育策略

（一）教育原则

1. 个别化原则

个别化原则是指在教学中，教师要从每个智障儿童身心发展的实际水平出发，采用不同的教学方法，使每个智障儿童都能在各自原有的基础上得到充分的发展。[①] 例如，针对不同的智障类型，教师应根据不同的智障程度采用不同的教育方法。轻度智障儿童是可以通过教育来发展自身能力的，而智障程度越重的智障儿童则要通过不断训练来提高自身的能力。即使是通过评估之后属于同一类型智障程度的智障儿童，不同的儿童个体的具体情况也不一样，不同的个体身心发展的缺陷也不一样，所以，他们需要的教育或训练也不同。个别化原则要求教师应该深入细致地研究和了解儿童。教师应该了解每个智障儿童的致病原因、智力缺陷程度、言语能力和主要行为缺陷等情况，并根据不同智障儿童的特点制定出适合儿童发展的个别化教育计划，在此基础上对他们进行教育或训练，从而获得补偿性的教育。

2. 形象化原则

形象化原则是指教师在教学中借助于形象性的教具（如画图、图表、实物、模型、幻灯、投影、电视等）去帮助儿童加深对教学内容的感受和理解，从而使儿童更好地掌握较抽象的知识与技能。[②] 智障儿童以形象思维为主，抽象思维发展很差。再加上智障儿童生活经验比较贫乏，表象不丰富、不清晰、不准确，与现实之间有很大的差距，这导致他们在学习过程中难理解和掌握比较抽象的知识和复杂的技能。但是，借助各种形象化的手段，智障儿童能更直观地了解学习内容。形象化的教学手段还可以促进他们抽象能力的发展，有利于发展他们复杂学习的学习能力。因此，在教学过程中，教师应该给予更多的机会让儿童学会观察，鼓励他们去体验，并从感性认识角度入手理解和掌握知识。

3. 激发兴趣原则

激发兴趣原则是指在整个教学过程中，教师要采取各种手段，运用一切可能的教学条件，激发和保持儿童对学习的兴趣和学习的积极性。[③] 在教学的过程中，如果智障儿童能对事物抱着积极的态度，那么他们就会积极地把自己有关的心理活动指向并集中于这个事物。智障儿童主动、积极地参与，对教学是否成功至关重要。教师要激发儿童的学习兴趣，就应该为智障儿童提供尽可能多的成功机会和体验，善于发现儿童的每一个优点和长处，充分肯定他们的每一个进步。同时，教师在教学过程中也应该为学生营造一个和谐温馨的、充满关爱、欢乐愉快的教学环境。

---

① 肖非，王雁. 智力落后教育通论 [M]. 北京：华夏出版社，2000：156.

② 肖非，王雁. 智力落后教育通论 [M]. 北京：华夏出版社，2000：159-162.

③ 肖非，王雁. 智力落后教育通论 [M]. 北京：华夏出版社，2000：163.

4. 巩固性原则

巩固已学到知识的方法包括充分地练习和把已学的知识学以致用。智障儿童进行记忆的过程中容易表现出识记慢、遗忘快的特点，因此，对于一个内容的学习，智障儿童往往需要多次练习才能掌握。智障儿童学习能力发展缓慢，同样也需要充足的练习量和练习时间。在学习的过程中，复习是巩固记忆，减少遗忘的手段之一。教师应该根据学习内容的特点和学生的实际情况进行多次练习，如随堂练习、课后练习、单元练习、期中练习和期末练习等，从而使智障儿童对知识、技能的掌握达到熟练和运用自如。知识的巩固还可以通过对知识的运用来进行，因此，教师也应给予更多的机会鼓励学生运用已学到的知识。

5. 小步子原则

智障儿童注意力不易集中，理解力和记忆力也较差。教师应根据智障儿童的特点恰当地安排教学实践和教学量。教师将所讲内容设置为便于儿童理解和操作的若干个教学任务和教学环节，儿童可以在具体活动中学习和巩固知识、技能。教师对教学中的难点、重点应该要坚持低起点、小步子的原则，并根据智障儿童的特点进行教学设计。①

6. 情境性原则

情境性原则是指在教学过程中教师要结合教材内容，采取多种教学手段，运用一切可能的教学条件，积极创设教学所需要的情景，并引导儿童参与其情景中，从而使儿童在特定的情境中不仅获得大量生动、形象的具体表象，而且受到特定气氛的感染，收到良好的教学效果。② 遵循情境性原则，情景的设置应该结合教学内容，教学方法要灵活多样，富有启发性与情趣性。

7. 补偿性原则

补偿性原则是指智障儿童的教学工作有计划、有系统地补偿儿童的身心缺陷，促进其康复和适应社会生活。③ 由于先天素质和后天环境的不利影响，智障儿童的认知、语言、记忆、行为、情感等存在缺陷，教师运用特有教学内容提供专业的补偿性教育训练，以促进智障儿童身心得到全面的发展。

（二）教育内容

不同等级的智力障碍类型儿童的教育内容也有所不同，而有些中重程度的智力障碍儿童主要以康复教育为主。刘春玲、马红英在《智力障碍儿童的发展与教育》中总结了智力障碍儿童的主要教育任务。④ 轻度智障儿童的教育任务主要有三方面：①思想品德教育，包括爱国主义、公民意识和世界观教育；②基础文明教育，即教育轻度智障儿童具有融入社会所需的基本文化知识和技能，包括学科基础知识和运用知识参与社会生

① 刘春玲，马红英. 智力障碍儿童的发展与教育［M］. 北京：北京大学出版社，2011：196-197.

② 肖非，王雁. 智力落后教育通论［M］. 北京：华夏出版社，2000：162-163.

③ 肖非，王雁. 智力落后教育通论［M］. 北京：华夏出版社，2000：168.

④ 刘春玲，马红英. 智力障碍儿童的发展与教育［M］. 北京：北京大学出版社，2011：151.

活的技能；③针对智障儿童身心发展独特需要而进行的特殊的教育训练任务，包括智力训练、语言训练、体能训练和生活自理能力训练等。中度智障儿童的教育任务有三个：①全面发展的任务：在基本道德品质和行为规范、初步文化知识、身心健康等方面都有适合其特点与水平的发展与进步；②补偿缺陷的任务：根据中度智障儿童的运动、感知、言语、思维、个性等方面的主要缺陷，采取补偿性教育；③准备进入社会的任务：培养中度智障儿童生活自理能力，与人友好相处和参与社会生活的能力，学会简单的劳动技能，养成劳动习惯，为其成为自尊、自信、自强、自立的劳动者打下基础。

（三）教育方法

1. 个别指导法

个别指导法是指在教学活动中照顾儿童的个别差异，提出不同的要求，给予不同的指导，使每个儿童都得到最佳发展的方法。① 根据智障儿童的个别化原则，教师根据智障儿童身心发展的实际水平，给不同智障儿童提供个别化的教育与训练，利用教学过程适时地提供补偿性教育与训练，促进智障儿童身心得到全面发展。

2. 直观教学法

由于智障儿童以形象思维为主，所以教师在学习过程中通过直观的教学法促进儿童更加容易了解和掌握知识和技能。直观教学法主要包括参观法、演示法和模仿法。通过参观法，智障儿童可以在教师组织下按照某一个目标进行观察学习，借助现场具体的人、物和环境理解所学内容，丰富表象，从而获得感性认识。例如，在幼儿园的综合实践活动课中，通过演示法、教师实物、直观教具或技能型操作展示所学事物或动作的具体特征。通过模仿法，智障儿童把所学的知识与技能加以运用，从不断地模仿练习中巩固所学的内容和学以致用的能力。

3. 游戏教学法

游戏教学法是指利用游戏来向智障儿童传授知识、培训技能、矫正缺陷的一种教学方法。② 在学习某种复杂的、抽象的和枯燥的学习内容时，智障儿童较难理解和掌握这些学习内容，较难保持持久的注意力。根据智障儿童的兴趣，教师可使用游戏教学法。运用恰当的游戏方法进行教学，不会让智障儿童感到枯燥而失去学习的兴趣，反而能最大限度地调动他们学习的积极性。

游戏对学前智障儿童的影响与作用③

对智障儿童来说，他们由于智力方面和身体发育及语言等方面存在不同的缺陷，

① 赵树铎. 特殊教育课程与教学法 ［M］. 北京：华夏出版社，1994：156.

② 肖非，刘全礼. 智力落后教育的理论与实践 ［M］. 北京：华夏出版社，1996：212.

③ 林晶晶. 浅谈游戏对学前智障儿童的影响与作用 ［J］. 吉林教育（教科研版），2007（7）：96.

加上社会、家庭的种种不利环境的限制，不能或不会像普通儿童那样进行游戏，或者游戏大大少于普通儿童，这样又反过来使得他们丧失了大量像普通儿童一样去接触社会、学习知识的机会，从而又使他们的发育和发展受到进一步的限制。相互制约的结果，导致了智障儿童的发展越来越跟不上其身体和年龄的发展水平。因此，游戏不仅是儿童生活中极为重要的一种学习活动，也是智障儿童教育中不可缺少的、特殊的补偿教育手段。

游戏在普通儿童教育中的作用也充分体现在智障儿童教育中，而且，由于教育对象的特殊性，游戏在智障儿童教育中还有其独特的影响和作用。

①有利于智障儿童的早期诊断。目前，智障儿童中不少为中、重度残疾孩子，由于受先天或后天某些因素的影响，使其在身体、智力、情绪和社会适应等能力方面存在缺陷，特别是语言发展的障碍使他们很难与教师及其他儿童进行沟通，教师不易了解他们的真实情况。而游戏为教师了解儿童提供了机会，因为在游戏中儿童很容易表现出他的能力、兴趣和特长。例如，通过游戏教师可以了解智障儿童的认知能力：通过摆放简单图形游戏，了解儿童对几何图形的辨别能力及空间知觉的能力。另外，儿童的游戏在某种程度上还能反映其情绪状态。

②有利于不良行为与情绪的矫治。游戏对智障儿童不良情绪和行为具有治疗作用，通过游戏这种趣味性、活泼的外在形式，建立轻松愉快的氛围，可以缓解儿童的紧张情绪，如恐惧、忧郁、害羞、冷漠、敌意、攻击等均有明显改善。由于大多数智障儿童都有失败的经验，因而可利用游戏时没有负担，没有各种社会义务的压力，消除他们压抑、恐惧、退缩等不良情绪。

③有利于对缺陷的补偿。智障儿童不仅发育迟缓，而且在动作、语言、认知、社会行为、生活自理等方面也存在不少缺陷，而各种游戏活动对这些缺陷的补偿起到了积极的作用。

④有利于个别教育计划的实施。为了使每一个智障儿童得到适合其自身发展需要的最佳教育，我们要根据学生的个性特点、能力制订个别化教育计划，才能使学生得到充分的发展。而我们现行的上课形式是集体授课制，集体授课制存在一定的弊端：第一，学生真正的学习状态不易把握；第二，顾此失彼的现象难以避免。实践中，我发现游戏有利于实施个别化教育计划，据观察：智障儿童对游戏充满兴趣，他们会积极参与游戏，教师在游戏中可了解他们的能力和问题。其次，游戏具有自我教育性质。儿童掌握了游戏的玩法之后，可以自己进行游戏。这样，教师便不会顾此失彼、手忙脚乱了。

4. 巩固练习法

巩固练习法是指在教师指导下通过对特定内容一定量的练习使学习者巩固所学、形成技能的一种方法。[1] 根据智障儿童的强化原则，教师根据每一位智障儿童的学习特

---

①　刘春玲，马红英. 智力障碍儿童的发展与教育［M］. 北京：北京大学出版社，2011：199.

点、记忆水平和所学习的内容设计适当的量和时间的专门练习。按照性质和特点来说，练习法一般可分为心智技能的练习（如阅读、作文、计算技能的练习）、动作技能的练习（如体育技能、劳动操作技能的练习）和文明行为习惯的练习（如卫生习惯、礼貌习惯、守时习惯的练习）三类。从具体学科来说，特殊练习的类别又是多种多样的，如语文课有听、说、读、写等练习；数学课有各种运算、解题、作图、测量等练习；体育课有体操、田径、球类等练习。

5. 任务分析法

任务分析法是指对特定的、复杂的学习行为和技能进行分析、评定的一种方法，旨在使儿童能逐步、有效地掌握该行为或技能。[①] 根据智障儿童的小步子教学原则，教师把复杂的知识或技能分解成若干个容易观察、模仿的细小操作步骤，通过逐个环节地学习或练习，最后掌握一个完整的知识体系或操作技能。智障儿童观察力、理解力和记忆力等认知能力较差，一系列的小步骤有利于学生进行有效的观察、分析与记忆。任务教学法更多运用在技能类的教学内容上。

 活动案例

学会洗手

活动目标：

(1) 学会正确洗手的方法，掌握正确洗手的步骤。

(2) 养成勤洗手、讲卫生的好习惯。

活动准备：

香皂或洗手液，毛巾、水龙头、洗手盆等。

活动设计：

(1) 先认识香皂、毛巾、水龙头、洗手盆等。

(2) 挽起小袖子。

(3) 打开水龙头。

(4) 清水冲一冲。

(5) 擦擦小肥皂。

(6) 搓搓小小手：手心搓一搓；手背搓一搓；双手交叉指缝、指尖搓一搓。

(7) 清水里冲干净。

(8) 小手甩一甩。

(9) 干净毛巾擦干手。

---

① 赵树铎. 特殊教育课程与教学法［M］. 北京：华夏出版社，1994：153.

（10）毛巾挂好。

活动要点：

（1）若儿童某一动作不能完成应继续分解。

（2）教师可在黑板上贴上分步图片，边讲述边演示规范操作。

图 2-2　洗手的步骤

6. 情景教学法

情景教学法主要有两种基本形式，一是教师利用教学内容设计一些临时性的教学情景，二是在现实场景中学习。① 智障儿童在临时情景中进行角色扮演，从扮演角色中体会所学习的内容。智障儿童教育的最终目的是智障儿童能适应社会生活，融入社会，成为自食其力的劳动者，因此需要对智障儿童进行生活化教育。智障儿童的生活化教育就是属于现实场景的学习，他们在现实情境中把已经学到的内容学以致用，并从中提高自己的能力。例如，智障儿童在超市中购物，把在课堂上所学的"钱"的概念运用到实际生活中，同时通过与售货员的交流提高他们与人沟通与交往的能力。

图 2-3　认识浴室

（图片来源：http://www. syse. syn. cn/display_new.asp? id＝12101）

图 2-4　在超市中挑选蔬菜

（图片来源：http://www.gxrrc.org.cn/article/478.htm）

① 刘春玲，马红英. 智力障碍儿童的发展与教育［M］. 北京：北京大学出版社，2011：200.

（四）教育环境

学习环境是智障儿童进行有效学习的保障，广义的学习环境包括智障儿童的安置方式，狭义的学习环境就是指课堂教学环境。根据智障儿童对学习环境的要求，需要为儿童提供良好的物理环境、心理环境。

1. 物理环境

环境的舒适程度等对智力障碍儿童身体状况会有一定程度的影响，颜色明亮程度等也有可能影响儿童的注意力，进而影响其学习状态。此外，不同智障程度的儿童对学习物理环境的要求不同，如轻度智障儿童的环境相对规范化和标准化，中度智障儿童环境相对活泼化和轻松化，重度智障儿童学习环境相对重复化和简明化。

图 2-5　结构规范的教室环境

（图片来源：http://school.peoplepaxy.com/XYXC/HomePage.aspx? channelId=6256）

2. 心理环境

智障儿童反应比较迟钝，自信心不足。首先，教师应该表现出坚定的信心、乐观的态度和高度的耐心、爱心和细心，为智障儿童树立良好的榜样。其次，教师在教学过程中与儿童建立良好的师生关系，不嫌弃他们，营造和谐的心理环境。再次，教师根据智障儿童的心理特点，调动他们的学习积极性，使每个儿童都有不同的进步，享受到成功的喜悦。最后，教师教育儿童学会互助互爱，让智障儿童感受到集体的温暖。[①] 例如，使智障儿童情绪稳定，让他们看到自己的能力，获得自信、成功的情感体验，使他们产生满足、安全的情感体验以及体验集体生活的愉悦、关爱。

---

① 陈伟丰. 为智障儿童创设良好的教育环境 [J]. 现代特殊教育，2009（2）：29-30.

 知识链接

在日常的学习生活中建立和谐的师生关系①

　　教学过程是一个情感交流的过程，和谐的师生关系是进行愉快教学的情感基础，而这种情感基础是不能由一节课或二节课就能培养和建立起来的。特别对于这些智力残疾儿童，他们的性格特点均有较大的个体差异，有的冲动、易怒，喜欢用尖叫、哭喊和大笑来宣泄自己的情感；有的则迟钝、压抑、情感体验不强烈；有的敏感、自卑；有的好强、骄傲。

　　这就需要教师必须具有持久的爱心、耐心和细心。和风细雨的教导，能安定学生激烈的情绪；表扬鼓励能给予他们更多的信心；关心、爱护能令他们对老师产生强烈的信赖感。久而久之，老师与学生之间就建立起和谐的关系，达到情感的交流。

第四节　智障儿童的发展与学习案例②

一、基本情况

　　小民是一个6岁的男孩，上幼儿园中班，被诊断为中度智障儿童。母亲生下小民时30岁，7个月早产，剖腹生产。小民有新生儿窒息史，脑白质发育不良。双眼斜视，伴有弱视，双眼球水平震颤，戴过一段时间眼镜矫正，由于不方便没继续戴。下肢运动年龄相当于3岁水平，有主动运动意识，但运动灵活性较差；精细动作较差；认知能力落后于同龄儿童，相当于33个月水平；不能区分男女，可以给小部分图片命名；语言能力相当于39个月儿童能力，有简单的语言交流，可以回答简单发问，背整首儿歌有困难，服从部分指令；生活自理能力方面，日常生活能力较差，需要辅助，可配合穿衣，可用勺子，不会用筷子。在情绪行为方面，表现为性格内向，行为退缩。

二、现状分析

　　通过上述情况分析，小民在沟通交流、自我照顾、居家生活等几个方面都存在问题。经分析原因主要有以下方面：

---

　　①　中国蒙台梭利协会. 如何有效提高培智学生的自主学习能力［EB/OL］. http://www.montessori-china.org/Html/？867.html,2011-02-17.

　　②　唐亚娟. 智力发育落后儿童——小民的个案研究报告［EB/OL］. http://www.bdpf.org.cn/ywpd/kffw/kfcg/c12028/content.html,2011-12-30.

（一）家庭环境的影响

父亲和母亲在儿童成长中担任非常重要的角色，尤其是母亲的爱抚对其心理健康尤为重要。小民家里并不富裕，父母每天都为生活奔波，没有时间照顾他，他是由 12 岁的姐姐和年迈的奶奶照顾。奶奶对他的照顾无微不至，但终究代替不了珍贵的父爱和母爱，所以，他有可能在情感上缺少安全感，产生一种对外界的不信任心理，对人对环境都持怀疑的态度，不愿意主动接近陌生的事物。小民在家中的穿衣、吃饭、如厕大部分由奶奶包办，每一件事都不用他自己动手。小民在自主发展的关键期缺乏自理能力和动手能力的教育和机会。因此，他已经 6 岁了，但他的自理能力和动手能力很弱，这有可能直接影响他对社会生活的适应能力。

（二）与外界交往较少

小民的父母忙于工作，而奶奶年迈没有机会陪她出去玩，小民的性格又比较内向，也没有其他同龄人和他玩。在幼儿园里，小民因为语言表达的缺乏，与同伴、老师交往很少。但是，交往是培养儿童社会性和口语能力的最好途径，小民的不主动与别人交流，使其与外界隔绝，阻碍了他的社会化进程。

三、训练过程

（一）增强口语表达能力

小民有简单的语言表达和回答简单问题的能力，基本理解日常用语，需加强其复述能力和语言的概括能力。在语言训练过程中，训练的先后顺序是很重要的，儿童现在的词汇量远远不够，词汇量丰富了复述能力才会有进步，儿童语言概括能力的提高是建立在复述的基础上的。

方法：图片是增加词汇量的最好方法，既直观，又好记，每天让儿童看一遍图片是必不可少的。词汇量增加了再训练复述能力。放学回到家中，首先让儿童复述今天在幼儿园的活动，不需强调任何的修饰词，把大概内容说出即可，反复一段时间后儿童掌握了复述技巧。

（二）提高认知能力

认知能力：认知能力是指人脑加工、储存和提取信息的能力，即人们对事物的构成、性能与他物的关系、发展的动力、发展方向以及基本规律的把握能力，是人们成功地完成活动最重要的心理条件。知觉、记忆、注意、思维和想象的能力都被认为是认知能力。

0~6 岁对孩子来说是一个发育的黄金时期，此时的孩子学习某种知识和行为比较容易，是孩子心理各个方面发展最为迅速的时期，错过了关键时期，学习起来则较为困难，发展较为缓慢，发展的障碍就难以弥补。用一个数学实例来介绍一下如何提高儿童的认知能力。

方法：按数拿取。当儿童学会点数后，此项内容才可练习。让儿童用 1 和 2 比较练习，当把数 1 拿出时放 1 个实物，2 拿出时放两个实物，进而比较一下两次操作的不同，理解数与量的关系。

（三）增进未来的社会关系

由于小民语言表达能力较差，发问后回答较慢，而一般儿童不可能像大人一样会多给他机会表达。因此，指导小民如何与人建立关系是非常重要的。因为如果在幼儿园的社会关系受挫，即有可能引发其他不适应行为，如拒绝学习、自我概念低、学习成就感低等，间接造成学习障碍。教师要多带小民与其他小朋友接触，增进他们的感情。

（四）家长教师需有耐心信心

智障儿童接受新鲜事物的能力较慢，应多一些时间、多一些耐心给孩子，对于小民没有办法做得很好的事情，不要急着抢过来帮他做，甚至给予责备。从大人的身上获得自信心，相信小民将有更高的学习动机。家长和幼儿园的老师积极沟通，把小民的基本情况告诉老师，让老师了解状况并协助小民在幼儿园学习。

四、总结反思

小民的案例，给我们以下四点启示：

（1）善于和智障儿童沟通。教师平时关心智障儿童的成长，走进他们的内心世界，和他们成为朋友，以便对智障儿童有一个更深入的了解，从而更好地对他们进行教育干预。

（2）采用小步子教学策略。智障儿童的注意力容易分散，反应迟钝，视觉有偏差，理解性差。针对这些特点，智障儿童教学进度要做到工序分解，把一个对于普通儿童十分简单的知识分成若干个步骤，使儿童在经过自己努力后完成一个台阶，体验成功感、增强自信心，提升学习的积极性。

（3）善于给予及时的鼓励。奖励一个过去很久的动作或事情对儿童来说是毫无意义的，对于智障儿童的每一个小进步，每一个细微的改变，教师都应该进行及时的表扬，而且还要毫不吝啬。

对欣欣未来的展望

0 岁至六七岁是个体神经系统结构发展的重要时期，是个体心理发展的关键时期，也是生理发展、知觉发展、动作发展的重要时期，如果在这一期间对欣欣及时施以恰当的教育，会有利于欣欣生理机能的重新组合，有利于身体各种功能的代偿，有利于损伤器官的矫正和康复。此外，如果教师鼓励欣欣从事其擅长的活动，减轻其因学习失败而产生的心理压力，从而培养他的自信心和成功意识。最终，欣欣会不断学会适应社会，并自食其力。

（1）智障儿童是指儿童智力明显低于同龄儿童的正常水平，并伴有社会适应行为障碍的儿童。遗传、环境因素都有可能影响智障儿童的发展，根据智障程度的不同，智障可分成轻度智障、中度智障、重度智障和极重度智障四类。

（2）相比于普通儿童，智障儿童的感知觉、社会适应、语言、言语、沟通、认知、生活自理等能力存在很大的缺陷。教师应在日常生活与学习的过程中观察智障儿童的表现，对他们进行筛查测验。此外，教师应了解、掌握一些简单的智力测试和适应行为评定知识，并根据评估结果对智障儿童进行有效的教育。

（3）智障儿童的学习特点和普通儿童也存在明显的不同。因此，他们的学习内容除了基本的知识和技能，还要学习针对自身缺陷而所要进行补偿性教育的内容。作为智障儿童的教师，只有遵循智障儿童的教育原则，结合他们发展和学习的特点进行教学，安排学习环境，才有可能取得更好的教学效果。

1. 根据智障儿童智力发展影响因素的相关知识，从教师角度思考如何对智障儿童进行教育干预？

2. 智障儿童的发展特点包括哪些内容？

3. 假设你是一个幼儿园教师，根据你所学的内容，你会如何对你班上疑似智障儿童进行评估？

4. 智障儿童的学习特点包括哪些内容？

5. 假设你是一个幼儿园教师，根据你所学的内容，你会如何对你班上的智障儿童进行教育？

［1］郑红. 智障儿童生存教育的理论与实践［M］. 长春：东北师范大学出版社，2012.

［2］刘春玲，马红英. 智力障碍儿童的发展与教育［M］. 北京：北京大学出版社，2011.

［3］梁斌言. 智力残疾儿童随班就读的理论与实践［M］. 天津：天津教育出版社，2010.

［4］曹丽敏，胡民，汪贺媛. 让孩子远离智力障碍——儿童智力障碍早期发现及干预［M］. 北京：华夏出版社，2009.

［5］邢同渊. 智力障碍儿童教学法［M］. 天津：天津教育出版社，2007.

参考文献

［1］陈伟丰. 为智障儿童创设良好的教育环境［J］. 现代特殊教育，2009（2）：29-30.

［2］陈云英. 智力落后心理、教育、康复［M］. 北京：高等教育出版社，2007.

［3］方俊明，雷江华. 特殊儿童心理学［M］. 北京：北京大学出版社，2011.

［4］广州越秀区培智学校，广州市教育科学研究所联合课题组. 弱智儿童左右概念的测试研究［J］. 教育导刊，2002（2）：62-64.

［5］花蓉. 弱智儿童思维特点与教育初探［J］. 江西教育科研，2001（6）：36-37.

［6］教育部师范教育司. 智力落后心理学［M］. 北京：人民教育出版社，1999.

［7］雷江华，方俊明. 特殊教育学［M］. 北京：北京大学出版社，2011.

［8］雷江华. 学前特殊儿童教育［M］. 武汉：华中师范大学出版社，2008.

［9］林晶晶. 浅谈游戏对学前智障儿童的影响与作用［J］. 吉林教育（教科研版），2007（7）：96.

［10］刘春玲，马红英. 智力障碍儿童的发展与教育［M］. 北京：北京大学出版社，2011.

［11］茅于燕. 智力落后与早期干预［M］. 上海：上海教育出版社，2007.

［12］田宝. 智力残疾标准解读［J］. 中国残疾人，2006（7）：34-35.

［13］汪文鋈. 弱智儿童家庭教育咨询［M］. 杭州：浙江教育出版社，1997.

［14］王书荃. 智力落后儿童的早期发现与训练［M］. 北京：中国妇女出版社，2008.

［15］吴婷. 感统训练的几点做法改善智障儿童的注意力［J］. 教育艺术，2013（1）：26-27.

［16］肖非，刘全礼. 智力落后教育的理论与实践［M］. 北京：华夏出版社，1993.

［17］肖非，王雁. 智力落后教育通论［M］. 北京：华夏出版社，2000.

［18］肖非. 智力落后儿童心理与教育［M］. 大连：辽宁教育出版社，2002.

［19］银春铭. 弱智儿童的心理与教育［M］. 北京：华夏出版社，1992.

［20］张福娟. 智力落后儿童适应行为发展特点的研究［J］. 心理科学，2002（2）：170-172+253-254.

［21］赵树铎. 特殊教育课程与教学法［M］. 北京：华夏出版社，1994.

［22］郑子健，曹蓉，张富昌. 秦巴山区弱智儿童的社会文化成因及防治对策［J］. 西北大学学报（哲学社会科学版），1999（3）：107-110.

第三章　超常儿童的发展与学习

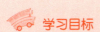**学习目标**

　　超常儿童是指在一个或几个领域内天赋优异的特殊儿童。他们普遍有着较高的语言能力、好奇心和注意能力，学习速度快、喜欢解决问题。超常儿童的发展受到先天遗传和环境教育的相互作用。因此，及时发现、适当教育、创设良好发展环境对超常儿童成长至关重要。

　　知识目标：

　　（1）掌握超常儿童的概念和常见分类。

　　（2）了解超常儿童在认知、社会性及创造力等方面的发展特征。

　　（3）掌握超常儿童的学习特点和教育策略。

　　能力目标：

　　（1）掌握超常儿童的评估鉴别程序和内容。

　　（2）学会使用一种以上超常儿童鉴别工具。

　　（3）能够根据超常儿童的发展特点制定初步的教育干预措施。

　　教学重难点

　　（1）掌握超常儿童的学习特点、教育目标、教育方法等。

　　（2）能根据超常儿童的特点协助评估、设计教学活动、进行教学活动创设等。

　　教学课时

　　4 课时

**故事专栏**

兰兰的故事

　　兰兰今年四岁了，是个精力非常充沛的小姑娘。她兴趣广泛，好奇心特别强，经常喜欢问"为什么""不这样，又将会怎么样呢"，碰到感兴趣的事物更是"打破砂锅问到底"。兰兰从小就表现出了惊人的学习能力，她语言发展较早，1 岁就学会说话了，而同龄的小朋友差不多到 1 岁半左右才能学会说话。2 岁左右兰兰就能够阅读一般的故事书并总结出故事大意，4 岁时能在没有大人关注的情况下独立阅读 2 小时左右。兰兰的记忆力非常好，有一次妈妈无意中带着她读了几遍电动车的牌照号码，她马上就记住了，并且能背诵出来。几个月后电动车丢失了，妈妈去报失时提到需要车牌号，一旁的兰兰马上背出了号码且准确无误。此外，兰兰的观察力也很强，做事特别专注，喜欢尽快把听来的故事或自己经历过的事告诉别人，有新发现时，就急不可耐地想告诉别人。但兰兰却不怎么喜欢去幼儿园，她觉得老师讲的东西太简单了，自己早就会了却还要一遍一遍听，而且她不爱和班里的小朋友玩，觉得和同龄的小朋友玩没有意思，喜欢同年龄较大的小朋友玩。

思考问题

兰兰的行为表现与普通儿童相比是否有异同？若有，表现在哪些环节？

　　超常儿童是指那些智慧非凡或者具有特殊才能的儿童。从古至今，历史的长河中不乏超常儿童的身影，牛顿、爱因斯坦、达尔文、贝多芬、莫扎特等一大批杰出人物，在各自的领域绽放光彩，用他们的智慧推动着社会的前进。与此同时，我们也清醒地认识到，并非所有超常儿童的发展都能尽如人意。很多超常儿童背负着"神童"的光环和老师家长过高的期待，但在生活和学习中又得不到恰当的支持，导致他们在成长过程中面临巨大的身心挑战。由此可见，为超常儿童提供适当的教育是多么的重要，不仅能促进儿童本身潜能开发，也能为国家的持续发展提供优秀后备人才。

第一节　超常儿童概述

一、超常儿童的概念界定

　　关于超常儿童，不同的时代和国家有不同的称呼。早在两千多年前古希腊哲学家柏拉图就曾用"金人"来代指那些天赋优异的儿童，并主张教授金人哲学、玄学和科学知识，把他们培养成为领袖；同时期的古代中国则将这类儿童称为"神童"，西汉时期就设有专门选拔神童的"童子科"考试，一直延续到清朝。到了近现代，英美等国学者在研究这类儿童时多用"天才儿童"一词，日本则称其为"英才儿童"，我国香港和台湾地区称为"资优儿童"，大陆地区则统称为"超常儿童"。

　　随着人们对超常儿童认识的不断深化，很多研究者都曾对超常儿童的内涵做出过界定。1869 年，英国心理学家高尔顿（F. Galton）在对 900 多名天才人物家谱分析的基础上，提出天才具有两个与众不同的特质，一是超出常人的能力（energy），二是对事物具有敏感性（sensitivity）。20 世纪初，美国心理学家推孟（L. M. Terman）认为天才是在智力测验中得分 140 以上的儿童，并掀起了人们对超常儿童智商研究的热潮。20 世纪 70 年代，美国联邦教育部根据众多研究结果，将天才儿童定义为在以下一个或几个方面表现出过人才能的儿童：一般智力；特殊学习能力倾向；创造性思维；领导才能以及视觉和演奏艺术。这一定义后来遭到美国心理学家任朱利（J. S. Renzuli）的质疑，他认为对天才儿童的界定，除了要考虑上述智力因素外，更要考虑儿童的动机、兴趣、责任心、创造力等非智力影响因素。因此他提出"三圆圈天才"的概念，认为天才儿童应当具备三个圆圈交集处的能力和特质，而这三个圆圈分别是：中等以上的智力；对任务的承诺（动机、责任心）；较高的创造力。后来，随着智力理论的不断发展，很多学者如加德纳（H. Gardner）、斯滕伯格（R. J. Sternberg）也相继提出自己的观点，一定程度上改变了人们对超常儿童的认知。

"超常儿童"这一术语是我国研究者在长期深入研究的基础上提出的。研究者们认为超常儿童是智力（才能）、创造力及良好非智力个性特征相互作用构成的统一体，具体包含三个方面的深层意义①。首先，超常儿童的本质属性仍然是儿童，他们只是儿童中智慧才能较突出的部分，与常态儿童之间仍有很多共同性，没有不可逾越的鸿沟。其次，相比于"天才"，"超常儿童"更突显先天因素和后天教育的交互统一，而非简单的先天赋予，同时也更强调超常儿童的心理结构不仅包括智力才能方面，也包括创造力和非智力个性特征方面。最后，超常儿童与常态儿童一样，是处在成长发展不断变化的过程中，他们的超常智能虽然较为稳定但也非固定不变，如果儿童所处的社会环境没有提供适当的学习机会和教育条件，或是儿童本身缺乏必要主观努力，则超常儿童也可能随着年龄增长而变得"泯然众人矣"。

总体来看，超常儿童的概念是在发展变化的。从"神童"到"超常"，随着研究的深入，人们对这类儿童的认识也在不断改变，这种认识直接关系到超常儿童的鉴别和教育，因而值得我们去深入探讨。

超常儿童的分类

对于超常儿童的分类，不同学者有不同标准，从最初单一的智力标准，到后来非智力因素个性指标，也从侧面反映了研究者们对超常儿童认识的变化。概括起来，目前针对超常儿童的分类主要有以下两种方式：

第一种是依照儿童智力和才能的发展程度，将超常儿童分为：①智力超常儿童，顾名思义，是指那些智力表现出众的儿童。若以智力测验来衡量，他们的智商一般都在 130 以上，或测验成绩高于同龄人平均成绩的两个标准差以上，且通常在学业

① 查子秀. 超常儿童心理学 [M]. 北京：人民教育出版社，2006：8-12.

上有突出表现。②特殊才能超常儿童指的是具有中等以上智力水平，在数学、文学、美术、音乐舞蹈、体育运动、科技制作、组织领导等一方面或几方面才能出众的儿童。③智力发展超常兼具某方面特殊才能的超常儿童，即兼具前两类儿童的优势，在智力超常的同时又具有某些特殊才能。

第二种是依照儿童的身心健康程度，将有身心障碍或缺陷的超常儿童单独归为一类。① 这类往往智力或能力超过常人，但同时伴有某些生理或心理缺陷，如视觉障碍、听觉障碍、学习障碍等。古今中外曾出现过许多类似的超常儿童，身心方面的障碍并没有妨碍他们绽放智慧和才能的光芒。如双眼失明却写出《左氏春秋》和《国语》的左丘明；腿有残疾行走不便的华罗庚；患有阅读障碍的爱因斯坦；饱受卢伽雷氏症之苦的史蒂芬·霍金等。②

二、超常儿童的成因

美国超常教育研究专家皮尔托曾提出，有关才能发展需要取决于以下五个层面的因素③：①遗传基础；②个性品质，如动机、坚持性、悟性等；③在表现才能的领域内发挥作用所必需的智力下限；④某一特殊领域的才能，如数学、音乐、运动等；⑤五种环境影响：家庭环境、社会文化、学校环境、机遇和性别。研究发现：遗传因素、后天环境及主观努力与超常儿童的产生和发展密切相关。

关于智力的遗传，英国学者高尔顿以研究著名人物的家谱为依据得出：非凡的能力起源于遗传。1869 年，高尔顿选取了英国历史上 977 个名人及等量普通人作为研究对象，调查其父亲、儿女、兄弟，考察统计名人与普通人家属中的名人数量。结果表明：名人亲属中，有名的父亲 89 人，儿子 129 人，兄弟 114 人，而普通人亲属中名人仅 1 人。数量统计证实天才是遗传的。

迈克尔·J·A·豪探讨了——天才是不是天生的？他通过对达尔文、乔治·艾略特、乔治·史蒂芬森、爱因斯坦、勃朗特姐妹等知名人物的研究分析，得出结论：人们所谓的超凡潜能只不过是特定环境和机遇共同作用的结果。迈克尔·J·A·豪对许多名人进行了研究，发现这些名人虽然各有千秋，但大部分天才都具备几个相同的特征。第一，这些人对工作都有强烈的好奇心和献身精神；第二，他们都具备多种不同的素质，这也许是一种更令人称奇的特征。因而他得出最后的结论：天才绝非神秘的天赋，而是环境、人格和努力工作相结合的产物。天才必须凭借超强的动力、决心和全心全意的投入，而这些条件并非人人都具备。

---

①　雷江华. 学前特殊儿童教育［M］. 武汉：华中师范大学出版社，2008：117-118.
②　查子秀. 超常儿童心理学［M］. 北京：人民教育出版社，2006：8-12.
③　HEWARK W L. 特殊需要儿童教育导论（第 8 版）［M］. 肖非，等译. 北京：中国轻工业出版社，2007：435.

第二节　超常儿童的发展与评估

一、超常儿童的发展特点

超常儿童在智力、才能、创造力等多方面的发展与普通儿童有显著区别，并表现出自身的独特性。下面将从超常儿童的认知、社会性及创造性发展等方面具体介绍超常儿童的身心发展特点。

（一）超常儿童的认知发展

超常婴幼儿区别于普通婴幼儿最大的特点就是其从小显露出的强大的认知能力。认知是一个范围很广的概念，涉及知识的获得、加工、组织和应用等各项复杂的心理活动。我国超常儿童协作研究组在长期调查和研究的基础上，总结出超常儿童的认知特点主要有以下几个方面[①]：

1. 感知觉敏锐，善于观察

感知觉是人类认识过程的最初阶段，人们依靠感知觉来收集信息，积累经验。感知觉主要包括视觉、听觉、触觉、味觉、嗅觉、本体感觉以及空间和时间知觉等。对很多超常儿童的追踪研究表明，超常婴幼儿在早期成长过程中便表现出敏锐的感知觉能力，他们观察能力较强，条理较清晰，善于区分事物的微小差异。如有些2岁多的幼儿就已经能分清上下、前后、左右的方位；有些幼儿3岁时就能掌握两千多汉字，并能区别形近字和同音字。敏锐的感知觉，促使超常幼儿观察能力较快、较好地发展，使他们能更有效地接受外界环境的刺激，促进智能发展。

2. 注意力集中，记忆力惊人

注意和记忆是个体认知能力的主要组成部分，儿童阶段注意力和记忆力的发展通常随着年龄增长而不断增强。注意分有意注意和无意注意，有意注意是指有预定目的的，需要一定一直努力的注意，无意注意则正好相反，是不需要意志努力，没有预定目的的注意。婴幼儿时期，儿童注意力一般以无意注意为主，注意力很容易转移，但是超常婴幼儿有意注意的最高时间却大大超过普通儿童，有些2~3岁超常儿童注意力可持续半个小时以上。此外，超常婴幼儿注意的范围较广，分配能力也较强，常常在"无意"中了解并记住许多事物。

同时，超常儿童还表现出惊人记忆能力，"过目成诵"是许多超常人才的突出特

---

① 中国超常儿童协作研究组. 智蕾初绽：超常儿童追踪研究［M］. 西宁：青海人民出版社，1983：13-18.

点，他们大多能轻松地记住所学、所听和所看到的内容，而且记忆保持长久，不易忘却。如 13 岁进入中国科技大学"少年班"的超常儿童宁某，在 2 岁半时便会背 30 多首毛泽东诗词，3 岁时能数 100 个数，4 岁学会 400 多个汉字。

3. 思维能力较强，语言表达较好

思维是认知活动中较为高级的过程，包括概括、判断、分类、比较、推理等心理活动。许多超常儿童的思维敏捷，概括能力强，善于抓住事物、图形或数量之间的本质关系或主要特征并进行推理，且思维的逻辑性较强，灵活性较高。如中科大少年班的"数学学习小组"，5 名学生仅仅用 10 天的时间就自学完成了《复变函数》，而且在期末考试中取得高分。此外，超常儿童在语言表达方面表现出的优异才能也常常为人们所惊叹。他们词汇丰富、善于模仿，在很小的时候就能用连贯流利的语言表达思想。如宋代作家王安石在《伤仲永》中所描述的"神童"方仲永，在 5 岁时便出口成诗，"自是指物作诗立就，其文理皆有可观者"，超常儿童在思维和语言方面的超前发展可见一斑。

（二）超常儿童的社会性发展

社会性发展是指儿童融入社会、逐渐社会化的过程，它包括儿童情绪行为、自我意识、个性特征等方面的发展。通过对超常儿童长期深入的研究，发现超常儿童在社会性方面具有以下特征：

1. 情感发展个体差异性较大

超常儿童具有较高的认识能力，但这并不代表他们也具有相应高水平的情感发展能力。总体来看，超常儿童的情绪情感发展具有较大的差异性，这与超常儿童本身极大的个体差异性有关。Clack 等人（2008）对超常儿童的社会情感特征进行研究并列举出了一些超常儿童身上普遍存在的情绪发展特征。

超常儿童的社会情感特征[①]

- 具有更好的情绪调节能力，尽管有些研究也表明社会经济地位差异的影响大于智力差异的影响。

- 有较高的能力水平，可以导致情绪的兴奋性、高度敏感性、不假思索的言

① CLARK B. Growing Up Gifted：Developing the Potential of Children at Home and at School（7th Ed）［M］. Upper Saddle River, New Jersy：Pearson Education, Inc., 2008：129. 转引自苏雪云, 张旭. 超常儿童的发展与教育［M］. 北京：北京大学出版社, 2011：120.

语、无尽的想象力以及可能极端高昂或者低落的情绪反应。

- 更独立、更少附和顺从同伴的观点、更具控制力、更强势、更具竞争性。
- 在儿童早期和青春期一直都表现出更高的坚持性和注意力水平、更好奇、更享受学习、喜欢掌控或挑战。
- 过度的自我批评，以及基于对自己不合理高期望而导致的不现实的自我评价、导致完美主义、对自己理想成绩的期望和现实表现之间差距的不满等。
- 报告更多的对自我和他人的积极感情，对自己认知能力有积极的自我认知，对学业的成败有较多的自信。
- 更习惯与自己智力相当的同伴，而非同年龄同伴交往，因此社会交往上更喜欢年长的儿童或者成人，对心智水平较低的儿童没兴趣，更喜欢与自己相同的人交友，与成人相处良好，但与其他能力水平不同的儿童会出现交往问题。
- 经常表现出领导能力，积极参与社区的活动；对民生问题的关注要早于普通儿童，他们更强调议会制的方式，尽可能少地运用专制或者无政府状态的管理方式。
- 倾向非常理想主义，在很小的时候就寻找公平正义，他们对于价值和道德问题更加敏感，很早就理解"好行为"和"坏行为"，他们通常对他人的感受和权利很敏感，并对他人产生同情，因此很多超常儿童对社会问题非常关注。

值得一提的是，上述特征是超常儿童群体中较为普遍的存在，但很难在某一个超常个体身上同时存在。

2. 个性发展存在不同步现象

超常儿童虽然智力超常，但毕竟还是属于儿童，在成长发展过程中既有与一般儿童的共性特征，也有自己的独特性。总体来看，超常儿童的个性发展水平明显高于普通儿童，具体表现在：社会适应性较好，意志坚强，成就动机较高等。但同时超常儿童也遵循着普通儿童身心发展不平衡的规律，甚至表现更为明显。有研究者将这种现象称为"不同步发展综合征"[1]，主要表现在：①运动发展与智力发展不同步，如阅读能力发展快而书写能力发展相对较慢；②智力的不同方面发展不同步，如有些超常儿童的记忆能力特别好，有些超常儿童空间知觉能力突出，有些超常儿童则表现在思维能力较强等；③智力和情绪发展不同步，如有很多儿童在智力上已达到成人的发展水平，但在情感发展方面却仍处在儿童阶段，给人一种"小老头""小大人"的印象；④儿童行为和社会要求不同步，如超常儿童本身发展不平衡，但社会往往对超常儿童有"全能"的高期望。这些不同步现象会给超常儿童的成长带来一定的困难，需要家长和教师及时关注，摒弃不合理的要求和期望，在儿童发展的薄弱环节给予帮助和支持，避免这种不同步发展带来的消极影响。

3. 自我意识发展良好

---

① 查子秀. 超常儿童心理学［M］. 北京：人民教育出版社，2006：217.

自我意识是个性结构的核心指标，包括自我评价、自我体验和自我控制。多数研究表明超常儿童的自我意识发展水平优于普通儿童，这可能得益于他们超常发展的智力，远大的理想抱负，优秀的学习能力等。相对于普通儿童而言，超常儿童更容易在成长过程中获得成功，这常常令超常儿童产生较高水平的自尊和自信，从而导致他们产生较高的自我评价。例如某位少年大学生当被问到自己"最佩服的人是谁？"时回答："我最佩服的人是我自己，我觉得我特别棒！"

（三）超常儿童的创造力发展

创造力是一个较为复杂的概念，长期以来，不同学者对创造力的定义及内涵特征等都存在着争论。美国心理学家爱肯曾说："心理学文献中再没有比'创造力'这个课题被人研究得更多而被人理解得更少的了。"[①] 尽管不同研究者对创造力研究的角度不同，但其中也不乏共同点。梅耶（Mayer）回顾了 1950 年后 50 年间的众多研究，总结出创造力的两个最重要的特征是新颖性和实用性[②]。斯滕伯格（Sternberg）也将创造力定义为一种能创造既新颖又实用的产品的能力。

人们普遍认为创造力和智力存在一定关联，大多数的研究者发现这种关联是单向性的，即高水平的创造力是以高智力为基础的，但高智力却不一定会拥有高水平创造力[③]。这一结论在超常儿童群体中得到体现，研究表明超常儿童的创造力水平整体上明显高于普通儿童，但不同超常儿童个体之间的创造力存在较大差异。超常儿童的创造力往往让人惊叹，以至于许多学者和教育者甚至认为创造力是对超常儿童定义的核心。克拉克（Clark）称创造力是超常儿童的"最高级形式"，斯滕伯格（1988）认为，"对社会做出长远贡献的天才儿童，一般是那些在某一领域有着独特创造性的个体。富有创造性或洞察力的个体能够有所发现，发明创造，最终改变社会"[④]。爱因斯坦、爱迪生、莫扎特、李白、苏轼……这些人们所熟知的超常人才，都用他们高度的创造才能，为人类带来了巨大的精神和物质财富。

二、超常儿童的鉴别评估

对超常儿童进行客观准确的评估是超常教育的第一步。由于超常才能表现形式的多样化和隐蔽性，很多超常儿童在小时候不被发现，甚至由于充满好奇而常常被误认为是问题儿童，接受不恰当的教育。随着研究者对超常儿童认识的不断加深，目前已基本形成了对超常儿童较为全面的评估内容和规范的鉴别流程。

① 转引自武欣，张厚粲. 创造力研究的新进展［J］. 北京师范大学学报（社会科学版），1997，139（1）：13-18.

② 施建农. 人类创造力的本质是什么？［J］. 心理科学进展，2005（6）：3-5.

③ 施建农，徐凡. 超常儿童发展心理学［M］. 合肥：安徽教育出版社，2004：289.

④ 程黎. 特殊儿童早期干预［M］. 北京：北京师范大学出版社，2012：26.

（一）超常儿童的评估原则

超常儿童的鉴别是超常儿童评估和教育的起点。随着超常儿童概念的不断发展，超常儿童的鉴别评估工作也经历了一个发展的历程。我国超常儿童研究者在参考国外超常教育经验的基础上，根据我国三十多年的超常教育研究实践，总结出了鉴别超常儿童的四项原则①。

1. 动态鉴别

超常儿童是发展变化的，并且这种发展会受到文化条件、外部环境和教育因素的制约，因此，对超常儿童的研究和鉴别应当放在与其年龄相同、条件接近的常态儿童中，进行动态比较。不能简单依据一次测验的结果，而是要随着儿童的发展进行多次测验，动态评估。

2. 采取多样化的方式鉴别

由于超常儿童群体表现出多种类型的特征和优势，因此鉴别和评估工作也要引入多方面的指标，通过多种途径，运用多种方法来进行动态的比较研究。多指标包括认知能力、推理能力、创造力、特殊才能及个性特征等；多途径包括直接实验、问卷调查、观察、教师和家长评价等；多方法包括实验、测验、访谈等。

3. 注重发展质量的考察

超常儿童和常态儿童发展的差异不仅表现在量的方面，也表现在质的方面。因此对超常儿童的鉴别和研究，不仅要有量方面的指数，如反应结果和反应速度等；还要有质方面的指标，如反应过程、方式和策略特点等。

4. 在教育过程中发现和鉴别

鉴别的意义和目的在于更好地对超常儿童采取恰当的教育和培养手段，进行因材施教。我们现有的测验由于各种原因往往不能全面反映超常儿童的水平和能力，同时也无法准确预测超常儿童未来的发展潜力。因此对超常儿童的鉴别应当贯穿于教育过程中，把鉴别教育和追踪考察结合起来，根据不同时期的鉴别结果，及时调整教育教学方法和手段，为超常儿童提供更有针对性的教育。

（二）超常儿童的评估内容

一般而言，对超常儿童的评估和鉴别主要包括智力评估、创造力评估、特殊才能评估以及个性特征的评估。

1. 智力评估

在智力评估中，最常使用的方法是测验法。测验法多种多样，但一般是用一套标准化的试题，按照规定的程序，对儿童的一般智力进行测验，然后将测验成果与常模或者参照指标进行比较，从而对所测量的智力水平做出评定。目前我国超常儿童智力鉴别过程中最常用的是《韦克斯勒儿童智力量表》和我国研究者编制的《鉴别超常儿童认知能力测验》。

――――――――――――――

① 查子秀. 超常儿童心理学［M］. 北京：人民教育出版社，2006：217.

（1）韦克斯勒儿童智力量表。韦克斯勒儿童智力量表又称"韦氏儿童智力量表"，是美国心理学家韦克斯勒编制，采用个别施测评估 6～16 岁儿童智力水平的测验工具。自 1939 年第一套韦氏智力量表诞生以来，韦氏智力量表相继问世，包括韦氏幼儿智力量表、韦氏成人智力量表等，且每套量表的版本持续更新。目前韦氏儿童智力量表的英文原版已于 2003 年完成第四版的修订工作，中文版也在北京师范大学张厚粲教授的主持下于 2007 年修订，经检验，量表具有良好的信效度，目前已在全国范围应用。第四版的韦氏智力量表由 10 项核心分测验和 5 项补充分测验组成，测试用时 60～85 分钟，在计分方式上打破原有单纯计算言语分量表和操作分量表得分总分的方式，将测验分为 4 个指数，具体见表 3-1。

表 3-1　　　　　　　　　韦克斯勒儿童智力测验（第四版）的结构①

语言理解 测量学习语言的能力、概念形成、抽象思维、分析概括能力等	类同：找出事物的相似点，如蜡烛和电灯有什么相似的地方？
	词汇：对词汇进行解释，如"伞"是什么意思？
	理解：回答在一般情况下该怎么做和为什么这么做的问题，如为什么上学？
	常识（补充）：普通知识，如是谁发现了美洲？
	语言推理（补充）：给儿童一些线索，要求说出所指事物，如有长长的手柄，和水一起使用的，可以清洗地板的是什么？
知觉推理 测量人的推理能力、空间知觉、视觉组织等	积木：按要求用积木拼出图案
	图片归类：将同一类型的图片归为一类
	矩阵推理：类似于瑞文测试，选择符合方阵规律的图片
	填图（补充）：又称画图补缺，呈现缺少部分的图片，要求说出图片中缺少了什么
工作记忆 反映人的记忆能力、对外来信息的理解应用能力	数字广度：用口头呈现的数字表让儿童复述（顺背或者倒背）
	字母-数字排序：如给出 T-4-L-5-Z-2-H，要求按数字从小到大的顺序，字母按字母表的顺序重新排列，即 2-4-5-H-L-T-Z
	算数（补充）：不用纸笔来解决一些简单的、口述的算数问题
加工速度 考察人对外界简单信息的理解速度、记录的速度和准确度、注意力、书写能力等	译码：符号替代测验，要求用数字和符号配对，包括数字对符号和符号对数字
	符号搜索：判断在一堆符号中是否出现了目标符号
	划消（补充）：在一系列杂乱的图画中，划掉少数不属于该类别的图画

① 苏雪云，张旭. 超常儿童的发展与教育［M］北京：北京大学出版社，2011：58.

（2）鉴别超常儿童认知能力测验。鉴别超常儿童认知能力测验是由中国科学院心理研究所查子秀主持编制。测试是个体施测，适用于 3～14 岁儿童，主要侧重于将思维作为鉴别认知能力的重要指标，测验项目包括认知的四个方面。

①类比推理测验：

● 图形类比推理：用几何图形表示上下、左右、内外等空间关系。

● 语词（图片）类比推理：用词语（3～6 岁用实物图片）表明两种事物之间的从属、功用、对立、同类（并列）、因果及部分与整体关系。

● 数概括类比推理：用数字（3～6 岁用图形）表明数量之间的组成与分解、等差、等比等关系。

②创造性思维测验：主要测量思维的创造性、灵活性和流畅性。3～6 岁年龄阶段包括两个分测验：测验一为根据图片设想故事结尾；测验二为利用工具解决问题。7～14 岁年龄阶段包括十项分测验，即语词联想，数的结合，图形变换，解决问题等。

③感知观察能力测验：3～6 岁年龄阶段，包括四项，即：从一组图形中，找出相同图形，找出不同图形，指出图中缺少部分，指出两张图中的不同部分。7～11 岁年龄阶段，除了要求找出相同图形和图案之外还要测查儿童的空间感知能力等项目。

④记忆测验：

● 数字跟读：测查记忆广度。

● 按形填数（3～6 岁用按图填色）：测查记忆速度。

● 图片再认：测查记忆的精确性。

● 图片或语词再现（3～6 岁为图片，7～14 岁为语词）：测查记忆保持的持久性。

2. 创造力评估

20 世纪 50 年代，以吉尔福特为代表的心理学家们发现并指出智力测验并不能测量人的创造力水平。心理学界开始探讨鉴别创造力的方法，编制了各种鉴别创造力水平的测验。其中以吉尔福特编制的《发散性思维测验》和托兰斯编制的《托兰斯创造性思维测验》应用最为广泛。

（1）吉尔福特发散性思维测验。吉尔福特的发散性思维测验又称南加利福尼亚大学测验，是吉尔福特及其同事在对智力结构的研究中发展起来的，主要测量发散思维。测验共有 14 个分测验，其中有 10 个分测验需要言语反应，4 个分测验使用图形内容，皆考察发散思维，适用于初中文化水平以上的人。

①词语流畅性：迅速写出包含某个字母的单词，例如："O" ——load, over, pot...

②观念流畅性：迅速列举属于某一种类事物的名称，例如"能燃烧的液体" ——汽油、煤油、酒精……

③联想流畅性：列举近义词，如"艰苦" ——艰难、困难、困苦……

④表达流畅性：写出每个词都以特定字母开头的四词句，如"K、U、Y、I" ——Keep up your interest, Kill unless yellow insects...

⑤非常用途：列举出一个指定物体的各种可能的非同寻常的用途，如"报纸" ——点火、包装箱子时作填充物……

⑥解释比喻：以几种不同方式完成包括比喻的句子，如"一个女人的美丽就像秋天，它——"，答案可能是"在还没来得及充分欣赏时就消逝了"……

⑦效用测验：尽可能多地列举每一件东西的用途。如，罐头盒——作花瓶，切饼……根据回答总数计观念流畅性的分数，根据用途种类的变化计变通性的分数（属于同一范畴的用途只能计一分）。

⑧故事命题：写出一个短故事情节的所有合适的标题。例如："冬天快到了，商店新来的售货员忙着销售手套。但他忘记了手套应该配对出售，结果商店最后剩下 100 只左手的手套。"答案可能有：只有左手的人，新职员，100 只手套……可根据标题总数（思想流畅性）及有创见的标题数目（独创性）进行计分。

⑨推断结果：列举一个假设事件的不同结果。如，"假如人们不需要睡眠会产生什么结果?"答案可能是：干更多的活，不再需要闹钟……计分方式同故事命题的计分方式。

⑩职业象征：列举一个给定的物体或符号所象征的职业，如"灯泡"，可以是电气工程师、灯泡制造商……

⑪组成对象：利用一套简单的图案，如圆形、三角形等，画出几个指定的物体，任一图案都可重复或改变大小，但不能增加其他任何图形。

⑫绘图：要求将一简单图形复杂化，给出尽可能多的可辨认物体的草图。

⑬火柴问题：移动特定数目的火柴，保留特定数目的正方形或三角形。

⑭装饰：以尽可能多的不同设计修饰一般物体的轮廓图。

（2）托兰斯创造性思维测验（TCTT）

托兰斯创造性思维测验（Torrance Creative Thinking Test）由美国明尼苏达大学 Paul Torrance 于 1966 年编制，截至目前已有过四次修订。该测验主要依据吉尔福特的"创造力的表现在于发散思维"的观点和其有关创造力结构的解释，重点考察发散性思维的四种特性：变通性，即反应的数量，即在规定时间产生有关观念种类的多少；流畅性，即反应的速度，即规定时间内产生的有关观念的类别数量；独特性，即在规定的时间内产生新颖别致观念在同类受试者观念中的百分比；精致性，即对细节的想象和扩充。托兰斯创造性思维测验，适用于幼儿到研究生，普遍采用集体施测，分为言语创造性思维测验、图画创造性思维测验、声音和词创造性思维测验三部分，具体如下：

言语创造性思维测验由七项活动构成，从流畅性、变通性和独特性三个方面计分。

①~③提问、猜原因、猜结果：给被试者呈现一幅图片，并让被试者对可能发生的原因、结果进行猜测。

④产品改良：给被试者一个长度约 20 厘米的玩具猴图样，让他在上面加以改进，使这个玩具更能吸引儿童兴趣，并要求他把想到的最独特、最有趣的改进设想写下来。

⑤不寻常的用途：要求被试者思考并写下空易拉罐（不考虑易拉罐大小）的最有趣、最新颖独特的用途。

⑥不寻常的问题：要求被试者对空易拉罐提出问题，所提的问题应该是非常新奇有趣，他人难以想到的。

⑦猜想和想象：要求被试者描述也许是永远不会出现的情况，如整个地球被浓雾覆盖，人们只能看见对方的脚，在这种情况下我们将如何生活？

图画创造性思维测验包括三个分测验，从流畅性、变通性、独特性、精致性四方面计分。

⑧图画设计：给被试者一张印有某种图形的纸。让他以该图形为部分内容任意加些线条做成一幅画，要求尽可能画出新颖、独特的画，并将命名或标题写在画的下面。

⑨图片完成：给被试者 10 张未完成的图片，让他们在上面加几笔，把每张图片完成。要求尽量画出别人意想不到的、异乎寻常和新奇有趣的东西，并为每张图拟出有趣的标题。

⑩按要求作画：给被试者几张画有许多对平行线的纸，要求在 10 分钟之内，以每对平行线为主体，任意在两条线间、线外加上一些线条或者圈点，画出别人意想不到的、异乎寻常和新奇有趣的图画，要求画得越多越好，并在每张图下面写出标题。

声音和词创造性思维测验包括两项活动，均用录音磁带提供指导语和刺激，第一项活动为声音与想象，第二项为象声词与想象，每一测验只根据反应的罕见性，计独特性的分数。

3. 特殊才能评估

超常儿童除了在智力和创造力上表现优秀，还有可能在音乐、美术、舞蹈、运动等方面表现出众。对这些特殊才能的鉴别主要采取专门编制的测验，辅以对儿童活动成果、创作产品的分析和评定。

（1）用测验法鉴别特殊才能。研究者们为了鉴别超常儿童的特殊才能，在很多领域都编制了相应的测量量表。如桑代克（E. C. Thorndike）在 20 世纪二三十年代就编制出了包括算术、书法、图画等项目的特殊才能测验；西肖尔（C. E. Seashore）的音乐能力测验，推孟（E. L. Terman）的机械能力测验，20 世纪 20 年代，我国学者余子夷根据桑代克的方法编制的书法量表、中央教育科学研究所赵裕春主编的小学生数学能力测验、中国科学院心理所修订的用于检测领导才能的 PM 分析量表等，都在研究实践中得到广泛的运用。

（2）对创作活动成果的评定。儿童的创作活动成果是儿童智慧和才能的集中体现。通过对儿童作品的评定可以了解儿童完成活动的质量和水平，同时还可以分析研究他们是否具备完成该活动所需的能力。

4. 个性特征评估

超常儿童的个性发展与普通儿童有一定的区别，因此在超常儿童的鉴别评估中，个性特征评估也是重要的内容，有助于加深对儿童的理解并为之提供适当的教育。在实际评估中主要有以下几种方式：①个性行为观察法，即对超常儿童的行为进行系统的观察和记录，一般选用"个性表现记录卡"作为观察和记录工具。坚持"一事一张""客观记录""随见随记"，收集研究儿童心理和个性的宝贵材料。②个性测量法。依据不同的心理理论采用相应的方法，主要有自陈法、投射法、情景法、评定法、自我观念测定法等，测量超常儿童的一般个性品质特征或某一种个性特质或者品质。③非智力心理因素测验：主要测量个性结构中与智力因素密切相关的因素。具有代表性的测验有中国超常儿童研究协作组编制了"中国少年非智力个性心理问卷""小学生非智力个性特征问卷""学前儿童非智力个性特征测验"等测验工具。

（三）教师在评估中的角色

一般来说，超常儿童的鉴别有单个鉴别和集体鉴别两种形式，主要包括以下程序①。

1. 转介

一般由家长或者老师推荐。通过填写书面调查表，了解儿童各项发展的基本情况，如儿童年龄、成长发育史、主要超常表现、家庭简况、家长对儿童的教育情况等。

2. 初试

包括对有关主科知识和能力的考察及一般智力测查。一般智力测查可借用某个已修订的量表，如韦克斯勒儿童智力量表（WPPSI）、中国比纳量表等，了解儿童是否超出常态范围。

3. 复试

对初试表现优异的儿童进一步考察其认知能力、创造力和个性特征等。目前一般采用我国超常儿童研究协作组编制的《鉴别超常儿童认知能力测验》进行鉴定。凡得分超过同年龄儿童均值两个标准差以上，或高于比其大两岁以上儿童的均值，算通过。对于具有特殊才能的儿童，则要将他们的作品如作文、绘画、制作品等交送有关专家评定。此外，复试阶段还会向超常儿童所在的原学校或幼儿园老师进行问卷调查，了解该儿童的个性品质及表现，同时进行体格检查，以了解儿童的健康情况。

4. 试读

对通过复试的儿童，综合分析他们的所有材料，初步确定参加超常试读班的儿童，并进行试读观察。主要了解被定位"超常"的儿童是否适合集体教育环境。试读观察时间视具体情况而定，一般为几个月或者半年，对个别不能适应的儿童，劝其退出超常儿童实验班，并做好儿童父母和周围有关人士的思想工作。

第三节　超常儿童的学习与教育

一、超常儿童的学习特点

超常儿童在很多领域都表现出优秀的才能，其中最令人瞩目的领域要数学业成绩。超常儿童高水平的智力发展使得他们能轻松掌握普通学校教育体系中规定的知识内容，

---

① 苏雪云、张旭. 超常儿童的发展与教育［M］北京：北京大学出版社，2011：51.

在考试中取得好成绩，甚至有很多儿童接连跳级，通过加速式的学习方式满足对知识的渴求。如国内某位少年大学生，在 10 岁左右参加高考被一所优质大学录取，13 岁读硕士，16 岁成为北京某重点大学的博士生。这些常人难以企及的成长速度背后，除了超常的天分外，还与超常儿童独特的学习方式分不开。下面将针对超常儿童的学习特点作简单介绍。

（一）抱负较高，好胜心强

超常儿童通常会比普通儿童表现出更强烈的好胜心和更高的抱负。他们有着远大的理想，在幼年时就对未来生活有着美好的向往。同时他们有一种不甘落后、不服输的进取精神，表现在特别喜欢带有竞赛性的活动，并在活动中表现出强烈的竞争意识。超常儿童的好胜心和抱负水平往往是在对自己能力的客观评估的基础上形成的，是一种自信心的体现，他们会对自己想要达成的目标制定具体的行动计划，将理想目标付诸实践。例如一位就读于重点高中的不满 12 岁的超常儿童曾在日记中鞭策自己："少壮不努力，老大徒伤悲。我今方年少，理当展翅飞"；而另一位考取中国科技大学少年班的超常儿童，前两次报考都由于数学成绩不理想而失败，但他没有灰心，在两年多的时间里坚持自学完 80~90 本参考书，做了 3000 多道练习题，最终在第三次报考时以优异的成绩被录取①。

（二）求知欲旺盛、独立学习能力强

求知欲是儿童都具有的普遍特点，但是超常儿童的求知欲在发展速度、强度和发展水平上都远远超过同龄的普通儿童。许多超常儿童之所以一岁多就开始认字、数数或运算，就是从兴趣开始，将学习求知发展成为一种乐趣。超常儿童的认识兴趣和求知欲，不单纯是出于好奇，而是对事物奥秘的探究，这就促使他们孜孜不倦地去学习、研究，以求有所发现。同时，超常儿童还在学习中表现出喜欢独立思考、不受暗示、不受传统束缚、经常会提出一些独到见解等特点。他们通常自学能力较强，在学习、思考和解决问题的过程中，不喜欢模仿现成的做法，追求与众不同，总是要求通过自己的努力思考、积极探索和多方操作，以求达到目的。这种学习上的独立性，使得儿童的智力不断锻炼而持续发展。

（三）意志坚持性发展高

意志是人为了达到一定目的，自觉地组织自己行为，并与克服困难相联系的心理活动。愈是能克服困难，向预定目标迈进，意志坚持性就愈好。一般来说，儿童处于成长阶段，意志坚持性的发展速度并不是很快，很容易受到各种事物的干扰，从而影响学习。但是超常儿童却在学习过程中表现出远超自身年龄水平的意志坚持性，突出地体现在他们的学习活动中，能克服困难、排除干扰、奋发学习。

---

① 查子秀. 超常儿童心理学 [M]. 北京：人民教育出版社，2006：217.

二、超常儿童的教育策略

人的发展是先天素质和后天环境相互作用的结果。与普通儿童一样，超常儿童的成长发展也离不开后天的环境支持和教育引导。实践证明，早期教育对超常婴幼儿的发展有着深远的意义和重要的影响。在对超常儿童进行教育时可以从以下几方面入手。

（一）密切关注幼儿早期成长，及时发现幼儿智力倾向

卢梭曾说："我们的教育是同我们的生命一起开始的。"超常儿童也是从婴幼儿阶段逐步成长起来，家庭是婴幼儿成长环境中最核心的系统。作为孩子的第一任教师，家长和孩子有天然的情感链接，对幼儿的成长变化最为熟悉，能够及早发现孩子的与众不同。可以说家长是超常婴幼儿的发现者和教育者，对超常儿童的成长发展有极为重要的影响。很多超常儿童在婴幼儿阶段便在某些领域表现出极高的天赋和才能，比如超常儿童董某在2岁时就已认识大量的汉字，3岁多时能独立阅读普通的儿童故事且复述出故事大意；而超常儿童李某在2岁半时就会阅读《新少年》等小学生读物；我们所熟知的法国物理学家安培，3岁多时就会数东西并做计算，数学家高斯3岁时便能纠正父亲数钱时的错误。这些早早崭露头角的天分需要家长及时发觉并予以正确引导，在熟知超常儿童发展特点的基础上，结合幼儿的兴趣，制定适当的教育方案，促进幼儿身心健康发展。有研究曾做过调查，中国科技大学1979级少年班的29位学生中，有28位受过系统的早期家庭教育[①]。若家长忽视幼儿的早期教育或是仅停留在对儿童"超常"的欣喜和炫耀上，很有可能会重蹈王安石笔下"仲永"的覆辙。

（二）创设良好家庭环境氛围，鼓励幼儿发展兴趣才能

前文已述，超常儿童在成长学习过程中会表现出学习兴趣广泛，好奇心强烈，求知欲旺盛，创新想法较多等特点。具体体现在日常生活中的情景便是很多超常婴幼儿表现出惊人的旺盛精力，对所见的任何事物都感兴趣并提出一系列问题，凡事都要问一个为什么，而且是"打破沙锅问到底"；有些创造力较高且喜欢动手实践的"好奇宝宝"会对感兴趣的物件反复研究，刚买回来的玩具没一会儿就被拆得支离破碎。这些特点让很多家长在养育超常儿童的过程中深感苦恼，有些过于活跃的儿童甚至被认为是行为问题而遭到呵斥和阻止。其实家长们不必过分担心，这些看似"闲不住""顽皮"的特质，恰恰是超常婴幼儿好奇心和求知欲的表现，对儿童今后的成长有至关重要的影响。曾有研究者回顾中国科技大学少年班学生的童年发现，他们之所以在数学、物理等方面取得特别优异的成绩，与他们幼时对科学和数学有着强烈的兴趣密不可分。古今中外的许多科学家，往往在孩提时代就对科学或自然界的研究有着特殊的兴趣。因此，在对超常婴

---

①　张文新. 创造力发展心理学 ［M］. 合肥：安徽教育出版社，2004：281.

幼儿进行智力发展的同时，要培养他们多方面的兴趣，鼓励他们发展自己的天分，这将使儿童终身受益。

（三）重视超常幼儿个体差异，提供个别化针对性教育

超常儿童的个体差异既体现在超常儿童与普通儿童的对比中，也体现在不同超常儿童之间的比较。与普通幼儿相比，超常幼儿的学习能力较强，知识掌握速度较快，幼儿园常规速度进行的课程活动往往不能满足超常幼儿的知识需求，导致很多超常幼儿认为课堂活动过于简单，重复无趣，进而出现注意力不集中，小动作不断等课堂表现。因此，教育方案的设计需要考虑到超常儿童和普通儿童的发展水平和特点，满足不同类型学生的教育需求。

超常儿童和普通儿童《营养》 课程学习设计①

	普通儿童	超常儿童
教学目标	①认识膳食有营养，记住一个人常需要哪些营养 ②理解要平衡饮食，会科学安排饮食	①理解均衡饮食 ②对一些饮食计划优劣作出分析评价
学习材料准备	文字资料、图片、音像学习用具	网络
学习活动设计	①学习有关营养的资料等 ②制定出三天食谱，并计算卡路里、脂肪等的摄入量 ③用自己喜欢的方式呈现自己的食谱 ④小组讨论各自的饮食计划，注意营养是否均衡	①课前访谈或者网上调查一个正在减肥者或航天员的饮食计划 ②分析评价调查计划的合理性及存在的问题 ③提出改进建议

同时，不同类型的超常幼儿才能结构迥异，如智能型、创造型、特殊才能型等，也对教育提出了不同的要求。他们之间有相同点，也有各自独特的地方。通常，在常规的学业教育活动中，智力超常类型的儿童最容易被发现，而创造型、特殊才能型的超常幼儿，则需要家长和教师更为细致深入地观察和了解才有可能被发现。日本学者恩田彰曾对比高智力型儿童和高创造力型儿童，发现虽然都是超常儿童，但二者在学习中有截然不同的表现。

---

① 华国栋. 你也能出类拔萃：普通班的超常教育 [M]. 北京：北京工业大学出版社，2009：75.

知识链接

高智能型学生和高创造型学生的比较①

	高智能型	高创造型
对教学内容	很好理解并记忆	与其记住教师的教育内容，不如探索自己未知的内容
学习态度	勤奋学习，能悉心听取教师的意见。师生关系协调	对感兴趣的事物自始至终去探究，不为教师的意见左右
时间安排	在规定时间内做规定的事	不按规定时间学习和工作
纪律	遵守纪律	不常遵守纪律
动机	尊重现成的价值观	摆脱现成的价值观
目标	获得教师和教科书中的知识	对教师和教科书中的知识批判吸收，从中发现问题

因此，在超常儿童的教育和培养方面，家长和教师需要针对他们的具体特点，特别设计加速和充实的课程内容，让他们感受到知识所带来的挑战性，从而激发学习兴趣。同时也要认识到尽管超常婴幼儿在能力上有突出的表现，但他们仍处于幼儿期，行为、学习特点等都保持着一般幼儿的主要特点，因此教育和课程方案的设计不能脱离他们作为幼儿的身心特点。

（四）尊重超常幼儿发展特点，注重培养良好个性品质

每个儿童都是独特的存在，超常儿童更是如此。相较于同龄伙伴，大多数超常儿童在成长过程中都保持着长期的优胜地位，容易在学业中取得成功，经常受到父母、教师和周围其他人的表扬和赞赏。但另一方面，他们也面临着"超常"带来的困惑，如身心发展的不同步，导致他们的成长徘徊在成人和儿童中间，智力上的成人感和生理上的小孩身份常常令超常儿童备感矛盾，且难以在同龄儿童中找到伙伴，因而时常显得较为孤独。同时，超常儿童在"天才""神童""全能"的光环下，往往要承担着父母和老师的高期望。有些家长得知自己的孩子是超常儿童以后，甚至开始一手包办孩子的衣食住行，只为了让孩子能将所有精力放在学习上，将来能"出人头地"。这种只重智力发展而忽视个性品质培养的教育方式，容易导致超常儿童缺乏基本的磨炼，生活经验匮乏，自理能力差，不善人际交往，心理承受能力较低等，为超常儿童日后的发展埋下严

---

① 华国栋. 你也能出类拔萃：普通班的超常教育［M］. 北京：北京工业大学出版社，2009：113.

重隐患。因此，家长和老师要做好充分的思想准备，付出极大的耐心和智慧，尊重儿童的发展特点和规律，促进超常儿童全面健康成长。

第四节　超常儿童的发展与学习案例[①]

一、基本情况

王某，男，5岁，父母都是重点中学教师。王某自幼生长发育优良，家庭教育环境较好，从出生起父母就开始为其提供适合的教育训练。王某从不到1岁开始说话，就逐渐表现出高于同龄孩子的各种能力，尤其是学习能力。喜欢各种游戏，尤其是智力游戏；3岁后开始喜欢各种棋类，尤其是中国象棋和围棋；学习识字和数数也明显快于同龄孩子。到5岁时，小学一年级的课程已经基本掌握。家长及幼儿园老师都认为他智力超常，所以建议为孩子进行智力超常的鉴别诊断。

二、现状分析

根据个案的初步情况，初步判断该儿童可能是一般智力超常儿童，随即对其采取一般智力超常儿童教育鉴别评估。

（一）智力测验

我们使用韦氏学龄前期智力量表（WPPSI），严格按照测验指导手册进行测验。该儿童语言量表和操作量表得分都明显高于同年龄儿童的平均分，其操作量表得分略高于语言量表，原始分析合智商值138标准分。该儿童得分明显高于同龄儿童两个标准差。

（二）儿童认识能力测验

这套测验是1987年中科院心理所经过协作研究而成，专门用于鉴别超常儿童的认识能力，测验结果见表3-2。经过测验我们发现该儿童各项得分明显高于同年龄组儿童两个标准差以上。

表3-2　　　　　　　个案在认识能力测验上的各项得分（5岁组）

图片词语类推	图形类推	数类推	创造性思维	记忆	观察
7. 12	7. 41	6. 96	7. 02	35. 13	15. 12

① 案例改编自：育儿论坛. 超常儿童教育与实践案例分析［EB/OL］. http://bbs.ci123.com/post/author/13633300.html, 2010-10-15.

（三）学业评估

该儿童在幼儿园大班中属于年龄较小者，但其各科学习早已远远超过班级的同龄孩子，尤其是数学和语文知识。其他音乐、美术与班级中的同龄孩子差别不大，体育课更没有什么优势可言。

（四）行为观察

通过家长、老师提供的孩子在家里和幼儿园的日常行为表现，该儿童活泼好动、好奇心强、求知欲强；而且有股不服输的精神。喜欢阅读，思维条理性强，逻辑推理能力明显高于同龄孩子，喜欢智力游戏。

三、训练过程

儿童智力的发展，特别是超常儿童智力的发展，既有先天的因素，又有后天教育的影响。先天素质（如神经系统、大脑皮质的发展）是智力发展的前提，后天的生活和教育则起着决定性作用。儿童存在着巨大的学习潜力和可能性，能否充分发挥，关键在教育。即使普通的学生，只要教育得法，也会成为不平凡的人。天资再好，若教育不得法也难以成才。如何对智力超常儿童进行教育呢？近几年来，国内外一些研究超常儿童教育的工作者认为：

（一）教育必须同孩子的"智力曙光"同时开始，开始时着重训练儿童的五官

所谓"智力曙光"是指幼儿智力发展开始萌芽的时期（即五岁前），这是天才儿童卡尔·威特的父亲关于儿童教育应从什么时候开始提出的基本观点。他认为孩子的禀赋是各不相同的，如果所有孩子受的教育一样，他们的命运就决定于其禀赋。但是，多数孩子接受的教育是不充分的，他们的禀赋连一半也发挥不出来。如果及早受到良好的、高明的完全教育，即使禀赋只有50%的普通孩子也会优于生来禀赋是80%的孩子。因此，他主张要不失时机地给孩子以发展其能力的机会，必须同孩子的智力曙光同时开始进行教育。

俄国心理学家塞德博士认为：幼儿的求知需要在二三岁就发生了，这时若不提供适当的认识对象，则已发生的求知需要就会白白地枯死；反之，若在这一时期给予及时的教育，幼儿就能终生成为富有追求精神的人。

智力的发展必须从训练五官开始，五官（耳、目、口、鼻、皮肤）是认识外界事物和获得知识的渠道，渠道畅通，儿童接收外界刺激才会顺当、迅速。五官的训练，首先要发展幼儿的听力、视觉，训练他们的听觉、节奏感，培养他们辨别颜色、大小、形状等能力，逐步发展他们的观察力以及其他几种感官的感知力。这些，都是日后学习的必要基础。

（二）及早地进行语言教育

语言是进行思维的工具，是接受知识的手段，也是发展智力的一个重要方面和标准。教儿童语言，首先从口语教起，特别要注意字音发声的准确。孩子在 2 岁左右，大人如能缓慢、清晰地将语词说几遍给孩子听，他们都可以模仿发出音来。因此，要孩子发音准确，自己必须以身作则，力求发音标准，语言规范，精选用词。儿童入学前通过口头语言掌握了一批词汇，紧接着就是对字的音、形、义统一联系认识的形成，这就为他们入学后掌握书面语言，理解字义打下重要的基础。儿童掌握了大量词汇、句子，既扩大了知识面，又发展了能力。

（三）以游戏、讲故事、外出散步、观察大自然的方式传授知识

对儿童进行思维的训练越早越好，而这种训练以游戏为好，游戏是儿童的天性，每个孩子都喜欢游戏，游戏能帮助孩子掌握知识，发展智力。如识字时，看图找字的游戏、配对游戏；给儿童一些木块，指导他们造房、修路、架桥、建造城市的游戏；玩各类戏剧性的游戏，如模仿电影、故事书上的情节进行表演。通过这些游戏教给孩子各种科学知识，并训练他们机智、灵活的思考能力。

儿童最爱听故事，而且百听不厌，用讲故事的方式教育儿童最有效。故事可以锻炼儿童的思考力、记忆力，启发想象，扩展知识，讲故事的方式儿童喜欢听，也记得牢。讲故事要培养儿童复述的能力，这样可以培养他们集中注意地听，又迫使他们有意记忆，还能达到语言训练的目的。

为了扩大儿童的视野，要有目的、有计划地引导儿童观察大自然的动、植物形状，生长特点和有关知识，让他们在大自然中熏陶，增长知识。通过散步、闲谈对儿童进行教育，既不疲乏，又不感到枯燥无味，又易激发儿童的求知欲望和兴趣。

（四）启发求知欲，唤起学习的兴趣

教育在什么情况下最有效？一般来说，唤起了儿童的兴趣和求知的欲望时，才开始教育是最有效的。用新颖的刺激，诱人的形象，以及学习的结果都能激发儿童的求知欲和兴趣。好奇心是儿童的天性，儿童渴望认识周围的一切，他们常常提出各种幼稚的、奇特的，甚至难以解答的问题，这时家长和教师不要厌烦、拒绝、呵斥、取笑或讽刺，而要设法给以满足，以保护和巩固孩子的求知欲和积极性。而且还要故意向他们提出一些问题，引起他们思考和提出新问题。

进入学校学习后，超常儿童的聪明才智往往在特殊的兴趣、爱好中表露出来。教师要创设条件，使学生的特殊兴趣得到发展。因此中小学校多设课外活动小组，多设选修课，让学生按照自己的兴趣学某些科目，将会出现更多才能出众的学生。

（五）保持儿童的好奇心

精力充沛、好奇和求知欲旺盛是儿童（特别是超常儿童）的基本特征。好奇可以促使儿童更多地去观察世界，观察社会；与外界频繁地接触和交往又反过来增强儿童的

好奇心和观察力，促进他们创造性的发展。出于好奇心去进行某种活动的儿童，如果得到了奖励，他们将会继续进行类似的实践。教师要保护学生的好奇心，不要挫伤其积极性，并引导他们向正确的方向发展。

（六）充实课程内容

要注意有的超常儿童，由于他们接受能力强，比别的学生更容易理解教师讲的内容，课堂上"吃不饱"，会感到烦闷和无事可做，有时表现得淘气，行为容易"出格"，或与老师争辩，或幻想，或为了解决某一难题而不去专心听讲。对于这样的学生，教师应充实课业内容，提高练习难度，鼓励他们独创地去学习。有的学生在开学一个月内就把本学期的教材掌握了，教师可以编制一套供自学用的辅导材料，或推荐程度深一点的书给他，引导他去解决水平较高、难度较大的有关问题。这样就能使这个学生不仅保持了学习的积极性，而且更加迅速地发展他的才能和智力。

（七）启发学生积极思维，鼓励学生的幻想和独创性活动

思维能力是智力的核心，儿童的思维能力是掌握知识的重要条件，同时它又主要是在掌握知识的过程中发展起来的。科学知识是丰富多彩的，在教知识时既要循序渐进、由易到难，又要引导学生找窍门掌握知识的难点和规律，使学得的知识，可以举一反三，并能解答实际问题；在解答问题过程中要会阐述自己分析问题、解决问题的过程与依据。在教学中，还应当鼓励儿童的求异思维和创造性思维，这样有助于发展儿童的思维能力。

儿童是富于幻想的。有创造经验的人认为，对未来可能发生的事物进行幻想的构图，可以促进独创性的发展。因此，教师要鼓励儿童进行幻想，并创造条件，给予机会，组织他们进行各种想象力的练习。教师还要注意他们的独创性是在各项独立性活动中发展和表露出来的，因此允许他们按自己的进度自学，并在实验室和课外活动中为他们提供更多的独立活动的机会，这是促进儿童独立工作和发展创造力的必要条件。他们独立活动时，开始可能有较多的缺点或错误，但这是创新精神的开始，因此教师既要鼓励，又要帮助他们总结经验教训，以克服缺点，纠正错误。

对超常儿童可以采取加速教育、充实课程内容和开设特别班来发展其智力，允许他们跳班。这样做有助于人才的培养。

（八）不可忽视学生品德、意志的锻炼与培养

超常儿童在智力上是超常的，但在品德上则不一定超常，甚至也可能会落后。我们培养的人才，首先必须是有高尚品德和情操的人，因此个性品德的教育是十分重要的。为了培养他们有良好的品德，可以经常给他们讲古今各国劝谏行善的故事，培养对故事人物的善恶行为进行判断的能力；鼓励他们处处为别人着想，经常做好事，而且把做好事的行为登记下来，作为自己永久性的纪念。一般来说，智力超常儿童最易滋长骄傲自满情绪，这是他们学习和品行的大敌。要特别重视他们在积极因素掩盖下的消极品行，及时进行矫正教育。同时要培养他们的意志，从小事做起，培养他们的意志力。要使他

们认识到，缺乏坚强的毅力和顽强的意志是很难使学习取得实效的。

四、总结反思

首先，要进行科学的早期教育。人的智力发展在不同年龄阶段有不同速度，而且各种智力因素的发展也不是同步的。2~3 岁为口头语言发展关键期，4 岁前为视觉发展关键期，5~5.5 岁多为掌握数概念关键期。如果在各个关键期，结合儿童的体力和智力发展水平，提供种种有引导性的学习内容，以激发他们的情趣，就能使智力得到快速而有效的发展。

其次，超常儿童毕竟是孩子，虽然他们的智力超群，但还保留着孩子气，譬如好玩、爱动、喜欢听故事及情感不稳定等。所以，作为父母，不要以为孩子聪明过人，而把他"严加管教"，只准学习，不许外出玩耍，甚至连一点锻炼身体的机会都没有。教育和培养超常儿童，父母责任重大，应该努力做一名良好的启蒙教师，按照孩子的智力水平，并结合其心理特点，善于启发诱导，激发其求知兴趣，使他的身心得到全面、均衡的发展。

再次，培养超常儿童的自学能力。例如，教他们学习汉字的方法，掌握偏旁部首和汉字的结构，学查字典等。孩子就能够应用所学的方法，获得更多的知识，形成一定的学习能力，发挥学习的主动性。

最后，父母、老师不要对超常儿童加以炫耀，超常儿童也不要有超人之感，否则会得到相反的结果。除了智力得到高度发展外，超常儿童还要注意品德的培养。

对兰兰未来的展望

从兰兰的各项行为表现中不难看出她是一个超常儿童，父母应当深入了解兰兰的智力发展状况和学习能力，在此基础上有针对性地为兰兰提供适当的教育内容。比如兰兰不太喜欢幼儿园，对老师讲解的内容不感兴趣，父母可以与幼儿园进行沟通，根据兰兰的学习兴趣，尽可能为她设置个别化的教育课程，并在学习时打破年级界限。此外，父母和老师要在重视兰兰学业发展的同时注重对她个性品质的培养。

本章小结

1. 超常儿童又称"天才儿童""英才儿童""资优儿童"。我国研究者们认为超常儿童是智力（才能）、创造力及良好非智力个性特征相互作用构成的统一体。

2. 不同学者对超常儿童有不同的分类标准，依照儿童智力和才能的发展程度，可以将超常儿童分为智力超常、特殊才能以及二者兼具三种类型；依照儿童的身心健康程度，可将超常儿童分为普通超常儿童和身心障碍超常儿童。

3. 超常儿童的认知发展特点主要表现在：感知觉敏锐，善于观察；注意力集中，记忆力惊人；思维能力较强，语言表达较好。

4. 超常儿童的社会性发展特点表现在：情感发展个体差异性较大；个性发展存在不同步现象；自我意识发展良好。

5. 超常儿童的创造力水平整体上明显高于同龄普通儿童，但不同超常儿童个体之间的创造力存在较大差异。

6. 超常儿童的评估应遵循以下原则：动态鉴别；采取多样化的方式鉴别；注重发展质量的考察；在教育过程中发现和鉴别。

7. 超常儿童的评估通常分为单个鉴别和集体鉴别，一般包括推荐、初试、复试、试读等步骤。

8. 超常儿童的评估和鉴别内容主要包括智力评估、创造力评估、特殊才能评估以及个性特征评估。

9. 超常儿童的学习特点主要表现为：抱负水平较高，好胜心强；求知欲旺盛、独立学习能力强；意志坚持性发展高。

10. 对超常儿童的教育应当努力做到：密切关注幼儿早期成长，及时发现幼儿智力倾向；创设良好家庭环境氛围，鼓励幼儿发展兴趣才能；重视超常幼儿个体差异，提供个别化针对性教育；尊重超常幼儿发展特点，注重培养良好个性品质。

 **思考题**

1. 什么样的儿童是超常儿童？具体表现有哪些？
2. 超常儿童的认知和个性发展有哪些特点？
3. 超常儿童的创造力如何评估？
4. 超常儿童的鉴别评估内容和原则包括哪些？
5. 如果你是一名幼儿园老师，如何对班级中的超常儿童进行教育？

 **推荐读物**

[1] 埃利希. 资优与专才：天才儿童父母教师指南 [M]. 桂林：广西师范大学出版社，2002.

[2] 安娜·Chin. 美国天才儿童行为表 [M]. 北京：世界知识出版社，2006.

[3] 施建农. 超常儿童成长之路：中国超常教育30年历程 [M]. 北京：科学出版社，2008.

[4] 木村久一. 早期教育与天才 [M]. 唐欣，译. 南京：江苏出版社，2009.

［5］SOWELL T. 语迟的孩子也聪明：帮你了解晚开口说话的资优儿童［M］. 王玉，郭明珠，译. 北京：中国轻工业出版社，2011.

［6］乔辛·迪·波沙达，雷蒙德·乔伊. 天才少年维克多［M］. 李玉景，译. 广州：南海出版公司，2014.

［7］詹文明. 德鲁克管理思想漫画丛书24：杜老师的天才儿童［M］. 北京：东方出版社，2014.

参考文献

［1］程黎. 特殊儿童早期干预［M］. 北京：北京师范大学出版社，2012：26.

［2］CLARK B. Growing Up Gifted：Developing the Potential of Children at Home and at School（7th Ed.）［M］. Upper Saddle River，New Jersy：Pearson Education，Inc.，2008.

［3］华国栋. 你也能出类拔萃：普通班的超常教育［M］. 北京：北京工业大学出版社，2009.

［4］雷江华. 学前特殊儿童教育［M］. 武汉：华中师范大学出版社，2008.

［5］刘春玲，江琴娣. 特殊教育概论［M］. 上海：华东师范大学出版社，2008.

［6］施建农. 人类创造力的本质是什么？［J］. 心理科学进展，2005（6）：3-5.

［7］施建农，徐凡. 超常儿童发展心理学［M］. 合肥：安徽教育出版社，2004.

［8］苏雪云，张旭. 超常儿童的发展与教育［M］. 北京：北京大学出版社，2011.

［9］武欣，张厚粲. 创造力研究的新进展［J］. 北京：北京师范大学学报（社会科学版），1997（1）：13-18.

［10］HEWARK W L. 特殊需要儿童教育导论（第8版）［M］. 肖非，等译. 北京：中国轻工业出版社，2007.

［11］张文新. 创造力发展心理学［M］. 合肥：安徽教育出版社，2004.

［12］查子秀. 超常儿童心理学［M］. 北京：人民教育出版社，2006.

［13］中国超常儿童协作研究组. 智蕾初绽：超常儿童追踪研究［M］. 西宁：青海人民出版社，1983.

第四章　学习障碍儿童的发展与学习

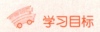 学习目标

　　学习障碍儿童是特殊儿童群体中的一个人数众多的群体。学前阶段，虽然无法真正鉴别出学习障碍儿童，但许多学前儿童在学前阶段出现的不适应行为与学龄期的学习障碍密切相关。因此，如果能在学前阶段发现这些存在有潜在学习障碍风险的儿童，并及时予以干预与支持，将对儿童未来的发展具有重要意义。

　　知识目标：

　　(1) 了解学习障碍儿童的相关概念。

　　(2) 理解学习障碍儿童的发展特点。

　　(3) 掌握学习障碍儿童的学习特点、教育目标、教育方法等。

　　能力目标：

　　(1) 能根据学习障碍儿童的特点协助评估学习障碍儿童。

　　(2) 能根据学习障碍儿童的特点设计教学活动，进行教学环境创设。

　　(3) 能根据学习障碍儿童的特点开展班级融合活动。

　　教学重难点

　　(1) 掌握学习障碍儿童的学习特点、教育目标、教育方法等。

　　(2) 能根据学习障碍儿童的特点协助评估、设计教学活动、进行环境创设等。

　　教学课时

　　4 课时。

 故事专栏

小鹏的故事

　　小鹏，男，今年 6 岁，幼儿园大班。小鹏平时上课爱打扰同学，吃东西，站起来东

张西望，爱玩一些小东西，有时下座位走动，不知游戏规则。听课时爱插嘴，但教师叫他回答问题时，他却目光呆滞，不知所措。老师对他说的话最少要说两遍，对于教师的约束他很认真坚持，但坚持时间很短。阅读能力较差，说话经常词不达意，有时还要想很长时间，在写字时磨蹭、马虎，很容易将生字偏旁写颠倒，或者多笔画少笔画。通过反复观察，该生智力发展水平正常。

思考问题

小鹏的行为表现与普通儿童相比是否有异同？如果你是小鹏的老师，你会怎么做呢？

学习障碍是当前基础教育中普遍存在的现象，已成为困扰儿童学习和教师教学的一大难题。美国著名特殊教育家塞缪尔·柯克（Samuel Kirk）在一个家长会上首次正式提出学习障碍（learning disabilities）术语，用以描述那些智力正常但有学习问题的儿童："他们在语言、说话、阅读和社会交往技能方面发展异常，这类儿童既不是盲聋等感觉障碍的儿童，也不是智力障碍儿童。"随着人们愈发意识到许多儿童未接受到所需的教育服务，大家对学习障碍的兴趣也在不断增长。因为这些儿童智力处于正常范围，但是学业成绩却显著落后；有些儿童有不恰当的行为表现，另外一些则没有。尽管当前对于学习障碍仍有不同的定义和理解，但不争的事实是，这类障碍的儿童出现率日益增长，而且更多地就读于普通幼儿园，给幼儿园教师带来挑战和压力。因此，了解和掌握学习障碍儿童的基本发展规律是幼儿教师专业成长中必不可少的环节，也是为这些儿童顺利融入幼儿园提供专业支持的基础。

第一节　学习障碍儿童的概述

提及学习障碍（以下简称学障儿童），往往与"不断的运动""漫无目的地活动""易分心""听觉记忆和视觉记忆差""抗挫折能力差""情绪变化无常""语言发展缺陷"等特征联系起来。显然，学习障碍儿童存在许多共性，当然他们也存在众多相异之处。学习障碍的表现十分广泛，与许多发展性问题紧密相关。但是，本章将不讨论由于先天性障碍（如智力障碍或视力障碍）所引起的学习障碍，而是将学习障碍作为一个独立的范畴加以讨论。

一、学习障碍儿童的概念界定

什么是学习障碍？人们往往会有不同的答案：有些人会认为学习障碍的范畴广泛，涉及很多内容；有些人则认为它专指特定的障碍类型。针对这样的混淆，学界对学习障碍做出了明确的定义：学习障碍是用于指称一系列异质性障碍的概括性术语，这些障碍表现在获得和使用听、说、读、写、推理或计算等能力上有显著困难。这些障碍是个体固有的，据推测源于中枢神经系统功能失调，并且在整个生命历程中都可能出现。自我调节行为、社会知觉及社会互动的问题可以与学习障碍并存，但它们本身不会导致学习障碍。尽管学习障碍可以与其他障碍（如听觉障碍、智力障碍、严重情绪困扰）或外部影响因素（如文化差异，教学不当或不足）同时出现，但并非由它们导致的。① 这个定义清晰地说明学习障碍并不是以下原因的结果：视觉、听觉或运动障碍、智力障碍、情绪障碍、环境、文化或经济处于不利地位等。因此，我们可以分辨出什么是学习障碍，什么不是。学习障碍与学业能力密切相关。

具有学习障碍的名人之爱迪生②

爱迪生8岁时进入学校读书。爱迪生的传记中提到其同年玩伴说，老师叫爱迪生"笨蛋"，指出了爱迪生第一次入学的经验是很不愉快的。爱迪生也提到他一直没办法好好地在学校求学，成绩总是班上的倒数，老师并不体谅他，他的父亲也觉得他是个笨蛋。离开学校之后，爱迪生母亲便成为他的家庭教师。即使爱迪生仅接受有限的学校教育，但是因为母亲的关系，使得他比其他同年的孩子接触阅读还多。从爱迪生38岁时所写的日记，看出他写的文章都很简短，其中拼字有错误，语法也有错误，例如：believer 拼成 beleivear、tartar 拼成 tartr、dissect 拼成 disect…，但是他的词汇量比一般人多，只是丰富的词汇无法遮盖他的拼写错误和语法错误。不过，爱迪生画图（素描）非常好，显示其整体视觉空间关系能力很好。

据统计，5%~6%的6~7岁儿童存在学习障碍；而且，特殊儿童中约有一半是学习障碍儿童。③ 那么，作为教师，应该如何对待这些存在有学习障碍的孩子呢？

对于学前儿童而言，能否在学前阶段鉴别出学习障碍呢？许多学前儿童在学前阶段出现的不适应行为与学龄期的学习障碍密切相关。他们可能在学前阶段表现出注意力分散、易遭受挫折、过于活跃或是协调能力差，这些行为以各种方式干扰着学前儿童的早期学习。如果能够趁着这些行为尚未使儿童的问题更加严重、对以后的学业成绩产生重要影响之前，在学前期消除这些不适当的行为问题，对学前儿童发展是最为有利的。因

---

① 丹尼尔·P·哈拉汉，詹姆士·M·考夫曼，佩吉·C·普伦. 特殊教育导论（第十一版）［M］. 肖非，等译. 北京：中国人民大学出版社，2010：164.

② 中国特教论坛. 学习障碍学生辅导手册［EB/OL］. http://blog.sina.com.cn/s/blog_8f887f880102uys3.html，2014-08-09.

③ 丹尼尔·P·哈拉汉，詹姆士·M·考夫曼，佩吉·C·普伦. 特殊教育导论（第十一版）［M］. 肖非，等译. 北京：中国人民大学出版社，2010：167.

此，对于学前儿童，贸然贴上"学习障碍"的标签是不恰当，教师更为重要的职责是判断儿童是否具有潜在学习障碍的风险（以下简称"潜在学障儿童"①），并且针对这些儿童，协同父母、其他专业人员等为儿童提供学习、社会情感和教育的有力支持，在儿童踏入学校之前提供充分的信息及干预对策，尽可能消除或减少儿童的行为问题。

值得注意的是，在判断儿童是否存在学习障碍的潜在危险时，教师需要谨记的是：儿童存在个体差异，许多方面的发展还没完成；年幼儿童常规表现出的差异或滞后仍然在一个正常的发展范围内。所以，对年幼儿童进行学习障碍的诊断是不适宜的。在绝大多数情况下，把儿童早期所表现出的各种问题看作由于个体所需要的学习经验及背景无法得到满足，这对于儿童将更加有益。因此，比起是否要给儿童贴上"学习障碍"的标签，关注潜在学障儿童的特征表现及需要更能有效地利用各种专业资源。

幼儿园教师可以在日常的活动中对儿童进行观察，并将儿童的行为表现与普通儿童各个发展领域的表现相对照，判断儿童是否存在学习障碍的潜在危险。当老师发现某个儿童从行为来看（如上段所述：注意力分散等行为），可认为是学习障碍的高危儿童，或者以后会出现学业问题时，在这些行为对以后的学业成绩产生严重影响之前，减少或消除这类行为，将对儿童未来的学习、社会情感及教育产生积极影响。对于稍大年龄的学前儿童可能出现学习障碍的一个信号是必备或必要的准备性和前学业技能缺乏。这些技能是儿童踏入学校，取得学业成功的必要条件。

学前儿童的前学业技能②

前学业技能是社会性技能、认知技能、语言和运动技能以及积累的经验和获得的知识的总和。这些最初的学习技能通常被称为准备性技能，是将来获得学业成功必须具备的基础。

表 4-1　　　　　　　　　学前儿童前学业技能发展参照表③

36~48 个月
·匹配六种颜色 ·将五块积木按照大小搭好

---

① 编者注：对年幼儿童进行学习障碍的诊断是不适宜的，因此，本章中的"学习障碍儿童"均指"存在潜在学习障碍的学前儿童"。

② 赵微. 学习困难儿童的发展与教育［M］. 北京：北京大学出版社，2011：40.

③ K·S·艾伦，J·S·施瓦兹. 特殊儿童的早期融合教育［M］. 周念丽，等译. 上海：华东师范大学出版社，2005：574-576.

续表

·完成由七块拼图块组成的拼图

·模仿成人

数到五

·理解三以内数字的概念

48~60 个月

·指出并命名六种基本的颜色

·指出并命名三种形状

·匹配一般的相关物体：如鞋子-袜子-脚，苹果-香蕉-橙子

·理解 4 或 5 以内的数字的概念

60~72 个月

·单维分类物体：如大小、颜色或形状

·完成 15 块拼图块组成的拼图

·模仿者搭积木

·命名一些字母

·命名数字

·命名小额钱币

·机械地数到 10

·能说出下一个数字是什么

二、学习障碍儿童的病因

多年来，许多专业人员怀疑神经因素是学习障碍的一个主要病因。与学习障碍领域相关的许多理论概念和教学方法源自 20 世纪三四十年代对智力障碍和脑损伤儿童的研究。随着学习障碍这一领域的出现，专业人员指出，许多这样的儿童表现出与中风或头部受伤等脑损伤患者相似的行为特征（如易分心、多动、语言障碍、知觉困扰等）。但是，大多数学习障碍儿童没有脑组织实质性的损伤，因此，现在通常将学习障碍儿童称为患有中枢神经系统功能失调而非脑损伤，即大脑未必有组织损伤，但是存在大脑或中枢神经系统的功能异常。

近年来，随着科技的发展，一些研究者使用先进技术以更准确评估儿童的脑部活动，如核磁共振成像（MRI）、功能性核磁共振成像（fMRI）、功能性核磁共振光谱学（fMRS）、正电子发射断层（PET）扫描技术，为学习障碍儿童神经功能失调的研究提供了证据支持。尽管如此，这些技术的应用仍无法明确表明学习障碍儿童的神经功能失调是如何发生的。因此，学习障碍发生的可能原因主要可归为如下三类：遗传、致畸和医学因素。

（一）遗传因素

多年来，越来越多的研究表明，学习障碍具有遗传性。一些有学习障碍的父母也会发现他们的孩子具有和自己一样的学习障碍。研究人员发现，35%～45%的阅读障碍者的直系亲属有阅读障碍；父母如果均有阅读障碍，孩子患阅读障碍的可能性便会增加。言语语言障碍患者与拼写障碍患者的家庭中也有相同程度的家族性。在双生子的研究中，研究者发现，同卵双胞胎在阅读障碍、言语语言障碍及数学障碍上的表现比异卵双胞胎更为一致。即，如果同卵双胞胎中的一个和异卵双胞胎中的一个有学习障碍，那么同卵双胞胎中的另一个患学习障碍的可能性高于异卵双胞胎中的另一个。

随着分子基因学的快速进步，也有越来越多的研究发现多个基因与学习障碍有关。但是，不容忽视的是环境在学习障碍中也起着重要作用。环境在学习的早期阶段尤为重要，早期阅读技能的获得即较为典型的示例。

（二）致畸因素

由于环境污染或者暴露于致畸剂中引起胎儿或婴幼儿异常发展和畸形，而造成学习障碍已成为众所周知的事实。在母亲怀孕期间和早期发展的几年里暴露在有害化学环境中会造成新生儿或儿童的学习障碍。母亲在怀孕期间过量饮酒也会造成胎儿酒精综合征，同样，怀孕的母亲滥用可卡因也会导致胎儿发育中的神经损伤。铅的吸入会损伤儿童的神经系统，暴露在含铅物质环境中的孕妇会影响胎儿的大脑发育。专家也推测，有些人暴露于这些物质的水平可能不足以导致智力障碍，但足以导致学习障碍。

（三）医学因素

有些医学疾病也会导致学习障碍。例如，早产可能会使儿童出现神经功能失调，而婴幼儿艾滋病会导致神经损伤，进而造成学习障碍。当然，许多这样的疾病也会导致智力障碍，这主要取决于疾病的严重程度。

学习障碍的性别差异[①]

在学习障碍中，男孩数量多于女孩，比例约为 3∶1。一些研究者指出，男性学习障碍出现率高是因为他们具有更大的生理弱点。男婴死亡率高于女婴，而且男性比女性更可能有多种生物学上的异常。但是也有研究者指出，这种差异是源自人们的偏见。因为当男孩有学业问题时，会表现出比女孩更多的多动等干扰教师的行为，因此，更多的男孩会被鉴别为学习障碍。

---

① 丹尼尔·P·哈拉汉，詹姆士·M·考夫曼，佩吉·C·普伦. 特殊教育导论（第十一版）[M]. 肖非，等译. 北京：中国人民大学出版社，2010：167.

第二节　学习障碍儿童的发展与评估

一、学习障碍儿童的发展特点

我们很难描述学习障碍儿童的典型发展特点，因为这些学生可能存在一些共同特征，但在具体表现以及引起的原因等方面却是非常不同。例如，有的儿童在数学和非语言的思维方面能力很强，但在知觉和言语表达方面能力较弱；有的儿童则在动作技能、阅读和语言理解方面发展较好，而在语言表达和数学方面相对较差。尽管如此，学习障碍儿童常常面临着学习、行为、社会能力、情绪等方多面的挑战。对于稍大年龄的学前儿童而言，可能出现学习障碍的一个信号就是必备或必要技能的缺失。

（一）感觉运动困难

存在学业问题的儿童往往与早期所表现出的感觉运动问题有关。学前阶段，存在潜在学障的儿童，常常达到基础运动发展里程碑的时间较晚，表现出如下一个或多个特征：①身体控制能力差，导致协调能力差或是不平衡；在跑、跳、踢、投掷、拿等运动中有困难。②平衡能力差，可能引起儿童从游戏器材上摔下来、摔倒或碰到室内家具或他人身上；不能在平衡木上行走。③双边协调与交叉运动不稳定，例如接球无法同时使用两个手臂、在做攀爬游戏时无法进行手脚的交叉运动等。④无法跨过身体的中线，儿童无法用右手完成位于身体中线以左的事情，反之亦然。例如，当在一张大纸上画画时，在纸的左半部分无法用右手画，需要把画笔从右手换至左手，而在右半部分则又换回右手画。⑤空间定位能力差，例如，有的孩子可能无法感知墙面离自己的距离，走着走着就撞到了墙；有的孩子容易错误预判物体离自己的高度；有的孩子容易把衣服穿反或上下楼梯有困难，都可能预示着儿童在空间定位上的困难。

在精细动作方面，潜在学障儿童可能表现出一定的困难。这些儿童通常无法画一条笔直的直线，或者模仿画一个简单的图形，即使试图去模仿，也会画出不封闭的圆圈、无规则的正方形等图形。而且在扣纽扣、穿线、用手指弹东西、剪东西、粘贴及穿珠子等方面表现出困难。这些困难只有经过大量的训练和练习，潜在学障儿童才有可能完成。

（二）认知发展障碍

在运用逻辑组织思维和整合信息上存在困难，是许多存在潜在学障儿童的特征。尽管学龄前儿童仍处于具体思维阶段，但是大多数较大年龄的学前儿童已经能够进行一些抽象思维。然而，潜在学障儿童往往只能解决此时此地的问题，而几乎没有能力解决任何抽象的问题。例如，他们无法向同伴或者老师描述家里的宠物信息等。

在推理上，潜在学障儿童很难从一件事情推理到另一件事情，也常常忘记嘱咐他们要做的工作。例如，在教室里，他们无法记住"不能在室内奔跑"等规则，更无法理解在同一幢大楼的其他教室、大厅等"不能奔跑"的规则。正因为无法联想和推理，他们也因此常常反复犯同样的错误。

在记忆能力上，潜在学障儿童往往存在记忆困难。他们对于看到或听到的信息，短时间内回忆困难。例如有些儿童无法记住她正在完成的任务，忘记刚刚看过的图片，忘记老师或家长刚刚说过的话等。而且，他们也难以将信息储存于长时记忆中，而对于长时记忆中的信息也存在组织和提取困难。

在视知觉和听知觉发展上，潜在学障儿童的视知觉和听知觉发展也可能存在困难。视知觉指对所看到的事物进行解释的能力。视知觉的问题与视觉障碍、视力损伤等没有关系，而是与儿童如何对进入大脑的视觉信息进行处理的机制有关。潜在学障儿童在视觉辨别力、视觉定位与空间定位、视觉记忆、视觉追踪、视觉综合运动等方面存在障碍。以视觉定位与空间定位为例，儿童可能会认出一个三维物体，如一个杯子或一把刷子，但在二维的图片中却无法认出同样的物体。另外，儿童可以认出正常或站立着的物体，但无法辨认翻转或横放在地上的同样物体。例如，一个儿童坚持认为翻转的木背椅是一只笼子；但当椅子摆正，儿童认出它是把椅子。甚至当他亲眼看到椅子被翻转后，仍认为反转过来的木背椅是笼子。

听知觉障碍使得许多儿童难以处理他们听到的信息。同样，这也不是生理问题，与听力损伤没有关系。对于潜在学障儿童而言，他们可能分不清"b""p"的发音，无法玩韵律游戏。他们也区分不出音调的高低，难以辨别声音的来源（例如，当听到狗叫他们可能会向多个方向寻找）。

（三）语言发展异常

潜在学障儿童经常在理解和表达语言上有困难。这些儿童在获取更好的语法形式及组织句子的能力上往往落后于大多数儿童。在词汇的使用上，这些儿童可能具有一定的词汇水平，但词汇使用却存在困难。例如，他们会弄混表示空间位置的介词，"在……里面""在……下面"等。如果老师说把积木放在盒子上面，他们会满脸疑问地边看老师，边把积木放在盒子里面。许多潜在学障儿童在重复短句、韵律及指示上有困难。另外，他们难以模仿声音、手势、身体动作、脸部表情以及其他形式的非言语交流。

（四）情绪行为问题

潜在学障儿童相较于同伴可能更容易出现情绪和行为问题。他们往往具有社会性认知缺陷，错误解读社会线索，进而导致在理解他人情感情绪时产生偏差。例如，大多数儿童知道他们的行为何时干扰了他人，而学习障碍儿童则有时好像无视他们的行为对同伴的影响，他们难以选择他人观点，从他人视角看问题。因此，潜在学障儿童更容易表现出忧愁、悲伤、愤怒、紧张和焦虑等消极情绪；也会表现出冲动、不恰当的问题行为等。

（五）社会技能不足

学障儿童往往有更多的社会分享性问题。他们可能欺凌弱小、具有攻击性，退缩，或过度依赖。他们的行为常让其他儿童困惑，难以交到朋友。当他们成功地建立友谊时，又难以有效维持友谊关系。这些儿童对朋友要求很高，他们不适当的游戏行为又会让朋友失去兴趣。同时，容易冲动等特征又会让他们说出不适宜的话或做出不恰当的事情；他们不能预期一些行为可能带来的负面效果，如损坏了朋友最心爱的玩具等。当这些儿童失去朋友的时候，他们并不知晓个中原因，也无法改变自己的行为，从而产生被拒绝的感觉。进而，他们会出现挫败感、较低的自尊和自我效能感。这些负面情绪又导致儿童容易为极小的刺激哭泣、打人，甚至是退缩。

学习障碍的亚类型①

学习障碍儿童的学习和行为特征的多样性使得研究者认为亚类型的分类（根据儿童的共同特征把他们分成小组）也许对研究和教育更有利。一些研究者指出了不同的亚类型的分类方式，其中根据儿童的认知加工障碍划分的亚类型对认识学前潜在学习困难儿童有一定的帮助。

表 4-2 学习障碍的亚类型

类　型	问　题	学习障碍的百分比
1. 非语言学习障碍	视觉空间运动障碍 可能的社会的错误感知/退缩	11%～15%
2. 语言组织障碍	语言理解和运用能力差 可能的侵犯行为/表现	14%～17%
3. 全面性障碍	加工过程的多重障碍 在所有操作技能方面可能有问题	8%～10%
4. 产生式障碍	缺乏认知策略 可能有注意力问题	22%～30%
5. 非直接学习障碍	来自年级而非智商的差异 有可能受到挫折 缺课	25%～38%

注：转引自：路得·特恩布尔等. 今日学校中的特殊教育（上册）（第三版）[M]. 方俊明，汪海萍，等译. 上海：华东师范大学出版社，2004：162.

---

① 赵微. 学习困难儿童的发展与教育 [M]. 北京：北京大学出版社，2011：40.

> ### 一个读写困难孩子的心里话[①]
>
> 我叫文文，我喜欢讲故事，在幼儿园还拿过故事大王奖呢。
>
> 我喜欢唱歌，唱得可好听了，妈妈和老师都特别喜欢听我唱歌。
>
> 我喜欢画画，我的邻居李爷爷就是画画的，他说我的画很有灵气。
>
> 我还有很多喜欢做的事：和爸爸妈妈去公园玩，和小朋友一起玩游戏……
>
> 本来，我应该是一个无忧无虑的小女孩，和我的小伙伴一样，高高兴兴地上小学，可是，上学以后，我却有了一个很大的烦恼：
>
> 我读书的时候经常会丢字落字，比如"上天对每个人都是公平的"这句话，别的小朋友都能读对，我却读成"上天，又，每个人，都是，平的"。读课文也总是结结巴巴的。
>
> 我每天都很认真地写字，比别的小朋友花的时间多很多，可是老师总是不满意我写的作业，说我写字缺偏旁，要不就是写反了、写倒了。
>
> 我的老师们对我的评价很不一样，美术老师、音乐老师都喜欢我，说我很有艺术天赋，而我的语文老师却总是对我摇头，说我怎么连字都写不好，真笨。
>
> 我很想把字写好，把课文读流利，可是，我真的很难做到……

二、学习障碍儿童的评估

评估是为了有助于回答问题所进行的信息收集过程。学习障碍儿童的评估诊断十分复杂。目前关于学习障碍儿童的评估也处在变革时期。成就-能力差异模式是鉴别学习障碍儿童的传统方法。近年来，干预反应（response-to-intervention approach）成为学界及教育界所推崇的学习障碍评估诊断方法。但是，评估是一个含义广泛的术语，它包括观察、收集和记录信息，涉及筛查、转介、诊断、制订干预计划、干预效果评价等步骤。因此，教师的首要任务是要了解为什么要收集信息，即，专业评估人员试图要解决的问题是什么？

[①] 郝薇. 一起呵护聪明的"笨"小孩［J］. 父母必读，2014（1）：60-61.

学习障碍的早期诊断①

　　一位学习障碍儿童的母亲克里斯（Kris Corey）说："你可能有最好的教师，但是学习障碍儿童仍然需要跨过一个困难的坎。"克里斯的评论强调了学习障碍儿童早期鉴别与早期干预的重要性。

　　谢伊威茨（Sally Shaywitz）是耶鲁大学医学院儿科教授和耶鲁学习与注意研究中心顾问。按照他的说法，父母和教师要想辨别学前儿童是否具有学习障碍可以通过观察他们是否具有以下特征：说话延误，在字词识别与命名上出现延缓，表达困难，难以准确使用语词，甚至复述儿歌押韵困难。谢伊威茨博士也期望有新的技术能使医生直接查看儿童大脑工作的状况，这样很快就会发现一种较好的方法去确定儿童是否有学习障碍。

（一）成就-能力差异模式

　　成就-能力差异模式，即儿童表现出"成就与智力存在显著差异"，可鉴定其为学习障碍。换言之，成就远低于其潜能的儿童会被鉴定为学习障碍。常用智商-成就差异这一方法，即比较儿童在标准智力测验和成就测验上的得分，如儿童的成就水平显著落后于智商的预期水平，即可做出诊断。但是，一些专家指出，智商无法很好地预测儿童的学业成绩，因为智商测验的表现在一定程度上有赖于儿童的阅读能力，所以会低估学障儿童的智商分数。此外，更为重要的是，学龄前及学龄初，差异理念实际上是没用的。在学龄前或者一、二年级时，对儿童的学业要求并不多，因此在这一时期很难发现差异。由于评估鉴定上的滞后，智商-成就差异的方法也被称为"等待失败"的模式。

（二）干预反应模式

　　基于对上述智商-成就差异鉴定方法的批评，另一种鉴定学习障碍儿童的方法被提出，即干预反应模式。该模式以多层预防模型为基础，包括三层干预，层层递进给予更为密集的教学。第一层为一级预防，在普通教育的环境中实施通用的核心教学计划，所有儿童通过基于"课程"的筛查，对可能存在有学习问题的"高危"儿童实施短期的进步监控。第二层为二级预防，由一名教师或训练有素的助理教师对"高危"儿童实施小组指导，并由评估小组根据儿童的学习表现进行多学科评价，从而确定儿童是否有学习障碍等问题，并且做出是否进入第三层的决定。第三层为三级预防，进入第三层干预的儿童即为真正需要特殊教育的儿童，由专门的特殊教育教师为儿童提供更为密集、

---

　　① 路得·特恩布尔等. 今日学校中的特殊教育（上册）（第三版）［M］. 方俊明，汪海萍，等译. 上海：华东师范大学出版社，2004：170.

个别化的计划和进步监控。而且，教学中师生比例更高，有可能是一对一的教学。当然，干预反应模式仍然处于发展中，仍然需要更多实践证据去验证。

给父母和教师的建议： 监控学前期儿童发展的里程碑事件①

由于难以进行学习障碍的早期鉴定，因此对学前儿童实施测验以鉴定学习障碍时，事实上是指预测而非鉴定。因为从严格意义上说，这些儿童所接触的阅读或数学等学业科目并不多。而且，当其他条件都一样时，预测的精确性总是不如鉴定。此外，一些儿童在学前期确实存在发展迟缓的现象。一些非残疾儿童幼年发展缓慢，但很快会追上他们的同伴。

虽然谨慎地进行学前儿童学习障碍的鉴定是明智的做法，但是研究者们也确定出一些能较好预测今后是否有学习障碍的风险因素。父母和教师可在儿童学前期监控儿童发展的一系列里程碑事件。

表 4-3　　　　　　　　　　　发展的重要里程碑事件

1. 口语理解或表达迟缓
    - 接受性词汇有限
    - 表达性词汇减少
    - 难以理解简单的指令
    - 语音单调或言语有其他异常的韵律特征
    - 清晰性下降
    - 自发性沟通（发音、语言或非语言）不频繁或不适当
    - 语法不成熟

2. 自然出现的读写技能发展迟缓
    - 命名物体与颜色的速度慢
    - 语音意识（如押韵和音节组合）有限
    - 对印刷文字的兴趣有限
    - 对印刷文字的意识（如触摸书本、识别环境中的印刷文字）有限

3. 知觉-动作技能发展迟缓
    - 大幅度动作或精细动作（如单脚跳、穿衣服、切东西和串珠子等）存在协调障碍
    - 难以上色、临摹和画画

---

① 丹尼尔·P·哈拉汉，詹姆士·M·考夫曼，佩吉·C·普伦. 特殊教育导论（第十一版）[M]. 肖非，等译. 北京：中国人民大学出版社，2010：190.

（三）幼儿教师在评估中的职责

教师在潜在学习障碍儿童的评估中起着关键性作用，教师可以参与到筛查、转介、诊断、制订干预计划、干预效果评价等各个步骤中。在评估中，教师扮演着转介者、观察者、协调者、评估者等角色。但是，需要教师谨记的是，对学习障碍的评估是复杂的，评估的重点是儿童的困难所在，儿童的特殊需要，以便采取相应的教育对策，而不在于确定儿童是不是学习障碍儿童，以为其贴上标签。

筛查：目的在于鉴别出需要作进一步评估的潜在学习障碍儿童。对于存在明显障碍的儿童（如肢体残疾、脑瘫、视觉障碍等），就不必接受筛查，但是对于学习障碍一类的隐性障碍而言，筛查将十分关键。筛查中，由专业人员实施一些易于操作、低成本的测试，鉴别出存在问题的儿童。因此，教师在筛查中主要协助专业人员对儿童实施测试，同时，为筛查人员提供有关儿童日常行为表现的多方面信息。

知识链接

阅读困难儿童的早期表现①

有潜在阅读困难的儿童，虽然智力发展正常，但在早期表现出广泛性和弥散性的其他方面的发展迟缓（广泛性发展迟缓），尤其是与语言发展有关的各种能力的迟滞。

语言发展迟缓：如开口说话晚，语音不清晰。

听-说不协调：如复述与表达困难，在语言模仿中出现吞音、误音、语音模仿不完整和病句等，不能学习有节奏的动作，难以辨别语音之间的微小差别，不能把教师的指令传达给其他儿童或家长等。

感知-运动不协调：如手-眼、手-耳配合不协调，画画、书写、使用工具等方面不协调，对事物的形状、图形-背景知觉不清晰、物体再认困难等。

记忆障碍：如记不住刚学过的内容，一边学习一边遗忘，难以对新信息进行比较、联系、储存等。

思维能力缺乏：如概念获得与命名上的迟缓，在快速命名等智力活动中表现困难，难以说出事物的相同或不同之处、难以正确完成匹配游戏、缺乏顺序排序能力、难以完成根据部分推断全体的拼图游戏等。

转介：转介是指把怀疑有生理、心理、行为或学习问题的儿童介绍到专业机构，请有关的专家做更细致、严格的评估②。虽然任何人都可以转介儿童，不过教师通常是主要的转介者。教师可以通过课堂接触、行为观察等途径观察儿童的学习、行为、社会能力和情绪状况，识别可能存在潜在学习障碍的儿童，并及时与家长联络，利用一些简单

---

① 赵微. 学习困难儿童的发展与教育［M］. 北京：北京大学出版社，2011：40.

② 韦小满. 特殊儿童心理评估［M］. 北京：华夏出版社，2006：26.

的工具了解儿童的困难所在。根据初步评估结果，教师可以进行尝试性干预。在经过了一段时间的干预后，仍未取得满意的效果，教师可以将儿童转介到专业机构进行进一步评估。如果有需要，教师还可以和专业人员商讨是否应该转介儿童到合适的机构或专家接受评估（专门的鉴定机构一般是由政府认定的专业性医院、医院中心专科、专业性教育评估机构等①）。

诊断：当儿童被转介至专门机构或教育部门接受诸如心理评估、医学检查等专业评估时，教师可以作为直接的观察者，利用检核表、观察记录表等工具，对儿童开展系统观察，配合专业评估，提供更多的资料和线索；也可以作为协调者，促进家长、各类专业人员及教育部门的合作。同时，教师应跟进评估结果，了解儿童的特殊教育需要，协助专业评估人员向家长解释儿童的发展状况，并一同协商进一步的干预计划；并为家长提供各种支持。

制订干预计划：目的在于为潜在学习障碍儿童提供合适的教育干预计划。在制定教育计划之前，必须先评估儿童的发展技能，进一步明确儿童的教育需求。各个领域专业人员的专业评估非常重要，但是教师作为教育计划的实施人员之一，利用自编评估工具、观察法、主观印象等也同样重要。教师可以参阅诊断和专业评估的结果，了解儿童的特殊教育需求，作为制订教育计划的指南。此外，教师使用观察和非正式测验等，确定儿童主要的障碍领域，设计教育目标、教学方法等。例如，针对存在有认知缺陷的潜在学障儿童，教师需要针对儿童的学习风格，选择不同的教学方式。当然，在教育计划的制订过程中，需要教师协同家长、专业训练人员、教育行政人员等共同参与。

教育效果的评估：评估资料可以用来检验儿童的进步情况，以及说明是否达成教育计划的目标。教师应及时做好特殊儿童教育效果的形成性评估和终结性评估，通过评估监控儿童的进步情况，确认教育干预方案的有效性。

第三节　学习障碍儿童的学习与教育

一、学习障碍儿童的学习特点

每个学习障碍的个体，都具有平均水平或者超出平均水平的智力。他们在某些领域甚至表现出较好的水平。例如，有些学障儿童有很好的艺术才能和语言能力；有些儿童具有较高的创造力或领导力。尽管他们有各种能力，但其最基本的特征是在一个或多个领域缺乏学习能力。有些学习障碍儿童在经历了反复的学习和掌握知识技能的困难后，会产生挫败感，进而会转变成缺乏价值感，严重影响其学习动机和对自我能力的正确认识。因此，教师必须充分了解学习障碍儿童的学习特点，才能选择有效的教育策略，解决儿童的发展问题。

<hr />

① 华国栋. 特殊儿童随班就读教师用书［M］. 北京：华夏出版社，2014：143.

（一）学业成就

学习障碍儿童在学业学习上的困难主要表现在阅读、书面语、口语、数学等方面。

1. 阅读

对于大多数学习障碍儿童而言，阅读是最有难度的。在汉语学习中，存在阅读障碍的儿童，往往表现为记不住字，在阅读中常常会省略、插入、替代或者颠倒词语，不能准确理解词和句子的含义，不能流畅朗读和准确理解文章的意思等。

语音意识障碍是早期阅读障碍的主要原因之一。语音意识指儿童对语言音素的操作能力。学习者必须形成对音素的敏感意识，否则就很难将字母转换成有意义的口语。儿童早期如果缺乏对语音的敏感知觉，没有掌握语音知识，缺乏语音辨别的能力，就会导致将来的阅读困难。许多语音意识的早期干预能有效改善儿童学龄期的阅读实践能力。因此，关注儿童早期语音敏感性的训练是幼儿园语言教学的重要方面。[1]

视觉空间认知障碍也是学习障碍儿童阅读能力发展的重要特征。幼儿园儿童由于视觉空间认知能力发展和成熟的差异，往往表现出明显的视觉加工问题，如镜像文字（如混淆 b 和 d，p 和 q）、视动不协调等。有的儿童表现出发展性迟滞，随着年龄的增长，视觉加工能力逐渐成熟，由此引起的阅读障碍会明显改善；而有些儿童则表现出终身的视觉加工障碍。学前儿童作为阅读的初学者，需要同时具备语音意识和视觉空间认知能力，才有可能成功阅读。

记忆加工障碍与早期阅读困难密切相关。它包括了基本的加工缺陷，即阅读障碍儿童在对语音信息的编码和提取上存在困难；以往知识的局限会使阅读产生困难，而阅读困难又进一步限制了知识结构的发展，从而形成恶性循环；以及控制策略的不足，即他们会很少利用一些积极的、计划性的控制策略来促进记忆，从而导致阅读障碍。有阅读障碍的儿童往往表现出"漏斗形"的学习特征，记不住刚学过的内容，一边学一边忘。研究者们采用快速命名测验对学前幼儿的工作记忆进行研究，发现潜在阅读障碍的儿童快速命名成绩显著低于正常儿童。[2]

2. 书面语

学习障碍儿童通常在书写、拼写和写作等领域上存在一种或多种障碍。早期潜在学习困难儿童的知觉运动障碍、精确复制感知印象能力的缺乏以及手眼动作不协调等，也会使儿童表现出一系列书写困难。有的学习障碍儿童写字非常慢，写出的字让人难以辨认。因为他们在理解字形与字音的对应关系上存在障碍，使得他们表现出书写困难。在书写过程中，有些儿童的书写问题可能来自动作协调能力不足、不专心、感觉能力缺乏、视觉图像记忆精确性不足等多方面的原因。这些儿童在书写过程中必须将注意力集中在书写的技能上而非学习内容上，使得他们在学习过程中产生更大的困难和挫折。在拼写上，有些儿童表现出添加、省略、颠倒声母韵母、颠倒音节、想当然地进行拼写等问题。而在书面表达方面，这些儿童往往表现出更大的困难。具有潜在学习困难的儿

① 赵微. 学习困难儿童的发展与教育［M］. 北京：北京大学出版社，2011：40.

② 赵微. 阅读困难的早期发现［J］. 学前教育研究，2005（1）：24-26.

童进入学龄期后，在写作时，往往会一筹莫展，难以组织材料，在写作结构上逻辑混乱；很难流利表达自己的观点；句子结构简单；文章中的思想较少，故事重要成分缺失等。

3. 口语

许多学习障碍儿童在口语运用中也会存在障碍。由于他们在准确接受和辨认听觉刺激的能力上不足，表现出语言听力和语言组织能力差、在语言模仿中经常出现吞音、误音、语音模仿不完整和语法错误等。在幼儿园中，有的孩子不能学习有节奏的动作，难以辨别语音之间的微小差别，不能把教师的指令传达给其他儿童或家长等；而且这种现象并非由于听力障碍或者发音器官障碍所造成的。而在语言的应用上，学习障碍儿童往往不擅长理解和表达话语，无法参与对话互动，不擅长回应他人的话语或提问，倾向于自问自答不给同伴回应的机会，发表与任务无关的言论等。

4. 数学

有些学习障碍儿童会表现出数学能力不足。与数学能力不足相关的困难主要表现为如下方面：①区分数字和复制图形困难。例如，有些儿童无法辨认小的数字，或无法模仿画出简单的图形。②由于视觉动作问题，无法准确地写出数字。③缺乏数数、排序、分类、比较等能力。比如，有些儿童不会倒数，不会利用数数比较两组物体的大小等。研究发现，大班的儿童可以从 30 开始倒数，而潜在学障儿童可能只能从 10 开始倒数。① ④与数学相关的术语无法理解，比如不理解数量概念，缺乏基本的数量感。⑤计算困难，无法进行简单的计算，等等。比如，大部分儿童在中班末期已经能够进行 10 以内的实物加减运算，部分儿童能够使用心算和数实物的方法解决问题②，但是，大部分潜在学困儿童对 10 以内的实物加减运算存在困难。

（二）学习方式

不同的潜在学障儿童可能具备不同的学习方式。例如，有些视觉学习的能力较强，对于视觉信息能够很好地理解和学习；而有些则要通过触觉或身体动作，才能充分掌握知识。视觉型学习者的主要能力表现为：

- 在有示意图或图片指导时，能装配起任何东西而不需要帮助。
- 当记忆或回忆事情时爱闭上眼睛。
- 对细节有相当的洞察力。
- 擅长玩拼图游戏。
- 阅读比听能使他们理解得更好。
- 最好的记忆方式是用心灵的眼睛记忆画面。
- 喜欢穿干净、颜色搭配协调的衣服。
- 有丰富的想象力。

---

① 赵振国. 3—6 岁儿童数量估算、数数能力及视觉空间认知能力发展关系的研究［D］. 上海：华东师范大学博士论文，2009.

② 周欣. 中班儿童数学认知的发展［J］. 幼儿教育（教育科学），2008（5）：43-45.

- 课余时间爱看电视、电影，玩电子游戏。

听觉型学习者的主要能力表现：

- 听一遍口头指示后就可以照着做，不需重复多次。
- 在学习中喜欢大声地朗读。
- 喜欢交流。
- 擅长辨别声音。
- 口头表达好，擅长讲故事。

（三）学习动机

学习动机是一种内部动力，能直接推动一个人开展学习活动，从强度、时间和方向等方面激发、维持并调节个体行为。学习障碍儿童有一个显著的特点就是很少对学习有直接的动机，他们学习动机的产生源自成人的影响，其中父母和老师对于学习障碍儿童学习动机的产生具有重要作用。如果父母重视孩子学习，对孩子的学习和进步较为欣赏并充满期待，那么孩子的学习动机就强；反之，孩子的学习动机就相对差些。学习障碍儿童还受到非内在控制源的影响。换言之，他们认为，他们的生活受运气或命运等外在因素，而非决心或能力等内在因素的控制。学习障碍儿童在经历了经常性的学习困难后，常常会遭受挫折。长期的失望会转变为缺乏价值感，严重影响他们对自己知识和能力的认识。同样，这些儿童的被拒绝感、挫败感和对未来的无望感也会日益增加，进一

"你的不安全感好像开始于 Mary Lou Gumblatt 对你说'我可能没有学习障碍——或许是你有教学障碍吧！'"

图 4-1 "学习障碍"或"教学障碍"

编者注：这幅漫画一方面说明学习障碍儿童鉴别的困难所在，学习障碍作为一种隐性障碍，并且大部分学习障碍儿童都是轻度的，造成学障儿童诊断鉴别的困难。另一方面，是否有些儿童所表现出的学业问题是由于不当的教育造成的呢？这一问题值得教育者思考，如果教师能为儿童提供适当的个性化的教育与其他支持，儿童的学习障碍可能会得到缓解。

图片来源：本漫画由 Tony Saltzman 和 Phi Delta Kappan 于 1975 年创作。转引自：SANTROCK J W. Educational Psychology（2nd）［M］. New York：McGraw-Hill Higher Education，2006：183.

步影响他们的成功学习和整个成长、发展的过程①。

如果教师不改变学生这种动机问题，会产生更严重的问题。当儿童成功时，他们会将成功归结于运气；当他们失败时，他们就埋怨自己缺乏能力。如果忽视这种现象，儿童会经常预期失败；而且当面对学业或者社会挑战时，他们常会轻易地逃避或放弃。因此，儿童不仅无法学会新的技能，而且又会有不好的经历，进而强化了无助感或无用感，并且会不断循环往复，形成恶性循环。故而，教师必须认识到在教育过程中关注儿童的学习动机。

二、学习障碍儿童的教育策略

对于潜在学障儿童的学习与发展问题，如能在其踏入小学校门前消除或减轻这些问题，将对儿童的教育和发展产生积极影响。因此，教师必须充分了解和掌握学习障碍儿童的发展与学习特点，当发现儿童的学习、行为等有学习障碍的先兆时，选择有效的教学策略，改善儿童的学习环境，解决儿童的发展问题。

（一）教育目标与内容

根据学习障碍儿童的发展和学习特点，学前阶段潜在学习障碍儿童的主要教育目标是提高这类儿童的前学业技能，具体而言包括感觉运动能力的提升、认知能力提高、语言能力和社会技能的改善等。因此，教育内容也主要围绕这些目标而展开。潜在学习障碍儿童具有极大的个体差异，教师需要在分析评估他们各方面能力表现的基础上，结合学前阶段的课程设置，选择适合的教育内容。具体而言，教育内容可以包括以下几个方面：

1. 感觉运动技能

感觉运动技能包括两种联系紧密的相关过程。其中之一是理解感知信息：看到的、听到的、触摸到的、尝到的、闻到的是什么。第二个过程是将信息转化为恰当的行为。通常而言，一个反应中包含一种以上的感觉，这就是所谓的感觉统合。每一项学前活动都包含感觉运动的各种形式。精细运动技能包括手眼协调和手指、手和手腕的有效使用。这些运动和感觉运动紧密相关，是自我照顾和学习使用各种工具的基础，如使用画笔、锤子、蜡笔和铅笔等。一些常用的活动就包含精细动作控制的活动，比如，玩水——倒水、浇水、量水；搭积木——搭建、搭桥、平衡、拆除等。一些桌上玩具对促进感觉运动技能尤其有效，这也是孩子们最喜欢玩的。比如，拼图和拼版、多米诺骨牌和数字匹配游戏、挂钩和挂钩板、蒙台梭利圆柱和色板等。

2. 认知技能

认知能力包括观察力、注意力、记忆力、思维能力（如概念形成能力）等基本能力。注意力缺陷是潜在学障儿童的先兆表现之一，同时注意力又是最基本的认知能力，

---

① 路得·特恩布尔等．今日学校中的特殊教育（上册）（第三版）［M］．方俊明，汪海萍，等译．上海：华东师范大学出版社，2004：160．

因此，在训练过程中可将注意力训练与动作、知觉、记忆、思维等训练结合起来。模仿力是学习能力的根本，因此，模仿力的学习也是学习障碍儿童的主要教育内容之一。大部分儿童都能进行自发模仿，学习新的技能。但是对于无法进行自发模仿的儿童，如果需要学习其他发展性的技能，就必须教会他模仿，而且这方面的教育必须放在首位。此外，概念形成能力也是学习能力的根本。在生命早期，儿童通过有意识地形成新概念，将他们学到的许多事物次序化，这是儿童思维能力的根本。因此，包括辨别、分类、排序列、空间和时间关系在内的概念形成技能也是学习障碍儿童认知技能训练的主要方面。

给教师的建议： 如何教儿童学会模仿

模仿能力是学习能力的根本。不能进行自发模仿的孩子，如果需要学习其他发展性技能，就必须教会他模仿。然而，不能模仿通常不易被察觉，所以导致孩子持续的学习困难。当一个孩子成为集体一员时，首先需要对他的模仿技能进行非正式评估，可以使用"跟我做"类似的游戏获得有关孩子模仿技能的信息。如果孩子缺乏模仿技能，可从如下方面进行训练：

- 模仿孩子。模仿孩子的发声和姿势通常能够刺激孩子并强化他们进一步努力。
- 提供与孩子的发展水平相当的模仿对象。如果一个 6 岁的孩子其水平更接近于 3 岁的孩子，应将该幼儿的典型行为作为最初的模仿任务教给孩子，尤其从孩子已经掌握的行为开始。
- 提供孩子任何学习模仿的过程中需要的帮助。如在孩子面前安置一面镜子，让孩子判断自己模仿的正确性。
- 如果有必要直接教孩子如何模仿。给孩子身体上的帮助让他们做出方法的反应。例如，教师可以一边对儿童说"小可，用手指这个圆圈"，一边握住小可的食指放在指的目标物上。

给教师的建议： 帮助儿童集中注意力的做法

（1）为儿童提供有吸引力的色彩鲜艳的能够操作而且有内设反馈的材料，如蒙台梭利材料。

（2）让儿童感觉参与是儿童的一种特权而不是一种责任：如不能让儿童觉得收拾完积木后，就得被带去听故事了。

（3）给儿童一个直接任务："小可，拿一个检票夹给火车票打孔。"

（4）说明或推进一项任务："我帮你在这一端开始筑篱笆墙，我该把第一块放在哪里？"

（5）明确儿童喜欢的游戏材料；喜欢的材料可以吸引儿童更长时间的注意。

给教师的建议： 促进儿童的记忆能力[①]

记忆的能力是任何一种新的学习所必需的。记忆有两种形式：记住一段时间之前发生的事的长时记忆，记住刚刚发生的事情的短时记忆。要求儿童记住遥远的事情对儿童来说是不恰当的。鼓励孩子们记住他们一天中学的东西、做的游戏等能培养他们的记忆能力。这些活动包括：

（1）对儿童感兴趣的事物进行对话式的提问（在恰当时间的等待之后教师给予引导）：

早餐吃了什么……

毛毛虫在叶子上干什么？

（2）记住同伴们的名字和老师的名字并正确运用。

（3）记住材料放置的地方，要同时可以拿出，用完时能放回原处。

（4）在盖子和盘子等的游戏中说出什么东西被移动了。

（5）听故事和看图说故事游戏。

（6）按照要求的顺序使用和离开洗手间，便于下一个孩子使用。

3. 语言技能

语言技能包括语言理解和语言表达两个方面。在语言学习的过程中，一方面要强调语言理解和表达能力的训练，另一方面也要重视非语言交流能力的提升。例如，通过倾听训练、说话能力训练，提升儿童语言理解和表达能力；通过帮助儿童掌握身体姿势、表情、动作等非语言符号的含义，提升儿童非语言理解和表达能力。

给教师的建议： 促进儿童语言的发展

教师应该有意识地安排儿童的课堂经历，让儿童有机会交流也有交流的理由。

---

① K·S·艾伦，J·S·施瓦兹. 特殊儿童的早期融合教育 [M]. 周念丽，等译. 上海：华东师范大学出版社，2005：456.

教师提供一个宽松的环境让儿童有足够的时间说他们想说的内容。语言技能较高的儿童在老师的帮助下学习倾听，给语言较少或不容易坚持的孩子说话的机会。

教师自己需要做一个很好的倾听者和反应者。他们以不同的方式对孩子做出反应，向孩子们展示自己很感兴趣并且希望听到更多。开放性问题可以向孩子们传达教师的兴趣，教师应避免那些可以用简单的"是"或"不是"回答的问题。当孩子说"昨天我们去了奶奶家"，教师可以问"那你在奶奶家做了什么?"而不是"你们玩得愉快吗?"

教师做一个好的反应者，而不应说太多。一长串词语反而使儿童失去兴趣，儿童是在语言的应用中学习语言。儿童应是主要的说话者，教师是促进者，有的时候鼓励、有的时候提问、有的时候将孩子的思想反馈给孩子，告诉孩子教师确实在倾听。

4. 社会技能

社会技能包括社会认知、社会行为和社会情绪技能。在社会技能训练中，教师要帮助儿童认识自己、他人以及自己和他人之间的关系，帮助儿童学习社会交往中如何做出恰当的行为、如何调适自己的情绪等。例如，如何加入同伴的游戏活动中，如何交到好朋友等。此外，教师应帮助儿童管理、预防问题行为。

什么是社会技能？

在早期阶段很难界定"恰当"的社会技能是什么。因此，不必着急定义"社会技能"这个术语，列出社会技能所包含的众多方面或许更有价值。在早期学习的主要社会技能与如何与他人相处有关。

- 在家里或其他地方以各种方式与其他儿童和成人互动。
- 与父母家人以外的其他认识的成人开心地度过与他们在一起的时光。
- 能意识到家里或家外的认识的或不认识的成人的不恰当行为并能自我保护。
- 在家里及公共场所，在考虑他人的情况下满足自我照顾的需要。
- 有时候为其他孩子提出自己的游戏的点子，有时候接受其他孩子的领导。
- 参与集体活动，能倾听、等待。
- 有时候照顾集体的需要和兴趣而不是考虑自己的需要和兴趣。
- 能独立学习和游戏，也能与他人合作；在自己一个人待着的时候不感到孤立或被拒绝。
- 将语言作为一种强有力的社会工具用来说服、反抗、推理、解释、解决问题和满足需要等。

5. 前学业技能

许多前学业技能与阅读、书写和算术紧密相关。因此，对于学前潜在学习障碍儿童，前阅读、前书写和前算术技能的训练必不可少。促进早期阅读、书写和算术技能的发展，可以运用如下活动：例如，从左到右、从上到下"阅读"一页上的一系列图片。许多图画书和拼图游戏都有促进前阅读视觉组织的作用。画大的螺旋式的圆圈；描一些记号，孩子们通常认为这样的活动是写。用剪刀自由地剪（有些儿童会自发地沿着线条剪）。通过从左到右用手指一个个数的方式数一排物体（一对一数数）。将物体按两个、三个或四个分组。明确各组的物体一样多、更少或更多。认识到相似的但有差别的声音是不一样的，等等。这些任务都是不简单的，包含前面讨论过的潜在的技能中的至少一种能力。然而，所有的前学业技能都要有序地教给孩子，促进孩子的学习。

学习剪纸的茉莉亚

6岁的茉莉亚精细动作技能发展有限。教师用一把为茉莉亚特制的能够套在她手上的剪刀教她如何拿着剪刀在空中剪。然后教师准备一张长条形的彩纸，纸上每隔一段距离画上一条明线。老师拿着这张纸，指导茉莉亚打开剪刀。教师将纸片插进两片刀刃之间，并将一条线对准剪刀口，说："剪。"茉莉亚要做的只是简单地并拢剪刀，就能做到剪开纸片；茉莉亚每剪一下就能剪出一片整洁的纸。为了增加活动的趣味性，教师使用不同颜色的彩纸让茉莉亚剪，并且保证茉莉亚不会被颜色分散其对剪纸活动的注意力。茉莉亚剪下的纸都放进信封，或者拿回家玩耍，或者在幼儿园中作为老师制作教具或布置教室的材料。

讨论　茉莉亚的老师是如何教她剪纸的？老师的做法有哪些可以借鉴的？

幼儿园应该禁止学业性学习吗？

家长们认为早期的正式的读、写和算术方面的教育能够帮助儿童在学校里取得成功。迫于家长的压力，孩子们在幼儿园中可能会学的比玩的多，许多幼儿园也将纸、笔任务和练习簿作业等纳入幼儿园的教学。而这些活动对绝大多数儿童而言是不恰当和无效的教育方式。但是，是不是幼儿园就该禁止学业性的学习？一些研究者进行了大规模的研究，得出结论"学前儿童已经具备了学习学业性内容的能力"，幼儿园的问题不是学业性学习内容本身，而是教育方法①。学业性学习可以融入儿童的各项恰当的活动中。但是绝对不能用练习簿、纸笔和机械记忆的方式让幼儿学习。这些活动不适用于任何前学业课程，不适用于任何幼儿。幼儿自创性的自发的游戏和教师计划的结构化的活动、课题和经验都能帮助儿童掌握前学业技能。

（二）教学方法

1. 嵌入式学习机会策略

学习障碍儿童的学习任务通常在特定时间段在结构化的情境中给出，例如，在数学游戏课上，重点学习数的概念，同时也应该贯穿儿童一天的幼儿园生活。对于儿童而言，将结构化和非正式相结合且以非正式为主是最恰当的教育方式。嵌入式学习机会（embedded learning opportunities）策略是指在日常活动和日常课堂中嵌入教育的策略。

当运用这一策略时，儿童有机会在其感到有意义和有兴趣的活动和事件中改变自己。例如，在洗澡时，语言（用语言命名洗澡用具）、认知（发现浸没在水中的物体）、动作（拿起东西）、适应性技能（洗手和洗脸）都可以得到发展。当老师、保育员和治疗师把这些目标嵌入儿童的日常生活中时，他们可以较好地满足选择的需要和增加教学实践的效果。而且，采用嵌入式学习还可以增强儿童的学习兴趣和动机。例如，对于存在有认知技能缺陷的儿童，一边数积木一边将积木放到架子上。教师利用这一契机与儿童做游戏，将两项技能的教育融入其中。对于言语表达方面存在问题的艾利克斯，他在大动作和精细动作、认知和社会性发展上也表现出不同程度的迟缓。因此，老师运用嵌入式学习机会策略，将他的训练任务融入每日的幼儿园活动中。比如，针对艾利克斯的精细动作问题，老师要求艾利克斯在点心时间能够把水杯稳稳地放在餐桌上；在美术活动中，要求艾利克斯把颜料从一个杯子中倒入另一个杯子里；在玩水时，教师提供语言提示、示范和动作指导等。嵌入式学习机会策略旨在为儿童创造一切可能的教育机会。自发性和非正式性是嵌入式学习的本质。嵌入式学习对儿童而言是在有意义的活动情境中进行，这种学习不会让儿童意识到这是"真正的学习"或者"真正的功课"。教师利用生动活泼的教育为儿童提供有趣的活动。在日常生活中，这种有趣的活动又能增强儿童的技能操作和实践的前列动机。

教师帮助儿童实践自己的想法

"儿童的想法应该得到实践的机会并借此加深他们对自己的经历的理解"。幼儿

---

① 转引自：K·S·艾伦，J·S·施瓦兹. 特殊儿童的早期融合教育 [M]. 周念丽，等译. 上海：华东师范大学出版社，2005：441.

教师可以间接地，但有力地促进儿童参与读、写和数的学习。写下孩子的问题，重复孩子的问题，帮助孩子找到问题的答案，或者进行一次测量等，这些都是教师可以运用的方法。例如，一粒种子发芽、生长，教师可以帮助孩子写下他们观察到的变化。通过这些前学业活动，到小学阶段，许多孩子都已经积极地准备好了学习读、说、写等他们所经历到的一切。幼儿教师的职责在于为这些重要的前学业时间提供有效的支持。

2. 直接指导策略

在学习障碍儿童的教学中，教师提供直接指导也是促进其学习的主要策略。教师可以采用直接教育和非直接辅助的手段，直接建议儿童做什么和说什么。例如，一个儿童指着一种不常见的动物照片问："那是什么?"教师直接将照片下注释的动物名称"考拉"念给他听（因为儿童在生活中"发现学习"这种动物的名称不现实，因此，直接指导更为有效）。教师在读了动物的名称之后立即让儿童重复一遍。儿童说对了就给予强化。这个儿童可能会继续对这个动物怀有兴趣，教师就可以抓住这个教育机会，打开另一本儿童熟悉的动物的图书，帮助儿童找到与"考拉"生活在同一个国家（澳大利亚）的动物（例如：袋鼠），一起再了解澳大利亚其他的动物等。

知识链接

给教师的建议： 避免儿童存在学业危险的有效的教学策略

- 坚持使用积极强化促进儿童发展的行为，从而减少干扰。
- 鼓励、赞扬儿童的每一个小进步。
- 关注儿童的长处。
- 运用任务分析法教儿童感到困难的技能，不管是去学习模仿，或学会集中注意力，学会说"不"来代替打击或碰撞别人，或者其他不适宜行为。
- 每次只给儿童一个要求，并给儿童足够的时间去完成。确认儿童明白了要求，尽可能让儿童联系要求的任务。
- 运用具体材料教授新的概念和技能，让儿童可以运用多种感觉器官去看、听和操作。
- 有耐心。让有学障的儿童去完成一个简单的任务时，也需要多次重复告诉他们和展现给他们许多不同的方法。
- 帮助家长理解他们的孩子没有特别的困难或者故意不专心。告诉他们孩子的成就；为增强儿童自尊，尽可能在儿童在场时夸奖儿童的成就。

3. 同伴指导策略

教师可以直接教普通儿童如何用特殊的方式与学习障碍儿童进行互动。例如，当有

动作协调问题的儿童倒果汁的时候，桌边的另一个孩子告诉他该怎么用一只手稳定住容器慢慢往里倒，以免倒得过多溢出杯子等。教师也可以将学习障碍儿童与普通儿童安排在一起学习和游戏，从而促进儿童之间的社会互动，促进学习障碍儿童的学习。例如，当教师发现学习障碍儿童尼尔课堂上走神，马丁提醒尼尔时，教师可以说："马丁，当你提醒尼尔拿剪刀时，尼尔就能跟着我们一起剪纸了。看到尼尔高兴地剪纸了吗？"当教师向尼尔表达同样的意思时，两个孩子之间感受到了协助学习的快乐，这样两人就有了进一步交流的可能。

同伴指导策略也为儿童提供了模仿对象。幼儿通过观察并模仿其他儿童的行为习得许多行为和技能。为学习障碍儿童提供恰当行为的模仿对象，尤其是在社会行为方面，是促进儿童发展的重要方法。但是，儿童之间并非自动地学会对方的恰当游戏行为和社会技能。因此，教师必须在互动中发挥重要促进作用。教师可以设置恰当的环境（如，角色扮演的情境、游戏情境等）确保学习障碍儿童和正常儿童能进行互动；教师还需强化儿童一起玩的行为；另外，当学习障碍儿童模仿恰当的行为时及时予以强化。

案例分析

使用同伴指导策略支持班级中的潜在学障儿童

在中班的教室中正在上一节折纸课，小朋友们四个人一个小组围坐在桌子边，跟着老师的示范学习剪纸。小宝是一个存在潜在学习障碍的孩子，注意力不集中，上课时分神，手眼协调能力比较差。小伟是一个聪明、听话的小男生，从小班开始就是小宝的好朋友。小伟上课时一会儿轻轻拍小宝的肩膀，提醒小宝注意看老师；一会儿教小宝使用剪刀；一会儿又督促小宝集中注意力完成任务……

同伴指导策略已成功使用于学障儿童的教学中。正常儿童有时候会用教师所用的方式对待障碍儿童，有时这些情境又会自然发生。

一个孩子帮另一个孩子套手套。

两个孩子在分类安放彩色木块的时候，另一个孩子告诉他们哪块木块应该放在哪里。

一个孩子在倒果汁的时候，桌边的另一个孩子告诉他怎么用另一只手稳定容器慢慢地倒，以免倒得过多溢出杯子。

但是，值得注意的是，教师要仔细按照儿童的发展水平和个性特征进行配对，保证每一个学障儿童和另一个孩子能够愉快地进行互动，并从中受益。不能让任何一个孩子感到这样的活动是负担；也不能使任何一个孩子失去在其他任何区域学习的机会。精心安排的同伴指导能使两个孩子都从中受益。

活动设计

游戏活动设计——跳房子

游戏名称：跳房子	游戏编号：	
人数：10 人以下	时间：25~30 分钟	
目标： 1. 培养幼儿遵守规则的能力 2. 培养幼儿抗挫折能力 3. 培养幼儿合作能力	活动重点： 1. 规则训练 2. 抗挫折能力 3. 合作能力	延伸领域： 社会（情感、行为、团体）
器材：用粉笔画好的房子、沙包		
游戏方式： 1. 由教师在地上用粉笔画出房子图形，并在每个格子中写上 1~9 的数字。 2. 幼儿进行分组，多人一组。 3. 每组轮流跳房子，最先跳完 9 个房子的组获胜。 4. 游戏过程中每组交替进行，若组员为多个则轮流进行，潜在学习障碍幼儿随机分配在其中一个小组中。 5. 第一组幼儿 A 先把沙包扔进标有数字"1"的长方形方格里面，然后双脚夹起沙包把它扔到标有数字"2"的长方形格子里面。依次进行，直到沙包被扔到"9"时，幼儿弯腰把沙包捡起，跳出房子。第二轮比赛幼儿从数字"1"的长方形方格里开始。若幼儿 A 在某个数字格子里失误，第一组的幼儿 B 在第二轮比赛中直接从此格子开始。 6. 全组所有幼儿优先完成从格子 1 到格子 9，即取得胜利。		
小贴士： 1. 教师讲解并示范游戏规则，并可根据实际情况调整游戏方式。 2. 依参与游戏人数进行分组，也可单人单组（游戏人数少于 6 人）。 3. 游戏过程中教师予以潜在学习障碍幼儿适当引导与提醒、及时鼓励与奖励。		
给家长的建议： 1. 可在假日与幼儿多做此类游戏。 2. 日常生活中引导幼儿控制冲动、多动行为，学会等待，学会遵守规则。		
社区的配合： 与小区幼儿共同玩耍。		
教师笔记：		

（三）教育环境

学习环境会影响甚至决定无数儿童的发展，也会决定教师教授的有效性和儿童接受关于自己及他人各种信息的有效性。因此，在融合教室中，环境的安排尤为重要。对于潜在学障儿童而言，教师在学习环境设置时需要注意将杂乱减少到最低程度以使所有儿童最大限度地集中注意于手头的任务，减少引起儿童分心的影响因素。当儿童受到注意、行为问题困扰时，教师必须知道如何处理，对环境做一些必要的改变。例如，教师可以使用功能性行为评估技术对问题行为进行分析，调整教学环境，培养良好行为等。有序和组织性的环境安排也是保障课程活动有序进行的前提。教师必须为每一件物体准备一个位置，在不用的时候，每件物体应该留在规定位置。合理的安排有助于培养孩子的独立性，他们能够知晓将用完的物品放回原位是他们的责任。

图 4-2　某幼儿园教室中明确划分的各功能区

良好心理环境的营造需要教师、家长、普通儿童和学习障碍儿童的共同参与建设。教师要根据本班儿童的情况，有针对性地创设一些融合活动，为潜在学障幼儿参与班级活动创造机会，同时为其他儿童认识和了解学习障碍儿童提供平台。教师可以利用各种途径，如播放影视剧、视频材料、故事绘本、角色扮演等方式让普通儿童进一步了解和接纳学习障碍儿童这个群体，并且知道如何去支持和帮助学习障碍儿童，如何与学习障碍儿童相处和互动等。

让爱飞扬，你可以再靠近一点——学习障碍篇①

1. 我用心还是学不来

有些学障学生很聪明，但在听、说、读、写、推理、运算等学习上，会出现一项或多项学习困难，虽然花了很多时间，仍常显得混乱无头绪。

2. 我有看但没有懂

阅读困难的学障学生，阅读时常有省略、添字、替换、次序颠倒、念错字、缓慢不流畅、无法找出文章情节前后关系及重点的障碍。

3. 我写字有困难

书写困难的学障学生，手眼协调差、写字容易出现左右上下颠倒、字体比例错误、外形不易辨识、空间安排不佳及文字表达困难等现象。

4. 看到数字我就头大

数学学障学生对数学相关的符号辨识、空间、序列、顺序概念、文字阅读、记忆、处理速度、问题解决等感到困难。

5. 我需要鼓励

学障学生因为学习速度、行动较缓慢，面对自己的障碍时，会害怕、担心别人嘲笑。参与活动时会显得被动、焦虑。请鼓励他多参加班级活动、建立学习自信。

6. 我需要简短的指令

学障学生在信息处理速度上比较慢、记忆短暂、方向的区辨有困难，当交代事项如字句较长时容易混乱，很难遵循指示行动。

7. 我需要关键词提示

学障学生如能掌握文章的关键词时，可以很快理解内容，上课可以给予重点提示或运用适当的教学策略，考试、作业可以采用报读或替代书写。

8. 对不起，我不是故意的

学障学生因为音韵辨识差、语言发展迟钝、文法和字形错误、字汇学习困难、听觉理解能力弱，不能在适当情境表达自己的想法，常造成沟通困难。

9. 感谢有你

学障学生的表达、书写能力明显偏弱，并不是他不懂，只是他需要比一般同学花更多精力、时间，才能把所学的说出、写出。他们内心也渴望能获得友谊，但不知如何表达，请同学多体谅、包容，耐心地和他们相处。

---

① 台北市教育局. 让爱飞扬，您可以再靠近一点——认识及协助各种障碍者［Z］. 2002.

第四节　学习障碍儿童的发展与学习案例

一、基本情况

星星，女，5岁。无异常生育史，智商正常，主要表现：语言表达能力差；不能理解图意，不能看图讲述；对于所学儿歌、故事等，不能进行复述；不能积极举手发言，胆小，自信心不足。父母均为医务工作者，繁忙的工作之余几乎没有时间和星星接触交谈，周末才能陪星星。但其父母具备科学育儿的意识。星星从小由爷爷、奶奶照料，老人对她百依百顺，样样事情包办代替。

二、现状分析

（一）评估结果

经某幼儿中心评估后，结果显示，通过《瑞文测验》之联合型测验为70，等级为3%；语言能力评估结果为有发展迟缓之特点；个性评估鉴定为：性格内向、胆小、害羞。

幼儿园也利用常见的评估工具，结合平时观察，对星星的总的鉴定结论如下：在感知觉、认知、语言、人际交往、运动等方面不存在严重问题，但依据专业机构的评估结果和现实情况，疑似星星在语言发展方面有落后倾向，加上其性格因素，进而影响其人际交往。为避免星星在进入小学后出现学习障碍，需要进行专门的训练和矫治。

（二）现实表现

星星比较内向，说话声音小，总是安静地一个人待着。进行活动时，不能积极参与到活动中，经常独自一个人待在远处观望。在活动中，即使老师引导星星参加活动，也因其语言表达能力不足，小朋友无法理解她的意思，不愿意跟她交流。

三、训练过程

对星星的现状进行分析后发现，星星语言问题产生的主要原因在于缺乏足够的语言刺激环境，主要是爷爷奶奶在养育中过于溺爱，星星不需要讲话就能得到各种想要的东西，造成星星没有了语言学习的动力，也缺少积累词汇、练习语言的环境。

（一）训练时间与目标

对星星进行了为期3个月的教育指导，在指导时，保证每周不低于30分钟的训练。

训练目标：

第一阶段：能理解单幅画面的意思，并能简单讲述；在老师的帮助下能复述简单的儿歌；能记住简单的指令；能够与同组的幼儿交往。

第二阶段：能将两幅图片联系起来，进行讲述；继续丰富大量词汇，能用适当的动词或形容词描述出图片的意思；在教师的帮助下，能复述简单的故事；能理解双层指令，并正确完成；乐意与绝大多数幼儿交往。

第三阶段：能看多幅图片，并进行讲述；能够独立、完整地讲述故事；注意力保持较长时间；能听多层指令，并能正确执行；能够主动地与其他幼儿进行交往。

（二）训练内容与方法

第一阶段：①游戏《找朋友》，提供单幅图片，并提供与图片相同的物体，让幼儿进行匹配，并进行讲述；②游戏《摸一摸》，将星星的眼睛蒙起来，让其对所摸到的物体进行描述；③教师创造与星星交流互动的机会，以关爱的方式与星星沟通和谈心；④为星星提供与同伴交流互动的机会。

第二阶段：①游戏《找不同》，为星星提供两幅有细微差别的图片，让她找出它们的不同之处，并用语言述说出来；②游戏《猜猜看》，将其眼睛蒙起来，让她去摸其他幼儿并说出是谁，增进星星与同伴之间的了解和感情；③游戏《传话筒》，教师说一句话，让其进行复述；④角色游戏《我是小导游》，通过这个游戏来训练星星的口头表达能力及社会交往的能力；⑤从各种形状的集合图片中，让星星找出形状、颜色相同的物体。

第三阶段：①游戏《故事大王》，提供多幅相关图片，让星星将图片联系起来进行简单的讲述；②角色扮演：让星星和其他幼儿共同完成故事的表演；③创造机会让星星在全班面前讲述一个她最喜欢且最熟悉的故事，增强其自信心；④游戏《我说你做》，让星星听教师的指令，帮助其他小朋友做游戏，提高星星听指令完成任务的能力。

（三）家园合作

在幼儿园开展训练的同时，家庭教养方式也在改变。主要有以下几方面的措施：第一，改变教养方式。爷爷、奶奶及其他直接抚养人避免溺爱，给幼儿提供更多的交流机会、口语表达的环境。第二，家长配合幼儿园训练内容进行复习和练习。比如，家长借助绘本等书籍培养幼儿早期阅读的兴趣，提高其词汇水平。第三，增多幼儿社会交往的机会，提高儿童自信心。例如，家长可以带着幼儿多参加社区或其他社交活动，让幼儿逐渐适应社会交往的场所，在生活中学会交往，提高胆量。

四、总结反思

通过 3 个月的教育指导，星星取得了明显的进步。她能够根据图片进行连贯、完整的讲述；对于学过的儿歌及简单的故事，能够进行复述；乐意与他人交往，语言表达能力得到提高，词汇丰富；口语表达能力得到了提高；自信心得到了增强，能够独立地在集体面前进行各类表演。

通过对本案例的分析，为促进潜在学障儿童的发展，可注意如下几个方面：第一，控制环境因素，创设良好学习环境。幼儿的发展问题受到多种因素的影响，有效的干预一方面得益于针对性的教育方案；另一方面，也需要幼儿身边的人士的接纳和支持，为其创设良好、适宜的学习环境。第二，充分利用多种方法，注重家园合作。针对儿童发展问题，认知训练、环境改变、家长支持与配合等各方面的配合必不可少，能够给潜在学障儿童的良好预后带来积极效果。

对小鹏未来的展望

小鹏的父母都是知识分子，平时在家庭中对小鹏的学习要求很高，但是由于小鹏的各种问题行为，所以对孩子更多的是批评，很少有激励性评价。据了解，小鹏在小班和中班已经出现了各种问题行为，父母认为随着年龄增长就会有所好转，从未放在心上。

根据对案例的观察，发现小鹏能够认识到自己的行为，但却控制不住自己。因他协调能力差、坐不住，听觉记忆能力和视觉记忆能力较差而导致注意力不集中，具有潜在学习障碍的风险。

小鹏的老师采取了如下教育措施：

（1）创造安静的学习环境：在小鹏学习时，要尽量创造安静、刺激较小的学习环境。尽量不粘贴图画，或摆放造型奇特、颜色鲜艳的物品。声音也要尽量控制，不要有电视或其他声音干扰。避免无关刺激造成学生学习的干扰。

（2）激发学习动机：由于小鹏的行为表现，很少能得到激励，学习上也缺少成就感，因此学习动力不足。教师将一张很大的粘贴画剪成9块，先给他一块，根据他的学习状态，每天对他提出一个难度有提高、但他肯定会完成的任务，如果能够完成就给他一块拼图。这是他最喜欢的图案，因此小鹏兴致很高。教师还和家长以及其他教师协作，对他进行积极评价，以关爱、鼓励为主，不要给小鹏施加学习压力。

（3）开展针对性干预，增强其协调能力：通过组织一些体育活动或游戏，让小鹏在集体活动中，协调左、右脑平衡发育，增强规则意识。不仅在幼儿园，在家里父母也每天抽出一定时间，陪孩子玩一些动手动脑的游戏。

（4）通过听、讲故事等方法增强视觉记忆和听觉记忆能力：教师每天在自由活动时间播放有声故事录音带，或无声动画，让小鹏复述故事，提高其记忆能力。在家中，父母也在亲子阅读时间开展此类活动，增强孩子的记忆能力。

经过教师和家长半年的共同努力，小鹏的各种问题行为得到了有效控制，学习效果也有了很大的提高。父母和教师对小鹏未来的发展充满了信心。

 本章小结

（1）学习障碍是用于指称一系列异质性障碍的概括性术语，这些障碍表现在获

得和使用听、说、读、写、推理或计算等能力上有显著困难。这些障碍是个体固有的，据推测源于中枢神经系统功能失调，并且在整个生命历程中都可能出现。许多学前儿童在学前阶段出现的不适应行为与学龄期的学习障碍密切相关，如在学前阶段表现出注意力分散、易遭受挫折、过于活跃或是协调能力差等。

（2）学前潜在学习障碍儿童主要存在感觉运动困难、认知发展障碍、语言发展异常、情绪行为问题、社会技能不足等特点。

（3）教师在潜在学习障碍儿童的评估中起着关键性作用，教师可以参与到筛查、转介、诊断、制定干预计划、干预效果评价等各个步骤中。

（4）学习障碍儿童在学业学习上的困难主要表现在阅读、书面语、口语、数学等方面。

（5）学习障碍儿童可能具备不同的学习方式。例如，有些视觉学习的能力较强，对于视觉信息能够很好理解和学习；而有些则要通过触觉或身体动作，才能充分掌握知识。

（6）学习障碍儿童有一个显著的特点就是很少对学习有直接的动机，他们的学习动机的产生源自成人的影响，其中父母和老师对于学习障碍儿童学习动机的产生具有重要作用。

（7）学前阶段潜在学习障碍儿童的主要教育目标是提高这类儿童的前学业技能，具体而言包括感觉运动能力的提升、认知能力提高、语言能力和社会技能的改善等。

（8）学习障碍儿童教育中有效的教育策略包括：嵌入式学习机会策略、直接指导策略和同伴指导策略。

（9）良好的学习环境的创设对学习障碍儿童的教育非常重要。教师在学习环境设置时需要注意将杂乱减少到最低程度以使所有儿童最大限度地集中注意力于手头的任务，减少引起儿童分心的影响因素。良好心理环境的营造需要教师、家长、普通儿童和学习障碍儿童的共同参与建设。

思考题

1. 学习障碍儿童的发展特点有哪些？
2. 学习障碍儿童的学习特点有哪些？
3. 教师在学习障碍儿童的评估中有哪些职责？
4. 如何促进学习障碍儿童感觉运动、认知能力、语言能力、社会技能的发展？
5. 如何促进学习障碍儿童的学业学习？
6. 学习障碍儿童的教育策略有哪些？
7. 如何帮助班级中的学习障碍儿童参与和融入班级活动？

[1] 陈学锋, 谢天壬. 从容面对儿童的学习困难 [M]. 北京: 北京师范大学出版社, 2002.

[2] 刘翔平, 顾群. 学习障碍儿童的心理与教育 [M]. 北京: 中国轻工业出版社, 2012.

[3] 台北市教育局. 让爱飞扬, 你可以再靠近一点——学习障碍篇 [Z]. 2002.

[4] 影视资源: 《地球上的星星》 (印度, 2007)

参考文献

[1] K·S·艾伦, J·S·施瓦兹. 特殊儿童的早期融合教育 [M]. 周念丽, 等译. 上海: 华东师范大学出版社, 2005.

[2] 转引自: K·S·艾伦, J·S·施瓦兹. 特殊儿童的早期融合教育 [M]. 周念丽, 等译. 上海: 华东师范大学出版社, 2005.

[3] 丹尼尔·P·哈拉汉, 詹姆士·M·考夫曼, 佩吉·C·普伦. 特殊教育导论 (第十一版) [M]. 肖非, 等译. 北京: 中国人民大学出版社, 2010.

[4] 华国栋. 特殊儿童随班就读教师用书 [M]. 北京: 华夏出版社, 2014.

[5] 路得·特恩布尔等. 今日学校中的特殊教育 (上册) (第三版) [M]. 方俊明, 汪海萍, 等译. 上海: 华东师范大学出版社, 2004.

[6] 韦小满. 特殊儿童心理评估 [M]. 北京: 华夏出版社, 2006.

[7] 赵微. 阅读困难的早期发现 [J]. 学前教育研究, 2005 (1): 24-26.

[8] 赵微. 学习困难儿童的发展与教育 [M]. 北京: 北京大学出版社, 2011.

[9] 赵振国. 3—6岁儿童数量估算、数数能力及视觉空间认知能力发展关系的研究 [D]. 华东师范大学博士论文, 2009.

[10] 中国特教论坛. 学习障碍学生辅导手册 [EB/OL]. http://blog.sina.com.cn/s/blog_8f887f880102uys3.html, 2014-08-09.

[11] 周欣. 中班儿童数学认知的发展 [J]. 幼儿教育 (教育科学), 2008 (5): 43-45.

第五章　注意缺陷多动障碍儿童的发展与学习

 学习目标

　　注意缺陷多动障碍常见于学龄期，儿童在成长过程中不仅有注意缺陷或多动、冲动障碍，而且由此衍生出一系列学习、情绪、行为及适应问题。这不仅对其自身发展产生不良影响，也容易因为不良行为反应而导致紧张师生关系和不良同伴关系。在学前教育阶段，如果教师能够了解注意缺陷多动障碍儿童发展与学习的特点，并及时予以干预与支持，这将对儿童未来的发展具有重要意义。

知识目标：
（1）了解注意缺陷多动障碍儿童的概述。
（2）理解注意缺陷多动障碍儿童的发展和学习特点。
（3）掌握注意缺陷多动障碍儿童的评估与鉴定知识。

能力目标：
（1）能对注意缺陷多动障碍儿童进行简单评估。
（2）能根据注意缺陷多动障碍儿童发展与学习的特点进行教学。

教学重难点
（1）掌握注意缺陷多动障碍儿童的学习特点、教育目标、教育方法等。
（2）能根据注意缺陷多动障碍儿童的特点协助评估、设计教学活动、进行教学环境、班级融合活动创设等。

教学课时
4课时。

故事专栏

李廷的故事①

　　李廷，四岁，幼儿园小班，他的行为与其他儿童有所不同，常常脱离班级一个人活

---

　　① 师乐汇. 幼儿园小班案例：多动症幼儿的个案研究［EB/OL］.http://www.yejs.com.cn/Jswa/article/id/31380.htm,2010-07-06.

动，没有朋友。他极其好动，上课从不能保持持久的注意力，容易受身边的事物影响。因此，他做什么事大多半途而废，有头无尾。他的好奇心很强，但自控能力很差。因此，他从来没有守纪律的概念。他常伴有某种习惯性小动作，如咬指甲、吸手指、抠鼻子等，还有点口吃，与老师、儿童语言交流有障碍。

　　思考问题

　　相比于普通儿童，李廷的行为表现有何异同？试想如果你是李廷的老师你会如何对他进行教育呢？

　　注意缺陷多动障碍是儿童期最普遍、最复杂的心理与行为障碍之一。注意缺陷多动障碍儿童的身心发展障碍不仅对其自身发展产生不良影响，也容易因为其不良行为反应而导致师生关系紧张和不良同伴关系。因此，幼儿教师在面对这类幼儿时，需要充分了解其发展和学习特征，才能制定有效的教育方案，开展有针对性的、适宜的教育活动。

第一节　注意缺陷多动障碍儿童的概述

　　注意缺陷多动障碍儿童是指发生在儿童期内，行为表现与其年龄极不相称，以注意力明显不能集中、活动过多、任性冲动和学习困难等为主要特征的一种综合病症。遗传、生理、社会心理、疾病及脑损伤因素都有可能影响注意缺陷多动障碍儿童的发展，根据美国精神病协会的界定，注意缺陷多动障碍可分成以注意缺乏为主的类型、以多动-冲动为主的类型和注意缺陷多动性障碍三种类型。

一、注意缺陷多动障碍儿童的概念界定

　　人们对于注意力缺陷多动障碍的研究已逾半个世纪，其名称也经历了多次改变。[①]最初注意力缺陷多动障碍被称作脑损伤和轻度脑损伤；到 20 世纪 60 年代末，学界更倾向用医学术语来描述行为特征，于是多动症这一术语被广泛使用；然而，许多精神病理学家认为过度活动并不能确切地表达这些注意力无法集中的儿童的特征。因此，1980年，美国精神病理协会把这一术语改为包含两个子范畴的注意力缺陷障碍，一类是具有多动性的，一类是不具有多动性的；但是，仍有大量的学者继续对这一术语进行争论，直到 1987 年，人们才取得共识，采用注意缺陷多动障碍（attention-deficit hyperactivity disorder，ADHD）这一术语，同时罗列了许多伴随性行为，试图说明多动行为并非必须与注意缺陷多动障碍共存。简言之，注意缺陷多动障碍儿童是指发生在儿童期内，行为表现与其年龄极不相称，以注意力明显不能集中、活动过多、任性冲动和学习困难等为主要特征的一种综合病症。[②]

---

　　①　K·S·艾伦，J·S·施瓦兹. 特殊儿童的早期融合教育 ［M］. 周念丽，等译. 上海：华东师范大学出版社，2005：201.

　　②　雷江华. 学前特殊儿童教育 ［M］. 武汉：华中师范大学出版社，2008：159-160.

注意缺陷多动障碍儿童的分类与出现率

1. 注意缺陷多动障碍儿童的分类

1994 年，美国精神病协会明确界定了注意缺陷多动障碍的三种类型①②：

（1）以注意缺乏为主的类型。以注意缺乏为主类型的儿童注意力难以集中、易健忘和分神，他们常常会分神发呆，喜欢做白日梦，但多动不是他们的显著特征。这类儿童往往表现出没有活力，性格比较冷漠，活动性也较弱。他们主要的注意力集中在内部世界，对外部世界的关注较少。因此，尽管他们的思维可能非常活跃，但他们却很少去行动。此类注意缺陷多动障碍儿童在学习的过程中经常容易走神、发呆，出现一边学习一边进行天马行空的想象。

（2）以多动-冲动为主的类型。以多动-冲动为主类型的儿童常表现出坐不安稳，话过多，而且很难安静地活动，脾气执拗，容易发脾气。由于多动-冲动的特点，这类儿童容易受伤。但是，此类儿童在注意缺陷多动障碍儿童所占的比例较少。

（3）注意缺陷多动性障碍类型。注意缺陷多动性障碍儿童注意力缺乏和多动-冲动两者兼有，此类儿童在注意缺陷多动障碍儿童中所占的比例约为 85%。

2. 注意缺陷多动障碍儿童的出现率

注意缺陷多动障碍通常发生于 6 岁以前，主要是童年早期阶段的 2~5 岁，8~10 岁为发病的高峰期，其中约 2/3 儿童症状持续至青春期，1/3 可能持续终生。③ 我国最新一次调查结果显示，注意缺陷多动障碍儿童占儿童总数的 4.31%~5.38%，有 1461 万~1979 万名。注意缺陷多动障碍儿童的出现还会因性别不同而有所差异，男女比例为 4∶1~9∶1。④ 一项最新的全球调研结果显示，男孩患多动症的概率比女孩高，究其原因，一些专家认为可能是以下两种原因所导致的：①社会和文化背景决定着男孩和女孩在教养上的差异，社会性别角色决定了男性多按照独立的、竞争的、自信的特点来规范和发展其行为，而女性则多按照被动的、依赖的、非攻击性的特点来规范和发展其行为，这种差异可能是导致男孩多动症发病率高的原因；②男孩生长发育较晚，心理成熟程度不如同龄女孩，可能也是男孩发病率高的原因。⑤

---

① 雷江华. 学前特殊儿童教育 [M]. 武汉：华中师范大学出版社，2008：160.

② 路得·特恩布尔，安·特恩布尔，玛里琳·尚克等. 今日学校中的特殊教育（上册）（第三版）[M]. 方俊明，汪海萍，等译. 上海：华东师范大学出版社，2004：268.

③ 叶慎花，闫莉. 多动症儿童的家庭心理教育措施 [J]. 教育导刊（下半月），2010（9）：82-85.

④ 刘翔平. 学习障碍儿童的心理与教育 [M]. 北京：中国轻工业出版社，2010：152.

⑤ 中国多动网. 多动症更"偏爱"男孩？[EB/OL]. http://www.duodong.com/news/12281699. html，2015-04-28.

二、注意缺陷多动障碍儿童的病因

了解注意缺陷多动障碍儿童病因是有效对他们进行评估的基础，更是采取恰当教育措施的前提。长期以来，研究者们从不同的角度和领域对儿童注意缺陷多动障碍成因做了广泛的探讨。纵观众多的研究，引起儿童注意缺陷多动障碍的因素主要有以下四个方面[①]：

（一）遗传因素

对注意缺陷多动障碍儿童及其家庭的调查研究发现，不少注意缺陷多动障碍儿童的父母在年幼时也有多动症状，此外在其家族中成年人患有癔病、病态人格及酒精中毒的居多；而有些调查研究发现非血缘关系的养子注意缺陷多动障碍的养父母比有血缘关系的三代以内的近亲有注意缺陷多动障碍少。因此，有专家认为儿童注意缺陷多动障碍的发病率与遗传因素有着极为密切的关系，双生子的研究也进一步证实了这一点，流行病学和双生子研究发现常见的分子遗传变异复合可预测一般人群中的多动症特征[②]。但是，由于研究条件的限制，遗传因素是怎样影响儿童的注意缺陷多动障碍还没有确切的答案。

多动症的遗传学研究概述[③]

多动症多始于儿童期，并能持续至成年期。传统的家庭、双生子和养子女研究表明，多动症受遗传影响。双生子研究现在被用来定义多动症表型，分析性别差异，测试基因对持续性和共病的影响，以及研究遗传与环境的互动，多动症的分子遗传学研究集中在功能候选基因的关联分析上。迄今为止的证据显示，研究基因-表型关联以及基因与环境互动对多动症的影响将日趋重要。

（二）生理因素

从神经介质代谢的差异出发，一些专家认为儿童注意缺陷多动障碍发病率与单胺代谢有关。科尔曼（Coleman）观察了 25 例多动症，发现 88% 的患儿血小板内 5-羟色胺减少；温德（Wender）则发现患儿血小板内血清素浓度明显降低。由于目前对血小板、尿内单胺类及其代谢物的研究还十分粗糙，所以也还没有形成一个定论。另有一些研究者提出，儿童注意缺陷多动障碍与儿童摄入的糖量及食物有关，比如维生素缺乏、食物过敏、糖代谢障碍。还有人根据铅中毒病人也有活动过多、注意力不集中等症状，推测

---

①　董奇. 论儿童多动症的几个问题 ［J］. 北京师范大学学报，1993（1）：1-8.

②　丁香园. 多动症特征的遗传风险评估 ［J］. 临床合理用药杂志，2014，33：14.

③　Anita Thapar，Evangelia Stergiakouli. 多动症的遗传学研究概述（英文）［J］. 心理学报，2008（10）：1088-1098.

儿童的注意缺陷多动障碍可能与铅等重金属污染有关，有研究发现轻度铅中毒、锌、钙缺乏可能是注意缺陷多动障碍的病因之一[①]；注意缺陷多动障碍的发生可能与高铅、高镁和低锌水平有一定的关系[②]。这些推测都还没有提供科学的依据，所以还没有很强的说服力。

一些化学物质可能导致儿童多动症[③]

日本产业技术综合研究所和国立环境研究所研究人员组成的联合研究小组通过老鼠实验发现，目前广泛使用的树脂原料双酚、工业原料酚类等可导致老鼠出现自闭症和儿童多动症特征，主要表现为情绪不稳定，小动作频繁。

研究人员在实验中用独自开发的装置把双酚、酚类、增塑剂邻苯二甲酸酯、农药等14类物质注射到生后仅5天的老鼠脑内，总量为20微克，结果发现老鼠出现了多动症特征。在另外一项实验中仅把0.2微克的双酚注射在老鼠脑内，老鼠也出现了类似特征。

产业技术综合研究所研究员增尾好则说，这些物质即使用嘴吃到肚里，也能突破保护大脑不受有害物质侵害的血液系统构成的防线，虽然实验结果不能直接套用于人类，但至少说明周围环境中的化学物质可能与多动症有关。

研究人员经过观察还发现，给老鼠注射双酚、壬酚、辛酚后，在出现多动症特征的老鼠大脑中，对调节运动起重要作用的多巴胺神经元发育受到了影响。儿童多动症的原因至今不明，有一种看法认为主要是由于多巴胺神经元发育出现了障碍。

（三）疾病及脑损伤

1987年，海格曼等人的一项调查发现，注意缺陷多动障碍发病率与儿童是否患过中耳炎以及所患次数有着奇妙的关系，在注意缺陷多动障碍儿童群体当中有94%的人曾有过3次以上的中耳炎历史，而普通儿童群体当中只有50%；注意缺陷多动障碍儿童中有69%的人曾有过10次以上的中耳炎历史，而在普通儿童中只有20%。在对儿童癫痫病患者的研究中也发现，患有癫痫的儿童具有一些十分明显的注意缺陷多动障碍症状，而且一些治疗癫痫病的药物会引起儿童注意缺陷多动障碍的出现。此外，脑组织的器质性损伤也常被认为与儿童注意缺陷多动障碍症状产生有密切的关系，而造成脑损伤的可

---

① 沈晓兰，张钦贵，刘建雷，赵东. 儿童多动症与血铅、锌水平关系的研究［J］. 中国社区医师（医学专业），2013（3）：143-145.

② 阿斯木古丽. 克力木，热依拉·阿不拉，阿尔祖古丽·牙合甫. 6~12岁多动症儿童体内元素水平分析［J］. 中国妇幼保健，2014，32：5253-5254.

③ 中国特殊教育网. 日本一项研究表明：一些化学物质可能导致儿童多动症［EB/OL］.http://www.spe-edu.net/Html/cjnews/200410/4009.html,2004-10-07.

能极多：母亲怀孕时受到风疹等病毒的感染，严重的撞击，服用过多有害于胎儿脑组织的药物、产钳助产所致的脑损伤窒息儿，早产儿幼年时所患的脑炎、脑膜炎颅脑外伤，以及其他原因造成的脑缺氧、缺血性损害等也可能与此症有关。有研究发现孕期或哺乳期从事污染职业、胎儿宫内窘迫、胎儿宫内发育迟缓、产程/产力不足、剖腹产、母乳喂养等与注意缺陷多动障碍发病密切相关①；剖宫产、胎儿宫内窘迫及胎儿宫内发育迟缓是儿童注意缺陷多动障碍发生的危险因素，其患注意缺陷多动障碍的可能性显著高于无此因素的儿童②。研究表明，这些因素都可能引起儿童注意缺陷多动障碍症状。

（四）社会心理因素

许多学者认为，儿童注意缺陷多动障碍不仅仅与生理上的原因有关，而且也与家庭环境和教育方法有着密切的关系。父母和教师对儿童溺爱或苛刻有可能引起儿童注意缺陷多动障碍：对儿童溺爱使儿童从小养成任性、不能形成控制自己行为的习惯；对儿童苛刻则使儿童长期处于紧张状态，情感受到压抑，最后导致行为异常。而父母和教师缺乏教育方法或爱心、耐心和责任心，也易造成注意缺陷多动障碍症状的加重。例如有研究表明：在家庭环境因素中，父母关系以经常吵架、分居和离婚患病组的发生率明显高于非患病组，家教方式采用经常粗暴打骂孩子、干涉孩子活动与儿童注意缺陷多动障碍关系密切。③ 上述诸多社会心理因素虽未必是注意缺陷多动障碍的直接病因，但很多研究都表明其因素对注意缺陷多动障碍儿童有所影响。

第二节　注意缺陷多动障碍儿童的发展与评估

由于身心发展障碍，注意缺陷多动障碍儿童在感知觉、社会适应、语言、言语、沟通、认知等方面的发展出现一定的问题。在日常生活与学习的过程中，教师通过了解注意缺陷多动障碍儿童的表现，再根据其表现进行初步筛查，不仅可以为其专业评估提供丰富的资料，还可以为其制定适合的教育方案并开展有效的教育或训练。

一、注意缺陷多动障碍儿童的发展特点

（一）感知觉特点

注意缺陷多动障碍儿童常表现为视觉-运动障碍、空间位置知觉障碍、左右辨别不

① 鲁央南，徐小龙，叶峰，方红霞. 儿童多动症发病危险因素调查 [J]. 中国公共卫生管理，2014（2）：302-303.

② 高宇，邓小虹. 孕期和分娩因素与儿童多动症的相关性 [J]. 中国妇幼保健，2008，14：1935-1937.

③ 王丽敏，赵亚双，彭涛，卫宇坤，赵红. 家庭环境因素与儿童多动症的相关性分析 [J]. 中国行为医学科学，1996（3）：40-41+58.

清、经常反穿鞋子、听觉综合困难和视-听转换困难等。① 同时，注意缺陷多动障碍儿童运动神经"软"现象较多，运动协调性发展迟缓，粗大动作功能不良②，一些精细动作发展也出现障碍，如不能自己系纽扣和鞋带等。

（二）社会适应能力发展特点

注意缺陷多动障碍儿童的社会适应能力低于正常水平 10~30 个标准分数。③ 注意缺陷多动障碍儿童活动过度，如进入幼儿园后不能按正常要求时间坐在凳子上，喜欢捣乱，扰乱正常的上课秩序；注意缺陷多动障碍儿童情绪不稳定，意志薄弱，如一高兴就容易得意忘形，一不高兴就发脾气、哭闹，所以他们会经常和别的儿童发生矛盾。因此，注意缺陷多动障碍儿童往往表现出个性倔强，不愿受别人制约或排斥其他儿童，很难与其他儿童友好相处。

（三）语言、言语与沟通特点

注意缺陷多动障碍儿童的言语受到不同程度上的损伤，少数注意缺陷多动障碍儿童的中枢神经听觉过程存在一定障碍，导致他们语言发展的时间比较缓慢，语言内化的速度也比较迟缓。因此，他们很少遵守语言的规则进行表达，对于观点的组织、整理能力也比较差，无法有效表达他们的想法，语言的问题解决能力受损。同时，注意缺陷多动障碍儿童普遍存在过多交谈的现象，且他们的语言道德推理较弱，有时还表现出对抗性的特点。④注意缺陷多动障碍儿童在与其他同龄儿童或教师之间的交流往往不遵守交往规则，有时会答非所问或者有问无答等。这种现象既有可能是身体的缺陷，也有可能是社会技能的发展迟滞。但是，注意缺陷多动障碍儿童的沟通交流障碍并不严重。

（四）认知特点

注意缺陷多动障碍儿童有轻度的智力损伤，从而导致阅读、拼写、数学或书写方面出现学习障碍，学业成就感也不高。同时，注意缺陷多动障碍儿童的元认知能力，特别是计划能力也受到损害，时间感差，时间估计和再现不准确，对错误的认识敏感度也不强，从而也导致工作记忆比较弱，目标导向性行为中的创造力受到阻碍。⑤ 例如，有研究表明注意缺陷多动障碍儿童在某些涉及注意力、短时记忆及视觉运动的项目方面有损

① 雷江华主编. 学前特殊儿童教育 [M]. 武汉：华中师范大学出版社，2008（2）：162.

② 路得·特恩布尔，安·特恩布尔，玛里琳·尚克等. 今日学校中的特殊教育（上册）（第三版）[M]. 方俊明，汪海萍，等译. 上海：华东师范大学出版社，2004：175.

③ 路得·特恩布尔，安·特恩布尔，玛里琳·尚克等. 今日学校中的特殊教育（上册）（第三版）[M]. 方俊明，汪海萍，等译. 上海：华东师范大学出版社，2004：175.

④ 路得·特恩布尔，安·特恩布尔，玛里琳·尚克等. 今日学校中的特殊教育（上册）（第三版）[M]. 方俊明，汪海萍，等译. 上海：华东师范大学出版社，2004：175.

⑤ 路得·特恩布尔，安·特恩布尔，玛里琳·尚克等. 今日学校中的特殊教育（上册）（第三版）[M]. 方俊明，汪海萍，等译. 上海：华东师范大学出版社，2004：175.

害，这些儿童处理听觉信息比处理视觉信息更困难①，注意缺陷多动障碍的小学生学习困难发生率远比无注意缺陷多动障碍的小学生学习困难发生率高②。

注意缺陷多动障碍儿童的智力研究③

由于注意缺陷多动障碍儿童存在学习困难、注意力不集中等问题，最初被认为是一种智力异常的表现。基于这一认识，研究者曾对注意缺陷多动障碍儿童的智力进行了广泛的探讨。从智力测验的结果来看，注意缺陷多动障碍儿童的智力正常或基本正常，但与普通儿童相比依然在一些方面存在不足，如从韦氏量表测验的结果来看，注意缺陷多动障碍儿童的总智商、言语智商以及操作智商均低于普通儿童，而言语智商较低是造成这类儿童学习较差的原因之一。除智商较普通儿童低之外，这类儿童的智力结构也发展较不平衡，特别是多动的行为表现以及注意力方面的缺陷使得教师容易产生较低的评价，对儿童的学业发展有消极的作用。智力结构发展得不平衡也将进一步导致情绪和行为问题，这容易形成儿童在情绪、行为、学业上的恶性循环。

二、注意缺陷多动障碍儿童的评估

注意缺陷多动障碍儿童的鉴别与诊断是干预与教育的前提。在学前教育阶段，教师根据注意缺陷多动障碍儿童的发展特点及早发现与鉴别注意缺陷多动障碍儿童，抓住关键期对其进行恰当的教育，这对促进注意缺陷多动障碍儿童的发展有十分积极的作用。

（一）评估工具与技术

对儿童行为问题的评估主要采用的是测验法，即通过用一些标准化的行为量表对儿童的行为进行系统的评定，从而判断儿童是否存在行为问题及存在什么性质的问题。注意缺陷多动障碍儿童的评估中使用的评估工具和技术主要有观察、评定量表、教育咨询和医学诊断等几种，其中评定量表主要包括专门的注意缺陷多动障碍评定量表或注意力、行为评定量表和智力评估量表等。由于智力评估量表在本书前面已有所介绍，以下主要介绍几个专门的注意缺陷多动障碍评定量表。由于教师与儿童接触时间多，对其在校的各种学习活动、生活、同伴关系等有较深入的了解。因此，教师评价法结果是很有参考价值的，也是儿童注意缺陷多动障碍诊断的重要方法之一。目前，适用于教师使用

---

① 苏林雁，李雪荣，唐效兰. 伴有或不伴有学习困难的儿童多动症的对照研究［J］. 中国神经精神疾病杂志，1990，16（5）：285～288.

② 姜华. 小学生学习困难与多动症的关系［J］. 中国校医，2002（1）：24-25.

③ 杨帆，夏之晨. 国内注意缺陷多动障碍研究的综述［J］. 社会心理科学，2014（5）：41-44+77.

的注意缺陷多动障碍的儿童评价量表主要有以下几种方法①②：

（1）科勒教师评价量表。该量表在目前的研究与诊断中得到广泛应用。该量表共有28个项目，分为4个因子：品行问题、多动、注意力不集中、被动和多动指数，判别注意缺陷多动障碍儿童的标准是儿童在活动过度指标上的得分处于或大于两个标准差。

（2）ADD-H综合型教师评价量表。该量表1985年由尤尔曼等人编制，内容包括注意力缺乏、多动行为、社会技能等几个方面，它克服了科勒教师评价量表的一些不足，注意分散在二十个百分位以下者被视为可能患有多动症。

（3）阿肯巴克儿童行为评价量表（教师版）。该量表是在阿肯巴克1978年编制的儿童行为评价量表（家长型）的基础上改编而成的，含有113个项目，依儿童年龄或性别不同，可分为八或九个分量表，内容涉及儿童注意力缺乏、焦虑、社会性退缩、抑郁、攻击性等问题。当儿童在注意缺乏因素上的得分位于或高于九十八个百分位时，即被诊断为可能的注意缺陷多动障碍的儿童。

（4）康纳斯行为评价量表（教师版）。该量表最早发表于1969年，经过将近半个世纪的运用及反复修订，如今已在评估儿童行为问题，尤其是注意缺陷多动障碍儿童的行为问题时得到广泛使用。该量表由家长用表和教师用表及家长教师用表构成，主要用于评估儿童的品行问题、学习问题和多动症。其中，教师用表简化版共有10题。

康纳斯行为评定量表（教师用表简化版）

项目	程度			
	无	稍有	相当多	很多
1. 活动过多，一刻不停				
2. 兴奋激动，容易冲动				
3. 惹恼其他儿童				
4. 做事不能有始有终				
5. 坐立不安				
6. 注意不易集中，容易分心				
7. 必须立刻满足其要求，否则容易灰心丧气				
8. 容易哭泣、喊叫				
9. 情绪变化迅速剧烈				
10. 勃然大怒，或出现意料不到的行为				

---

① 董奇. 论儿童多动症的几个问题［J］. 北京师范大学学报，1993（1）：1-8.

② 韦小满. 特殊儿童心理评估［M］. 北京：华夏出版社，2006：293-308.

（5）儿童行为评估系统（教师版）。该系统发表于 1998 年，是雷诺兹和坎普豪斯二人共同编制的，由家长评定量表、教师评定量表和个性自陈量表三部分组成。教师评定量表是教师填写的儿童行为评定量表，有三套表格，分别适用于学前儿童（4~5 岁）、小学生（6~11 岁）和中学生（12~18 岁）。教师评定量表由外显行为问题、内隐行为问题、校内行为问题、其他问题和适应技能几部分组成。

除此之外，由于注意缺陷多动障碍病因比较复杂，因此在判断儿童是否患有注意缺陷多动障碍时，必须十分谨慎，不能只根据外在表现而轻率地给儿童贴上注意缺陷多动障碍的标签。为了使评估结果更加科学，教师还应该建议对疑似注意缺陷多动障碍儿童进行医学验证及教育咨询，以便及时对他们进行合适的教育干预。

（二）教师在评估中的角色

在儿童的日常生活、游戏与学习过程中，教师可以有目的、有计划地观察儿童的整体表现，收集客观的、丰富的资料，为初步判断儿童是否患有注意缺陷多动障碍提供依据，也为专业人员的评估提供基础。例如，教师可以根据《精神疾病统计诊断手册》中注意缺陷多动障碍的诊断标准，在日常的学习和生活中有意识地观察疑似注意缺陷多动障碍的儿童。

《精神疾病统计诊断手册》 第五版（DSM-V） 中的注意力缺陷多动障碍（Attention-Deficit/Hyperactivity Disorder） 诊断标准①

A. 持续性的注意力涣散和/或多动-冲动影响个体功能和发展，表现出如下的特征：

（1）注意涣散：以下症状中，6 条或更多症状至少持续 6 个月，与个体发展水平不一致，并且对社会和学业/职业活动造成直接的消极影响：

①在学校中、工作中以及其他活动中，常集中注意关注细节或因粗心出错（如忽略或错过细节、工作错误）。

②在任务上或在开展活动中经常难以保持注意（如在课堂上、对话中或较长的阅读中难以保持注意力）。

③当与其直接说话时，经常似乎无法倾听（如甚至在没有明显干扰的情况下，思绪似乎也飘到了其他地方）。

④经常无法跟随指令，无法完成学校的作业、杂事或工作场所的事务（如开始任务后很快就注意涣散，并且容易跑题）

----

① American Psychiatric Association. Diagnostic and Statistical Manual of Mental Disorders（5th Ed）［M］. Washington，DC：American Psychiatric Publishing，2013：59-60.

⑤难以组织任务和活动（如难以管理顺序型任务，难以按照顺序保存材料和东西，任务混乱，缺乏组织，缺乏时间管理能力，无法赶上最后期限）。

⑥经常逃避、不喜欢或者不情愿参与到需要持续脑力的任务中（如学校或家庭作业）。

⑦经常遗失任务或活动中需要的东西（如学校的材料、铅笔、书、工具、钱包、钥匙、文件、眼镜、手机）。

⑧经常容易因外界刺激分心。

⑨在日常活动中经常健忘（如做杂事，完成差事）。

（2）多动与冲动：以下症状中 6 个及以上症状至少持续 6 个月，并且与个体发展水平不一致，且直接对其社会、学业/职业活动产生直接的消极影响：

①经常坐立不安或者抖动手、脚或在座位上扭来扭去。

②经常在期望其坐在座位上时离开座位（如在教室中、在办公室、其他工作场所以及在需要其坐在座位上的情境下随意离开座位）。

③经常在不恰当的场合跑来跑去或攀爬。

④经常无法安静地参与休闲活动。

⑤终日忙碌不停，似乎被一个发动机驱动着一样（如在餐馆中或者会面中，不能安静一段时间或不能舒服地待一段时间；其他人可能感受其坐立不安或难以跟上）。

⑥经常过多地讲话。

⑦经常未完成问题就将答案脱口而出（如接别人的句子；在交谈中无法等待轮到自己便抢着说话）。

⑧经常难以等待轮到的时候（如排队等待）。

⑨经常打断或插入他人的活动（如插入对话、游戏或其他活动；未经允许就开始使用他人的东西）。

B. 一些注意涣散或多动-冲动的症状发病于 12 岁之前。

C. 一些注意涣散或多动-冲动的症状发病于 2 个及以上情境（如家中、学校中或工作场所，和朋友交往时或其他相关人员交往中，在其他活动中）。

D. 清晰的证据显示这些症状妨碍个体的社会、学业或职业功能，或者降低这些功能的质量。

E. 这些症状不是由于精神分裂症或其他精神病症造成，也无法用其他精神发育迟滞所解释（如情绪障碍、焦虑症、解离性障碍、人格障碍、物质滥用或退缩）。

教师除了参照上述标准，对儿童的一些特殊的行为表现予以关注，还可以通过一些简单易行的团体筛查测试、作品分析等，开展初步的筛查评估，筛查出那些疑似存在注意力缺陷多动障碍的儿童，为专业的诊断评估奠定基础。① 团体智力测试，例如画人测

① 路得·特恩布尔，安·特恩布尔，玛里琳·尚克等. 今日学校中的特殊教育（上册）（第三版）［M］. 方俊明，汪海萍，等译. 上海：华东师范大学出版社，2004：286.

验、瑞文彩色推理测验等；作品分析，如教师分析注意缺陷多动障碍儿童的作业、绘画等，由于注意缺陷多动障碍儿童很难保持注意力，所以他们的各类作品往往是不完整或杂乱的。注意缺陷多动障碍儿童最后确诊还需要做生理指标、心理指标（注意、运动速度及协调性、感知-运动障碍及空间知觉测定等）、动作指标（协调动作是否灵活）及脑电图检查等一系列验证。因此，教师当发现儿童异常时，应尽快与家长沟通协调，将儿童转介至专门的咨询机构或医院进行专业的评估和诊断。

顽皮与注意缺陷多动障碍①

关于注意缺陷多动障碍的鉴别，往往会被顽皮、捣蛋之类与品行有关的形容词所掩盖，很多教师与家长希望对注意缺陷多动障碍儿童晓之以理或通过惩罚来改变其不良的行为模式。但是，这些做法往往因为不对症而收效甚微。那么，顽皮与注意缺陷多动障碍究竟有什么差别？

第一是注意力方面。普通的男童虽然好奇、好动，但遇到感兴趣的新鲜事物时，不仅会聚精会神地去听、去看、去做，还讨厌别人的干扰；而注意缺陷多动障碍儿童几乎没有什么注意力，玩什么都是心不在焉，无法做到做事情有始有终。

第二是自我控制能力方面。顽皮的儿童在陌生环境里能约束自己，可以静坐等待，而注意缺陷多动障碍儿童则没有这种自我控制的能力，坐不住，静不下来。

第三是行为活动方面。顽皮的儿童好动，一般都是有原因、有目的的，而注意缺陷多动障碍儿童的行为多具有冲动性，缺乏目的性。

第四是药物观察方面。顽皮的儿童服用镇静药物，可以产生催眠的作用，注意缺陷多动障碍儿童服用这类药物之后，不仅不会安静，反而更加兴奋和多动，这是两者最重要的区别。

八大误解：关于"小儿多动症"②

作为一种在少年儿童中日趋常见的疾患，只要及时求医、科学诊治，注意缺陷多动障碍儿童本身其实并不是太可怕，真正可怕的是对于这种疾病，包括教师、家长在内的成人社会之中有着很多误解，随时可能导致我们对孩子作出错误的判断。

---

①　陈伟伟. 多动与多动症的鉴别——由一个多动症案例引发的思考［J］. 人民教育，2009（6）：38-40.

②　中国幼儿教师网. 八大误解：关于"小儿多动症"［EB/OL］.http://www.yejs.com.cn/Wsbj/article/id/12387.htm,2006-04-18.

误解之一：学龄前就能确诊

一些学龄前儿童确实已显现出某些注意缺陷多动障碍症状，如：早在婴儿期就手脚不停、多吵闹，不肯好好吃、好好睡；上幼儿园后不能静静地听老师讲课，"小动作"多、话多等。但严格来讲，临床上学龄前儿童是不能被确诊为"小儿多动症"的，至多是表现出"多动症倾向"。根据世界卫生组织对诊断多动症所规定的测试标准，学龄前儿童即使发现有"多动症倾向"，也须跟踪观察至少半年，而且须到 7 周岁才能下结论。

误解之二：不必在意"多动症倾向"

有些家长认为，既然学龄前儿童表现出来的多动症状只是所谓的"多动症倾向"，那就不必过分关注。事实上，如果学龄前儿童出现了这种"倾向"又未能得到及时纠正，那么在进入学龄期后便很可能发展为注意缺陷多动障碍。研究显示，对"多动症倾向"纠正得越早、方法越科学，恢复正常的时间往往越短，康复的可能就越大。

误解之三：注意缺陷多动障碍儿童不过是太活泼好动而已

注意缺陷多动障碍儿童的"多动"与普通儿童的"活泼好动"是有本质区别的：前者"多动"完全是盲目的，时时、处处都在胡闹捣乱，不分场合；后者的"活泼好动"却可能是有目的性的，换在另一些场合就会安静下来。

误解之四：多动症系顽皮所致

注意缺陷多动障碍儿童表现出来的行为异常是心理异常导致的，他们的"多动"并非出于顽皮，而是缺乏自我控制能力。

误解之五："管教不严"可导致多动症

有人把注意缺陷多动障碍儿童的症状归因于家长的"管教不严"或"过分溺爱"，于是开始使用棍棒教育，但注意缺陷多动障碍儿童仍然我行我素，并未取得任何积极的效果。

误解之六：注意缺陷多动障碍儿童多是坏孩子

由于注意缺陷多动障碍儿童往往"劣迹斑斑"，常常会被成人社会视作"问题少年"。而实际上，这些儿童的本质并不坏，只是难以控制自己的所作所为罢了。

误解之七：注意缺陷多动障碍儿童难以治疗

其实对付注意缺陷多动障碍，不仅有药物治疗，还有心理治疗和行为治疗。如果能进行这些综合治疗，疗效就会大大提高。而且，治疗愈早、愈到位，治愈率就愈高。

误解之八：注意缺陷多动障碍儿童与食谱无关

研究已显示，某些食物确实会诱发或加重注意缺陷多动障碍症状，包括含水杨酸盐类丰富的食物（如苹果、西红柿、橘子等），含铅较多的食物（如贝类、甘蓝、皮蛋、爆米花、葵花子、虾类等），以及胡椒等调味品。因此，如果儿童已出现注意缺陷多动障碍症状，就应少吃或不吃这类食物。

第三节　注意缺陷多动障碍儿童的学习与教育

由于注意缺陷多动障碍儿童的感知觉、社会适应、语言、言语、沟通、认知等能力存在缺陷，他们的学习特点和普通儿童明显不同，学习内容除了基本的知识和技能外还包括针对自身缺陷所进行的补偿性教育。因此，注意缺陷多动障碍儿童对学习环境的要求较高。在教学的过程中，教师只有结合他们发展和学习的特点才有可能取得更好的教学效果。

一、注意缺陷多动障碍儿童的学习特点

注意缺陷多动障碍儿童是指发生在儿童期内、行为表现与其年龄极不相称，以注意力明显不能集中、活动过多、任性冲动和学习困难等为主要特征的一种综合病症。根据注意缺陷多动障碍儿童的概念，注意缺陷多动障碍儿童学习的主要特点包括以下几点：①

（一）注意力障碍

注意力主要有两种，一种为主动注意，即按主观意志把精力集中到某一事物上，以达到某个目的，完成某项任务。因此，主动注意需要意志和毅力。另一种是被动注意，是客观事物由其自身的特点吸引了人的注意力，于是可以随意地、不费劲地把注意力转向和集中到这些事物上。注意力障碍是注意缺陷多动障碍儿童的必备症状，主要表现有以下3个特点：

（1）被动注意占优势、主动注意力不足。注意缺陷多动障碍儿童上课时注意力不集中、思想常开小差，对老师的提问茫然不知或答非所问，做作业容易受外界无关刺激干扰而分心。平时做事也是丢三落四（主动注意力不足）；对有趣的电视节目、书刊、新奇的游戏等则会全神贯注或相对集中注意力（被动注意占优势）；重症注意缺陷多动障碍儿童则无论主动或被动注意都表现出明显的不足。

（2）注意强度弱、维持时间短暂、稳定性差。为完成某项任务除需主动注意外，尚需有相应的注意强度和时间。注意缺陷多动障碍儿童的注意力不能高度集中、注意时间短暂，且极易疲劳和分散注意力。

（3）注意范围狭窄、不善于分配。普通儿童能在同一时间内清楚地掌握注意的对象和数量，而注意缺陷多动障碍儿童不善于抓住注意对象的要点和重点，注意范围狭窄，如做作业容易漏题、串写、马虎潦草。

---

①　张红静，潘芳. 造成儿童多动症的原因及教育对策 [J]. 山东教育科研，1997（5）：72.

小郑注意力缺陷的表现①

小郑（化名），男孩，上课注意力易分散，很难安静地坐下听课，上课时常离开座位，并且不听教师的劝阻。经过观察发现，小郑课堂注意力分散次数并非在每节课上都是恒定的，而是受很多因素的影响，如课程内容、授课教师、授课形式、奖惩制度、课堂提示方式以及小郑本身的身体状况等。小郑的注意力缺陷主要表现为：①注意的选择性差。上课时，如果教师出示一个他没见过或者感兴趣的教具，他就会不顾课堂纪律，不听劝阻地到讲台上去拿教具玩。②注意的稳定性低。小郑注意力不能高度集中，保持时间短暂，他的学习主动性和自觉性很差，需要教师的监督。③注意的转移性差。教师尝试剥夺小郑感兴趣的东西，用另一件他感兴趣的食物代替，刚开始他很不愿意，在强力地剥夺后，其注意力会转移到替代事物上。

（二）活动过多

这是注意缺陷多动障碍儿童最常见的症状，主要表现为儿童的活动过多。注意缺陷多动障碍儿童由于自我控制能力不足。因此，行为也易呈现活动过度。其活动过多具有下列特点：

（1）与年龄发育不相称的活动过多。此表现在婴幼儿期和学龄前期即会出现，如婴儿期表现为好哭、易激惹、手足不停地舞动、兴奋少眠、难以养成有规律的饮食和排便习惯；会走路后活动明显较普通同龄儿童多；除了睡眠时间外，难以有安静的时刻；进幼儿园后不守纪律、好喧闹和捣乱，一个玩具玩一会儿就更换。

（2）多动症状无明确的目的性。动作杂乱无章，并不停地变换花样，行为动作多有始无终缺乏完整性，如在课堂上小动作不停，一会儿做鬼脸逗周围同学发笑，一会儿离开座位在教室里乱跑。

（3）冲动任性。多动行为常不分场合、不顾后果、难以自控，因而其行为常带有破坏性、危险性，易发生意外事故，如喜欢爬高、翻越栏杆等。

（三）冲动行为

注意缺陷多动障碍儿童情绪不稳定、波动性大和冲动；行动多先于思维，不经考虑就行动；行为具有突然性，集体活动或游戏中不能守秩序，不能耐心等待。

大多数注意缺陷多动障碍儿童有各种不良行为，如打架、顶嘴、不服从、违抗、恃

---

① 杜文洁. 多动症儿童课堂注意力的干预个案［J］. 现代特殊教育，2015（17）：77-78.

强欺弱、好发脾气、难以忍受挫折。这些不良行为有时是由其症状造成的，有时他们并不是有意识地抗拒他人的要求。

（四）学习困难

有些注意缺陷多动障碍儿童还伴有明显的学习困难，但他们的学习困难并非由于智力低下引起，而主要是由注意力不集中、情绪不稳和冲动行为造成的，有的则是由于感知障碍和神经系统功能所致的运动协调困难而造成的。他们的学习困难具有下列特点：

（1）学习成绩具有波动性。在严格要求的环境下，注意缺陷多动障碍儿童的学习能力有所提高，但由于注意缺陷多动障碍儿童自身的身心发展特点，在宽松的环境下，他们的学习能力又会有所下降。注意缺陷多动障碍儿童成绩很不稳定，好坏相差悬殊。

（2）学习随升入高年级而逐渐下降。由于低年级学习内容较浅、易于掌握，注意缺陷多动障碍儿童学习成绩尚可，学习困难症状还不明显。但随着学习内容难度加大，升入高年级后，他们就很难跟上同龄儿童的学习进度，成绩会逐渐下降。

（3）学习过程中容易出现低级错误。注意缺陷多动障碍儿童的注意力存在一定的缺陷，他们很难集中注意力来进行学习，且注意力维持的时间也比较短暂。因此，他们在学习的过程中容易出现"三心二意""有始无终"等情况。例如，注意缺陷多动障碍儿童容易出现简单计算的错误等。

男孩患"多动症"，智商132，成绩却是班上倒数①

小浩（化名），老师因为小浩听课不专心、小动作多、和同学关系不好等问题，多次给家长打电话沟通。"他看起来非常聪明，在家里也很乖，其实他自己也很想学好，不知道为什么成绩就是上不去。"母亲张女士无奈地说道，自从小浩成绩下滑后，她每晚都在家为小浩辅导作业，在这过程中，她发现给小浩讲的内容他都能听懂，但是听的过程却有些心不在焉，每天只需20分钟完成的家庭作业，他却要拖两三个小时，"他有个显著的缺点就是做题时常常看题看'跳行'，给他说了很多遍都改不过来。"经过测试，小浩的IQ竟高达132。但是，他患有注意力缺陷多动障碍，有非常严重的注意力问题，因此上课无法集中，成绩才上不去。

---

① 中国幼教网. 男孩患"多动症"智商132成绩是班上倒数［EB/OL］. http://www.chnkid.com/ show-12-49238-1.html.2014-05-19.

二、注意缺陷多动障碍儿童的教育策略

（一）教育内容

1. 学习能力

由于注意缺陷多动障碍儿童的注意力不集中等特点，他们普遍存在学习方面的困难。因此，提高学习能力是注意缺陷多动障碍儿童的重要学习内容之一。为了吸引并保持注意缺陷多动障碍儿童的学习注意力，教师在教学过程中应注意激发并保持他们的学习兴趣。

2. 情绪和行为管理能力

注意缺陷多动障碍儿童情绪不稳、波动性大和冲动，他们容易出现一些负面的情绪以及冲动的行为，从而导致他们易出现各种不良行为，如打架、顶嘴、不服从、违抗、恃强欺弱、好发脾气、难以忍受挫折等。教师应通过对他们进行行为训练及教育，培养他们行为自我管理能力。

3. 社会适应能力

注意缺陷多动障碍儿童活动过度，情绪不稳定，导致他们会经常和别的儿童发生矛盾。同时，由于注意缺陷多动障碍儿童自身的特点，他们往往表现出个性倔强，不愿受别人制约或排斥其他儿童。因此，他们很难与其他儿童友好相处。但是，这些内容又是他们将来适应社会生活必备的内容，所以教师应培养他们学会规范自己的言行举止。

（二）教育方法

1. 行为训练

20 世纪 60 年代，行为训练开始运用于治疗注意缺陷多动障碍儿童，它基本上是运用操作性条件反射原理，通过对儿童的某种目标行为相联系的事件进行适当的环境控制，以增加那些人们所期望的行为，同时减少人们所不期望的行为。在这一原则的指导下，注意缺陷多动障碍儿童的行为训练常采用以下三种方法[1][2]：

（1）代币治疗。强化是通过系统的操作及控制环境刺激或偶然事件来矫正个体行为的方法。在实施时，一方面对儿童出现的积极行为给予代币等形式的奖励；另一方面，对儿童出现的破坏性的消极行为给予收回代币等形式的处罚。主要有以下几种方法：①阳性强化法。通过表扬、赞许、奖赏等方式使注意缺陷多动障碍儿童良好的行为得以持续。当他们出现良好行为时立即给予阳性强化，使儿童感到满足。如在注意缺陷多动障碍儿童进入公共场所之前要告诫儿童不该出现哪些不良行为和应遵守的行为规则，在出现不良行为前兆时应立即予以制止，对规范的行为就立即给予赞许、表扬和奖

①　刘秋竹，谭如意. 试论多动症儿童的心理分析及其教育措施 [J]. 西南民族学院学报（哲学社会科学版），2002（S1）：155-157.

②　辛涛. 儿童多动症的矫治模式 [J]. 心理发展与教育，1994（1）：61-64.

励。②处罚法。处罚有助于减少或消除注意缺陷多动障碍儿童的不良行为，但对于儿童的不良行为要避免开始就进行严厉的处罚，坚持先鼓励后惩罚的原则。处罚可采用暂时隔离法，使其明白其行为的不适宜性。另外，轻微的处罚应与鼓励相结合。③消退法。教师需确定何种因素对注意缺陷多动障碍儿童不良行为起着强化作用，再对其进行消退。例如，老师如果对儿童上课时坐不住、不停地扭动身体的行为过于关注，这就可能会使这一行为动作得以加强，出现次数增多。在不影响课堂秩序的情况下，老师如果漠视儿童的这些行为，儿童可能就会因失去老师的注意而逐渐减少这些行为。这种方法对矫正儿童的行为有显著效果，但只适合于能严格控制的环境中，一旦停止强化，儿童的注意缺陷多动障碍症状可能又会有回复。

（2）自我控制训练。行为的自我控制训练包括对自己的行为的自我监控、自我评价、自我强化等方面。这种方法强调注意缺陷多动障碍儿童意识到自己行为上存在问题，并想办法自己解决。家长、教师的任务是帮助他们发展控制行为的能力，向他们提供解决问题所需要的步骤，起一个顾问的作用。有研究表明：自我控制训练在提高注意缺陷多动障碍儿童注意任务的时间、学习效果及其社会性行为等方面都有很好的效果。

（3）放松训练。由于很多注意缺陷多动障碍儿童活动过度，存在过度的心理唤起水平。因此，很多研究者采用放松训练作为其训练的方法。他们认为，对于那些活动过度的注意缺陷多动障碍儿童可以采用渐进的肌肉放松、生物反馈等方法来减轻他们的肌肉紧张程度。有研究表明：活动过度的儿童的肌肉紧张程度明显高于普通儿童，通过肌肉放松和生物反馈训练，这些儿童的肌肉紧张程度明显降低，其父母对儿童的评价更加积极，并且儿童的视动机能测验得分以及韦氏测验中数字广度和编码两个分测验的成绩也有明显提高。

2. 认知行为干预模式

认知行为干预模式是通过改变注意缺陷多动障碍儿童思维的形式、信念、态度和意见以达到其行为的改变。[①] 这种干预模式有许多具体的方法，在对注意缺陷多动障碍儿童采用的认知行为干预疗法中，常见的方法包括自我指导训练、问题解决训练、社会技能训练、归因再训练和压力接种程序。

自我指导训练主要是为了发展注意缺陷多动障碍儿童在学习或解决社会问题时的自我导向能力，常包含问题解决训练的一些内容。具体来说，该方法分为以下八步：①任务选择。教师应选择那些需要长时注意的、要有一定的策略才能顺利完成的任务，这些任务对于注意缺陷多动障碍儿童来说难度要适当。②认知模拟。教师要以自己口述的形式模拟任务的解决过程。③明显的外部指导。按照上述认知模拟的步骤，教师一步一步地教注意缺陷多动障碍儿童完成所要求的任务。④外显的自我指导。教师让儿童按照上述方法自己去独立完成任务。这一阶段，注意缺陷多动障碍儿童如果不能按要求完成，则再回到第三阶段，直至按要求完成为止。⑤模仿悄声的外部自我指导。⑥练习悄声的外部自我指导。教师认真听注意缺陷多动障碍儿童的言语，观察他们的行为，帮助他们

---

① 刘秋竹，谭如意. 试论多动症儿童的心理分析及其教育措施［J］. 西南民族学院学报（哲学社会科学版），2002（S1）：155-157.

自己思考、自我指导，而不再模仿教师的行为。值得注意的是，注意缺陷多动障碍儿童对悄声的自我指导比对大声的自我指导更容易理解，而且零散的指导更适合于内部语言或思维的形成。⑦模仿内隐的自我指导。⑧练习内隐的自我指导。这一阶段注意缺陷多动障碍儿童必须自己思考完成任务，教师可以问一些问题，如"你现在是怎么想的"等，来了解他们的自我指导过程。

3. 心理疏导

心理疏导是注意缺陷多动障碍儿童一种重要的矫正措施。① 由于注意缺陷多动障碍儿童的注意力存在缺陷，大部分儿童很难保持较为持久的注意力，其注意力也很难进行多项任务。因此，注意缺陷多动障碍儿童想要顺利地完成某一件事情，还需要教师与家长特殊的指导。在指导过程中，教师与家长应多给他们鼓励和建议，而适度鼓励常常会带来意想不到的结果。例如，在注意缺陷多动障碍儿童遇到困难出现退缩倾向时，教师与家长应耐心地鼓励儿童，这有可能成为儿童克服困难的动力。而注意缺陷多动障碍儿童总是伴有各种行为问题，会引起成人的不耐烦，容易诱发成人出现急躁情绪，甚至出现责罚行为，教师与家长应避免出现经常责骂儿童的现象。实质上，注意缺陷多动障碍儿童需要不断地被表扬，教师与家长应耐心细致地观察，发现注意缺陷多动障碍儿童的优点并给予表扬。如果注意缺陷多动障碍儿童的某些行为超出了社会道德允许的范围，教师与家长应耐心教育儿童，并分析其中的原因，真诚地帮助儿童。当注意缺陷多动障碍儿童出现问题时，教师与家长必须及时采取合理的措施进行矫正，而不是盲目地责骂或逃避。

4. 感觉统合训练

感觉统合训练是对注意缺陷多动障碍儿童进行视、听、嗅、触、前庭等多种刺激，并将这些刺激与运动相结合。感觉统合训练涉及心理、大脑和躯体三者之间的相互关系，而不只是一种心理上的训练。常见的感觉统合失调现象主要表现为五个方面，分别是视觉异常、前庭功能及动作异常、触觉等肤觉异常、胆小害怕以及其他心理活动异常。② 而注意缺陷多动障碍儿童的感觉统合训练强调各感觉系统间的整合，因此可从以下领域进行③：

（1）触觉训练。注意缺陷多动障碍儿童触觉训练的两个目标分别是改善皮肤过度敏感或者过度迟钝的问题和提高其对信息感知、加工及输出的整体水平。但对注意缺陷多动障碍儿童进行触觉训练时也要加强对视觉、听觉的信息刺激，增加认知训练和言语表达。教师与家长可以用软毛刷、干毛巾或丝绸等柔软的布类来对注意缺陷多动障碍儿童进行训练。

（2）前庭觉训练。前庭不仅主导着平衡感和空间方位感，而且还对各种感觉信息的统整、感知运动的协调、注意力的协调以及对脑的发育都有影响。教师可利用吊台、吊桶、滚筒等器械对注意缺陷多动障碍儿童进行训练。在开始训练时，教师与家长要选

① 要春萌. 儿童多动症的成因与矫正 [J]. 科教导刊（下旬），2015（1）：135-136.

② 汤盛钦. 特殊儿童康复与训练 [M]. 大连：辽宁师范大学出版社，2005：128.

③ 马琳. 浅谈多动症儿童感觉统合训练 [J]. 才智，2015（3）：187-188.

择刺激较小的刺激方式，因为在训练中有些儿童会出现眩晕或者胃不舒服的现象，并且在做完一项训练后要让儿童休息几分钟，以免儿童产生恐惧。

（3）本体感觉训练。本体觉也被称为运动觉，是用来接受肌肉、关节、骨骼等刺激，感觉肢体部位在空间上的定向、动作的时间性与频率性、肌肉被"牵张拉扯"的速度与程度的反应。这些本体觉的感觉信息连续不断地传给神经系统，让神经系统知道肌肉在用力和力的大小，以及关节活动的角度与速度。教师与家长对注意缺陷多动障碍儿童的训练可以利用身体过横杆、卧滑滑板、前滚翻等，由于注意缺陷多动障碍儿童的粗大动作发展较好，而精细动作发展较差一些，所以应发展以提高儿童精细动作为主的活动，并且要以速度快和动作转换频率高的动作为主。

（4）综合训练。分领域训练可以集中解决注意缺陷多动障碍儿童某一感觉系统的问题，虽然大部分的训练活动具有多感觉系统的整合性，但是整合水平确实不高，需要通过综合训练来提高感觉系统的整体水平。感觉统合训练强调多感觉系统的"统合"，而不仅仅是单一感觉系统的刺激训练。因此，在训练中可以用单一器械的综合训练，也可以是多种器械间的综合训练，目的是使多动症儿童在综合训练中提高整体的感觉统合能力。

（三）教育环境

1. 物理环境

在幼儿园教育中，学校、教室环境布置能对注意缺陷多动障碍儿童的学习产生一定程度的影响。窗、门以及其他装饰物应该简洁，教室的布置也应尽可能与学习有关，减少吸引他们注意力的干扰物。例如，色彩鲜明的地方比较容易吸引注意缺陷多动障碍儿童的注意力，这有可能分散了儿童学习的注意力，但教师可以充分利用这个特点进行合理的教室布置。座位安排也能对注意缺陷多动障碍儿童的学习产生一定程度的影响。例如，教师应尽可能地安排注意缺陷多动障碍儿童坐在一些守纪律且喜欢帮助他人的儿童旁边，不仅周围的守纪律的儿童能在一定程度上约束他们的行为，在他们遇到学习困难时也愿意伸出援助之手。对于注意缺陷多动障碍儿童来说，遵守纪律的儿童也可能成为他们学习的榜样。同时，教师还可以将注意缺陷多动障碍儿童安排在教师能随时注意到的位置，加强教师对儿童的监督和指导。注意缺陷多动障碍儿童的学习环境还应该充满学习氛围，远离那些容易吸引他们注意力的干扰物。

2. 心理环境

社会心理是影响儿童注意缺陷多动障碍的一个重要因素。在学前教育阶段，教师与家长应注重对注意缺陷多动障碍儿童心理环境进行建设。教师与家长要注意培养注意缺陷多动障碍儿童规律化的生活，在生活细节中培养儿童一心不二用，做任何事都专心的习惯。通过日常生活习惯的训练，无形中加强了注意缺陷多动障碍儿童的组织性，培养了遵守纪律的习惯，这对于在幼儿园中适应集体生活，上课时集中注意等大有裨益。①

---

① 钱志亮. 特殊需要儿童咨询与教育［M］. 北京：北京师范大学出版社，2006：105.

第四节　注意缺陷多动障碍儿童的发展与学习案例①

一、基本情况和现状分析

姓名：杨彬。

实际年龄：2 岁左右。

杨彬在两岁左右，经多家妇幼保健机构及儿童心理精神病专家询诊，被认为有患注意缺陷多动障碍的倾向。从行为的各项检测上去分析，其症状还属于比较轻的一种，矫正好的可能性较大。其主要症状有：

（1）行为异常。不受纪律约束，破坏性很强，四处跑，干扰他人正常活动，常常自言自语，自得其乐。

（2）情绪障碍。冲动，急躁，爱发脾气，做事缺乏耐心，喜欢争抢，不会谦让。

（3）意力障碍。注意力不集中，做事容易分心，容易受外界刺激干扰。

（4）运动障碍。动作的协调性较差，做操时不会手脚同时运动，不会扣纽扣等。

二、训练过程

儿童注意缺陷多动障碍大多出现在学龄前期，对儿童早期智力发育和心理发展有很大的影响，2~5 岁是治疗注意缺陷多动障碍的关键期，应及时采用干预措施。杨彬的父母都是知识分子，对杨彬的成长非常重视、关爱。家人定期与老师交谈、讨论，并共同制定矫正方案。

（一）幼儿园教育的主要措施

（1）疏导多余的精力。杨彬好奇好动且急躁，缺乏耐心，因此每次活动时教师总是让他先操作，让他多发言。当他专心工作时，教师就悄悄告诉他："以后要发言先举手，老师每次都会第一个请你上来。"户外活动时他喜欢冲、跑，教师就让他当教练，带领大家运动，让他多余的精力得以释放。

（2）加强注意力的训练。上课注意力不集中，不时会影响其他儿童正常的活动，教师可把他的座位安排在容易顾及的地方，在各项活动中培养他的注意力，特别是在操作活动如串珠、拼图、系鞋带等精细手工活动中，多鼓励他克服困难，集中精力完成任务。以后教师再在材料的投放上增加难度，延长活动时间，逐步培养其耐心、专注的习惯。

（3）培养良好的行为习惯。杨彬规则意识较差，教师没有因他经常"添乱"就歧

---

① 多动症幼儿的个案研究［EB/OL］.http://y.3edu.net/gafx/16289.html.2007-1-25.

视他，而是利用一切机会与他交谈，了解他的想法，对他的点滴进步及时给予表扬肯定，让他融入集体，学会听指令行动。例如杨彬常把不吃的点心扔在地上，教师就让他捡起来，并把地板擦干净。教师有时还让他当值日生，帮阿姨擦桌子，经过一段时间的引导，乱扔残渣的毛病改掉了。

（4）在游戏中培养自制力。杨彬喜欢做游戏，每次游戏时都显得特别兴奋，但也常常伴有破坏性、攻击性行为。为培养他的自控力，教师有意让他在游戏中担当"重任"，如户外活动时让他当裁判，看看哪个儿童拍球次数多或跳得远；体育活动中让他当"猫妈妈""兔妈妈"，让他懂得关心爱护"小猫""小兔"，克制自己的冲动行为；角色游戏中让他当"交警""老师"等，通过履行角色职责，习得内隐的游戏规则。经过一段时间的教育，杨彬的自制力有明显提高。

（二）家庭教育的主要措施

幼儿园的教育在家庭中应得到继续，注意缺陷多动障碍儿童的教育不仅包括学校教育，还包括家庭教育。为了让注意缺陷多动障碍儿童得到更好的发展，其教育还应注重家园结合。因此，在对杨彬的教育问题上，教师多和家长进行沟通，只有两者相互配合才能取得更好的教育效果。

（1）耐心倾听儿童的心声，因势利导。家长经常与儿童交谈，鼓励儿童说出自己的看法和想法，了解产生问题行为的原因和实质。例如，抢同伴玩具是因为不善于协商等，引导儿童正确判断是非，自觉控制自己行为的能力，从而使儿童一点一点地向着好的方向转化。

（2）利用爱心滋润儿童的心田。时时关注儿童的言行，了解儿童内心的需求和行为动机，掌握儿童的心理特点，尊重他的个性特点，允许儿童暂时犯一些错误。

（3）合理安排儿童的生活，注意生活规律。即使是在双休日或节假期，也要让儿童按时休息，养成良好的生活习惯。在家鼓励儿童自己的事情自己做，培养自理能力。

（4）持之以恒，反复强化。儿童的问题行为不是一两天形成的，自然也不会在短时间内消失。因此，家长要做好打持久战的心理准备，耐心等待，积极引导，对儿童的点滴进步注意巩固，不断强化。

三、总结反思

通过一年的家园配合训练，杨彬还存在很多不足，如他的运动量还较大，做事不够耐心。但是，他的各方面都有了明显的进步。攻击行为明显减少，能独立初步完成绘画、手工作业；动作的协调性有很大的提高；能较准确地按要求完成简单指令，懂得与同伴友好地玩，有时还能主动做出谦让。杨彬的这些进步，对其他普通儿童来说，几乎是微不足道的，但对他来说已经是一个了不起的进步。杨彬已经不是一个令教师与家长头疼的"问题儿童"，如果能坚持家园的继续配合，并针对情况适时调整教育目标，相信他会成为一个聪明、懂事的孩子。

对李廷未来的展望

通过一段时间的家园配合训练，李廷各方面都有了一些进步，如他开始习惯集体生活，上课坐姿有所改善，动作协调性有所提高，语言表达能力有所提高。由于注意缺陷多动障碍儿童的改变是需要一个很长的周期，这需要教师与家长做好心理准备，坚持家园合作，争取各方面问题都有所改善。

本章小结

（1）注意缺陷多动障碍儿童是指发生在儿童期内，行为表现与其年龄极不相称，以注意力明显不能集中、活动过多、任性冲动和学习困难等为主要特征的一种综合病症的儿童。遗传、生理、社会心理、疾病及脑损伤因素都有可能影响注意缺陷多动障碍儿童的发展，根据美国精神病协会的界定，注意缺陷多动障碍可分成以注意缺乏为主的类型、以多动-冲动为主的类型和注意缺陷多动性障碍三种类型。

（2）相比于普通儿童，注意缺陷多动障碍儿童的感知觉、社会适应、语言、言语、认知等能力存在很大的缺陷。

（3）注意缺陷多动障碍儿童的评估中使用的评估工具和技术主要有观察、评定量表、教育咨询和医学诊断等几种，其中评定量表主要包括专门的注意缺陷多动障碍评定量表或注意力、行为评定量表和智力评估量表等。

（4）注意缺陷多动障碍儿童学习的主要特点包括注意力障碍、活动过多、冲动行为和学习困难。

（5）注意缺陷多动障碍儿童的学习特点和普通儿童也存在明显的不同，因此，他们的学习内容除了基本的知识和技能，还要学习针对自身缺陷所进行补偿性教育的内容，主要包括学习能力、情绪和行为管理能力、社会适应能力。

（6）根据注意缺陷多动障碍儿童发展与学习特点，其教育策略主要为行为训练、认知行为干预模式、心理疏导、感觉统合训练等几种。为了让注意力缺陷多动症能取得更好的教育效果，教师还应该注重建设良好的教育物理环境和心理环境。

思考题

1. 根据引起儿童注意缺陷多动障碍因素的相关知识，从教师角度思考如何对注意缺陷多动障碍儿童进行教育干预？
2. 注意缺陷多动障碍儿童的发展特点包括哪些内容？
3. 假设你是一个幼儿园教师，根据你所学的内容，你会如何对你班上疑似注意缺陷多动障碍儿童进行评估？

4. 注意缺陷多动障碍儿童的学习特点包括哪些内容?

5. 假设你是一个幼儿园教师,根据你所学的内容,你会如何对你班上的注意缺陷多动障碍儿童进行教育?

推荐读物

[1] 吴增强. 多动症儿童心理辅导 [M]. 上海:上海教育出版社,2006.

[2] [德] 劳特,[德] 施洛特克. 儿童注意力训练手册 [M]. 杨文丽,叶静月,译. 成都:四川大学出版社,2006.

[3] 任国强,邢爱玲. 注意力游戏150 [M]. 北京:北京少年儿童出版社,2010.

[4] 崔华芳,李云. 培养孩子注意力的50种方法 [M]. 北京:北京工业大学出版社,2007.

[5] [日] 须崎恭彦. 5分钟集中力训练 [M]. 郑渠,译. 天津:天津教育出版社,2008.

参考文献

[1] American Psychiatric Association. Diagnostic and Statistical Manual of Mental Disorders (5th Ed) [M]. Washington, DC:American Psychiatric Publishing, 2013.

[2] THAPAR A, STERGIAKOULI E. 多动症的遗传学研究概述(英文)[J]. 心理学报,2008 (10):1088-1098.

[3] K·S·艾伦,J·S·施瓦兹. 特殊儿童的早期融合教育 [M]. 周念丽,等译. 上海:华东师范大学出版社,2005.

[4] 阿斯木古丽. 克力木,热依拉·阿不拉,阿尔祖古丽·牙合甫. 6~12岁多动症儿童体内元素水平分析 [J]. 中国妇幼保健,2014 (32):5253-5254.

[5] 陈伟伟. 多动与多动症的鉴别——由一个多动症案例引发的思考 [J]. 人民教育,2009 (6):38-40.

[6] 丁香园. 多动症特征的遗传风险评估 [J]. 临床合理用药杂志,2014 (33):14.

[7] 董奇. 论儿童多动症的几个问题 [J]. 北京师范大学学报,1993 (1):1-8.

[8] 杜文洁. 多动症儿童课堂注意力的干预个案 [J]. 现代特殊教育,2015 (17):77-78.

[9] 高宇,邓小虹. 孕期和分娩因素与儿童多动症的相关性 [J]. 中国妇幼保健,2008 (14):1935-1937.

[10] 姜华. 小学生学习困难与多动症的关系 [J]. 中国校医,2002 (1):24-25.

［11］雷江华. 学前特殊儿童教育［M］. 武汉：华中师范大学出版社，2008.

［12］刘秋竹，谭如意. 试论多动症儿童的心理分析及其教育措施［J］. 西南民族学院学报（哲学社会科学版），2002（S1）：155-157.

［13］刘翔平. 学习障碍儿童的心理与教育［M］. 北京：中国轻工业出版社，2010.

［14］鲁央南，徐小龙，叶峰，方红霞. 儿童多动症发病危险因素调查［J］. 中国公共卫生管理，2014（2）：302-303.

［15］路得·特恩布尔，安·特恩布尔，玛里琳·尚克等. 今日学校中的特殊教育（上册）（第三版）［M］. 方俊明，汪海萍，等译. 上海：华东师范大学出版社，2004.

［16］马琳. 浅谈多动症儿童感觉统合训练［J］. 才智，2015（3）：187-188.

［17］钱志亮. 特殊需要儿童咨询与教育［M］. 北京：北京师范大学出版社，2006.

［18］沈晓兰，张钦贵，刘建雷，赵东. 儿童多动症与血铅、锌水平关系的研究［J］. 中国社区医师（医学专业），2013（3）：143+145.

［19］苏林雁，李雪荣，唐效兰. 伴有或不伴有学习困难的儿童多动症的对照研究［J］. 中国神经精神疾病杂志，1990，16（5）：285-288.

［20］汤盛钦. 特殊儿童康复与训练［M］. 大连：辽宁师范大学出版社，2005.

［21］王丽敏，赵亚双，彭涛，卫宇坤，赵红. 家庭环境因素与儿童多动症的相关性分析［J］. 中国行为医学科学，1996（3）：40-41+58.

［22］辛涛. 儿童多动症的矫治模式［J］. 心理发展与教育，1994（1）：61-64.

［23］杨帆，夏之晨. 国内注意缺陷多动障碍研究的综述［J］. 社会心理科学，2014（5）：41-44+77.

［24］要春萌. 儿童多动症的成因与矫正［J］. 科教导刊（下旬），2015（1）：135-136.

［25］叶慎花，闫莉. 多动症儿童的家庭心理教育措施［J］. 教育导刊（下半月），2010（9）：82-85.

［26］张红静，潘芳. 造成儿童多动症的原因及教育对策［J］. 山东教育科研，1997（5）：72.

第六章　情绪或行为障碍儿童的发展与学习

 学习目标

　　情绪或行为障碍是特殊教育领域中的一大挑战，也是早期儿童教育领域中一个极为棘手的问题。虽然在学前阶段我们很难真正鉴别出情绪或行为障碍儿童，但是早期教育与干预是预防儿童的情绪或行为问题进一步恶化的重要途径。因此，教师应及时关注这些存在情绪或行为问题的儿童，并及时给予干预与支持，这将有助于儿童更好地应对未来的挑战。

　　知识目标：

　　（1）掌握情绪或行为障碍儿童的相关概念。

　　（2）理解情绪或行为障碍儿童的发展特点。

　　（3）掌握情绪或行为障碍儿童的学习特点、教育目标、教育方法等。

　　能力目标：

　　（1）能根据情绪或行为障碍儿童的特点协助评估情绪或行为障碍儿童。

　　（2）能根据情绪或行为障碍儿童的特点设计教学活动，进行教学环境创设。

　　（3）能根据情绪或行为障碍儿童的特点开展班级融合活动。

　　教学重难点

　　（1）掌握情绪或行为障碍儿童的学习特点、教育目标、教育方法等。

　　（2）能根据情绪或行为障碍儿童的特点协助评估、设计教学活动、进行教学环境和班级融合活动创设等。

　　教学课时

　　4 课时。

 故事专栏

小翔不见了

　　向日葵班迎来了一个插班生小翔。可是，小翔有些与众不同，在游戏活动时，老师

和小朋友们发现小翔不见了。原来，小翔躲在钢琴的罩布下面，全身缩成一团。老师轻轻地将他拉了出来，抱抱他，他依偎在老师怀里小声说："他们来了。"他从不主动找小朋友们玩，小朋友找他玩时，他又会马上跑开。他喜欢一个人总是躲在角落里。当小朋友高兴地找他一起玩时，他紧张地捂住耳朵，躲在老师身后，喊着："他们吵我了。"小翔很胆小、孤僻。小翔还听不懂老师和小朋友的话，也不会表达自己的需求。在集体活动中，他常常独自坐着，不参加任何活动。

思考问题

小翔怎么了？如果你是小翔的老师，该怎么帮助他呢？

有很多不同的术语来指称有极端社会人际关系或个人内心问题的儿童，比如情绪障碍（emotionally handicapped）、情绪缺陷（emotionally impaired）、行为缺陷（behaviorally impaired）、社会性或情绪障碍（socially/emotionally handicapped）、情绪冲突（emotionally conflicted），以及严重行为障碍（seriously behaviorally disabled）。直到1990年，全美学习能力健康与特殊教育联合会代表30多个专业组织和支持团体，提出了情绪或行为障碍（emotional or behavioral disorder）这一术语，成为最广为接受的术语。情绪或行为障碍泛指儿童或青少年持续性的表现外向性的攻击、反抗、冲动、多动等行为，内向性的退缩、畏惧、焦虑、忧郁等行为，或其他精神疾病等问题，以致造成个人在生活、学业、人际关系和工作等方面的显著困难，而需要特殊教育与相关服务者。情绪或行为障碍是特殊教育领域中面临的一大挑战，也是早期儿童教育领域中一个极为棘手的问题，相信许多幼儿教师都面临着此类挑战和压力。尽管在许多学前儿童身上出现行为问题，我们很难说这个孩子就有情绪或行为障碍。但是，为了避免儿童将这种行为问题或情绪问题变成一种学龄期乃至青少年期的持续性的、严重的问题，学前阶段的干预是十分必要的。

第一节　情绪或行为障碍儿童的概述

情绪是有机体的生理需要是否获得满足而产生的态度和体验，它是一个复杂的过程，虽然每个人对它都有切身的体验，但是要用概括的语言来对情绪作精确的描述，是有一定难度的。情绪包括有机体的生理反应（例如心跳加快、手心出汗等）、心理反应（不安、厌恶、愉快等）、行为反应（语言行为或非语言行为）和认知反应（例如觉得别人不怀好意，而变得惴惴不安等）。我们可以看到，情绪和行为往往是分不开的。那么，什么是情绪或行为障碍？引起儿童出现情绪或行为障碍的原因有哪些？本节将围绕这些问题进行深入讨论。

一、情绪或行为障碍儿童的概念界定

1957 年，Eli Bower 较早提出情绪障碍的定义，西方国家采用情绪失调、精神障碍、心理障碍等不同的术语来描述情绪障碍。1975 年，美国《所有残疾儿童教育法》以 Eli Bower 的定义为蓝本进行了部分修订，并将情绪障碍定义纳入新法案中。之后的《残疾人教育法》（IDEA）中采用"严重情绪障碍"这一术语。由于"严重情绪障碍"的含义受到较大非议和批判，美国心理健康与特殊教育联合会提议用"情绪与行为障碍"来代替"严重情绪障碍"这一术语。① 《残疾人教育法》（IDEA）的情绪障碍定义为：情绪障碍儿童具备以下一种或多种特征，并持续较长的时间，程度较为严重，已经对学业和生活产生了不利的影响，并且包括精神分裂症。这些特征主要包括：表现出学习障碍，但不能以智力、感官或其他健康因素来解释；无法与老师及同伴建立和维持良好的人际关系；在正常的环境条件下有不恰当的感受和行为表现；心境常常表现出一种弥散性的沮丧和抑郁；在个人和学校生活中遇到困难时，有出现生理症状或恐惧的倾向。但是，这个定义并不适合社会适应不良儿童。为此，美国心理健康和特殊教育联合会（National Mental Health and Special Education Coalition）提倡使用以下定义：

（1）情绪或行为障碍表现出以下一些症状：

①在学校日常生活中的情绪或行为反应与同龄人的平均水平，以及同一文化背景、同一种族的平均水平相比差异很大，而且，这种反应对学习成绩、社会适应、职业技能和个人技能的发展都有极为不利的影响；

②对周围环境中有压力的事件，表现出非暂时性的过激反应；

③在两种不同的环境中表现出一致的障碍，至少其中之一是在学校；

④对普通教育的直接干预的反应效果很差，或者说普通教育的干预对这种儿童来说是非常不充分的。

（2）情绪或行为障碍可能与其他障碍并存。

（3）情绪或行为障碍可能伴随精神分裂症、情绪失调、焦虑症，或其他行为或适应上的持续性障碍，并且这些疾病对儿童的教育表现产生负面影响。②

在中国，人们普遍认为情绪或行为障碍是指儿童或青少年持续性地表现外向性的攻击、反抗、冲动、过动等行为，内向性的退缩、畏惧、焦虑、忧郁等行为，或其他精神疾病等问题，以致造成个人在生活、学业、人际关系和工作等方面的显著困难，而需提供特殊教育与相关服务者。③ 但是，我国目前对情绪或行为障碍的研究还不够深入，还没有形成明确的定义。

---

① 王波. 西方对情绪与行为障碍儿童的研究［J］. 现代特殊教育，2011（9）：42-44.

② 路得·特恩布尔，安·特恩布尔，玛丽琳·尚克. 今日学校中的特殊教育［M］. 方俊明，汪海萍，等译. 上海：华东师范大学出版社，2002：202-203.

③ 王辉. 情绪与行为障碍儿童的心理行为特征及诊断与评估［J］. 现代特殊教育，2008（2）：35-38.

数据表明，至少有 6%～10% 的学龄期儿童和青少年表现出严重且持久的情绪或行为问题。① 然而，对于学前儿童而言，虽然许多学前儿童身上会出现情绪或行为问题，但是对这类儿童贴上情绪或行为障碍的标签是不恰当的。但是，当幼儿出现攻击性、破坏性行为即将成为一个幼儿对压力和挫折做出反应的习惯方式时，教育干预就十分必要了。这种行为持续的时间越长，这些不适宜的行为就可能会成为儿童的习惯，也就越难消除它。比如，当儿童习惯于用攻击行为抢夺玩具，反抗教师的某些命令时，这种不适宜行为在儿童进入学龄期或青少年期时，就有可能发展为更严重的品行问题。在性别分布上，由于对情绪或行为障碍儿童的鉴定标准存在着一定的主观性，检出率存在很大的差异。由于女性更倾向于出现内倾行为问题，不会扰乱秩序，而男性更倾向于表现出外倾行为问题，很容易被发现，且评估的程序对性别也不合适，所以男性比女性更容易被鉴别出来。②

情绪或行为障碍儿童的分类

研究者们给障碍行为确定出了两个主要维度：外化行为与内化行为。外化行为是指攻击他人的行为；内化行为是指心理或情绪冲突，如抑郁、焦虑。个体的行为可以同时出现这两个维度的特征，两个维度之间并非互相排斥的。儿童或青少年会表现出一些与内化问题有关的行为，如维持注意力集中的时间短、注意力差等，和一些与外化问题有关的行为，如打架、破坏性行为、骚扰他人等。情绪或行为障碍儿童往往会表现出多种行为问题。

也有研究把情绪或行为障碍分为焦虑症、情绪障碍、对抗挑衅、行为障碍和精神分裂症五种类型。③

1. 焦虑症

焦虑症的典型特征是过分的恐惧、担忧或不安。如儿童的恐惧症表现为对某种物体或某种情景表现出不现实，无法抗拒的害怕；普遍性焦虑症表现为不是由最近的经历引起的过分的无法抗拒的焦虑。惊恐症表现出心跳加速、眩晕和其他生理症状；强迫症表现为出现不断重复、持久的冲动、想象和思考；厌食症表现为沉迷于减肥，拒绝适当饮食甚至极端到拒绝饮食；过去创伤压力症表现为过去受伤的经历会不停地在脑子里回溯盘旋。

---

① 丹尼尔·P·哈拉汉，詹姆士·M·考夫曼，佩吉·C·普伦. 特殊教育导论（第十一版）[M]. 肖非，等译. 北京：中国人民大学出版社，2010：243.

② 路得·特恩布尔，安·特恩布尔，玛丽琳·尚克. 今日学校中的特殊教育 [M]. 方俊明，汪海萍，等译. 上海：华东师范大学出版社，2002：223.

③ 路得·特恩布尔，安·特恩布尔，玛丽琳·尚克. 今日学校中的特殊教育 [M]. 方俊明，汪海萍，等译. 上海：华东师范大学出版社，2002：225.

2. 情绪障碍

情绪障碍是指极端反常的情绪，包括情绪极端的沮丧或者亢奋，或者有时候两者同时具备。例如，具有严重抑郁症的儿童常体验到悲伤和无价值感，对玩耍、交际和学习等都失去了兴趣，对身体的不适感反应比较迟钝，没有良好的卫生习惯，对生活充满绝望。躁狂性抑郁症情绪波动很大，他们有时会体验到一种极度的沮丧，有时体验到一种在活动上、思想上和精力上高度活跃、躁狂或激动的状态。

图 6-1　儿童抑郁症的表现

3. 对抗挑衅

对抗挑衅型情绪或行为障碍是一种消极的、敌对的、不服从和挑衅的行为模式，如爱发脾气，与成人对抗和争吵，过于敏感易怒，报复性强，用污秽的脏话骂人，对别人的错误和不当行为过于指责等。

4. 行为障碍

行为障碍是一种稳固而持久的反社会行为模式，严重影响了学校、家庭和社会生活的机能。Loeber 和 Schmaling（1985 年）按照程度的轻重分类，他们认为其过程为：极度的亢奋、尖叫、固执、忧郁、爱争吵、喜欢嘲弄别人、冲动、喜欢攻击别人、嫉妒别人、易发怒生气、暴跳如雷、大声喊叫、威胁别人、暴躁、残酷、爱打架、喜欢卖弄炫耀、喜欢自夸吹牛、诅咒责骂别人、无礼莽撞、桀骜不驯、撒谎、毁坏东西、偷窃、放火、结交坏伙伴、离家出走、逃学、拉帮结派和酗酒吸毒。

5. 精神分裂症

美国精神病治疗协会认为典型精神分裂症患者至少包含以下两种症状（1994年）：①出现幻觉或幻想；②退缩行为；③出现错觉；④无法体验快乐；⑤失去与现实社会的接触；⑥言语颠三倒四、杂乱无章。

2001 年中国心理卫生协会修订《中国精神障碍分类与诊断标准（第三版（CCMD-3）》中将情绪或行为障碍分为多动障碍、品行障碍、情绪障碍三大类。而多动障碍下分为注意缺陷与多动障碍（儿童多动症）、多动症合并品行障碍、其他或待分类的多动障碍三小类；品行障碍下分为反社会性品行障碍、对立违抗性障碍、其他或待分类的品行障碍三小类；情绪障碍下分为儿童分离焦虑症、儿童恐惧症（儿童恐怖症）、儿童社交恐惧症、儿童广泛焦虑症、选择性缄默症、儿童反应性依恋障碍等几类。①

---

① 刘秀珍，许家成，徐胜. 我国情绪与行为障碍的研究进展［J］. 绥化学院学报，2013（7）：116-121.

二、情绪或行为障碍儿童的病因

情绪或行为障碍的病因大致可以概括为四种主要因素：生物学上的障碍与疾病，病态家庭关系，不适宜的在校经历，负面的文化影响。但是，目前并没有确凿的实践证据表明这些因素之一会直接导致该类障碍，但有些因素会让儿童倾向于表现出问题行为，而另一些因素会促成或引发问题行为。比如，基因等一些因素会长时间影响行为，当外在情境不当或不适宜的情况下，就会引发儿童表现出行为问题。

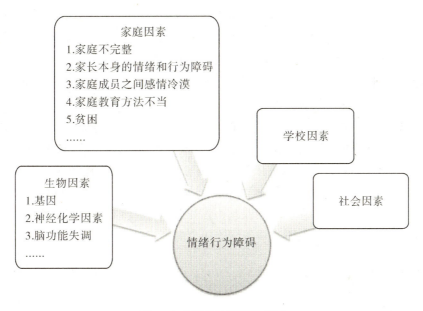

图 6-2 情绪行为障碍的病因

（一）生物因素

长期以来，人们认识到基因会影响儿童的生理特征。只是在近期以来，人们才弄清楚，基因还会影响他们的行为特征。许多研究结果都表明，基因的变化可能是导致人行为改变的一个重要因素。染色体的变异可能引起严重的行为问题。有两种类型的情绪行为障碍与基因很牢固地联系在一起：抑郁症和精神分裂症。虽然幼儿很少被诊断为焦虑障碍或抑郁，但是有研究表明由抑郁的父母抚养的孩子更容易出现焦虑和抑郁问题。关于精神分裂症，虽然基因所传递的准确的生物特征现在仍然未知，但是有一点很清楚，精神分裂症是由于大脑神经化学因素的失衡造成的。[1]

关于脑外伤、神经功能和内分泌异常的一些研究表明，某些情绪或行为障碍儿童的

---

[1] 路得·特恩布尔，安·特恩布尔，玛丽琳·尚克. 今日学校中的特殊教育［M］. 方俊明，汪海萍，等译. 上海：华东师范大学出版社，2002：218.

脑电波和正常儿童相比有异常现象。例如注意缺陷多动症，就是由于脑功能失常、前庭系统反应不足或异常、感觉统合功能失调，引起孩子多动、注意力缺陷以及学习困难，进而引发情绪和行为障碍等问题。

目前有关这方面的研究情况可以概括为以下几点：

（1）严重的情绪或行为障碍可能伴有脑功能失调；

（2）有些多动症与脑功能失调有关；

（3）大多数的情绪或行为障碍不是由脑功能失调引起的；

（4）并不是脑功能失调都会产生情绪或行为障碍。

此外，严重的营养缺乏也可能导致情绪或行为障碍。例如，维生素的严重缺乏会影响情绪的稳定性。其他病理因素，如高血压、甲状腺功能亢进等也可能导致情绪或行为障碍。随着科学的进步，越来越多的情绪或行为障碍的生理方面病因被发现，还发现可以通过药物对他们进行有效的控制。例如，忧郁症、焦虑症、注意力缺陷多动症等，均可以利用药物有效地进行控制和改善。

在现代的学校教育过程中，儿童、青少年的许多不适应问题（如学习压力症、考试焦虑、学校生活恐怖和行为不良等）的发生都与情绪压力有关。情绪压力和脑垂体神经组织所释出来的"促肾上腺皮质激素"有密切关系，但这种激素的释放又是由大脑内的下丘脑领域里释放出的特殊化学信号所诱发的。那么，这种特殊的化学信号又是什么呢？这是当代科学家正在研究的课题，揭开这一课题将有助于解决儿童、青少年的学习压力症、考试焦虑或学校不适应等情绪压力问题。

（二）环境因素

1. 家庭因素

影响儿童情绪和行为障碍的家庭因素有如下几种：

（1）家庭不完整。由于父母离异或父母早逝等其他原因造成的不完整家庭，不能很好地发挥家庭的教育功能，有时也造成经济困难，很容易造成儿童的情绪和行为障碍。

（2）家长本身的情绪和行为障碍。家长如果有酗酒、赌博、吸毒、行凶、偷窃等劣行，势必不同程度地影响儿童的身心发展。

（3）家庭成员之间感情冷漠。这类家庭最主要的特征是缺乏家庭温暖，家庭成员之间缺乏良好的感情上的沟通和交流。这样，儿童感情上的需要得不到相应的满足，从而影响情感的发展和良好的行为模式的建立。

（4）家庭教育方法不当。溺爱会影响儿童行为控制能力的发展，过于苛刻和严厉则会增加儿童的焦虑，形成双重人格。

（5）贫困。贫困条件下，身心发展可能会受到资源不足的影响，同时贫困也可能导致家庭不完整、家长的情绪问题及影响家庭成员之间的关系。

上述因素往往交织在一起，共同对儿童行为和情绪问题产生影响。

家长要为孩子的情绪或行为障碍负责吗？

您认为为何人们会倾向于让父母为他们孩子的情绪或行为障碍负责呢？其实，甚至在重度情绪或行为障碍的病例中，也并未有一致和有效的证据证明儿童的问题行为主要归因于他们的父母。有时候，你会发现，非常好的父母却有着情绪或行为障碍非常严重的孩子，而不合格、忽视型或虐待型父母却有着没有任何显著情绪或行为障碍的孩子。父母教养与情绪或行为障碍之间的关系并不简单，但某些教养行为确实优于其他教养行为。

作为教育工作者，必须意识到，大多数情绪或行为障碍儿童父母希望他们的孩子举止更为适当，并愿意竭尽全力来帮助他们的孩子。这些父母需要支持和资源帮助他们处理棘手的家庭问题，而非责备或批评他们。①

---

2. 学校因素

有些儿童可能在入学前就已经有情绪或行为障碍，而有些儿童则会在求学期间因为某些班级中的经历发展出情绪或行为障碍。有些孩子会因为教师的管理，行为问题有所改善，而有些孩子则会更为严重。正如生物因素或家庭因素，虽然在学校或幼儿园的经历对儿童的发展有重要的意义，但是同样没有证据证明学校中的经历会直接导致行为问题。儿童的气质、社会能力与同伴和教师的行为相互作用，从而导致情绪或行为问题。

但是，情绪和行为障碍儿童自身的表现，会让儿童处于一种消极互动的环境中，比如他们会不受同伴或老师欢迎，难以建立和维持良好的人际关系，甚至会导致关系紧张，使得其行为或情绪问题恶化。在学校教育环境中，教师的态度和同学之间的关系对儿童情绪与行为发展的影响最为明显，教师的偏见和同学的疏远或捉弄嘲笑最易助长这类儿童消极的情绪与行为的发展。因此，教师不应为那些并非他们导致的障碍行为承担责任，但是，重要的是，教师应该考虑自身的一些行为、教学方法、行为管理方法等是否会导致儿童的不良行为。

3. 社会环境方面

任何家庭、学校都不可能离开社会这个大环境而独立存在。因此，社会环境也在不同程度上影响着儿童情绪与行为的发展。国外已有的调查资料表明，凡是经济萧条、失业率上升、社会治安条件差的时期，学校中情绪行为问题的比率也有上升的趋势。有的学者从生态学的观点来探讨社会环境对儿童的身心发展所产生的影响，把这种不良的社会环境称为"心理污染"。

此外，随着科学技术的进步，传媒和娱乐设施的增多，互联网的扩展，多元文化和

---

① 丹尼尔·P·哈拉汉，詹姆士·M·考夫曼，佩吉·C·普伦. 特殊教育导论（第十一版）[M]. 肖非，等译. 北京：中国人民大学出版社，2010：246.

多元价值观的出现，也容易增加儿童和青少年的内心冲突，导致情绪或行为障碍的滋长。

别让动画片"伤了"孩子

深圳一名 4 岁女童学动画片情节，手撑雨伞从 6 楼跳下……

在江苏省连云港东海县，3 名小朋友在玩游戏时，模仿"喜羊羊和灰太狼"动画片中灰太狼烤羊肉的情节，一名 9 岁的小朋友把 8 岁和 5 岁的兄弟俩烧伤。

一个两岁半的男孩模仿《熊出没》里的光头强，挥舞斧头，把自己的两根手指砍伤。

一名男童模仿《猫和老鼠》的情节点燃鞭炮并放在霰弹枪内，致 86 颗钢珠全部炸入其脸部……

近日，央视《新闻联播》点名批评《喜羊羊与灰太狼》《熊出没》等动画片存在暴力失度、语言粗俗等问题。孩子爱模仿，"见鬼""去你的""去死吧""笨蛋"……这些不雅词语成了孩子的口头禅。

讨论　作为一名幼儿教师，应该如何避免大众媒体对儿童的不良影响？

第二节　情绪或行为障碍儿童的发展与评估

一、情绪或行为障碍儿童的发展特点

描述情绪或行为障碍儿童的发展特征是一项巨大的挑战，因为情绪或行为的障碍非常多样。这些儿童在智力、成就、生活环境以及情绪和行为特征上都有着明显差异。根据情绪或行为障碍分析的两个主要维度：外化和内化，来描述这类儿童的特征，其中，外化维度的主要特征是攻击性、冲动性行为；内化维度的特征则是焦虑、退缩行为和抑郁。

攻击性、冲动性的外化行为障碍是情绪或行为障碍儿童最常见的问题。但是，焦虑、退缩或抑郁这些内化的特征同样不容忽视。这些障碍不仅会对儿童期的个体产生严重的影响，而且也预示着其成年后心理健康状况更差。这些孩子往往表现出更多的害羞、社会性退缩，具有较低的自尊感和较高的孤独感。正如本章开头小翔的案例。行为退缩或抑郁模式的儿童更难以发展出亲密的、令人满意的人际关系，他们会觉得难以应对日常生活的压力和要求，尤其是学校，往往成为焦虑和退缩的儿

童体验到最多压力的场所。抑郁的儿童会有悲伤、孤单和冷淡的举止，表现出低自尊、过度内疚和弥散性悲观主义，躲避任务和社会经历，或者有躯体疾病或睡眠、饮食及排泄障碍，比如伴随有遗尿、失禁、极端恐惧上学或拒绝上学、企图自杀或谈论自杀等问题。

情绪或行为障碍的孩子比较聪明吗？

情绪或行为障碍儿童都特别聪明吗？其实不然。有研究表明，情绪或行为障碍儿童的平均智商基本上处于学习迟缓和轻度智力障碍这一范围（图6-3）。尽管智力测验并非完美，儿童的情绪或行为问题也会影响其在智力测验上的表现，但是，这些孩子低于正常的智商确实说明他们完成其他孩子能够成功完成任务的能力比较低，并且这种表现与其在社会技能领域上的缺陷是一致的。也就是说，儿童的智商越低，说明这个孩子在学业上或者在社会技能的发展中所取得的进步也越受到限制。

大多数情绪或行为障碍儿童往往是学校中的低成就者，很少有儿童表现出学业表现优秀。甚至，有些重度障碍的儿童可能连最基本的学业技能都难掌握，比如学前阶段的一些前学业技能表现较差，进入学龄期后，很容易出现学习障碍。

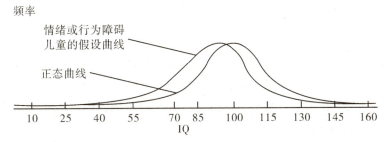

图6-3 与正态频率分布相比，情绪或行为障碍儿童智商的假设频率分布

资料来源：转引自丹尼尔·P·哈拉汉，詹姆士·M·考夫曼，佩吉·C·普伦. 特殊教育导论（第十一版）[M]. 肖非，等译. 北京：中国人民大学出版社，2010：251.

综合来看，情绪或行为障碍儿童在社会适应、言语表达、兴趣与注意力、日常生活和人际关系等方面存在与普通儿童明显不同的特征。[1]

---

[1] 王辉. 情绪与行为障碍儿童的心理行为特征及诊断与评估 [J]. 现代特殊教育，2008（2）：35-38.

（一）社会适应方面

情绪或行为障碍儿童的控制能力较弱、常发脾气，对外在事物表现出漠不关心、经常喜怒无常，且不合情境及时宜，如自伤、攻击、破坏等行为；他们也可能常会重复做一些不自觉而可能有象征意义的举动，如摇头、抓发、摆身、扭衣角等，这些自我刺激的举动，渐渐会成为习惯性的动作难以控制；大多数情绪或行为障碍儿童可能出现退缩行为，表现出社会性孤立，很少与同伴玩耍，缺乏玩乐的能力，而有些还会有幻想和白日梦，有些则会产生莫名的沮丧而造成自杀。

（二）言语表达方面

大多数情绪或行为障碍儿童表达能力欠缺，经常说些与情境无关的事情，常会用显著尖锐或特别低沉的音调讲话。许多情绪或行为障碍儿童难以理解和使用社会情境中的语言，表现出沟通障碍。

（三）兴趣与注意力方面

大多数情绪或行为障碍儿童无法静坐，被所有事物分心，白日梦过度，不做劳务，记忆力差，注意力短暂，好像没听见，昏昏欲睡，缺乏兴趣。

（四）日常生活方面

部分情绪或行为障碍儿童自理能力不足，无法料理自己的生活，甚至衣食住行等基本需求，也不晓得清楚地表达及要求。

（五）人际关系方面

多数情绪或行为障碍儿童互动能力欠佳、经常发脾气、攻击他人，通常不受同伴的欢迎，所以无法与周围的人建立较妥善的互动关系。很多情绪或行为障碍儿童更喜欢独来独往，不加入同伴的游戏。他们只对特定的人开口说话，在家喋喋不休地说个不停，到外面却闭嘴不说话。

二、情绪或行为障碍儿童的评估

大多数情绪或行为障碍儿童都逃不过教师的眼睛。教师的非正式判断是筛查儿童情绪或行为问题的一个有效且可靠的方法。但是教师不仅需要评估儿童的问题，了解儿童何时需要帮助，也需要评估儿童的情绪或行为问题。值得注意的是，儿童年龄越小，就越难判断他（她）的行为是否属于严重障碍。以下就评估工具与技术以及教师在评估中扮演的角色进行探讨。

（一）评估工具与技术

情绪或行为障碍的评估工具与技术主要包括行为评定量表、轶事记录、要事记录、社交评量工具、访谈家长、应用行为分析、临床诊断工具、临床访谈、病理学上行为的整体特征等。

1. 评定量表

情绪行为评估主要用来评估儿童是否存在情绪或行为问题，具体的问题是什么，通常可以通过儿童行为量表和情绪困扰量表等来综合评估情绪行为障碍儿童的情绪行为问题。[1] 适用于学前儿童的评定量表有康纳斯行为评定量表、阿肯巴克儿童行为量表、儿童活动水平评定量表等。但是，使用评定量表时，不同的评量者（如教师、家长）可能对儿童的行为会有不一致的评定，因此，往往需要不同评估者采用多种评定量表对同一个儿童的行为表现进行评定。此外，也可以联合使用其他类型的资料，比如教师通过观察获得的轶事记录或对家长进行的访谈资料，以确定儿童是否需要转介进一步评估。

另外，有些评定量表更关注儿童的内化情绪，测量儿童的某些特质，比如自我概念、焦虑、沮丧等。教师可以使用这些评量工具对儿童的内化情绪或行为问题进行评估。

儿童社交焦虑量表[2]

请指出每句话对你的适用程度：0-从不；1-有时；2-总是

1. 我害怕在其他孩子面前做没做过的事	0	1	2
2. 我担心被别人取笑	0	1	2
3. 周围都是我不认识的小朋友时，我觉得害羞	0	1	2
4. 我和小朋友一起时很少说话	0	1	2
5. 我担心其他孩子会怎么看待我	0	1	2
6. 我觉得小朋友们取笑我	0	1	2
7. 我和陌生的小朋友说话时感到紧张	0	1	2
8. 我担心其他孩子会怎样说我	0	1	2
9. 我只同我熟悉的小朋友说话	0	1	2
10. 我担心别的小朋友会不喜欢我	0	1	2

---

① 张立松，何侃，赵艳霞，张冬冬. 情绪和行为障碍儿童筛查与评估工具评析 [J]. 中国特殊教育，2015（2）：65-71.

② 钱志良. 特殊需要儿童咨询与教育 [M]. 北京：北京师范大学出版社，2006：504.

> 评分结果：0~5分：充满自信；5~8分：有时不自信；8~12分：不自信；>12：退缩倾向
>
> 编者注：针对6岁以下儿童，可由教师读给儿童听，让儿童自己做判断

2. 轶事记录

轶事记录是对评定量表结果的补充。因为这可以提供有关儿童特定行为的文件记录。教师在一般基础上记录儿童先前事件的行为，可以降低回忆时的错误提取和对行为的适度负面判断。

3. 要事记录

要事记录主要记录特定的行为，通常用于记录重要的且具有破坏性的行为，如破坏玩具等。事件发生时，教师也要记录环境状况和发生原因，以辨别环境如何引发行为及其所导致的结果。

4. 社交评估工具

社交评估工具主要评量儿童的社交关系，可以让教师在儿童更能融入的团体生活中去评估其可能的社交能力的成长，并确认儿童什么时候发生社交问题。但是，这种评估工具只能显示儿童的问题，却无法显示出儿童是如何建立社会关系的。

5. 访谈家长

父母是取得儿童信息的重要来源之一。因此，关心儿童情绪问题的教师也应与父母会谈，这也是早期鉴别和诊断的重要步骤。访谈家长时，老师需要注意：①对儿童的状况应客观描述，不能有负面的语气，从而引起家长的防御或敌意，影响访谈结果；②教师需要将面谈过程中要讨论的问题列出。

6. 应用行为分析

应用行为分析是使用高结构化的观察策略，去取样和记录儿童行为。这些策略在问题行为发生时使用，通常是在教室中。最常用的方法是以一天或某一特定时间来记录行为的频率，并以图表记录。具体记录方式可参考第一章第二节中有关观察记录方法的详细描述。

7. 临床访谈

临床访谈主要由专业的心理咨询师、精神科医生和心理健康机构的专业人员所使用。当然临床面谈所使用的技巧与教师所使用的访谈技巧有所差别，但是临床面谈更为详细、全面和专业。不仅收集儿童的直接行为反应，还对儿童的一些非直接回应、非口语行为表现或一般态度做出评价。

8. 病理学上行为的整体特征

研究者们对问题行为的分类标准进行了总结，形成了一个较详细描述问题行为的系统。教师也可参考这个系统来决定儿童的行为是否正常，以及行为的强度等特征。如表6-1所示。

表 6-1　　　　　　　　　　　　　　分类问题行为的标准①

标准描述	正常	问题	需转介的
A：强度 问题行为妨碍自己参与其他活动的程度有多少	不干扰 行为没有妨碍自己的其他活动	干扰 行为已妨碍自己的其他活动	非常干扰 行为已完全妨碍自己的其他活动
B：适当性 行为对情境来说是合理的反应吗	合理的 对情境来说，所表现的行为是可接受或可预期的	不适当的 反应不是情境所期许的	过度的 行为已超出情境所允许的
C：持久性 行为发生的持续时间	短暂经历 行为出现较短暂的时间（一节课）	普通 持续一段时间（从一节到下一节）	长时间持续 行为经常发生（一天中或每天经常发生）
D：频率 行为多久发生一次	不频繁 行为通常不重复出现；一天内很少重复发生；很少在其他天重复	经常 行为会重复；一天会发生数次或隔几天内重复发生	惯常的 行为经常发生；一天会发生很多次或很多天都会发生
E：特定的 行为发生的情境有多少类型	特定情况 行为只会发生在特定环境	某些情况 行为在数种情况下会发生	在多数情况 行为发生在很多种情况
F：处理性 对于行为的处理成效如何	很好处理 容易处理问题	很难处理 处理效果不持续或效果缓慢	无法处理 对行为处理无回应
G：情境的确认 行为发生的情境容易或难以鉴定	容易确认 很容易认定引发行为的情境	难以确认 很难确认引发行为的情境	无法确认 无法确认影响行为的情境
H：和同伴的成熟比较 和同伴的差距	没有差距 行为合乎班级常态	在平均以下 行为在团体标准之下	远低于平均 行为远落后于团体标准
I：问题行为的表现数目	很少超过一个	通常超过一个	很多种而且多变
J：同伴的接受性 是否难以被同伴接受	接受的 被同伴接受	相处有困难 和特定的同伴有相处上的困难	不被接受 不被团体接受

---

① 张世慧，蓝玮琛. 特殊教育学生评量（第 5 版）[M]. 台北：心理出版社，2011：139-140.

续表

标准描述	正常	问题	需转介的
K：复原时间 其行为复原或改变所需时间多少	很快 很快即可克服	慢 克服速度稍慢	延迟的 很难克服
L：感染力 1. 行为是否中断其他人的活动 2. 其他人是否会仿效行为	对其他人没影响 行为没有干扰他人或成为仿效的对象	对其他人有相当影响 行为立刻影响他人或被他人模仿	对他人极度有影响力 行为会干扰整个团体或团体都会模仿其行为
M：和现实接触的程度 行为是否有呈现和现实的脱离	无困惑 能区别现实和虚拟	有些困惑 对现实和虚拟感到一些困惑	相当困惑 无法区别现实和虚拟
N：对学习机会的回应 如为他提供学习机会，他会如何回应	对丰富的或补救性的教育干预有正向回应	对丰富的或补救性的教育干预回应稍慢或微弱	对丰富的或补救性的教育干预没有回应

（二）教师在评估中的角色

教师是最熟悉儿童的人，能够为评估提供各种资料。情绪或行为障碍儿童的鉴定遵照评估中各个阶段的不同要求，教师的角色和任务也有所差异。具体而言，教师在评估过程中的角色如下所示：

1. 阶段一：对所有儿童进行观察和评估

在这个阶段，教师要对所有儿童进行观察，特别是对那些有特殊问题的孩子进行特别关注。教师是这个阶段中重要的部分，因为此时并没有正式或系统性的专业人员介入，需要教师客观、系统地收集儿童问题行为的相关信息，分析这些问题行为的原因。

2. 阶段二：对问题儿童增加非正式观察

在此阶段，教师已经觉察到儿童的问题和困难，可以在教育环境中初步尝试一些干预策略来减轻儿童的问题行为。这个阶段中的鉴定主要依赖教师的判断，并没有正式的诊断介入。

3. 阶段三：教师对教室中疑似情绪或行为障碍儿童进行筛查

持续有困难的儿童就进入阶段三，教师可以使用一些评量工具在教室中对儿童进行评量，此时部分人员可以协助教师进行，如辅助人员、助教、志愿者等，但是主要的资料收集者仍然是教师。

4. 阶段四：个别化且多元评估以确认儿童是否是情绪或行为障碍

此阶段的儿童是经过筛查后，极有可能是情绪或行为障碍的儿童。在这个阶段，专业评估团队会对儿童在教室以外的情境进行评估。评估中，教师所提供的筛查结果将是重要的参考。

5. 阶段五：接受心理评估

明显有情绪或行为障碍的儿童会被转介至此阶段，进行心理评估，从而确定特定的问题类型。所以，在此阶段之前所有的资料都将成为评估的参考。

广泛性焦虑障碍①

我国大多是以《中国精神障碍分类与诊断标准》（CCMD）、《疾病和有关健康问题的国际统计分类》（第 10 版）（ICD-10）以及《美国精神疾病诊断与统计手册标准（第四版）》（DSM-Ⅳ）作为情绪或行为障碍的诊断标准。

《中国精神疾病分类方案与诊断标准（第三版）》（CCMD—3）中提出的儿童广泛性焦虑症的诊断标准是：

（1）症状标准。

以烦躁不安，整日紧张，无法放松为特征，并至少有下列 7 项中的 2 项：①易激惹，常发脾气，好哭闹；②注意力难以集中，自觉脑子里一片空白；③担心学业失败或交友受到拒绝；④感到易疲倦、精疲力竭；⑤肌肉紧张感；⑥食欲不振，恶心或其他躯体不适；⑦睡眠紊乱（失眠、易醒、嗜睡却又睡不深等）。

焦虑与担心出现在 2 种以上的场合、活动或环境中。

明知焦虑不好，但无法自控。

（2）严重标准社会功能明显受损。

（3）病程标准起病于 18 岁以前，符合症状标准和严重标准至少已 6 个月。

（4）排除标准不是由于药物、躯体疾病（如甲状腺功能亢进），及其他精神疾病或发育障碍所致。

第三节　情绪或行为障碍儿童的学习与教育

一、情绪或行为障碍儿童的学习特点

（一）学习过程依赖直观形象材料

根据皮亚杰的认知发展理论，幼儿期处于前运算阶段（2~7 岁），跨越儿童的前概

---

① 王辉. 情绪与行为障碍儿童的心理行为特征及诊断与评估 [J]. 现代特殊教育，2008（2）：35-38.

念期（2~4 岁）和儿童的直觉期（4~7 岁）。在前运算阶段，幼儿理解事物时要以事物最显著的知觉特征（事物的表面特征）为基础①，即幼儿的学习具有直观形象性的特点。在语言指导下使用直观材料进行教学或者让幼儿直接操作实物有助于幼儿理解和学习。情绪或行为障碍儿童，学习时更依赖于学习材料和内容的直观形象性，更偏向于图片和实物。

（二）学习坚持性差

情绪或行为障碍儿童在学习过程中存在注意力不集中的问题，他们难以把注意力高度聚焦在学习内容上。儿童在学习过程中易受干扰而分散注意力，造成目标行为或任务执行中断。儿童容易轻易放弃当前未完成的任务而开始另一项任务。所以，情绪或行为障碍儿童在学习过程中表现出较差的坚持性。

（三）学习主动性差

大部分情绪或行为障碍儿童的学习主动性较差，容易出现习得性无助。这类儿童在学习的过程中往往因为自身的不良情绪或问题行为造成任务完成失败。而当他们面临这些失败时，可能会比其他的儿童产生更大的情绪波动，有些儿童可能表现出攻击性、不顺从、破坏物品等外倾性的问题行为；有些儿童则可能表现出沮丧、焦虑、抑郁、退缩等内倾行为，无论是哪种行为表现，都会对儿童的自尊与自信产生消极影响。所以，情绪或行为障碍儿童往往会因为任务失败而怀疑自己，自暴自弃，长此以往就会形成习得性无助，影响其学习的主动性，表现出拒绝学习、退缩等问题。

（四）学习合作性差

情绪或行为障碍儿童对合作学习以及其他学习活动反应淡漠，不会协作，主观意识强烈，常常歪曲教师和同伴的意见。大多数情绪或行为障碍儿童存在两种社会关系上的困难：师生关系的协调和同伴关系的协调。有外倾行为特征的儿童，无法遵守班级秩序、难以集中注意力学习和完成作业，而他们的种种表现，反过来或影响他们与教师和同伴之间的关系。而有内倾行为倾向的儿童，经常表现出一些退缩和消极的行为，他们害怕与人交往、与教师或同伴目光接触。他们甚至可能从这个大教室中"消失"掉，逃避与老师和同伴之间的人际交往。因此，情绪或行为障碍儿童或因外倾行为无法与他人合作，或因退缩行为被忽视，这些都会使得儿童无法正常进行合作性学习。

（五）敏感与过度反应

情绪或行为障碍儿童对外部事件和与学习本身无关的事情反应过度敏感，常常因小事造成情绪、心理，甚至生理上的不适。比如，有的孩子可能会觉得自己很丑，没有能力做好任何事情，感觉生活好无助。有的孩子可能会觉得别人都不喜欢他（她），拒绝

---

① 　SHAFFER D R. 发展心理学 ［M］. 邹泓，等译. 北京：中国轻工业出版社，2005：245-253.

与他人交往，拘谨与淡漠等。这些孩子可能还会因为恐惧或焦虑，抱怨有身体上的疾病（如，胃疼、恶心、头晕、呕吐等）。

给教师和家长的建议：如何与情绪或行为障碍儿童相处？①

- 爱护儿童，经常与他们交流，设身处地为他们着想；
- 建立民主的师生关系、家庭关系，保持和谐的气氛；
- 教师、家长要提高修养，有忍耐性，减少口头上的责备，增加行为上的感染力；
- 多利用正强化，消除自卑心理和焦虑情绪，发展学习能力。

二、情绪或行为障碍儿童的教育策略

（一）教育目标和内容

对于情绪或行为障碍儿童而言，学前期这一特殊阶段儿童的社会性或情绪行为的发展具有相当灵活性，也是关键期，所以在这一阶段采取预防措施能够取得较大几率的成功。② 对于大多数有情绪或行为障碍的儿童而言，教育目标包括：

- 情绪和行为目标：学会用社会价值认可的方式去表达情感和行为举止。
- 社会目标：增加社会交往的技能，发展相互之间的友谊。
- 学习目标：增加学业技能。

围绕以上目标，情绪或行为障碍儿童的教育内容也涉及情绪和行为、社会技能、学业能力三个方面。

1. 情绪和行为的管理

对于情绪或行为障碍儿童而言，情绪和行为问题是其障碍根本，因此，教育的重要内容之一就是帮助儿童学会管理自己的情绪和行为。有情绪或行为障碍的儿童因为没有能力用社会认同的方式表达自己的情感，结果导致他们出现大量的、无法被社会接受的不恰当的行为。当儿童自我评价过低或者试图与一些权威人物作对或者彻底失去希望时，更容易自暴自弃，做出不恰当行为。但是，当他们对自己和自己的能力充满信心的时候，他们就更倾向于用社会认可的、亲社会的行为方式表达情感，更愿意积极地参与学校、家庭的各项活动。故而，教师要理解儿童为什么会表现出不良的情绪和不当的行为，才能更好地教会孩子如何管理自己的情绪和行为。

---

① 华国栋. 特殊儿童随班就读师资培训用书［M］. 北京：华夏出版社，2014：270.
② 丹尼尔·P·哈拉汉，詹姆士·M·考夫曼，佩吉·C·普伦. 特殊教育导论（第十一版）［M］. 肖非，等译. 北京：中国人民大学出版社，2010：267.

2. 社会技能

许多有情绪或行为障碍的儿童体验到的困难起源于他们的社会互动。因此，教育的主要内容之一是帮助他们增加社会技能，增强他们积极的社会互动，最终帮助他们体验到友谊，给他人提供支持和帮助，并从同伴那里获得支持和帮助。

3. 前学业技能

情绪或行为障碍儿童同样会因为情绪或行为的困扰导致其学业上的困难。因此，教育中同样要关注儿童学业技能的获得，对于学前期的情绪或行为障碍儿童而言，前学业技能的学习非常重要，这也是未来他们学业发展的基础。

（二）教育方法

1. 应用行为分析

对于情绪或行为障碍的儿童最经常使用的一项教育技术就是应用行为分析（ABA）。ABA 的最基本理论原则是：所有的行为都是对外部刺激的习得性反应。目标是改变儿童所接受的刺激，以改变儿童的行为。减少或者消除问题行为，增加能促进儿童的情感、社会适应和学业成功的行为。ABA 的六个指导原则包括：

原则 1——人的行为受其行为结果的控制。例如，幼儿为了获得糖果，表现出哭闹。

原则 2——积极的和消极的强化均能增强和维持某一行为。例如，奖励孩子糖果，可以增强其上课坐端正这一行为；同样，当孩子坐端正时，教师就减少孩子课后打扫卫生的任务量。

原则 3——对维持行为的结果加以抑制会减弱该行为。这个过程被称为条件反射的减弱或消退。例如，幼儿的哭闹行为是为了引起教师的关注，减弱教师对儿童哭闹行为的关注，幼儿的哭闹行为就会减少。

原则 4——惩罚会使行为弱化。例如，当儿童在课堂上随意讲话时，教师提出警告，其行为就会减少。

原则 5——行为的结果必须一致地立即出现在其欲控制的行为之后。例如，利用奖励增强儿童上课时遵守纪律的行为，所有的奖励都必须出现在儿童表现出良好行为之后。

原则 6——行为可以通过一定的模式去增强、减弱或者维持。

ABA 是一种有效的干预措施，但是需要所有人员行为一致才能达到最终效果。这就要求教师、家长以及其他的人员都要参与到教育干预过程中，参与目标的制定、干预的实施以及成果的评估。我们就借助消除儿童的骂人行为来看看 ABA 的实施过程。

首先，我们要确定目标行为是什么，例如，孩子大声辱骂同伴的行为。我们可以借助观察的方法来了解这种行为出现的频率、出现的时间，以及在何种情况下出现。通过对观察记录的分析，我们可以将孩子的这种行为特征更为明晰，利用图表来呈现孩子的行为特征。接下来，需要与儿童一同商量，用一种恰当的行为方式来替代不良行为。比如，当想骂人的时候保持安静，不说话；或者学习一些礼貌用语等。同时，也需要明确干预技术，即采用什么样的强化手段，选取何种强化物。比如，我们可以选用孩子比较喜欢的物品或食物，作为强化物，奖励儿童良好的行为。

然后，在具体实施中，教师需要采用的技术就包括任务分析和强化系统。其一，任务分析，就是需要所有人员共同合作仔细地确认一项任务中所包含的所有元素。然后把这项任务分成小的单独的部分，供教师来讲授，儿童来学习。例如，先教给孩子最基本的和最基础的技能（当想发脾气骂人时"什么都别说，因为你说出来的有可能就是骂人的话"）。然后在已获得的知识上发展（"好的，你已经不骂人了。现在试着说一些话，不带怒气，不带一个骂人的脏字"）。如果学生完成了最基本的学习任务（不再辱骂他人），教师可以给他积极的反馈（"太棒了！你做得很好"）。如果他们没有完成，就需要教师再次提醒他做错了什么，也可以结合惩罚，并告诉他正确的行为方式（"不说话，或者采用其他方式与同伴交流"）。

最后，当儿童的辱骂行为减少，与同伴的对抗行为减少时，儿童获得期望的行为方式，教师需要使用"消退法"，逐渐消除教师的干预（包括提醒、奖励等），使儿童真正学会新的行为方式，用恰当的行为取代不恰当的行为。

教师干预案例：帮助小雅改善吮吸手指的坏习惯

小雅，5岁，轻度智障，中班。据家长介绍，从周岁时就开始咬衣服、被角。后经阻止，虽有所改善，却产生了吮吸手指的行为。入园后，仍有该行为，尤其是在动脑筋或手闲着的时候尤为严重。经教师连续观察6天，每天随机抽取作业活动、游戏活动、自由活动的一些时间，发现该幼儿在作业活动时吮吸手指的行为发生次数最多，平均8次；其次是游戏活动，平均5次；最少是自由活动时，平均2次。同时，持续1分钟以上的长时间吮吸手指的行为也会发生在作业活动和游戏活动之中。

教师对小雅的行为原因进行了分析，可能原因是：家长不重视，未及时纠正孩子的问题，久而久之，形成这种不良的行为习惯；小雅性格内向，渴望获得更多关爱，但父母不与孩子同住，接触少，幼儿心理需求得不到满足；小雅未接受过有关吮吸手指危害性的教育，不能从主观上认识到这一行为是不良行为。

教师针对小雅的实际表现，决定采取积极强化法改变其吮吸手指的行为。具体干预过程如下：

1. 干预前的准备

选择积极强化物：根据对小雅及其父母的调查，强化物包括微笑、拥抱、花纸、五角星、户外活动、小汽车玩具、头饰、表演、与妈妈一起玩。

设计教育内容：教师设计了一些游戏，帮助小雅先认识吮吸手指的危害，例如"上医院看病"（幼儿为病人，老师为医生，通过这一游戏让孩子了解吮吸手指会把细菌带入身体内）；其次在幼儿园各项活动中，教师和保育员利用强化法强化儿童不吸吮手指的行为。

争取家长配合：告诉家长矫正计划，请家长配合教师在家中也执行相同的强化策略。

2. 行为改变过程

初步干预：引导幼儿通过游戏了解吸吮手指的害处，初步与幼儿订立行为契约，孩子经教师阻止不吸吮手指，或在活动中吸吮手指的次数降低，就给予强化，帮助幼儿建立行为与强化物之间的关系。

加强强化干预：分别在作业活动时间、游戏活动时间和自由活动时间借助各种时机予以强化刺激，例如，在午餐前，小朋友洗完手双手握着，这时教师对小雅说："你的双手都握着，没有放嘴里，做得很好，老师请你第一个吃饭。"小雅特别开心。在这种直接诱导下，经过一段时间的训练，小雅具有了一定的自制能力，吮吸手指行为有所改善。

创设情境推进干预：小雅特别喜欢妈妈的夸奖。教师借助家长开放日，创设"给妈妈一个惊喜"的活动。教师借助此次活动，对小雅提出要求，时时提醒自己不要吮吸手指头，给妈妈展示出进步。经过多日的干预，教师发现，小雅行为改善很多。在家长开放日当天，小雅为了得到妈妈的夸奖，吮吸手指的行为基本没有出现。

巩固干预效果：教师提出如果小雅一天都不吮吸手指，就可以把她最喜欢的小汽车玩具带回家玩；后来逐渐提升为2天、3天，强化物也逐渐变成小雅更加喜欢的其他强化物。经过这一阶段训练后，小雅的吮吸手指现象只是偶然发生。

给予最高奖励，达成最终目标：教师与父母商量，如果小雅能够一周不吮吸手指，妈妈就安排出时间，陪孩子到动物园去玩一次，因为小雅非常喜欢和妈妈一起玩，十分喜欢动物。家长同意后，老师告诉小雅这一消息。她非常兴奋，为了能和妈妈一起玩，她努力控制自己，结果不仅一周没出现吸吮手指的行为，而且一直保持到第九周，都没有发生吸吮手指的行为。

反思与讨论 在干预结束后，教师如何撤销强化物呢？

2. 同伴协助策略

许多情绪或行为障碍儿童无法与同伴建立良好的友谊关系，无法与他人发展良好的人际关系。因此，帮助这些儿童发展良好的社会技能，进而促进儿童自尊的发展，促进他们在学业和其他领域的进步。但是，仅仅简单地将情绪或行为障碍儿童与普通儿童放在同一个教室里，并不能必然导致他们之间产生有效的社会交往和互动。因此，教师需要给儿童提供特殊社交技能的指导，包括通过认识他人的情绪表现并做出恰当的反应，帮助识别并有效地解决社会交往问题等。例如，当与他人意见不一致时，要学会倾向于用一种社会能够接受的方式来表达自己的观点。同伴协助策略则是一种帮助情绪或行为障碍儿童有效学习社会技能的有效策略。

同伴可以成为儿童模仿的对象。幼儿往往通过观察和模仿其他孩子的行为习得许多行为和技能。因此，教师需要为情绪或行为障碍儿童提供恰当行为的模仿对象。为了增进儿童之间的互动，教师可以安排环境以保障情绪或行为障碍儿童能进行互动；强化孩子们一起玩；当情绪或行为障碍儿童模仿恰当的行为时要及时进行强化。值得注意的是，如果要让情绪或行为障碍儿童向普通儿童学习，必须让他们参与各种游戏活动，这种活动必须是教师促成的，因为幼儿可能无法自己推进这种融合情绪或行为障碍儿童的活动。通常可以采用小组活动，促进孩子之间的游戏互动。

使用"模仿" 帮助晓晓融入同伴

晓晓总是独自一个人待在角落，害怕参加小朋友们的游戏活动。老师为了帮助晓晓克服这个问题，采取了一系列措施。首先，老师先与晓晓交朋友，建立良好的师生关系。然后分别用听故事、现场模仿、参与模仿的方法予以矫治。

首先，老师选了社交相关的绘本，给晓晓讲述小朋友之间如何交朋友，有哪些交往的技巧，给她展示有关儿童之间如何和睦相处、互相友爱的绘本图书。

经过一段时间的学习后，转入现场模拟，让晓晓观看其他同伴之间相互交往的实际情境，并体验模仿。

最后，让晓晓自己逐步由简单到复杂，分阶段参与老师设计的各种活动。开始，老师组织游戏活动，仅让晓晓跟在身边，观察老师和同伴的行为。接着，要求晓晓一起参加一些简单的游戏，共享游戏的欢乐。以后老师逐渐退出，鼓励她一个人参与其他同伴的游戏。

让爱飞扬 你可以再靠近一点——情绪障碍篇①

1. 我无法控制自己

情绪行为障碍学生因脑神经功能异常，常常不会依情境表现出适当行为，如浮躁不安、充满敌意、容易被激怒或激怒他人，易被误认为明知故犯，造成他自卑或焦虑。

---

① 台北市教育局. 让爱飞扬，您可以再靠近一点——认识及协助各种障碍者 [Z]. 2002.

2. 我需要提示与帮助

情绪障碍学生动作较难自我控制，易分心，很难接受轮流、等待、指示、完成交代的作业，请大家多给他提示或协助他管理行为。

图 6-4　我无法控制自己　　　　　　图 6-5　我需要提示和帮助

3. 我需要成功的经验

情绪障碍学生在学习上因注意力不佳且记忆短暂，造成学习效果差，缺乏自信。因此，多给他接纳、赞赏和表现的机会。

4. 我一次只能做一件事

情绪障碍的学生面对压力的承受能力较弱，压力大时，情绪起伏不定或逃避拖延。

图 6-6　我需要成功的经验　　　　　　图 6-7　我一次只能做一件事

5. 我需要爱与尊重

情绪障碍学生因自卑、焦虑，常觉得别人对他不友善，因此常与人冲突、干扰他人学习。请多让他感受到爱和尊重，相对地他也能对大家表现出爱与尊重。

6. 我需要鼓励

情绪障碍学生的挫折容忍度较低，当他表现出合适行为时，应鼓励他持续再表现。

图 6-8　我需要爱与尊重

图 6-9　我需要鼓励

7. 我需要视觉提示

情绪障碍的学生常生活在充满内在影像的世界里，文字处理有困难，处理的速度也很慢。可以运用视觉学习策略，转化文字资料为内在图像协助他学习。

8. 我对有兴趣的事物常有创意

大部分情绪障碍学生很聪明，面对有兴趣的事物特别专注，常会表现独特的才能和创意。

图 6-10　我需要视觉提示

图 6-11　我对有兴趣的事物常有创意

9. 感谢有你

情绪障碍学生比较不能管理自己，常常带给周围的人很大的困境，请同学给予合理的包容、接纳，并协助他进行行为管理。

图 6-12　感谢有你

3. 环境改变的方法

环境改变的方法主要是指通过儿童生活、学习环境的改变，如家庭境况、幼儿园或班级、周围环境的改变来影响儿童的情绪与行为方式的改变。[①] 儿童的情绪或行为反应受到周围环境的影响，并且可以被成人所塑造，因此，注重环境中的一些因素对儿童行为的影响，及早做好预防，事先阻止严重行为问题的发生至关重要。一般而言，针对幼儿，重要的环境影响因素包括幼儿园、家庭、同伴、老师、社区等。比如，儿童可能因为家庭中父母的争吵、家庭关系的紧张，而表现出焦虑等行为；因为某个教师过于严厉或受其他小朋友的欺负而恐惧上学等，这些因素都需要教师在干预儿童的情绪或行为问题时予以特别关注。如果老师能够及时发现环境中的不良影响，予以及时的改变和控制，儿童的情绪或行为问题将得以控制。

（三）教育环境

教育寓于孩子所处环境的方方面面，而且只有在预想的基础上才能发挥最大的效果。教师通过观察儿童，结合自身对儿童发展知识的理解，可以预料潜在的问题并在问题发生之前将其解决。换而言之，成人必须阻止儿童行为问题或情绪问题的发生，这便是教育环境设置的根本性原则"预防原则"。特别是对于情绪或行为障碍儿童，整个学习环境的安排都需要基于这一原则。例如，给带轮的玩具准备一个专门的安放区域，避免孩子将玩具随意丢在地上，造成其他儿童的伤害或争吵。将杂乱减小到最低程度可以使儿童避免分心，最大限度地集中注意力。对于有行为问题或注意力问题的行为障碍儿童而言，减少分心是促进他们学习的最佳方式。

有序和组织性的环境安排也是重要的要求。教师应该保证教室内或室外，每个玩具、物品，有自己固定的储放位置，用完的东西也必须放回原处。合理的安排有助于培养孩子的独立性，也知道将物体用完之后放回是他们的责任。这种安排还是培养儿童良好行为习惯的机会。对于存在行为障碍的儿童，良好习惯的培养尤为重要。

制订时刻表，保证活动按照一定的顺序进行，并在转向另一项活动时给予儿童事先的提醒。对于孩子而言，活动必须按照事先安排好的顺序进行，如果在一定时间内孩子没能进行他们熟悉的活动，多数孩子会没办法适应，这就会造成儿童出现更多的情绪或行为问题，对于有外向行为的情绪或行为障碍儿童而言，还有可能出现攻击性行为。因此，一般的顺序应该成为常规，而且要求大家必须遵守，意料之外的事情可能会使儿童情绪激动、焦虑、抗拒，甚至发狂。这种顺序性使孩子知道接下来要做什么，大部分儿童会感到安全，也会给儿童带来自信。但是，并不是说所有的活动顺序一定不能改变，要有灵活性，也要让儿童学会接受一些意料之外的事情。此外，在活动过渡的时候，教师需要给儿童提前予以提示，提前做好铺垫，让孩子内心有一定的准备，这样就会避免因为突然转换任务而引起儿童的焦虑或恐慌，进而引发其他问题行为。

除此之外，为情绪或行为障碍儿童创设良好的心理环境也是十分重要的。比如，对于退缩倾向的儿童或有社交焦虑的儿童，教师要慢慢予以引导，温柔对待，也要给这些

---

① 华国栋. 特殊需要儿童的心理与教育 ［M］. 北京：高等教育出版社，2004：23-24.

孩子创造良好的同伴交往氛围和班级氛围等，让孩子体会到安全感，这样才能更好帮助儿童缓解情绪问题。

第四节　情绪或行为障碍儿童的发展与学习案例

一、基本情况①

铠铠，3 岁 9 个月，是个特别淘气的男孩子，经常有意无意地打伤和撞伤同伴，在班上有着很高的"知名度"。铠铠与同龄的孩子相比，情绪变化快，高兴了会大喊大叫，不如意了，就乱扔玩具，自控力较差，对自己喜欢的东西有强烈的占有欲，经常因为争抢小朋友的玩具而起争执，甚至攻击别的小朋友。另外，他的动作带有很大的随意性，经常有意无意推倒小朋友，还会突然撞到老师身上，要老师抱他，老师抱他他就会显得特别高兴和兴奋。

铠铠进入幼儿园的第一天就与众不同，别的孩子因为父母离开而哭闹时，他尤其活跃，左冲右撞，特别兴奋和高兴。当撞倒别的小朋友后，老师拉着他让他给其他小朋友道歉时，他挣脱老师的手，跑到一边玩玩具去了，一副若无其事的样子。短短半天工夫，6 个孩子告他的状，都是反映被铠铠打了或推了。此后，铠铠经常无缘无故打人、抢玩具、欺负同伴、搞破坏，对于老师的制止，完全没有反应。

铠铠的父母学历较高，平时工作繁忙，从小就由保姆带大，保姆事事由他，甚至还出现不答应无理要求就打保姆的现象。父母也认为，孩子格外调皮，不听话，而他们对孩子缺少较为正确的教育方法，不知用什么方法教育自己的孩子。

二、现状分析

经上海市杨浦区某幼儿中心评估后，凯凯并没有智力方面的问题，也不存在其他的认知缺陷；但是个性评估鉴定其为：情绪易激动，较为冲动，性格外向，冒险倾向明显。

幼儿园也利用常见的评估工具，结合平时观察，对铠铠的总的鉴定结论如下：铠铠在感知觉、认知、语言、人际交往、运动等方面不存在严重问题，但依据专业机构的评估结果和现实情况，参考《美国精神疾病诊断与统计手册》第四版的诊断标准，疑似其存在情绪或行为障碍，需要予以特别的关注和矫治。

对铠铠的攻击性行为的原因进行分析发现，铠铠从小由保姆带大，缺少父母陪伴，为了引起父母的注意，会在父母在家时故意表现出更调皮的行为。这种行为久而久之，

---

① 罗圆媛. 小班幼儿典型情绪问题的个案研究 ［EB/ZOL］. 广东幼儿教育网. http://www.06gd.com/2010/0807/5101.html，2010-08-07.

形成了习惯。另外，铠铠缺少规范意识，不能恰当调节自己的情绪和行为。在幼儿园中，铠铠的攻击性行为主要是自我控制能力不强，以及因为情绪变化而表现出的无意识行为，目的是为了获得老师或同伴的关注。因此，干预最为重要的是了解铠铠的攻击行为，关注儿童的情绪变化，对其消极情绪予以及时引导、宣泄。

三、训练过程

（一）关注孩子情绪反应，理解儿童的攻击行为

通过前期的观察发现，铠铠的大多数攻击性行为源于交往的需求，当他想要跟某个小朋友一起玩时，会去推拉别人。因此，当铠铠出现情绪变化和行为问题后，教师改变以往批评的态度，试图去理解他，帮助铠铠先向别的小朋友道歉："铠铠不是故意的，请你原谅他好吗？他是喜欢你，才撞倒了你。"当铠铠表现好时，老师则给予积极、主动的关注，并及时予以表扬。经过一段时间的关注，铠铠因为教师态度的转变而有了变化，开始向别人道歉，一改过去若无其事、事不关己的样子，还学老师的样子，帮助别人摸一摸撞疼的地方。

（二）引导孩子表露自己的情绪，帮助其宣泄过激情绪

教师每天都抽出一定的时间与铠铠交流，鼓励他说出自己的想法，当他特别高兴的时候，将其拉到身边，拥抱他，请他谈谈今天有什么开心的事，和他分享快乐。当他不高兴的时候，安抚、疏导他的异常情绪，使他愿意和老师及其他小朋友分享自己快乐的或不快乐的事情。老师和其他同伴的关爱使其情绪有了合理的排解途径，从而一点点淡化情绪问题和攻击性行为。

（三）借助绘本故事和强化方法干预行为问题，发现并肯定孩子闪光之处

教师借助绘本故事，引导他找出故事中人物的行为哪些是对的，哪些是错的，以及为什么错了，培养起其与同伴友好交往的意识，传授交往的技巧。利用强化法，奖励其良好的行为。比如，如他有礼貌地向其他小朋友借玩具，或扶起摔倒的小朋友等。

同时，借助铠铠喜欢帮老师做事情这一特点，经常让铠铠帮助老师做些工作，比如给小朋友分发勺子、分点心等，通过这种行为，铠铠感受到了为大家服务的快乐，其他小朋友也开始接纳和喜欢铠铠，铠铠在这样友爱的环境中，情绪也更加稳定，攻击性行为也很少出现。

四、总结反思

经过对本案例的分析，为促进存在有情绪或行为问题的孩子的学习，教师在矫正儿童的行为问题时应注意以下方面：第一，理解儿童。儿童的任何行为都有其原因，因此，教师不应只是一味地批评，而是通过仔细观察发现孩子为什么会出现这种行为，从

而更好地设计干预方案。第二，借助多种方法，进行综合干预。针对幼儿的行为问题，应尝试多种方法，进行合理的尝试，比如：环境的改变、行为分析、认知训练等，本案例中，老师利用绘本故事进行认知训练，让孩子知道什么样的行为是不好的，什么样的行为是适当的；利用行为分析和干预策略，通过观察找行为原因，利用强化原理，消除不良行为。多种方法的运用能够使干预效果更为明显。总而言之，情绪或行为障碍幼儿的教育需要教师、家长、同伴在正确认识、积极接纳、促进融合的基础上进行，通过融合环境的创设、融合课程设计促进特殊幼儿与普通幼儿在融合的环境中得以全面发展。

对小翔的未来的展望

　　小翔很胆小、孤僻，不合群，不喜欢吵闹的环境，还听不懂老师和小朋友的话，也不会表达自己的需求。在集体活动中，他常常独自坐着，不参加任何活动。父母和教师应当深入了解小翔出现这种行为表现的原因，以及他发展与学习的特点，并在此基础上有针对性地为小翔提供适当的教育内容。例如，针对小翔比较胆小的特点，父母和老师在平时的学习和生活中要给予他更多的鼓励。

本章小结

　　（1）情绪或行为障碍是指儿童或青少年持续性的表现外向性的攻击、反抗、冲动、过动等行为，内向性的退缩、畏惧、焦虑、忧郁等行为，或其他精神疾病等问题，以致造成个人在生活、学业、人际关系和工作等方面的显著困难，而需提供特殊教育与相关服务者。

　　（2）情绪或行为障碍的病因大致可以概括为四种主要因素：生物学上的障碍与疾病、病态家庭关系、不适宜的在校经历、负面的文化影响。但是，目前并没有确凿的实践证据表明这些因素之一会直接导致该类障碍，但有些因素会让儿童倾向于表现出问题行为，而另一些因素会促成或引发问题行为。

　　（3）情绪或行为障碍儿童在社会适应、言语表达、兴趣与注意力、日常生活和人际关系等方面存在与普通儿童明显不同的特征。

　　（4）情绪或行为障碍的评估工具与技术主要包括行为评定量表、轶事记录、要事记录、社交评量工具、访谈家长、应用行为分析、临床诊断工具、临床访谈、病理学上行为的整体特征等。情绪或行为障碍儿童的鉴定遵照评估中各个阶段的不同要求，教师的角色和任务也有所差异。

　　（5）情绪或行为障碍儿童的学习特点主要表现为：学习过程依赖直观形象材料、学习坚持性差、学习主动性差、学习合作性差、敏感与过度反应。因此，教师要根据情绪或行为障碍儿童的发展与学习特点制定合适的教育目标和内容、教育方法和教育环境。

 思考题

1. 情绪或行为障碍儿童的发展特点有哪些？
2. 情绪或行为障碍儿童的学习特点有哪些？
3. 教师在情绪或行为障碍儿童的评估中有哪些职责？
4. 如何促进情绪或行为障碍儿童社会适应、言语表达等能力的发展？
5. 如何促进情绪或行为障碍儿童的学业学习？
6. 情绪或行为障碍儿童的教育策略有哪些？
7. 如何帮助班级中的情绪或行为障碍儿童参与和融入班级活动？

推荐阅读

[1] 李闻戈. 情绪与行为障碍儿童的发展与教育 [M]. 北京：北京大学出版社，2012.

[2] CHRISTORPHER A D. 儿童情绪障碍个案集 [M]. 孟宪璋，冼漪涟，译. 广州：暨南大学出版社，2004.

[3] KAUFFMAN J M. 情绪及行为障碍学生教育 [M]. 罗湘敏，杨碧桃，黄秋霞，等译. 台北：心理出版社，2008.

[4] MOORE L O. 融合可以这样做——379 个学前融合教学策略 [M]. 刘学融，译. 台北：心理出版社，2013.

[5] COOPER J O., HERON T E., HEWARD W L. 美国展望教育中心 译. 应用行为分析（第二版）[M]. 武汉：武汉大学出版社，2012.

[6] LONCZAK H. 卓文如，注译. 儿童情绪管理与性格培养绘本（第 8 辑）：不怕被嘲笑 [M]. 陈浅浅，译. 北京：化学工业出版社，2013.

[7] Gina Ditta-Donahue 著. BLAKE A C 插画. 妈妈，我真的很生气：学会控制愤怒的情绪 [M]. 赵丹，译. 北京：化学工学出版社，2014.

参考文献

[1] 丹尼尔·P·哈拉汉，詹姆士·M·考夫曼，佩吉·C·普伦. 特殊教育导论（第十一版）[M]. 肖非，等译. 北京：中国人民大学出版社，2010.

[2] 路得·特恩布尔，安·特恩布尔，玛丽琳·尚克. 今日学校中的特殊教育 [M]. 方俊明，汪海萍，等译. 上海：华东师范大学出版社，2002.

[3] SHAFFER D R. 发展心理学 [M]. 邹泓，等译. 北京：中国轻工业出版社，2005.

［4］华国栋. 特殊儿童随班就读师资培训用书［M］. 北京：华夏出版社，2014.

［5］华国栋. 特殊需要儿童的心理与教育［M］. 北京：高等教育出版社，2004.

［6］刘秀珍，许家成，徐胜. 我国情绪与行为障碍的研究进展［J］. 绥化学院学报，2013（7）.

［7］钱志良. 特殊需要儿童咨询与教育［M］. 北京：北京师范大学出版社，2006.

［8］台北市教育局. 让爱飞扬，您可以再靠近一点——认识及协助各种障碍者［Z］. 2002.

［9］王波. 西方对情绪与行为障碍儿童的研究［J］. 现代特殊教育，2011（9）.

［10］王辉. 情绪与行为障碍儿童的心理行为特征及诊断与评估［J］. 现代特殊教育，2008（2）：35-38.

［11］张立松，何侃，赵艳霞，张冬冬. 情绪和行为障碍儿童筛查与评估工具评析［J］. 中国特殊教育，2015（2）：65-71.

［12］张世慧，蓝玮琛. 特殊教育学生评量（第5版）［M］. 台北：心理出版社，2011.

［13］罗圆媛. 小班幼儿典型情绪问题的个案研究［EB/OL］. 广东幼儿教育网. http://www.06gd.com/2010/0807/5101.html，2010-08-07.

第七章　沟通障碍儿童的发展与学习

 学习目标

言语或语言问题是学前儿童发展中可能会面临的问题，沟通障碍儿童，也可以称为言语或语言障碍儿童，是一个数量众多的特殊群体。学前阶段是儿童语言发展和学习的关键阶段。学前阶段是预防儿童出现语言发展相关障碍的关键时期，对于已出现言语或语言发展问题的儿童而言，学前时期的干预非常必要。

知识目标：

(1) 了解沟通障碍儿童的相关概念。

(2) 理解沟通障碍儿童的发展特点。

(3) 掌握沟通障碍儿童的学习特点、教育目标、教育方法等。

能力目标：

(1) 能根据沟通障碍儿童的特点协助评估沟通障碍儿童。

(2) 能根据沟通障碍儿童的特点设计教学活动，进行教学环境创设。

(3) 能根据沟通障碍儿童的特点开展班级融合活动。

教学重难点

(1) 掌握沟通障碍儿童的学习特点、教育目标、教育方法等。

(2) 能根据沟通障碍儿童的特点协助评估、设计教学活动、进行教学活动创设等。

教学课时

4 课时。

 **故事专栏**

小志的故事

小志，男，今年 4 岁，幼儿园小班。据小志家长介绍，孩子两岁前无语言活动，两岁后才无意识地发出"爸""妈"等单音，到 3 岁半才开始叫"爸爸""妈妈""爷爷"
"奶奶"。老师家访时发现，小志的家人特别溺爱他，致使小志特别胆小，不敢与陌生
人甚至是其他小朋友接触。现在，4 岁半的小志语言能力相当于 2 岁左右的幼儿，发音
含含糊糊，喜欢坐在角落里自言自语说一些别人听不懂的话；但是在玩拼图游戏和数字
游戏时所表现的智力却不低于同龄儿童。

思考问题

小志存在什么语言问题？作为小志的老师应该怎么做呢？

语言和言语作为人类最重要、最普遍的沟通工具和沟通途径，如果个体无法掌握
和使用，他与其他个体之间的正常沟通就很难完成。大部分人只有在充满压力或特
别的社会情境中才会对言语或语言的妥当与否产生不确定的感觉，例如当有很多听
众的时候，或者工作面试的时候。但是，对于一些个体而言，沟通并非那么容易和
愉快。在 6~21 岁的特殊儿童中，存在言语和语言问题的儿童人数排在第二位。虽然
对于 6 岁以下的幼儿来说，可能很难确定他是不是有言语和语言障碍，但是，不可否
认的是，在儿童语言发展的过程中，言语和语言问题是值得广大教师和家长关注的
重要课题。

第一节　沟通障碍儿童的概述

某些个体声音质量不够清晰，这类障碍被称为嗓音障碍（voice disorders）。而另外
一些个体不能够理解别人的语言，这类障碍被称为接受性语言障碍（receptive language
disorders）。有些个体则不能发出流畅的或者恰当节奏和速度的言语声；这就是语畅障
碍（fluency disorders），或口吃。这些都属于沟通障碍的范畴。但是，并非所有的沟通
障碍只包含言语的障碍。因此，本节将围绕沟通障碍的界定和成因进行探讨。

一、沟通障碍儿童的概念界定

言语和语言是常用的沟通工具。沟通（communication）是信息共享的过程，包含
了许多沟通功能（communication functions），例如寻求社会互动，获得某些物品，分享
思想，以及拒绝物品或互动。沟通需要用一种可理解的模式发出信息（编码）并且接
收理解的信息（解码）。它通常包含信息的发送者和接收者，但是不只包含口语。沟通
也可以是非口语的——事实上，人类间许多有意义的交往以非口语的形式发生。因此，
沟通障碍损伤了传送和接收思想、事实、感觉及愿望的能力，可能包括语言、言语或两

者都有损伤，包括听、说、读、写的损伤①。

当我们具体探讨沟通障碍的定义之前，我们首先区分几个相关概念。语言（lan-guage）是思想的沟通，遵照决定意义的特定规则通过专门的符号系统传送和接收思想。编码或传送信息被称为表达性语言（expressive language），解码或理解信息被称为接受性语言（receptive language）。当人们思考语言时，他们通常思考的是口头语言。言语（speech）形成和排列口头语言声音的神经肌肉的活动，它是人类用于沟通的最普遍的符号系统。没有这种我们称为语言的规则控制系统，我们将只有咕哝声和哼声，而不是言语。

因此，美国言语-语言-听力协会（ASHA）提出了沟通障碍的定义，沟通障碍包含了言语和语言障碍。言语障碍（speech disorder）指运用口语的障碍，包括在产生言语声音、发出正常语流的言语及发音时存在的障碍。语言障碍（language disorder）包含理解和表达的问题。语言是由规则支配的，违反规则的问题可能包括形式（语音学、词态学、句法）、内容（语义学）或语言运用（语用学）的方面。

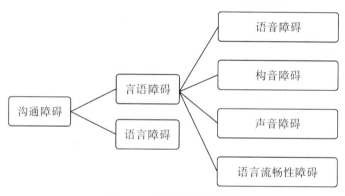

图 7-1 沟通障碍的类型

（一）语言障碍

语言障碍是最早被学者们关注的沟通障碍。不了解正常的语言发展过程，就无法理解沟通障碍。表 7-1 描述了正常的语言、言语和沟通发展过程。语言障碍的儿童可能最终能够经历许多或大部分正常发展过程中的里程碑，但是他们经历的时刻要晚于正常发展的儿童。值得注意的是，有时儿童看起来在语言发展上"赶上来"了，但之后又会落后于正常发展儿童。

---

① 丹尼尔·P·哈拉汉，詹姆士·M·考夫曼，佩吉·C·普伦. 特殊教育导论（第十一版）[M]. 肖非，等译. 北京：中国人民大学出版社，2010：275.

表7-1　　　　　　　　　　　　　**儿童言语、语言和沟通的发展**①

年龄	技　能
新生儿	喜欢人的脸和声音 能够区别音量、声调和音节
3个月	开始发出咿呀声 对同伴有声音回应
6个月	开始有重复的咿呀声"Ba-ba-ba"
8个月	开始有手势 开始多样化的咿呀声 模仿成人言语中被称为行话的音调
10个月	加入语音学上的一致形式
12个月	开始说第一个词。词语中包含以前手势的意图
18个月	开始根据基本词语顺序规则组合词语
2岁	开始加入跳跃性词素。平均长度或言语意义长度（mean length of utterance，MLU）为1.6~2.2个词素
3岁	越来越像成人的句子结构。言语意义长度为3.0~3.3个词素
4岁	开始改变说话风格以适应交谈伙伴。言语意义长度3.6~4.7个词素
5岁	学会90%的语言形式
6岁	开始学习写和读的视觉沟通模式
8岁	习得所有美国英语的言语声音
青春期	能够完全参与谈话和叙述性讲话 了解词语和修饰语言的多重含义 谈话时表现出或倾向某种性别风格
成年	词汇量扩展到30 000~60 000个词语 与不同的听众、为不同的目的有专门的交流方式

　　语言障碍的个体通常在语言的多个领域都会存在问题。语言障碍既可以表现在儿童接受语言信息（即理解语言符号）的过程，又可以出现在儿童语言表达的过程。按照语言的领域，儿童可能出现的语言障碍包括语音障碍、词态和句法（或词态句法）障碍、语义障碍、语用障碍。根据推测的病因，语言障碍可能是原发性语言障碍；也可能是继发性语言障碍，即由其他疾病导致的，如智力障碍、听觉障碍、自闭症、脑瘫或脑外伤等。原发性语言障碍，也称为特定语言障碍，目前并无明确原因。一般而言，原发

　　① 丹尼尔·P·哈拉汉，詹姆士·M·考夫曼，佩吉·C·普伦. 特殊教育导论（第十一版）[M]. 肖非，等译. 北京：中国人民大学出版社，2010：279-280.

性语言障碍的儿童可能会出现读、写领域的学业问题。在儿童早期，有些儿童会出现表达性语言的发展迟滞（例如，一个 2 岁的儿童没有 5 个单词的词汇或不能说出 2 个词语的话语），落后于儿童生长。大约有一半 2 岁时语言发展迟滞的儿童能够逐渐跟上同龄儿童的发展；但是另一半则不能跟上并且在学龄期仍然存在语言问题。有些儿童还会存在基于语言障碍的阅读问题。大部分在幼儿园中表现出语言损伤的儿童在二年级会显现出明显的阅读问题。

学前儿童语言能力参照表①

年龄	理解性语言	口语
0~12 个月	注视对自己说话的人 对不同声音作不同反应 执行伴有身体姿势的简单指令：如来、给、取	发不同的声音 发不同的元音组合 对与自己说话的人用声音作反应 运用类似词组的音调模式：如说教、询问、述说
12~24 个月	对表示名称的词作反应：如玩具，家人，衣服，身体的部分 执行简单的口头指令：如去、坐、找、跑、走	说自己想要的东西的名称 用物体的名称回答"那是什么" 用词组描述物体或经历（二词或三词）：如还想要果汁
24~36 个月	对放进去和放上去作出反应 按照他人所说选择正确的项 根据物体的功用表示物体：如指火炉回答告诉妈妈在烧什么，秀鞋子回答告诉我脚上穿的什么	回答问题 用方位副词回答什么东西在哪：如在盒子里，在桌上 用投、接回答你用球来做什么？ 用有意义的功能性句子描述物体：如我去商店或现在我饿
36~48 个月	对把它放在旁边和放在下面作反应 对双宾语的指令做出反应：如给我球和鞋子 对两个动词的要求作出反应：如给我杯子并把鞋子放在地上 通过选正确的项作出反应：如硬对软 听到走快一点而加快脚步，走慢一点而慢下来	命名物体以回答你要哪一个？ 回答如果……那么……当……怎么等问题：如果你有钱你要做什么？你饿的时候做什么？ 回答功能的问题：如书用来做什么？ 用语法正确的句子请求或述说：我能去商店吗？我要一块饼干。

①　K·S·艾伦，J·S·施瓦兹. 特殊儿童的早期融合教育［M］. 周念丽，等译. 上海：华东师范大学出版社，2005：573-576.

续表

年龄	理解性语言	口语
48~60 个月	理解小额钱币的概念 对包括三个动作的要求作出反应：如给我杯子，把鞋子放在地上，把笔握在手中	问怎么样的问题 口头回答"嗨"和"你好吗？" 用过去时和将来时叙述 用连词连接词和词组：如我有一只猫、一只狗和一条鱼
60~72 个月	具备前学业技能	已经掌握基本语法正确的结构，包括复数、动词时态和连词 在这一发展能力的基础上练习更复杂的叙述和对话

（二）言语障碍

存在言语障碍的儿童言语过分异常，引起交际对方的注意，出现厌烦等情绪，甚至说的话完全不为他人所理解。这种异常不但妨碍说话者和听话者的交流沟通，而且会造成说话者的不适应。简而言之，言语障碍主要指个体的口语产生及运用出现了异常，包括声音的发出、语音的形成以及正常的语流节律等。

1. 语音障碍

语音障碍发病于儿童 9 岁之前，障碍的原因尚未明了，这些儿童不能理解他（她）的语言发音时的规则。100 个孩子中有 4 或 5 个孩子会发生语音障碍，并且男孩多于女孩。存在语音障碍的儿童往往难以理解声音的独特性以及声音间的差异，从而在发出言语声音的方式上出现问题。这些孩子可能缺乏语音意识，有些儿童可能存在口语工作记忆上（记住已经说过的和他们想要说的内容）或者词汇学习和提取上的严重问题。

2. 构音障碍

构音（articulation）指通过唇部、牙齿、下颌、舌部、软腭、硬腭及悬雍垂等器官的协调运动发出言语声音的过程，是言语产生过程中的重要组成部分。构音障碍是指发声时出现错误。该障碍本质上说是一种语音障碍，是个体遗漏、替换、歪曲或增加言语声音的障碍。比如，口齿不清、替换或者歪曲某些音节。遗漏、替换、增加、歪曲等可能让儿童的言语难以被理解。言语发音上的错误也会带来严重的社会性惩罚，让儿童受到嘲笑或奚落。幼儿在学习说话时会时常出现言语声音的错误，许多儿童直到八九岁才学会正确发出所有声音。但是，并不是所有存在有构音问题的儿童都是构音障碍，这取决于儿童的年龄以及所处的语言环境。

3. 声音障碍

声音障碍，也称为嗓音障碍，是指由于用喉不当导致声音的音调、响度和音质出现异常，该异常妨碍沟通，或者发出的声音显著不符合其年龄、性别和文化背景。声音障碍的流行率一般为6%①。

4. 流畅性障碍

正常的言语以语流的停顿为特征。特别是当儿童学说话的时候，我们期望正常的不流畅，因为不流利、很难理解的语言是儿童语言获得的一个自然阶段。年幼的儿童要学会说话，必然需要不断地练习，这样才能达到舌头、唇等构音器官和大脑的功能协调。大多数儿童都能顺利地度过这个阶段。但是个别儿童却会在其他同龄儿童已经能够流利说话时仍旧出现不断重复、音延长、中断等现象，在语流控制方面仍旧非常不熟练，甚至影响人际交往及个性的正常发展。这种问题发展到一定程度就是障碍了，也就是流畅性障碍。最常见的流畅性障碍就是口吃。一般而言，儿童口吃发生率占儿童总人数的1%左右②。大多数2~7岁形成，5岁是发病的高峰，在所有学龄前儿童中占5%，在言语障碍中约占31.1%，其中80%可以通过适当的矫治恢复正常③。

除此之外，当个体的发声肌肉或肌肉传导神经的部位受到损伤，正常的言语能力也会受到干扰，可能出现构音障碍、精神性失用症等问题，进而影响个体发声、减缓言语速度、降低语言可理解性。这些障碍通常也被称为神经性言语障碍。

对沟通障碍儿童的误解④

误解：有语言障碍的儿童通常也有言语障碍。

事实：一个有良好口语的孩子可能他（她）的语言没有任何意义，但是，大部分语言障碍的儿童存在言语障碍。

误解：沟通障碍的个体通常存在情绪或行为障碍或者智力障碍。

事实：一些沟通障碍儿童在认知、社会和情绪发展方面是正常的。

误解：口吃是高智商人群主要的障碍，口吃的儿童成年后也会口吃。

事实：口吃会影响智力发展的所有水平。一些口吃的儿童成年后仍会口吃；但是，大部分口吃儿童可以在言语语言病理师的帮助下在成年前或成年时停止口吃。口吃是主要的一种儿童期障碍，通常男孩多发于女孩。

误解：语音障碍（或发音障碍）不是非常严重，而且易于矫治。

事实：语音障碍可能造成言语无法理解；有时很难矫正语音或声音的问题，特别是个体存在脑瘫、智力障碍或者情绪或行为障碍。

---

① 昝飞，马红英. 言语语言病理学［M］. 上海：华东师范大学出版社，2005：108.

② 昝飞，马红英. 言语语言病理学［M］. 上海：华东师范大学出版社，2005：128.

③ 周兢. 学前特殊儿童教育［M］. 大连：辽宁师范大学出版社，2004：108.

④ 丹尼尔·P·哈拉汉，詹姆士·M·考夫曼，佩吉·C·普伦. 特殊教育导论（第十一版）［M］. 肖非，等译. 北京：中国人民大学出版社，2010：273-274.

> 误解：沟通障碍与智力没有关系。
>
> 事实：虽然它也可能在高智商个体中发生，但是沟通障碍在低智力水平的个体中更常发生。
>
> 误解：语言障碍与学习障碍不存在交集。
>
> 事实：听、说、读、写等语言技能的问题通常也是学习障碍的核心特征，语言障碍的定义和一些其他障碍的定义是有交集的。
>
> 误解：如果儿童在正常的班级中有良好的同伴模式，在入幼儿园前没有学习语言技能的儿童能够容易习得所有他们需要的技能。
>
> 事实：早期语言学习对后期语言发展是很关键的；一个语言迟缓的儿童不可能仅仅通过观察同伴的模式有效地运用语言。他通常需要更为直接的干预。

二、沟通障碍儿童的病因

（一）语言障碍的病因

儿童的语言障碍多受到个体因素和环境因素交互作用。但是，原发性语言障碍的原因未明。有研究者发现遗传、神经结构和功能的失调可能会导致语言障碍的出现。例如大脑皮质的语言理解中枢、语言运动中枢等的损伤，会引起显著的语言发展异常。而继发性语言障碍是由其他障碍导致的。例如，智力障碍都会表现出以语言发展迟缓为中心的各种语言障碍；自闭症也会造成儿童异常的语言和刻板的行为；听觉障碍使儿童缺少声音刺激而影响其语言发展等。

环境因素也是导致儿童出现语言障碍的原因之一。在儿童学语期间，由于各种原因致使儿童缺乏文化刺激或生活经验，或者没有让个体感觉到说话的需要和乐趣，也极有可能造成儿童的语言发展问题。另外，父母的过度保护或严重忽略、婴儿期母子语言关系不足等，也是造成儿童语言障碍的原因。

（二）言语障碍的病因

1. 构音障碍

构音障碍可以分成器质性构音障碍和功能性构音障碍。器质性构音障碍主要是由于解剖、运动或感觉方面的异常造成，即通常伴随有生理异常如唇腭裂、听觉障碍、脑瘫、神经性运动不能（面瘫）[1]。构音障碍只是生理异常所表现出的一个症状，对于个体来说，构音的问题并不是其主要问题，其主要问题在于生理异常。

功能性构音障碍则没有任何器官上的异常，从骨骼构造、肌肉的组织和其他器官的构造上看，都找不出任何缺陷。造成功能性构音障碍的因素可能是由于有关的神经系统的发育延迟，也可能是与遗传因素有一定的关系。此外，儿童在语言发展的早期阶段，

---

① 昝飞，马红英. 言语语言病理学 [M]. 上海：华东师范大学出版社，2005：88.

处于不良的社会文化环境，也可能造成功能性构音障碍。例如，周围环境有发音不清的榜样，儿童便极有可能通过模仿出现发音不清的问题；又如，家庭亲子关系失调，也可能造成功能性构音障碍。

总之，虽然目前构音障碍的发病原因尚未完全明确，但很多研究者认为，构音障碍的产生可能与个体获得性构音动作技能的运用，语音的听觉接受、辨别、认知，感知觉缺陷以及注意缺陷等因素有关，还与个体所处的语言环境复杂，如多种文化背景、多语种或多方言干扰有关。构音障碍是学龄前儿童和学龄期儿童中最常见的一种言语障碍，其中绝大部分为功能性的构音障碍。如果不能得到及时的干预，也会影响儿童良好心理品质的发展，造成儿童消极的个性品质和社会交往问题，甚至影响之后的交友和就业。

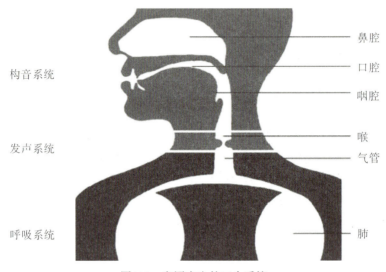

图 7-2　言语产生的三个系统

2. 声音障碍

儿童声音障碍的原因可以分为器质性原因和非器质性原因。由喉部损伤所造成的障碍属于功能性障碍。喉部长瘤（如节结、息肉、癌变组织）等生理疾病影响到喉的结构或功能的情况属于器质性障碍。由神经系统功能失调引起发音的障碍属于神经性障碍。声音的误用或滥用也会导致暂时性的音质异常[①]。例如，儿童的尖叫可能会使声带上长出节结，引发暂时性的声音障碍。有时一个人存在心理问题可能导致完全丧失声音或者严重的声音异常。一些研究也发现，呼吸型的发声困难（即声音中带有大量的呼吸声）跟工作或家庭环境有关。这种环境可能特别安静，因此儿童长期生活在这样的环境中说话时容易产生呼吸声，并逐渐养成习惯。[②]

---

① 丹尼尔·P·哈拉汉，詹姆士·M·考夫曼，佩吉·C·普伦. 特殊教育导论（第十一版）［M］. 肖非，等译. 北京：中国人民大学出版社，2010：287.

② 昝飞，马红英. 言语语言病理学［M］. 上海：华东师范大学出版社，2005：111.

共鸣腔异常也可能是造成个体声音障碍的一个原因。与共鸣即音质有关的声音障碍可能由口腔的生理异常（如唇腭裂）、控制口腔的脑部或神经损伤造成。扁桃体、淋巴组织或鼻窦感染也可能造成声音的共鸣的问题。大部分存在听力损伤的儿童通常很难发出正常的或悦耳的共鸣声音。有时候，儿童也可能仅仅因为没有学会如何恰当地运用共鸣声音讲话而造成声音障碍。这个问题没有生理或心理原因，只是因为他（她）习得了错误的定位言语器官的习惯。

3. 流畅性障碍

约1%的儿童和成人是口吃患者。男孩比女孩更容易口吃。关于口吃产生的原因尚不清晰，但在这个方面有许多研究者提出了不同观点。例如，一些研究者提出口吃与癫痫、新陈代谢、情绪压力、血糖不平衡、脑电波等生物化学因素有关。另一些研究者则主张口吃与遗传有关。还有研究者从心理学角度分析个体的口吃原因，认为口吃的发生与个体的心理因素存在密切的关系①。但是，一些环境因素会使儿童出现语言不流畅的现象。比如，有些家庭常常存在抢话情形，儿童的话语常常被打断，因此他们说话时需要不断停顿、重复。当儿童经历一些挫折时，有的父母表现得相当急躁和焦虑，使孩子明显感到压力，导致说话不流利。另外，父母之间感情不和睦，常常在儿童面前吵架，或者有意无意地逗弄、恐吓儿童，或缺乏对儿童的足够注意等，都有可能引起儿童话语的不流利。当个体处于一个有压力的环境时也会出现语言的不流利，比如强迫儿童进入他逃避、不喜欢或不舒服的环境时，他的语言就会变得不流利。有时，当儿童要求父母做一件事，而父母由于某些原因不答应时，儿童就会不断重复直至答应或厌烦。有时儿童也会采用这种方式来逃避一些痛苦的刺激，比如儿童做了一件错事，父母问起时，儿童就会出现支支吾吾的现象。这些不流利都是正常的不流利，但若不注意，持续下去就有可能发展成口吃。

第二节 沟通障碍儿童的发展与评估

一、沟通障碍儿童的发展特点

（一）语言发展

1. 构音障碍

构音障碍具体表现为替代、省略、歪曲、增音等特征。替代，指的是用另外一个音来代替所需发出的音。在汉语中常出现清浊音替代、鼻口音替代、闭塞音与摩擦音替代、送气音与不送气音替代、反馈较少的音与反馈较多的音之间的替代。例如，有些儿童将"兔子"（tù zi）发为"肚子"（dù zi）、"跑了"（pǎo le）发为"饱了"（bǎo

---

① 昝飞，马红英. 言语语言病理学 ［M］. 上海：华东师范大学出版社，2005：130-133.

le）。省略，指言语过程中将某些音素省略不发，造成目标音节的不完整。在汉语中既有声母的省略，也有韵母的省略，特别是鼻尾音的省略。例如，将声母省略，把"哥哥"发成"ee"；将双韵母省略成单韵母，将"谢谢"说成"xe xe"，其中少了"i"的音。歪曲，指所发出的语音既不是所需的语音，又不是该语音系统中所存在的语音。但是不同个体在发出歪曲的语音时，歪曲的严重程度具有很大的差别。添加与省略相反，在所发音节中加入一个音素，造成目标音发音错误。例如，将"吃饭"发成了"吃非饭"，在此音节中增加了 f。增音的出现多与方言影响有关，也与幼儿不良的语音习得相关。此外，汉语的声调变化会影响字词的意义。构音障碍幼儿的声调错误即在言语过程中将四声弄错。例如，将上声说成去声："老师"发成"烙师"。

2. 发音障碍

有的幼儿喉、嗓、鼻等器官本身就有器质性病变，因而影响其正常的发音；但也有部分幼儿协调运用声带、口腔或鼻腔等器官的能力有限，在说话中不会对音质、音高、音强等进行恰当的控制，久而久之造成声音运用的障碍。声音上的突出障碍常常分散听话人的注意力，干扰交际。例如，沙哑声、气息声、尖锐声、颤抖声、声音过度或不足、声音疲乏、耳语声、假声、鼻音过重或不足等。

3. 流畅性障碍

很多儿童在语言学习过程中常常会发生流畅性错误，比如停顿、词语重复。特别是儿童开始形成较长较复杂的句子时，很容易出现词语和音节的无意义重复，这种现象我们通常称为发展性不流利（developmental dysfluency）。一般来说，这种不流利现象只会持续一到两个月，一般在进入小学前，基本会消失，这是儿童语言发展的正常现象。但是，儿童长期、持续性的不流畅就需要引起家长的注意。一般学前阶段是流畅性障碍（也称为口吃）发生的第一阶段，在这个阶段，口吃是偶尔发生的，常常发生在儿童慌慌张张又有很多东西要说的时候，或是觉得很有压力的时候，这时候的口吃常常以句子开始时的单词或音节重复为特征。在这一阶段，儿童并不逃避说话，很少表现出对言语不流畅的焦虑或其他反应①。

口吃的发展②

学者 Bloodstein 认为口吃的发展可分为四个阶段，而且这四个阶段有可能互相重叠，个体间也会存在许多差异。

第一阶段：口吃是偶尔发生的，常常发生在儿童慌慌张张又有很多东西要说的时候，或是觉得很有压力的时候，这时候的口吃常常以句子开始时的单词或音节重复为特征。在这一阶段，儿童并不逃避说话，很少表现出对言语不流畅的焦虑或其他反应。

---

① 昝飞，马红英. 言语语言病理学［M］. 上海：华东师范大学出版社，2005：135.
② 昝飞，马红英. 言语语言病理学［M］. 上海：华东师范大学出版社，2005：135-136.

第二阶段：变成一种习惯性口吃，儿童也认为自己是一个口吃者，口吃在言语的大部分时间内都发生，在兴奋或快速言语的情况下更严重。儿童仍很少表现出对说话困难的焦虑，Bloodstein 认为这个阶段的口吃者常常是小学儿童。

　　第三阶段：口吃随具体情境而发生变化。口吃者有一些特别的语音和单词比其他的发音更困难，他会避免说这些词和选择用比较容易的词，开始逃避一些说话场合，儿童开始担心预期口吃的发生，并用愤怒反应来表示他的思维。

　　第四阶段：口吃者很害怕预期口吃的发生。害怕某些语音、单词和说话情境，常常有单词替代的现象，逃避说话的场合，对口吃感到无助、害怕、难堪。这一时期通常发生在青年后期或成年期。

4. 语言障碍

　　语言障碍会影响儿童语言形式（语音、词汇、句法）、语言内容（语义）、语言的应用（语用）中的一种或多种。语言障碍儿童在语音、语义、语法和语用方面等存在着不同程度的障碍。主要表现在词语理解和使用障碍、语义理解和表达障碍、语法和语用运用错误等。在语音方面，存在语言障碍的儿童在言语上也可能会出现遗漏、歪曲或者替换等问题，进而影响有效沟通，也会影响儿童阅读发展。在语义方面，儿童的词汇意义容易过度类化；词汇容易错用；多义词理解有困难；不易理解象征性、比喻性语言；词汇提取困难；语言中的听说读写皆有不同程度的困难；语意组织也有问题、词汇量少；会有词汇广度与深度发展的问题。在语法方面，语法、词序容易错误；错误使用被字句和连接词；错误使用代名词和量词；前后句子关系容易混淆；用词或说出、造出的句子简短又缺乏变化、说出来的篇章结构内容颠三倒四缺乏组织。在语用方面，儿童可能不能理解如何在社会情境下使用语言。例如，他们很可能在与陌生人开始交谈时就说"我非常喜欢飞机，我很喜欢观察它们"。或者说些无礼的话语，例如"他很胖！"

图 7-3　语言的表达及沟通

注：图片来源：http://www.joyacaclemy.hk/channel-1698/ckass-5747/product-38014/418.html.

或者对他人发起的对话邀请给出一个不适当的回答。语言障碍的儿童的叙事技巧弱于同伴，与年龄较小的普通儿童相似。和普通儿童相比较，语言障碍的儿童的叙事技巧较不成熟，但仍会随着年龄渐进式地发展。言语发展迟缓的 6 岁幼儿其叙事表现与 4 岁的普通幼儿相似①。

（二）认知发展

幼儿的言语发展是一个复杂的过程，言语或语言障碍是一种由于大脑发育原因造成的语言发展滞后，即与同年龄、同性别的普通幼儿相比，不但言语发育出现明显的迟缓现象，智力发育也有一定的偏差。② 由此可知，出现沟通障碍幼儿的智能要比普通幼儿低下。因此，在认知发展上，儿童的语言或言语问题会对其知觉、注意、记忆等诸多方面产生消极影响。

已有研究发现，构音障碍儿童的听觉分辨能力明显落后于普通儿童③；1/3 的功能性构音障碍儿童更易于出现各种心理行为问题，例如，注意缺陷④，其持续性注意水平明显落后于普通儿童⑤。构音障碍儿童记忆和空间知觉能力落后于普通儿童⑥。

流畅度异常儿童的显著认知特点表现为语言的障碍，如言语不流畅、语速慢、言语节奏不当等。同时，语言发展与思维的关系密切，因此，流畅度异常儿童的形象思维较多，而抽象思维较为缺乏。

（三）情绪行为发展

由于言语沟通在人类社会的互动中占十分重要的地位，说话或语言的异常不仅妨碍彼此之间的沟通，更会导致沟通障碍者因而产生许多情绪或社会适应的问题。儿童因语言或言语障碍而受到嘲弄、耻笑、拒绝，难免因而产生愤怒、焦虑、敌意与罪恶感。而这些消极的情绪反应，不只会使其说话或语言问题更加恶化，也可能因此而导致个人的自我贬值感与身心性疾病的产生⑦。例如，存在有流畅性障碍的儿童，他们最明显的心理症状是情绪问题，他们往往会有恐惧、焦虑、自卑等症状，这给他们造成了沉重的负担和压力，引发更加严重的口吃问题。语言障碍儿童很容易产生焦虑、犯罪感、敌意、自卑等情绪，同时伴随一些异常的行为表现。如，听觉障碍儿童由于明显的语言障碍，

① 吴瑷如. 语言发展迟缓儿童之叙事表现 ［D］. 台北护理学院听语障碍科学研究所，2009.

② 静进. 儿童言语及语言障碍的神经机制 ［J］. 国外医学：妇幼保健分册，2002，13（5.6）：251-256.

③ 赵云静. 功能性构音障碍儿童听觉辨别能力的病例对照研究 ［D］. 中国医科大学，2003：3.

④ 刘宝花等. 4~6 岁幼儿行为问题的病例对照研究 ［J］. 北京大学学报（医学版），2002（3）：210-213.

⑤ 宋辉青等. 功能性构音障碍儿童的持续性注意研究 ［J］. 中国临床心理学杂志，2007（1）：21-22.

⑥ 宋辉青等. 功能性构音障碍学龄儿童的智力水平和智力结构分析 ［J］. 中国儿童保健杂志，2008（2）：177-178.

⑦ 何华国. 特殊儿童心理与教育 ［M］. 台北：五南图书出版公司，1995：260.

容易变得敏感、多疑且自卑、固执等。

（四）人格发展

因言语或语言障碍儿童在构音、声音及语言理解与表达等方面存在缺陷，导致其沟通困难，从而使其形成不良的人格特质。有研究显示显著说话或语言异常的幼儿几乎总是存在智能不足、情绪困扰等问题；唇腭裂幼儿比非障碍幼儿显示较多的人格问题，如害羞、压抑、退缩。发音障碍的儿童更容易表现出焦虑、抑郁、回避等特征[1][2]。一些发音障碍儿童（选择性缄默症）表现出恐惧、逃避、退缩、害羞、偏爱单独活动等行为特征[3]。语言障碍儿童的社会性适应不良、兴趣狭窄，尤其是在语言方面的学习动机低下。总之，由于言语或语言发展问题，儿童往往处于不利的社会情境，常因此被拒绝、排斥、攻击、过分保护，导致容易产生挫折、焦虑、罪恶感及敌意。[4]

二、沟通障碍儿童的评估

对儿童语言或言语障碍的评估涉及教师、家长、语言治疗师和医生等相关专业人员的工作。对于教师而言，最主要的任务就是能够及早发现有言语或语言障碍的儿童，并及时把他（她）转到专业的语言治疗部门进一步检查和矫治。

（一）构音障碍儿童的评估

构音障碍儿童的评估中，教师可以协助专业评估人员收集有关儿童构音器官和发音能力、听音器官和听音能力的相关资料。

1. 构音器官和发音能力的检查

教师应观察儿童的构音器官，如嘴唇、口腔、舌头等是否存在明显问题。还可以使用如下常见的方法：即席简短地问儿童一些简单的问题，如问他的名

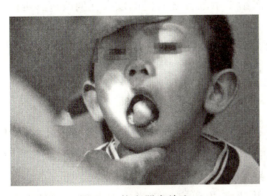

图7-4 构音器官检查

① WILLINGER U., VÖLKL-KERNSTOCK S. ect. Marked Depression and Anxiety in Patients with Functional Dysphonia ［J］. Psychiatry Research，2005（134）：85-91.；

② WILLINGER U., ASCHAUER H N. Personality, Anxiety and Functional Dysphonia ［J］. Personality and Individual Differences，2005（39）：1441-1449.

③ COHAN S L., CHAVIRA D A. Ractitioner Review：Psychosocial Interventions for Children with Selective Mutism：A Criticalevaluation of the Literature from 1990-2005 ［J］. Journal of Child Psychology and Psychiatry，2006（47）：1085-1097.

④ 王文科. 特殊教育导论 ［M］. 台北：心理出版社，2009：334-335.

字、家庭住址、生日、数数等；有时候可以要求儿童说出一个星期的每一天的名称；对于年龄稍大的儿童，可以让他们讲一些故事或复述故事；也可以就儿童感兴趣的话题与儿童进行交谈。教师可以自行设计或借鉴一些构音障碍测验（如台湾学者林宝贵等人编制的构音障碍测验、中国聋儿康复中心编制的"构音障碍检查方法"），评价儿童的发音能力。教师在进行记录时不仅要注明音的正确和错误，还应注明异常构音的类型，可以由多位老师共同记录，并配以录音，以便核查。

2. 听音器官及听音能力的检查

首先，教师要留意有言语或语言问题的儿童的听觉器官，观察它是否有一些明显的问题（如耳朵里有液体流出）。同时，教师还可以通过一些简单的方法来判断儿童是否存在听力问题。例如，有听力问题的儿童在幼儿园中可能会有以下表现：注意力不集中；侧耳细听；不完成口头指令；在安静的环境中做事，效果更好；喜欢跟着别人做事；常用手势或其他动作；不爱参加说话的活动等。

其次，教师还要检查儿童的听音能力，即听辨能力，既包含对他人的发音的感知能力，也包含对自己的发音的感知能力。教师可以向儿童呈现相似的音，让儿童判断这两个音是否相同，如师-思等。教师还可以通过一些语言游戏，对儿童的表现进行观察和记录。此外，还可以对儿童进行引发测验，即要求儿童模仿教师的发音，这种测验能够对儿童模仿正确音的能力进行预测，如果儿童无法自觉地发出正确音，但在示范者给出一个正确音的模仿音之后，儿童有可能发出这一正确音，就可能预示着儿童可以通过训练很快获得该语音。反之，如果儿童在多次给予示范音之后仍旧没有任何改进，可能说明该语音的训练难度将会很大。

此外，教师应及时与家长沟通儿童的言语问题，及早将儿童转介到语言治疗师及其他专业人员处进行专业的评估。

（二）声音障碍儿童的评估

对于声音障碍的评估通常根据儿童所表现出来的音调、音量、呼吸及音质等特征，再结合个体的年龄、性别及发声环境等综合因素来考虑。教师需要观察儿童声音障碍的常见症状，比如嘶哑、失声、呼吸情况、异常音调（声音的音调太高或太低），或声音过大或过小。教师记录可能存在的问题，并请言语-语言病理学家对此进行评估，教师也应注意自己讲话时的声音问题，以给儿童提供良好的示范。

音调检查，教师或其他专业评估人员可以让儿童以自然的音调朗读一小段文章，同时，检查者可以用鼻音哼出相同的音调，然后在钢琴音阶上找出同样高的音调，这样就可以知道个体平常说话时的音调有多高，大致了解个体是否存在音调过高或过低的错误。在检查时要注意儿童的音调是否能够表现出个体当时的情感体验，是否存在音调单调、没有变化的特点，有时可以选取不同的句式比如感叹句、命令句、疑问句让儿童模仿，或者让儿童看包含这些句式的图片，看个体在运用不同句式时是否表现出音调的不同。

音量检查，教师可以让儿童读一些短文，或者与儿童对话，让儿童打电话，在不同距离喊人等，看看儿童发出的音量是否能适应周围环境的要求，是否能根据环境需要调整音量的大小。

音质检查，主要靠教师用耳朵来判断。在音调和音量检查中，教师可以同时注意观察个体在不同情境中的说话声，一般音质检查主要看儿童说话时是否存在呼吸声（气息声）、嘶哑声、粗哑声，观察儿童说话或者朗读时所发出的声音是否有令人难受的感觉。

但是，值得注意的是，对于学前儿童而言，因为儿童仍处在语言发展关键期，并且儿童有自我矫正错误的可能性，有时很难诊断儿童是否真正存在声音障碍，如果儿童的言语确实难以理解，家长可以让儿童接受评估。大部分学校都会筛查新生的言语和语言问题，并且，大部分情况下，如果儿童在3、4年级仍然存在发音错误就需要进行转介以接受评估。发音障碍通常伴随有其他言语或语言障碍发生；因此，儿童可能在沟通的多个方面需要干预。

（三）流畅性障碍儿童的评估

对流畅性障碍儿童的早期鉴别十分重要，可以避免儿童发展成慢性口吃。儿童早期的一些信号需要教师和家长注意：①大部分的说话情境中，不流畅的口吃现象占总字数的10%以上，且持续六个月，愈来愈严重。②说话中出现不适当的中断，平均持续两秒以上。③经常表现出拖长音和重复，且常重复三次以上。④伴随很多怪异的动作。⑤儿童已经产生负面情绪，如曾因说话不流畅而生气，或因害怕说话而逃避说话。⑥在不流畅出现时，眼睛不敢看对方。⑦父母态度不正确，如过分焦虑、紧张、谴责儿童说话不流畅或亲子关系不佳。

对于口吃的评估并没有绝对正确的方法，语言治疗师一般在评估时要考虑许多因素，不仅要看儿童词语或词语一部分的重复、延长、停顿以及伴随的挣扎行为，还要看言语不流利发生的频率、历史、环境的一致性、可能存在的一些具体的前奏事件和随后的听众反应等。通常情况下，为了收集这些资料，言语-语言病理学家要回答以下几个问题：

（1）儿童说话不流利的场合有哪些，即儿童在什么情况下说话不流利；

（2）口吃之前发生了什么；

（3）口吃发生的频率怎样；

（4）口吃发生时儿童会出现什么情况，有没有伴随行为；

（5）口吃发生的形式是不是一致，还是有变化；

（6）口吃发生时父母做了些什么；

（7）口吃发生之后常会发生什么事。

在整个评估过程中，特别要检查儿童口吃发生前后具体发生的事情，要对整个环境作一个评估。当然，所有的这些评估工作应由言语-语言病理学家或其他专业人员进行，教师和家长则是主要的信息提供者。教师可以借鉴一些测验来初步判断儿童是否有口吃以及儿童的口吃类型。例如，我国台湾学者林宝贵等编制的汉语流畅度诊断性测验①。

（1）自己说：从 1 数到 20（年龄小的孩子可以少数）；背一首短诗或说一首歌谣。

（2）跟读：跟着测验人员学，每次一个字、词或短语，如花鸟、房子、汽车、长颈鹿、拖拉机、我看电视、天下雨了、饺子很好吃、他爱拍皮球、三只蝴蝶做了好朋友。

（3）看图说话：用 10 张看图识卡看图说话，每张图用一两个字表示。

（4）自言自语："请你随便说点什么。"（1 分钟，测试人员及其他人员离开现场）

（5）讲一段话："给我讲讲你最近看的动画片好吗？"（1 分钟）

（6）提问："你叫什么名字？你在哪个幼儿园？你在幼儿园都做什么？你爸爸在哪里工作？你家有几口人？他们都是谁？请你问我五个问题。"等等。

（7）对话：教师与口吃儿童交谈，时间约 2 分钟，题目自选。

（8）观察儿童在其他场合的言语情况，包括游戏、讲故事等。

（9）观察儿童在自然场合下与人交谈的情况（1 分钟）。地点＼谈话对象＼口吃次数＼总时间（分）＼每分钟口吃数＼测验时的表现与平时口吃次数比较＼备注

说明：

（1）口吃者有面部痉挛表现，所以最好用摄像机进行记录。

（2）在儿童开始言语表述的同时按下秒表计时，如果儿童在表述过程中有较长的停顿，应停止计时，将停顿时间除去。

（3）用计数器记录儿童在每个项目中出现的口吃次数。

（4）结果分析。将口吃次数除以总时间，得出每分钟口吃次数，超过 3 次为异常。

（5）可靠性分析。测试完成后还要将测验时儿童口吃表现与平时相比较，询问家长，将儿童近几个口吃的表现按照不同程度分为 5 级，最轻为 1 级，最重为 5 级，并评定今天的表现级别。

知识链接

《精神疾病统计诊断手册》第五版中（DSM-V）的童年期起病流畅性障碍（Childhood-onset fluency disorder）诊断标准②

A. 正常语流和言语模式的破裂，不符合个体的年龄和语言技能，具有跨时间的持续性，至少表现出如下一种或多种典型的特征：

（1）语音和音节的重复；

（2）语音的延长；

---

① 韦小满. 特殊儿童心理评估［M］. 北京：华夏出版社，2006：235-236.

② American Psychiatric Association. Diagnostic and Statistical Manual of Mental Disorders（5th Ed）［M］. Washington, DC：American Psychiatric Publishing, 2013：45-46.

（3）词汇破裂（比如词内停顿）；

（4）可听见的或者默声的阻塞（言语中的停顿）；

（5）迂回现象（单词替代以避免有问题的词汇）；

（6）单词发出时伴随过度的生理紧张；

（7）单音节词汇的整个重复（如"我、我、我看见他"）。

B．障碍造成言语时的焦虑或限制了有效沟通、社会参与以及学业或职业表现，这些影响可能是只出现某一个问题，也可能同时出现。

C．症状发病于早期发展阶段（注：晚期发病的个案可诊断为成人期发病流畅性障碍）。

D．这种言语困难排除言语-运动或者感觉方面的缺陷，以及因神经损伤（如中风、肿瘤、脑外伤）所引发的言语不流畅，或由其他的精神问题；并且不属于其他的精神障碍。

（四）语言障碍儿童的评估

一般来说，对儿童语言发展迟缓的评估需要接受过专业训练的人士进行。但是，在幼儿园，我们可能会遇到发展虽然过慢但并没有达到语言发展迟缓程度的儿童。判断一个儿童目前的语言发展水平是否处于正常的发展氛围之内，需要非常丰富的临床经验，否则很有可能在评估过程中犯错误，给儿童和家长带来不必要的思想负担，也可能丧失最佳的干预时机。

在幼儿园中，教师可以使用一些简单的检查表来确定儿童现有的语言能力。比如，观察儿童是否能够理解简单的指令；观察儿童对简单词语的模仿情况；检查儿童疑问句的理解和运用、人称代词的理解和运用情况；以及教师可以设计一些较复杂的词汇、语法、语用对儿童加以检查。通过这些检查，教师可以大致了解儿童语言的发展状况，尽早发现那些可能存在语言问题的儿童，以转介到专业机构或医院中进行正式的评估。

知识链接

儿童语言障碍转介表①

姓名_____　学校_____　年级_____　转介者_____

日期____年____月____日

此转介表用以筛查语言理解与表达困难的高危儿童。适用于幼儿园大班或小学一年级的小朋友，填表者请在疑似项目打"√"。

---

① 张世慧，蓝玮琛．特殊教育学生评量（第五版）[M]．台北：心理出版社，2011：117-118．

√	项目	备注
	一、语言知觉	
	1. 缺少节奏感	
	2. 不易分辨出语音相似的字词，例如"肚子—裤子""兔子—步子"	
	3. 在四声的分辨上有困难，例如"橘子—锯子"	
	4. 和着歌拍手跺脚打节奏有问题	
	二、言语与说话	
	1. 常常呈现发呆或只用手语或身体语言表达；甚至不肯说话	
	2. 说话时，发音含糊不清	
	3. 说话时，音调过高或过低，音量太小或太大，速度太快或太慢	
	4. 说话时，某个音、字、词、语句有重复及拉长现象	
	5. 说话时，首语的音难以发出，或发很久出不来	
	6. 说话单调，或四声不分	
	三、语言理解	
	1. 多次询问或教学后才能回答一点点	
	2. 教学内容需重复读多次才能稍有进步	
	3. 无法读懂该年龄层书籍	
	4. 空间理解力差，前后左右不分	
	5. 给予指示或解释较困难	
	四、语言表达	
	1. 常用极短句，例如只有简单字词"我要""没有""鞋""手"等	
	2. 句法错误	
	3. 词汇缺乏（例：用"好"此字形容快乐、高兴）	
	4. 重复说故事时毫无重点，说不出主要角色、地点、结果等	
	5. 说的话很多，但抓不住表达重点，让人不知所云	
	6. 不了解对话规则，例如：轮替、礼貌用语	
	五、口语记忆	
	1. 不易记住步骤或指示说明	
	2. 在习得人名或地名上有困难	
	3. 歌词或诗词背不起来	
	六、字词提取困难	
	1. 提取某个特定的字词有困难，例如"粽子"说成"用树叶包饭的东西"	
	2. 不易叫出同学的名字	
	3. 说话迟缓，常停顿或使用语气词（"嗯""啊"）	
	4. 常用缺乏意义的字词（那，那……对……然后，然后……）	

续表

√	项目	备注
	5. 次序追忆有困难（例：拼音字母、一周天数、1~20 数数）	
	七、其他	
	1. 先前就有语言理解及语言表达问题	
	2. 有家族性的说写问题	
	3. 在家中文化刺激不足	
	4. 对书本缺少兴趣或少有阅读经验	
	5. 不喜欢角色扮演的游戏	

在正式评估阶段，语言发展迟缓儿童的评估一般经过如下几个过程：①基本资料的收集。尽可能收集与个体有关的丰富的背景资料，如儿童的发展史、特殊疾病史、教育史、语言发展情况、智力发展情况、家庭生活情况、语言发展中的最大问题等。②生理或医学检查。生理上的一些原因可能会造成个体的语言发展迟缓，比如听力障碍、视觉障碍、脑伤等。③心理方面的资料收集。主要包括儿童的智力发展状况、情绪状况、注意力特征、记忆特点等。④语言评估。这是最为关键也是最困难的部分。通常需要了解这样一些内容：儿童与父母沟通的状态与形式、儿童语言的模仿能力、语音的清晰度、词汇的数量、平均句子长度、语法复杂度、提出问题以及回答问题的能力、儿童语言被理解的程度、儿童整体说话的方式、有没有辅助语言交流的方式以及儿童在游戏中的语言表达情况等。需要从多个角度进行，而且需要根据儿童目前语言发展的状况选择具体的评估内容和范围。⑤环境的评估。在儿童的语言发展过程中环境具有非常重要的作用。因此，除了对儿童语言能力进行评估之外，还需要对儿童实际交流中的一些环境因素进行考察，这些因素包括：家人与儿童的说话方式、父母的管教态度、父母的习惯用语、父母是否有充分的时间与孩子进行交流、家长对孩子说话的期望等。

在整个评估过程中，教师应尽量协助评估人员收集相关资料，包括与家长的访谈、儿童档案资料的提供、观察记录等。教师具有在自然情景中对儿童进行观察的优势，在教室中，儿童可能感到更舒适自然。教师通过观察兴趣一致的同龄儿童，也能在与广泛常态发展的幼儿的对比中判断特殊儿童的发展情况。教师往往是能看到儿童在不同的时间和情景中与许多成人和同伴如何相处的唯一成人。教师对儿童进行的正式和非正式观察为了解儿童的发展情况提供了大量信息。在语言评估中，教师可以收集儿童的"语言样本"，为专业人员的分析提供充分的素材。一般而言，收集儿童语言的适当场所是教室，因为在这里儿童会与熟悉的老师或同伴谈论熟悉的事情。教师可以在教室中逐字逐句地记录儿童所说的话或他们发出的声音。例如，儿童说"fa"（花），教师就记下"fa"，即使观察者知道儿童意思是"花"。对于一些复杂的语言样本，教师可以配合专业的评估人员完成收集的工作①。

---

① K·S·艾伦，J·S·施瓦兹. 特殊儿童的早期融合教育 [M]. 周念丽，等译. 上海：华东师范大学出版社，2005：274-275。

言语和语言发展迟缓的早期征兆[①]

3 岁以下的儿童，如果出现下列症状就可怀疑言语和语言发展迟缓：

咀嚼和吞咽食物困难，或者拒绝食用很难咀嚼的食物。

用吸管喝饮料或者吮吸有困难。

坐着时嘴巴张开，舌头外露。

比其他儿童更容易在喝饮料或者吃东西时噎住。

当食物吃完有少许残留在脸上时很难感觉到。

对模仿语音和单词很少感兴趣。

避免与父母和其他家庭成员进行眼神接触。

使用手势或者发出响声来表达自己的欲望。

对听故事或者与父母一起看书很少感兴趣。

非常安静、被动；很少主动交流。

对一般的儿童游戏没有反应或者不会模仿，比如摇手表示再见。

不会使用一致的能够被辨认的单词（14 个月以后）。

不会以游戏的方式发出响声或者玩自己的声音。

对于 3~5 岁的儿童，如果有以下表现就需要考虑是否存在言语和语言发展迟缓：

当别人不理解他们想要什么时，表现出受挫折的神情。

不喜欢或/和逃避复述某些节奏。

唱歌时回忆歌词很困难，即使每天都在听的歌。

仍旧存在进食方面的问题；需要比其他同龄的儿童切得更细。

用吸管吸浓稠的液体（如豆腐花）时有困难。

依赖手势来补充他说的内容。

也会玩玩偶但很少对其说话。

在解释什么事情让他们感到难受方面有困难；父母需要询问很多问题才能了解发生了什么事情。

看电视或者电影之后不能说出其中重要的情节。

常常听熟悉的故事，但不能随着故事情节发展翻书和复述故事情节。

---

① 昝飞，马红英. 言语语言病理学 [M]. 上海：华东师范大学出版社，2005：156-157.

第三节　沟通障碍儿童的学习与教育

一、沟通障碍儿童的学习特点

言语和语言是常用的沟通工具，沟通是分享信息的过程，但对一部分儿童而言，沟通并非融洽、愉快的，他们可能存在很多问题，从而使交流、沟通遇阻。沟通障碍损害了儿童传送或接受思想、事实、感觉及愿望的能力，有沟通障碍的儿童可能在语言或言语方面存在障碍，有的甚至两个方面都有障碍，其障碍可能涉及听、说、读、写各个方面。语言是思维的工具，由于沟通障碍儿童本身的语言问题，使其在思维发展中也可能受限，表现出诸如思维能力弱、概括能力差等特点①。因此，儿童早期的语言发展的问题可能会影响随之而来的学习问题，患有沟通障碍的学龄前儿童，很有可能在童年中期或青春期出现学习障碍。

沟通障碍儿童在学习中，尤其是在语言学习的过程中，往往会面临着较大的困难。他们可能常常发生替代、省略、添加、歪曲等构音错误，有些儿童可能存在嗓音问题或语言流畅性问题，部分儿童还可能存在语言发展迟滞等问题。这些语言和言语发展中的问题可能会导致学习效率低下。例如，一些沟通障碍儿童因为无法听清教师和家长的话语，而无法准确接收外界各种有用的信息。存在语音障碍的儿童因为无法理解语言声音系统的规则，影响其言语声音的形成，通常也会影响其读写能力。一些语言发展迟缓儿童（如智力障碍、自闭症谱系障碍等）在语言学习上远远落后于普通儿童，有些儿童甚至无法发展出有意义的语言。沟通障碍儿童的特殊表现，如异样的声音语调、发音、语言不流畅等，也可能让儿童受到嘲笑或奚落。因此，沟通障碍儿童在学习中，尤其在语言学习中更容易出现焦虑、挫折、厌烦等负面情绪，更多地伴随注意力缺陷多动等行为问题。这些消极的心理问题又会使儿童在学习中遭受挫折、打击其学习积极性，进而影响学习效果，最终形成一种恶性循环，影响其整个学习的过程。

二、沟通障碍儿童的教育策略

沟通障碍儿童的早期干预至关重要。这是因为儿童开始干预的时间越晚，他（她）习得有效语言技能的机会越小。并且，缺乏功能性语言，儿童就不能够成为一个真正的社会人。在儿童可能发展迟缓的技能中，语言和沟通技能是最重要的，因为它是学业和社会学习的基础。教师在学前儿童语言发展的促进中扮演了重要的角色。但是，首先要明确的是沟通障碍儿童的教育是否仅仅围绕言语和语言技能的发展？其实不然，如前所述，沟通障碍儿童不仅表现出言语或语言发展的问题、沟通技能的缺失，也常常出现适应性问题。因此，沟通障碍儿童的教育需要紧密围绕儿童的发展和学习特点。

---

① 张巧明，杨广学. 特殊儿童心理与教育［M］. 北京：北京大学出版社，2012：192.

（一）教育目标与内容

根据沟通障碍儿童的发展和学习特点，学前阶段沟通障碍儿童的主要教育目标为提高言语和语言能力，促进沟通和交流，提高其适应性能力。因此，其教育内容主要侧重于言语和语言的学习，以及适应性行为的学习。但是，针对不同类型、不同语言发展水平的沟通障碍儿童，其教育目标和内容各有所侧重。例如，针对构音障碍儿童，在进行语言训练时多侧重感觉运动技能训练、辨别或感觉训练、语言训练；针对声音障碍儿童的训练，多从吸气、吐气、成声、发音、放松等方面着手，改善其嗓音问题；针对流畅度障碍儿童，则偏重情绪的调节、流畅性言语的塑造等方面。针对语言发展迟缓等语言障碍的儿童教育应包括认知训练、语言训练等方面。因此，教师需要在分析评估他们各方面能力表现的基础上，选择适合的教育内容。

（二）教学方法

1. 自然主义的语言干预策略

自然主义的语言干预强调在自然环境中横跨所有活动，贯穿孩子一天的语言学习活动。在这种语言干预中，随机原则是其核心原则之一，即利用环境中自然发生的强化物及时给儿童创造语言学习的机会。孩子们可能正在寻求信息、帮助、材料、反馈或安心。这表明成人可以运用一个自然发生的强化物，如孩子对材料、信息或成人注意的需求，来创造一次简短的临场学习的机会。这种教育机会堪称完美，因为这时的学习是建立在孩子的兴趣和需要的基础上。孩子与教师接触得越频繁，教师教的机会和儿童学的机会就越多。因此，教师应鼓励儿童与外界多接触。

教师如何促进儿童在自然情境中学习语言？①

- 随时关注儿童，观察儿童的特点，根据每个孩子的语言发展水平促进孩子的学习。
- 对儿童提供的东西和要求的东西表现出兴趣。
- 迅速积极地做出反应（语言、身体帮助或提供额外的材料和设备）。
- 关注儿童表达出的兴趣。
- 确保儿童与教师的交往是愉快的、有趣的。
- 不批评、责骂、说教，从不对孩子说"不，那是错的"。
- 教师应使彼此的互动愉快且有价值，使孩子能够一次又一次来回进行更多的学习。

---

① K·S·艾伦，J·S·施瓦兹. 特殊儿童的早期融合教育［M］. 周念丽，等译. 上海：华东师范大学出版社，2005：424.

教师需要做一个很好的倾听者和反应者。教师应以不同的方式向孩子显示自己对他的话题感兴趣，并希望听到更多。例如，教师应避免使用可以简单回答"是"或"不是"的问题，而是使用开放性的问题回应孩子的话题。当孩子说："昨天我们去了奶奶家"，教师可以说："你在奶奶家玩了什么?"而不是说"你们玩得愉快吗?"教师不应自己说得太多，也不应根据自己的感觉引导对话，而是让孩子成为主要的说话者。教师是促进者，通过鼓励、提问、反馈等告诉孩子教师在认真地倾听。

给教师的建议： 如何与儿童交谈①

- 选择儿童感兴趣的话题。当他（她）表达自己的想法、感受和体验时，运用其他词语或短语模式对之做出评论。

- 开始谈话后，让儿童做主导。对儿童的话语表现出兴趣，如果适宜，表现出兴奋之情。

- 不要问太多问题，并且当询问问题时，为了获得合适的解释要问开放性问题。

- 给问题留出适当的等待时间；不要求快速地回答，给儿童足够的时间去组织答案。在谈话中留出一些令人舒适的开放空间；不要步步紧逼。鼓励轮流问问题，并且给出诚实和开放的回答（当然，要礼貌拒绝回答不适宜的或私密的问题）。

- 保持适当音量，保持适当的速度并且尽量使谈话轻松幽默，除非话题很严肃不适宜幽默。

- 避免对儿童的语言妄加批判或贬抑，因为如果儿童认为你批判他或者你纠正每处错误，他（她）将会不再和你谈话。

- 儿童说话时不要打断他（她），并且仔细聆听儿童的想法；给予赞扬。

- 尽可能多地为儿童提供在社会情境下使用语言的机会，并且当儿童尝试使用语言达成目标时给予适当的回应。

教师也应恰当地利用提问来促进儿童语言获得，以及给予儿童更多练习语言的机会。当教师提问时，应给孩子充分的时间，等待他思考出答案。如果孩子没有回答，教师应帮助孩子找到一个答案，比如引发孩子的语言或非语言的模仿。当孩子提出问题时，教师应该及时反应。一项研究发现②，当孩子第一次向成人提出问题时，有65%的孩子并未得到成人的反应，这些孩子便放弃了提问，再也不向成人提问题。另一些则继

① 丹尼尔·P·哈拉汉，詹姆士·M·考夫曼，佩吉·C·普伦. 特殊教育导论（第十一版）[M]. 肖非，等译. 北京：中国人民大学出版社，2010：291.

② ALLEN K E. & RUGGLES T. Analysis of Teacher-child Interaction Patterns in the Preschool Setting [C]. Alice H. Hayden Conference, Seattle, WA, 1980.

续尝试，说话的声音会更响、更突出。当教师最终给予反应时，通常教师也表现出不耐烦，或者对孩子的做法予以斥责，因此孩子说话的积极性就会受到消极影响。

教师也可以利用各种活动为儿童的语言发展创造更多的机会。例如，给孩子提供绘本，让他们来"讲"故事，让孩子唱歌曲、读儿歌、学词语等。教师可以带孩子去郊游，让儿童练习记忆并描述自己看到的事物、景色。教师可以通过有趣的游戏，促进儿童各类语言的发展。对于发展迟缓的儿童，教师可以通过一些特殊活动来帮助儿童学习语言技能。比如，粗大和精细动作的练习，可以有效地强化系统性的语言/交流互动的情境。对多数有障碍的儿童以及正常发展的儿童而言，精细动作活动中的操作材料和粗大动作活动中的大肌肉练习都是很有吸引力的，将语言学习和这些活动联系起来，就能够帮助儿童很快获得这些技能①。

2. 直接教育策略

为了发展语言和交流技能，存在语言或言语问题的儿童需要直接的特殊帮助。在融合的幼儿园环境中，直接帮助是指扩大和丰富儿童的交流情景。教师需要根据儿童的发展需要和儿童的发展状况，给予不同程度的帮助。熟悉儿童的交流模式和儿童当时的动机也是在提供直接帮助时应考虑的因素。

给教师的建议： 教师可以使用的直接教育策略

- 做决定：教师给出两个选择项让儿童做选择。
- 指令：教师向儿童提出直接的要求然后等待反应。
- 主题继续：教师继续儿童的话题。
- 延迟满足：教师充满期待地看着儿童（等待他的答案），然后提供儿童想要的材料或活动。
- 随机性教育：教师等待儿童开始一个对话，然后立即做出反应促发儿童的下一个反应。

艾玛的故事②

　　艾玛是一个 4 岁的孩子，存在语言发展迟滞。自由活动时间，艾玛拿着画

---

　　① K·S·艾伦，J·S·施瓦兹. 特殊儿童的早期融合教育［M］. 周念丽，等译. 上海：华东师范大学出版社，2005：423.

　　② K·S·艾伦，J·S·施瓦兹. 特殊儿童的早期融合教育［M］. 周念丽，等译. 上海：华东师范大学出版社，2005：422.

画用的围裙走到老师身边。老师蹲下来，微笑地看着她，给她时间，等待她的要求。艾玛一直保持沉默。过了一会儿老师说："艾玛，你要什么？"（教师并没有按照艾玛的需求给她穿上围裙。）当艾玛没有回答时，老师又问："艾玛，你是不是要我帮你系上围裙？"艾玛点点头。教师鼓励艾玛说："告诉我'围裙'"。艾玛发了一个类似于"围裙"的音，老师说："是的，围裙，对。"老师把围裙套过艾玛的头时，说："系上围裙。"这个句子是在艾玛学会了模仿并能说"围裙"这个词以后教师要艾玛学的。如果艾玛没有说围裙这个词，教师也会帮她把围裙系上。教师也会在帮她系围裙的过程中用简单的语言描述这一过程，给艾玛提供丰富的语言刺激。

评析 没有哪个孩子应该受到责备。如果在教育的同时教师使儿童感觉到了压力，许多孩子可能会停止与教师的互动。其中有些孩子可能会开始使用不恰当的方式如吵闹、大哭或闹别扭等来表达自己的需要。尤其是，对于对那些程度较为严重，需要使用个别化的语言教育方法进行教育的儿童，从一开始就绝对不能给他们任何形式的压力。只有这样，才能发挥环境教育的作用。

教师在语言教育情景中，教师不应对孩子说"不，那是错的，"不应批评、责骂、训练或说教。教师应使彼此互动愉快而且有价值，使儿童能够与教师进行更多的互动，从而促进其语言学习。当然，沟通障碍儿童包括不同的类型，针对存在不同语言或言语问题的儿童，教师也可以使用一些针对性的干预策略。

（1）构音障碍的直接干预策略。

①感觉运动技能训练。这种训练的目的是让儿童具有熟练的感觉运动技能，训练的重点是各种构音动作。训练者将目标音分解成若干一连串的动作之后，再逐一让个体模仿这些动作。在训练时，教师可以先清楚地告诉儿童每一个语音的构音位置，并且让儿童在发出这个音之前在脑海里想怎么发，

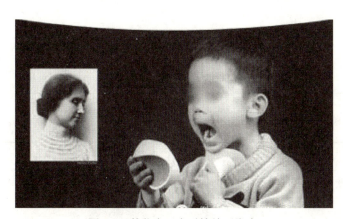

图 7-5 某儿童正在对镜练习发音

唇、舌等构音器官的运动应是怎样的，然后再开口做出目标动作。感觉运动技能训练可以穿插在各个语言训练内容中，如呼气训练、舌操训练。

口腔动作游戏举例

活动1 滴滴答答下雨了①

活动名称	滴滴答答下雨了
活动目标	嘴唇张合、左右拉伸、舌头前伸、下颌动作练习
活动说明	1. 刚开始，先以固定的速度反复练习，当念到"滴"时，可配合画长一点的雨滴；念到"答"时，画短一点的雨滴 2. 经过一段时间的练习后，可以快慢地速度交替练习，当念到"滴"时，可配合画长一点的雨滴；念到"答"时，画短一点的雨滴
初级练习	滴滴 滴滴 X X　X X 答答 答答 x x　x x
进阶练习	滴滴答 X X x 答答滴 x x X 滴滴答答 X X x x 答答滴滴 x x X X 滴答滴答 X x X x

活动2 儿歌：两只老虎②

活动名称	两只老虎
活动目标	嘟唇、舌头后缩、吹气、下颌动作
关键词	老、虎、跑

---

① 林桂如. 一玩就上手——学前儿童口腔动作游戏活动手册［M］. 台北：心理出版社，2012，146.

② 林桂如. 一玩就上手——学前儿童口腔动作游戏活动手册［M］. 台北：心理出版社，2012，173.

续表

活动流程	1. 请先让孩子熟悉歌曲旋律。 2. 当孩子熟悉歌曲旋律后，教师可在演唱歌词时，遇到关键字词"两只'老''虎'，'跑'得快"时，稍作停顿，提示让孩子接唱。例如"两只＿＿＿＿，跑得＿＿＿＿"。 3. 若孩子无法接唱，教师可做出该关键字音的口腔动作，但不发出声音，鼓励孩子主动唱出。 4. 待孩子唱完关键字词后，再由教师接唱其他歌词。
游戏提示	1. 教师可准备关键字词"老虎"的图片。 2. 若孩子对轮流接唱歌词的方式感到吃力，活动可缩短为重复"两只老虎，跑得快"即可。 3. 依儿童能力，适时加入延伸练习的手部节拍方式加以辅助练习。

②辨别训练。构音障碍的儿童往往在辨别语音差别方面存在困难，因此，一般在语言训练中要加强儿童听觉辨别能力，特别是语音辨别能力。在训练时，通常先要求儿童辨别其他人所发出的目标语音，然后再让他们从不同的音中区分正确的音和错误的音，从而逐渐学会判断自己的音是否发得正确。当儿童能够区别正确音和错误音之后，就可以进行目标音的发音训练。辨别训练可以借助录音设备进行。录制正确的目标音和儿童所发出的错误音，让儿童反复听，加强其辨别能力。为了更好地帮助儿童掌握发音时口腔的动作，教师可以借助镜子、图片和多媒体演示等方式帮助儿童学习口腔内的运动方式和状态。

③语音训练。语音训练的整个过程都要遵循循序渐进的原则，一般先学习发单个音，然后是音节、词语、词组，最后是句子。在任何一个阶段的训练中，教师可以先给儿童一个正确的用以模仿的目标音，然后让儿童进行模仿。语音训练可以借助各种工具和材料，比如可利用图片命名、图片句子完形、单词朗读、句子朗读等形式来训练，训练的内容也要尽可能地适合儿童的生活、年龄发展水平、认知发展水平等。另外还要尽可能富有趣味性。当然，儿童的语音训练也同样需要获得家庭的支持，儿童更是需要家长的支持。对儿童来说，学校的训练或是训练中心进行的训练是远远不够的，需要在家中每天坚持不懈地进行练习，有时每天至少在家里训练两个小时左右，以巩固在学校或训练中心那里矫正的语音。

当儿童已经能够很容易发出正确的音时，教师和家长应注意引导儿童在多个情境中的泛化和迁移。在此阶段，教师和家长可以使用对话、朗读等方式进行训练，这些方式都比较接近正常说话的情境。训练时，教师和家长应更多注意儿童的整体性表达，但是如儿童在某个音上发生错误，则应给予相应的提醒和指导，促使其进行调整。若发现儿童语音发音动作不正确，则需要再进一步转入上述感觉运动技能训练、辨别训练和语音训练阶段重新进行训练。

（2）声音障碍的预防和直接干预策略。声音方面的问题很大一部分原因是由于儿童滥用声带或者误用声带造成的。因此，作为教师，要尽可能帮助儿童养成良好的发声习惯。

①预防策略。要预防声音障碍，养成良好的发声习惯，首先要让儿童认识什么样的声音是良好的声音。其次，帮助儿童养成良好的发声习惯。例如，引导儿童用鼻呼吸，注意儿童用嗓卫生。教师在教学时，引导儿童使用适当的音量说话；使用适当的音调说话，唱歌时选取儿童音频区的音乐，避免用嗓过高或过低；注意说话时儿童的情绪稳定，避免在情绪极度高昂时用声音发泄情绪；平时少吃刺激性的食物；保证充足的睡眠，多喝水，避免儿童疲劳时唱歌等；注意声带的休息；避免清嗓子和咳嗽等。另外，教师还需注意避免让儿童在空气混浊的地方说话等。

②干预策略。对于有声音障碍的儿童，如果评估中发现儿童有生理结构的病理性变化，首先应进行医学方面的治疗，以便尽可能消除导致声音障碍的器质性原因。比如，教师一旦发现儿童有喉部不适感、音调突然下降等应及时通知儿童家长，转介至医院就医。如果儿童的声音障碍是功能性的声音障碍，即不存在器质性病变，教师应首先了解是什么原因造成儿童出现声音问题，障碍的表现有哪些。如果因心理因素影响儿童的声音状况，就需要对儿童进行心理疏导或咨询，教师可以转介至专门的心理咨询中心，为儿童提供各项心理咨询服务。大部分存在声音障碍的儿童，都存在不良的发声习惯，因此通过训练帮助他们建立良好的发声习惯是非常必要的。对于儿童的声音训练，教师可以从吸气、吐气、成声、发音、放松五个方面来进行。在训练过程中，教师可以借助儿歌、绕口令等比较有趣的语言材料让儿童练习。

声音训练[①]

1. 吸气训练

正确的吸气应该利用腰部和腹部的力量。教师可以让儿童坐着或者站着，两手叉腰。吸气时让个体的手肘和肩膀下移，感觉腰部和腹部扩张。不要吸到完全爆满，以免胸腔的肌肉呈紧张状态。吸完气后一口气吐掉。

2. 吐气训练

吐气训练时可以让儿童感受肚子的运动。训练开始时吐气时间越短越好，先从1秒钟左右的吐气时间开始，吐完1秒后立即让腹部弹回，并顺势吸入微量空气，如此反复逐渐增加吐气时间，吐气时间越长，腰部和腹部的支撑越重。吐气训练也包括练习吐气的气量及气量大小的控制及气流的方向控制，教师可以采用游戏的方式提高儿童的兴趣。

---

① 昝飞，马红梅. 言语语言病理学［M］. 上海：华东师范大学出版社，2005：121-122.

范例1 水中泡泡①

活动名称	水中泡泡
活动目标	吐气练习
准备材料	杯子、凉开水、吸管
事前准备	将水盛装至杯子1/2处
游戏方法	1. 教师先示范吹气动作：利用吸管慢慢吹一口气，让杯子中的水发出"咕噜咕噜"的声音 2. 换孩子试试看，让孩子练习吹气动作 3. 轮流在水中吹泡泡，比赛谁发出的声音最大、泡泡最多

范例2 不倒翁②

活动名称	不倒翁
活动目标	气量控制练习
准备材料	铝箔包饮料瓶三个、胶带
事前准备	准备一个空的铝箔包、一个剩下1/5饮料的铝箔包，并将吸管插孔先用胶带封住，另外再准备一瓶相同包装的未开封铝箔包
游戏方法	1. 教师将这三个相同外包装的铝箔包饮料放置桌面，示范不同气量的吹气动作，努力将铝箔包都吹倒下来 2. 换儿童自己也来挑战铝箔包不倒翁，看看哪一瓶是真正的不倒翁
游戏提示	铝箔包的大小选择可根据儿童的能力，若刚开始练习，可先用容量大约250毫升的小铝箔包装饮料练习
活动变化	除了铝箔包饮料，还可以换成小瓶装的塑料饮料瓶

3. 成声训练

成声需要空气动力与肌肉弹性的充分配合，成声训练的目的是让儿童发出柔和的声音。训练时，可以让儿童在吸气之后、吐气之前，先短暂地闭住气，然后轻轻地张开嘴巴，做上述吐气的动作，在吐气的同时慢慢发出［a］的音。

4. 发音训练

发音一般由［a］开始，先是发连续的短音，逐渐到发长音，然后再练习其他韵母和单字。

---

① 林桂如. 一玩就上手——学前儿童口腔动作游戏活动手册［M］. 台北：心理出版社，2012，116.

② 林桂如. 一玩就上手——学前儿童口腔动作游戏活动手册［M］. 台北：心理出版社，2012，118.

5. 放松训练

说话和唱歌时的放松不是全身的放松，而是肩部以上的放松，但腰部和腹部仍需要用力。因此，要求儿童在说话时将注意力集中在腹部，不要在喉部用力。说话时，脸部保持微笑，颈部肌肉处于放松状态。

对于不同的声音问题，教师应首先弄清儿童发音异常的类型，针对一些特殊的问题，如哑症、嘶哑声、音调异常等，可选择一些特定的技术。比如，如果儿童声音缺乏变化，比较单调呆板，教师可以选择语调变化较多的训练材料（儿歌、绕口令、童话故事等），让孩子反复朗读，与其共同进行语调分析。

看图说故事举例①

活动名称	小小猫头鹰
活动目标	由教师示范让儿童模仿念读故事中的关键字音与提问，让孩子从故事中自然练习关键的字音，促进对故事的理解
准备材料	绘本《小小猫头鹰》、彩色铅笔、绘画本
活动方式	由教师参考故事内容，开始朗读，凡是看到标示【　】的部分即鼓励孩子一同参与，模仿发出声音
故事内容	从前，有一只小猫头鹰跟猫头鹰妈妈住在树洞中， 他们最喜欢唱着"咕嘎、咕嘎"。 有天晚上，小猫头鹰醒过来，肚子饿得"咕噜咕噜"叫， 于是，妈妈带着小猫头鹰去找食物， 后来，他们找到一只又大又肥的小虫， 一直"a……m"地吃不停。 吃饱的小猫头鹰， 又快乐地拍着翅膀"飞飞飞"到树枝上休息。
互动内容	1. 这是在讲谁的故事？ 2. 小猫头鹰最喜欢唱什么歌？ 3. 小猫头鹰醒过来，肚子饿得发出什么声音？ 4. 说说看，他们找到什么东西来吃？ 5. 你会模仿他们吃小虫的声音吗？ 6. 请问吃饱的小猫头鹰，快乐地拍着翅膀做什么？

---

① 林桂如. 一玩就上手——学前儿童口腔动作游戏活动手册［M］. 台北：心理出版社，2012，181-182.

续表

延伸练习	小猫头鹰还喜欢其他食物，请帮他画在绘画本上，并模仿这些动物的声音。 1. 嘶……嘶……，它是一种动物，没有脚，走起路来弯弯曲曲，身上还有鳞片。 2. 叽……叽……，它是一种动物，有四只脚，喜欢吃乳酪，排在十二生肖的第一名。
小提示	请依照儿童的能力决定念读故事的长短，假设孩子听故事有困难，可调整为看图片、模仿关键词即可。若孩子理解能力或专注力较弱，可先与孩子完成部分段落内容，待练习多次、孩子较熟悉后再加入其后内容一起练习，切勿急着将故事活动一次完成。

（3）流畅性障碍的干预策略①。对于流畅性障碍（以下简称口吃）的教育和干预，根据障碍的不同发展程度而有所不同。对于学龄前儿童而言，他们一般处于初期口吃阶段，这些儿童大多数时候能够流畅地说话，只是常会重复一些音节，延长一些音，他们往往不知道自己有口吃的现象，也很少担心口吃。有些儿童到小学一年级时可能不会再出现口吃的症状，但是有些儿童如果不对他们进行干预，就可能会发展成为定型的口吃。因此要对这些儿童进行一些针对性的干预，以预防口吃。在实际生活中，儿童的父母和老师需要注意的是，不要对孩子的说话提出太高的要求，不要给孩子的说话施加太大的压力，说话时语速不要太快，使用简单的、短小的语句。

①消除或降低负面情绪。在儿童成长过程中，如果父母或教师向儿童提出各种较高的要求，而儿童未能完成，受到惩罚，就很容易让儿童感到挫折。儿童如果面临说话困难，同样也会产生挫折感。因此，对于口吃儿童的教育干预，首先应适当地减少其挫折感，增强他们对挫折的忍耐力。教师可以使用系统脱敏法增强其对挫折的忍耐力，也要尽可能地降低儿童遭受挫折的次数。

系统脱敏法是针对焦虑和恐惧情绪进行的行为矫正方式，要求个体在感到有焦虑、恐惧的事物、情境存在时尽可能放松，从而对这些刺激的敏感度逐渐降低甚至完全消失。教师需要找出影响儿童言语流利水平的压力因素，然后根据口吃程度不同将这些压力因素制作成一个等级量表。其中有一个语言不流利的基线水平，在这一水平，儿童一般不会表现出任何的口吃，这也是儿童所受压力最少、感到挫折最低的时候。教师在指导儿童进行语言练习的时候，可以从基线水平开始，逐渐引入压力因素，按照压力等级的顺序逐渐脱敏。在整个训练过程中，教师要注意引导儿童放松自己的肌肉轻松地进行说话，同时密切注意儿童的行为；如儿童在一种压力情境下已经适应，未造成口吃，再增加多一些的压力因素，转入下一个疗程。由此不断发展儿童对压力的忍耐程度，使得儿童对压力逐渐脱敏。家庭的参与也十分重要，应使儿童流利的言语能够泛化到日常的家庭生活中。

另外，也要让儿童的负面情绪有个宣泄口。如果没有这种宣泄口，儿童也可能会通过口吃行为将这些不良情绪表现出来。要让他们感到，不管自己是否说话口吃，仍旧被其他人所爱和接纳。同时，降低儿童遭受挫折的次数，对造成儿童口吃的环境进行

---

①　昝飞，马红英. 言语语言病理学 ［M］. 上海：华东师范大学出版社，2005：139-142.

控制。

②塑造流畅性的言语。对于口吃儿童，帮助他们重新建立一种良好的说话习惯，系统脱敏法就是运用条件反射的理论，通过对流利性言语的强化，帮助个体养成这种习惯。对于任何一个个体来说，在没有压力的情况下都能够轻松流利地说话，而游戏通常是个体最没有压力的时候。因此，教师可以利用适合儿童年龄段的游戏，让儿童进行角色扮演，充分宣泄自己的压力与焦虑感，也让儿童在游戏里自由地表演与说话。在游戏过程中，教师不要去注意儿童任何表现出来的口吃，而是让儿童尽情地说话表演，让儿童体会到说话的乐趣和作用，从而增加其说话的欲望。此外，帮助儿童养成良好的呼吸习惯也是非常重要的。另外，也有一些辅助性的方法，比如唱音法，通过用手或其他工具打节拍让每一个音缓慢平稳地发出来，先从音开始，再到词、词组和句子。

（4）语言障碍的直接干预策略。

①认知干预。语言的发展必须建立在认知发展的基础上，儿童的认知能力是语言获得的先决条件，对儿童语言的训练首先要从认知训练开始。认知能力是儿童在与周围环境的接触过程中逐渐发展起来的，因此在训练中，主要是鼓励儿童玩各类玩具或摆弄多种物品，多接受环境刺激，以便让儿童从不同角度认识事物。教师可以使用游戏的方式，教儿童玩玩具，如丢球、搭积木、过家家等，也可以给儿童一些日常用品摆弄，当儿童会玩玩具、知道玩具的玩法或日常用品的用法时，便可开始训练各种认知概念，包括：相同物品配对、相同图物配对、挑选同类物品、依物品功能分类、顺序概念训练、听觉顺序训练、听觉记忆训练、视觉顺序训练等。

图7-6　教师借助游戏活动对儿童进行语言训练

②语言训练。语言训练的内容包括词汇、语法和语言应用训练。训练内容的选取要充分考虑儿童的兴趣、语言需求，遵循循序渐进的原则，从简单到复杂。词汇训练主要让儿童了解一些词的符号，可以采用图片实物、镶嵌板的形式进行。当儿童词汇不断增加后，就开始进行语法训练，训练儿童选择词汇组成句子，开始可以是简单地将人、动词、事物连接起来，然后逐渐增加一些修饰语，如形容词、副词，可以根据儿童的语言需要随机训练各种类型的句子结构，但是训练要符合儿童句法发展的顺序。一般的顺序为：主语+谓语，谓语+宾语，主语+谓语+宾语，简单修饰语句、复杂修饰句、特殊句、复句等。语言应用训练就是语言交流训练，训练的内容可以根据儿童沟通的意图进行选择。比如抗议、要求、批评、唤人注意、打招呼、开始话题、转换话题或结束话题等。

给教师的建议：语言训练中遵循的原则①

- 适当控制儿童行为，维持其注意力；
- 将物品或图片放在儿童看得到并容易取到的地方；
- 在儿童疲倦或厌烦前即停止该项训练；
- 选择儿童感兴趣的教材；
- 在训练过程中要根据儿童的具体情况，随时调整训练计划，以适应儿童语言能力的发展。

---

3. 同伴干预策略

儿童的同伴也可以参与语言训练和干预计划。因为语言本质上是一种社会行为，它的进步需要儿童社会环境中其他人的参与，包括成人也包括同伴。在游戏时间教给儿童发展同伴关系可以帮助沟通障碍儿童的语言发展。例如教师可以教给儿童在与同伴交谈时建立目光接触；教师也可以让儿童描述自己或同伴的活动；此外，教师请同伴复述、扩展或者说明沟通障碍儿童的话语，以使沟通障碍儿童获得正确的示范。

社会戏剧表演也是在同伴干预中常用的策略。教师可以通过设计一些社会情境，比如在餐厅中就餐、在超市购物等，让沟通障碍儿童与同伴组成小组，进行角色扮演。在训练过程中，教师需要说明每个儿童需要做什么和说什么，给儿童提供简单的剧本，并且允许儿童发挥各种创造性改编剧本。

（三）教育环境

教师在儿童语言发展的促进中扮演重要的角色。建立儿童语言和交流技能的基础是环境中的社会和交流情境。在融合教室中，教师需要创造一种班级氛围，让其他儿童及成人对孩子表现出的交流意图做出积极的反应。生活在物理环境和人文环境中的人们使交流变得容易而有意思。在这种环境中教师和儿童成为了合作伙伴，共同承担和维持交流互动的责任。

教师应该安排一个学习环境使每个孩子都能有更多的机会说话。教师也应该确保环境中有很多可以说的内容。设计的活动应使教师和活动本身都能对孩子运用语言的努力做出反应。教师应该有意识地安排儿童的课堂经历，让孩子有机会交流，也有交流的理由。这样语言的运用便成为所有教室活动中轻松但又不可缺少的一部分。教师提供一个宽松的环境让孩子们有足够的时间说他们想说的内容。语言技能较高的儿童在老师的帮助下学习倾听，给语言较少或不容易坚持的孩子说话的机会。

---

① 昝飞，马红英. 言语语言病理学［M］. 上海：华东师范大学出版社，2005：168.

第四节 沟通障碍儿童的发展与学习案例

一、基本情况①

婷婷，中班幼儿。在班里，婷婷不爱说话，不与同伴交往，不爱玩玩具，不运动，不愿做操，拒绝参加班里的活动，一个人默默坐在小椅子上不让小朋友接近。婷婷的父母是个体商贩，没有太多时间照顾她，因婷婷从小说话不清楚，怕别人笑话、嘲弄她，经常把她一个人锁在家里，很少让她与别人接触。婷婷4岁时入园，即表现出语言发展迟缓。

二、现状分析

（一）现实表现

婷婷表现出明显的语言发展迟缓和构音问题。具体表现为：①不与他人讲话，包括小朋友和老师。老师同她讲话时她有时会露出害怕的眼神，有时装作听不见。小朋友和她接近交往时，她会拒绝或不理会，甚至双手捂着脸哭。②会用眼神注视他人的活动。当有小朋友做出滑稽的动作时，她也会哈哈大笑；当发现有人看她时，会立即收起笑容，像什么也没发生一样。③韵母发音不清，对一些发音有变调、错误、遗漏、替换等现象，讲话不能成句。

（二）原因分析

经转介至医院评估后发现，婷婷本身的口腔运动存在不协调现象，主要表现为舌部运动不灵活，影响其发音的清晰度。另一方面，父母在其语言发展中没有采取积极有效的治疗，消极"保护"，使得其缺少丰富的语言环境刺激，同时也导致其产生自卑等消极情绪情感，出现社会退缩行为。

三、训练过程

（一）培养良好的情绪情感

一个宽松、平等、民主的交往气氛可以诱发儿童的良好的情绪。婷婷每天来到班级门口都要大哭，紧紧抱住爸爸的脖子不下来，而当爸爸走后便不再哭闹。每当婷婷来园

---

① 注：案例来源于中国婴幼儿教育网（www.baby-edu.com），依据个案内容编者略有修改。

时，带班老师给她更多的关怀和照顾，或领着她在园里的走廊里转一转、看一看、讲一讲，放松她的紧张情绪，或让她和老师一起站在门口迎接其他的小朋友入园。经过近一个月的引导和宽松的教育气氛，婷婷来园时不再哭闹，不再纠缠父亲了，有时还能自己走进幼儿园来。

（二）增加与孩子亲密接触和多加关注的时间与机会，建立良好的师生关系

对具有强烈自卑感而导致有退缩行为的幼儿，教师更应持积极主动的态度，主动地给予更多的关注、更多的关心、更多的爱抚，使幼儿感到安全，感到温暖，感到可信可亲。由于教师在幼儿的心目中地位较高，一般而言，在教师主动的情况下，易与幼儿发生正常的交往，建立良好的师生关系。这样就使幼儿乐意听从教师的教导和指示，为顺利开展教育工作奠定良好的基础。分析婷婷身心发展出现偏差的原因，主要起源于许多人对她的歧视、嘲笑，使她日渐觉得缺乏安全感，失去了对他人的信任感，从而形成了除父母外拒绝与他人交往交流的不正确心理。建立良好的师生关系是促进孩子身心健康发展的基础，也是婷婷消除自卑心理障碍的必要因素。在婷婷能轻松入园后，老师开始帮助她消除对他人的戒备、防范的心理。在为幼儿准备进餐时，老师请婷婷和她一起来摆放碗勺。刚开始时，她只站着看着老师摆放。后来，她逐渐接受了老师，能主动地和老师一起去放置碗勺并摆放得很整齐，也逐渐接受教师抚摸她的头发、脸颊、拥抱等身体接触，逐渐消除了紧张戒备的心态。

（三）创设交往情景，使孩子感受与他人交往的快乐

教师还有意识地多组织、创设一些较能引起婷婷注意的活动，以引起让她能更多、更清晰地观察活动的行为，深切地感受到小朋友在交往、活动过程中的愉悦，使之随着情感体验的增强，自己逐步参与社会实践活动。如在一次小朋友玩"小鱼、小鱼快快游"的游戏时，老师发现她在旁边看得特别投入。教师就引导婷婷，拉着她的手一起加入游戏行列。通过这些活动，婷婷开始张口与其他小朋友与老师说话，也愿意回家与父母分享幼儿园中开心的事情。婷婷的语言表达能力得到了一定的锻炼。

另外，教师采用同伴协助策略，鼓励婷婷主动为其他小朋友做点小事情，让她和其他小朋友坐在一起，让比较活动开朗、语言表达能力强、交往能力强的幼儿坐在她的周围，为她树立良好的榜样示范，使她同小朋友有语言和身体的接触。在户外活动时，拉着她的手同小朋友一起滑滑梯，使她逐渐地体验到与同伴一起游戏，分享玩具、图书的快乐，她也在不知不觉中有了子豪、维泽两个好朋友，感受到了集体生活和与他人交往的乐趣。

（四）树立自信心，得到他人尊重

在学习、观察过程中，不论在哪个阶段，不论是有意的还是无意的，只要婷婷做出一点进步的行为时，都要及时给予有效的鼓励和肯定。如漂亮的小贴画，盖个小印章等，并明确告诉她得到奖励的原因。由于语言缺陷使婷婷产生强烈的自卑心理，用拒绝与他人交往的方式保护自己。同时，也使她失去了与人交往交流的机会和与人交往的自

信心。树立自信心，得到他人的尊重，是她消除自卑感的重要的条件。在婷婷能轻松愉快地入园，帮助老师为集体做事情时，如为大家摆放碗勺、小椅子，给植物浇水，整理床铺等，教师便在集体面前表扬她，让孩子们知道婷婷和他们一样有了进步，并引导孩子们一起分享婷婷进步的快乐，让大家对她说些感谢、鼓励她的话，使婷婷知道小朋友们需要她，大家尊重她、喜欢她，使她逐渐有了与人交往的自信心。

（五）树立自信心，得到他人尊重

在对婷婷进行教育的过程中，教师不断与家长进行沟通，提高家长的认识，使家长与教师对婷婷都有统一的期望与要求，避免教育的不一致。指导家长去发现孩子的优点，并及时地肯定和鼓励。要求家长利用节假日让她接触更多的亲戚、朋友，并多夸奖她的优点，为她的进步感到欣喜、骄傲，逐渐消除婷婷与人接触的紧张情绪和自卑心理。在与成人的语言交流中，使她得到承认的鼓励，逐渐学会丰富的语句，形成文明的语言习惯，获得更多的言语交往的机会。在家庭中，家长要耐心去倾听孩子的话语，不能因为嫌孩子说话费劲儿而急于替孩子表达，或是打断孩子的话语，甚至流露出不耐烦的神情。孩子会从父母肯定的眼神中获得自信，这是婷婷消除自卑感的重要体现。在训练过程中，教师不仅及时与家长进行沟通和交流，还为家长提供各种书籍，让家长与孩子共读一些儿童文学的作品和书籍，并让她学说故事中简单的情景、对话，促进孩子语言的发展。

四、总结反思

婷婷入园一年七个月以来，经过教师和家长的共同的努力，婷婷基本上克服了自卑心理。现在，婷婷能轻松地与同伴游戏、交往，还和小朋友一起参加节目演出，活泼开朗，发音也比以前清楚了许多。

由以上案例可以看到，儿童语言的发展受到先天和后天等多种因素的共同影响。语言环境对于儿童早期语言的发展至关重要。教师和家长应努力为孩子提供丰富的语言刺激，创造良好的语言环境，扩展孩子的生活范围，发挥语言的社会性，使孩子在对生活和社会的认识过程中运用语言去交往，促进语言和言语能力的发展。

对小志的未来展望

小志曾到多家医院接受过检查，发现智力和听力都正常；也曾经到早教机构接受过专门的语言训练，经过几个月的训练能认读汉语拼音字母。但是，小志父母及其他家人的溺爱致使其胆子小、不敢与陌生人甚至其他小朋友交往。小志父母的过度保护和相对封闭的生活环境导致他性格孤僻、不合群，缺乏与同龄幼儿交往的机会，而也是这个原因导致其语言发展迟缓、语言能力低下，影响他与别人的正常交往。

小志的老师采取了如下教育措施：

（1）扫除障碍，提高其适应能力：由于小志在入园前缺少社会互动的机会，在入园初表现出不开口说话、对同伴幼儿不理不睬、不适应幼儿园环境的特点。为了帮助小志，教师首先通过与小志积极互动，赢得孩子的信任，排除其对陌生环境的恐惧，走进集体生活。其次，老师努力创造小志与同伴交往的机会，教给他初步与同伴交往的技能。例如，教师鼓励班上的幼儿主动找小志玩，邀请性格开朗的幼儿一起交谈，营造自由、热烈的环境。教师还利用小志的长处帮助其树立自信心。小志的动手操作能力较强，教师让他教给其他小朋友如何做手工，帮助其树立自信心。教师还参与到小志与其他幼儿的活动中，利用游戏情境通过提问、对谈等方式引导小志语言表达，激发其与同伴交往的意愿，也教给他初步交往的技巧。

（2）创设语言情境，开展专门语言训练：在提高小志适应能力的同时，教师着力采取一些措施提高其语言能力。首先，教师为小志创设自然、轻松的语言环境。小志害怕讲话，怕别人嘲笑，不愿开口，为此，教师在课堂上或日常生活中，都尽量做到轻声慢语、亲切平和地与他交谈，不斥责、不否认，使他保持愉快和轻松的心情。教师坚持自然主义的语言干预原则，借助幼儿园日常生活的各个情境，促使小志开口讲话，为其创造语言学习的机会。例如，在吃饭时，教小志正确说出"吃饭"等。其次，教师提供给孩子谈话和表达意愿的机会。在日常生活中，多与小朋友交谈接触，耐心倾听小志讲话，引导他进行表达。在回答问题时，让能力强的幼儿先回答，再让小志模仿等；在区角活动时，借助小志爱动手的特点，让他边动手操作边讲述，并给予及时的肯定、表扬，提高小志表达的意愿和信心。第三，开展专门的语言训练。针对小志的问题，教师制定语言训练计划，开展词汇、句子、语言教学。

（3）家园同步，协调一致：小志语言发展迟缓的主要原因之一在于家庭语言环境的缺失，因此，教师与家长积极协调，让家长了解幼儿园的教育理念、方法和计划，共同为小志制定语言学习的计划，帮助家长提高语言教育的技巧。

经过家园双方共同努力，经过一年的教育和训练，小志的语言发展取得了很大的进步，语音更清晰，掌握了800多个单词，会说完整句子，能在老师或同伴的帮助下复述、背诵儿歌，能打招呼和回答一些简单问题。小志的语言能力得到了提高，接近同龄幼儿。

本章小结

（1）沟通障碍包含了言语和语言障碍。言语障碍指运用口语的障碍。它包括在产生言语声音、发出正常语流的言语及发音时存在的障碍。言语障碍包括语音障碍、构音障碍、声音障碍、流畅性障碍等。语言障碍包含理解和表达的问题。语言是由规则支配的。违反规则的问题可能包括形式（语音学、词态学、句法）、内容（语义学）或语言运用（语用学）的问题。

（2）儿童的语言障碍多受到个体因素和环境因素交互作用。但是，原发性语言障碍的原因未明。构音障碍可以分成器质性构音障碍和功能性构音障碍。器质性构音障碍主要是由于解剖、运动或感觉方面的异常造成的。功能性构音障碍则没有任何器官上的异常，其发病原因可能与有关的神经系统的发育延迟或与遗传因素有关。声音障碍的原因可以分为器质性原因和非器质性原因。流畅性障碍产生的原因尚不清晰。

（3）沟通障碍儿童主要存在言语或语言发展异常、认知发展问题、情绪行为问题、人格发展不良等特点。

（4）对儿童语言或言语障碍的评估涉及教师、家长、语言治疗师和医生等相关专业人员的工作。教师最主要的任务就是能够及早发现有言语或语言障碍的儿童，并及时把他（她）转到专业的语言治疗部门进一步检查和矫治。

（5）儿童早期的语言发展的问题可能会影响随之而来的学习问题，患有沟通障碍的学龄前儿童，很有可能在童年中期或青春期出现学习障碍。

（6）沟通障碍儿童的早期干预至关重要。学前阶段沟通障碍儿童的主要教育目标为提高言语和语言能力，促进沟通和交流，提高其适应性能力。教育内容主要侧重于言语和语言的学习，以及适应性行为的学习。但是，针对不同类型、不同语言发展水平的沟通障碍儿童，其教育目标和内容各有所侧重。

（7）自然主义的语言干预强调在自然环境中横跨所有活动，贯穿孩子一天的语言学习活动。随机原则是其核心原则之一，即利用环境中自然发生的强化物及时给儿童创造语言学习的机会。教师需要做一个很好的倾听者和反应者，教师也应恰当地利用提问，促进儿童语言获得，以及给予儿童更多练习语言的机会。教师也可以利用各种活动为儿童的语言发展创造更多的机会。

（8）存在语言或言语问题的儿童需要直接的特殊帮助。教师需要根据儿童的发展需要和儿童的发展状况，给予不同程度的直接帮助。儿童的同伴也可以参与到语言训练和干预计划中。

（9）教师需要创造一种社会氛围，让其他儿童及成人对孩子表现出的交流意图做出积极的反应。教师应该安排一个学习环境使每个孩子都能有更多的机会说话。

1. 如何理解沟通障碍？
2. 沟通障碍儿童的发展特点有哪些？
3. 沟通障碍儿童的学习特点有哪些？
4. 教师如何参与沟通障碍儿童的评估？
5. 如何促进沟通障碍儿童语言能力的发展？
6. 如何帮助班级中的沟通障碍儿童参与和融入班级活动？
7. 请选择一名沟通障碍儿童，对其进行为期一周的观察，并记录其言语或语言问题。
8. 对沟通障碍儿童有哪些教育策略？选用一种教学方法，设计相应的教学活动，对其进行为期一个月的训练并记录训练过程和结果。

> ［1］林桂如. 一玩就上手——学前儿童口腔动作游戏活动手册［M］. 台北：心理出版社，2012.
>
> ［2］张磊，周林灿，黄昭鸣. 语言康复训练实用手册［M］. 上海：华东师范大学出版社，2010.
>
> ［3］MOORE L O. 融合可以这样做：379 个学前融合教学策略［M］. 刘学融，译. 台北：心理出版社，2013.
>
> ［4］SOWELL T. 语迟的孩子［M］. 顾鹏，译. 武汉：湖北教育出版社，2013.
>
> ［5］影视资源：《国王的演讲》（英国/澳大利亚，2010）

参考文献

［1］ALLEN K E & RUGGLES T. Analysis of Teacher-child Interaction Patterns in the Preschool Setting［C］. Alice H. Hayden Conference，Seattle，WA，1980.

［2］American Psychiatric Association. Diagnostic and Statistical Manual of Mental Disorders（5th Ed）［M］. Washington，DC：American Psychiatric Publishing，2013：45-46.

［3］K·S·艾伦，J·S·施瓦兹. 特殊儿童的早期融合教育［M］. 周念丽，等译. 上海：华东师范大学出版社，2005.

［4］COHAN S L，CHAVIRA D A. Ractitioner Review：Psychosocial Interventions for Children with Selective Mutism：A Criticalevaluation of the Literature from 1990-2005［J］. Journal of Child Psychology and Psychiatry，2006（47）：1085-1097.

［5］WILLINGER U，ASCHAUER H N. Personality，Anxiety and Functional Dysphonia［J］. Personality and Individual Differences，2005（39）：1441-1449.

［6］WILLINGER U，VOLKL-KERNSTOCK S. et al. Marked Depression and Anxiety in Patients with Functional Dysphonia［J］. Psychiatry Research，2005（134）：85-91.

［7］丹尼尔·P·哈拉汉，詹姆士·M·考夫曼，佩吉·C·普伦. 特殊教育导论（第十一版）［M］. 肖非，等译. 北京：中国人民大学出版社，2010.

［8］何华国. 特殊儿童心理与教育［M］. 台北：五南图书出版公司，1995：260.

［9］静进. 儿童言语及语言障碍的神经机制［J］. 国外医学：妇幼保健分册，2002，13（5. 6）：251-256.

［10］林桂如. 一玩就上手——学前儿童口腔动作游戏活动手册［M］. 台北：心理出版社，2012.

［11］刘宝花等. 4~6 岁幼儿行为问题的病例对照研究［J］. 北京大学学报（医学版），2002（3）：210-213.

［12］宋辉青等. 功能性构音障碍儿童的持续性注意研究［J］. 中国临床心理学杂

志，2007（1）：21-22.

［13］宋辉青等. 功能性构音障碍学龄儿童的智力水平和智力结构分析［J］. 中国儿童保健杂志，2008（2）：177-178.

［14］王文科. 特殊教育导论［M］. 台北：心理出版社，2009：334-335.

［15］韦小满. 特殊儿童心理评估［M］. 北京：华夏出版社，2006：235-236.

［16］吴瑗如. 语言发展迟缓儿童之叙事表现［D］. 台北：台北护理学院听语障碍科学研究所，2009.

［17］昝飞，马红英. 言语语言病理学［M］. 上海：华东师范大学出版社，2005.

［18］张巧明，杨广学. 特殊儿童心理与教育［M］. 北京：北京大学出版社，2012：192.

［19］张世慧，蓝玮琛. 特殊教育学生评量（第五版）［M］. 台北：心理出版社，2011.

［20］赵云静. 功能性构音障碍儿童听觉辨别能力的病例对照研究［D］. 中国医科大学，2003：3.

［21］周兢. 学前特殊儿童教育［M］. 大连：辽宁师范大学出版社，2004.

第八章　自闭症谱系障碍儿童的发展与学习

 学习目标

　　自闭症谱系障碍儿童被公众称为"星星的孩子"，他们独特的行为模式和"井喷式"的数量猛增引起了学者和公众的广泛关注。学龄前阶段是自闭症谱系障碍儿童教育和干预的关键期。在融合教育成为世界教育发展新趋势的今天，越来越多的自闭症谱系障碍儿童进入普通幼儿园接受教育成为大势所趋。因此，了解、熟悉这些来自"星星的孩子"的发展与学习特点，掌握在普通教育环境中对他们进行有效教育的策略，将对每一名自闭症谱系障碍儿童的发展与社会融合具有重要意义。

　　知识目标：

　　1. 了解自闭症谱系障碍儿童的相关概念、核心障碍表现；

　　2. 理解自闭症谱系障碍儿童的病因、发展特点；

　　3. 掌握自闭症谱系障碍儿童的学习特点、教育策略等相关知识。

　　能力目标：

　　1. 能够根据自闭症谱系障碍儿童的特点在普通幼儿园中发现和识别可能患有自闭症谱系障碍的儿童，并能够配合专业人员对其进行恰当评估和鉴定；

　　2. 能够根据评估结果在融合环境中采取恰当的策略与家长、专业人员等通力协作，共同对自闭症谱系障碍儿童进行有效的教育和干预；

　　3. 能根据自闭症谱系障碍儿童的特点开展班级融合活动。

　　教学重难点

　　1. 掌握自闭症谱系障碍儿童的发展特点、学习特点、教学策略等；

　　2. 能够根据自闭症谱系障碍儿童的特点协助评估、设计教学活动，并与家长、专业人员通力协作，在融合环境中实施有效的教育和干预。

　　教学课时

　　4 课时

然然的故事

　　然然是一个5岁的自闭症男孩儿，他长得眉清目秀，水灵灵的大眼睛特别明亮，但就是很难和他人对视，总是逃避别人的目光，平时大部分时间都低着头。他只会简单地和爸爸妈妈、老师打招呼，会说简单的日常词汇，例如"书包、吃饭、笔、公园"等，也能够模仿成人的语言，但是听起来有点机械、生硬，并且很多时候嘴里会发出"喷喷喷"的声音。每天上学的路上，然然总是必须走同样的路线，并且沿着马路的边缘低头走，如果改变路线，他就会变得异常暴躁，表现出哭闹、拒绝上学等行为。在幼儿园中然然基本不参加小朋友们的集体游戏，因为他不懂得规则、秩序，也不知道如何和大家交流，但是他特别喜欢画画，其他小朋友们玩游戏的时候他就在旁边低头画画，他能把家中小区的楼房、树木位置都很精确地画出来，同时还通晓整个城市地铁线路的起点、终点和换乘站，老师和朋友们都以他这方面的能力为骄傲。放学的时候他总是反复检查自己的桌椅有没有摆好，书包里的东西有没有带全，窗户有没有关好等，直到确认无误之后才肯离开学校。

思考问题

　　然然的行为表现和普通小朋友相比是否存在差异？若有，主要表现在哪些方面？

　　自闭症谱系障碍（Autism Spectrum Disorder，ASD），通常指的是一种由脑部发育缺陷而引起的具有相似症状的一系列广泛性发展障碍。由于该类障碍逐渐增加的出现率和症状本身的严重性，它越来越成为国际学术界关注的热点领域。目前对于自闭症谱系障碍的病因还没有确定的结论，也没有发现能够彻底治愈自闭症的医疗康复方法，但可以明确的是，通过一系列教育康复训练可以使自闭症谱系障碍儿童的残存功能和潜在能力获得最大限度的发挥，使他们的身体、心理和适应能力获得最大限度的改善或恢复，最终接近正常或回归到主流社会当中。目前我国学前阶段自闭症谱系障碍儿童大多在专业康复中心、培智学校学前部等机构接受教育和训练，也有一部分能够融入普通幼儿园中与普通儿童一同成长和互动。随着融合教育理念和实践的不断深入，越来越多自闭症谱系障碍儿童进入普通幼儿园接受教育成为大势所趋，因此，每一名幼儿园的未来教师们，都应当对自闭症谱系障碍儿童的概念、特点和行为表现有基本的了解和认识，并掌握在普通教育环境中对其进行教育的有效策略。基于这样的目的，本章即对自闭症谱系障碍儿童的概念、病因、发展特点、教育策略等相关的知识进行介绍和梳理，并提供真实、生动的案例以辅助知识的理解和有效运用。

第一节　自闭症谱系障碍儿童的概述

　　自闭症谱系障碍是一种较为严重的、终身性发展障碍。这种障碍会给儿童的语言和社交技能发展带来严重的负面影响。这些孩子通常在一到两岁便会出现早期症状，例如无目光对视、喜欢反复行为、来回转圈等，直至三岁左右表现出自闭症谱系障碍儿童的核心症状，即社交技能的严重缺失和局限、刻板的行为和兴趣。但是，至今为止，针对自闭症谱系障碍的病因并没有确切的研究结论，仍在进一步探究的过程中。本节首先对自闭症谱系障碍的概念、来源、病因等相关内容进行梳理和介绍。

一、自闭症谱系障碍儿童的概念界定

顾名思义，"自闭症谱系障碍"并不单指某一类障碍，而是一系列具有相似症状和表现障碍的统称。美国《精神疾病诊断与统计手册》（The Diagnostic and Statistical Manual of Mental Disorders，DSM）第五版中将自闭症谱系障碍的核心症状归纳为两个，即社会交往障碍、狭隘兴趣和重复刻板行为。同时符合这两个特征的儿童，都被定义为自闭症谱系障碍儿童。

自闭症谱系障碍儿童的出现率

无疑，自闭症谱系障碍是目前世界上发生率增长最快的严重障碍之一。最初自闭症谱系障碍儿童的发生率并不高，Gillberg 和 Wing（1999）的分析指出，1966 年到 1973 年，自闭症谱系障碍儿童的发生率只有 4.4/10000，即 10000 名儿童中有 5 名自闭症谱系障碍儿童，从 1970 年后开始增加，1997 年便达到 9.6/10000[1]，近年的报道中的数据则更高，例如英格兰为 16.8/10000[2]、日本为 21.1/10000-50.3/10000[3]；瑞典

图 8-1　世界自闭症日

注：2007 年 12 月联合国大会通过决议，从 2008 年起，将每年的 4 月 2 日定为"世界自闭症关注日"，以提高人们对自闭症和相关研究与诊断以及自闭症患者的关注。

① GILLBERG C，W L. Autism：Not an Extremely Rare Disorder［J］. Acta Psychiatrica Scandinavica，1999，99（6）：399-406.

② CHAKRABARTI S，FOMBONNE E. Pervasive Developmental Disorders in Preschool Children［J］. Journal of the American Medical Association，2001，285（24）：3093-3099.

③ HONDA H，SHIMIZU Y，IMAI M，et al. Cumulative Incidence of Childhood Autism：A Total Population Study of Better Accuracy and Precision［J］. Developmental Medicine & Child Neurology，2005，47（1）：10-18.

为 31/10000，美国加州的调查发现，1990 年出生的儿童中，自闭症谱系障碍儿童的发生率低于 9/10000，而 1990 年之后出生的儿童中这一数据增加至 13/10000 以上①。2020 年美国疾病控制与预防中心（CDC）发布的最新数据表明，2016 年美国每 54 名儿童当中就有一名被诊断为自闭症谱系障碍，其中男孩被诊断的可能性是女孩的 4 倍。由此可见，虽然世界各地对于自闭症谱系障碍儿童的发生率还没有确切、一致的数据，但其发生率的急剧增加已经成为不争的事实。当然，这一现象与自闭症谱系障碍本身界定相对模糊、诊断标准不断变迁、诊断难度较大等客观因素有关，但这些因素并不足以质疑自闭症谱系障碍儿童发生率的确在增加的事实。

二、自闭症谱系障碍儿童的病因

虽然自闭症谱系障碍的病因得到了不同研究领域的高度关注，但至今未有明确的结论。整体来看，对于自闭症谱系障碍病因的探讨大致经历了以下几个阶段：20 世纪 50 年代到 60 年代，自闭症谱系障碍被认为是一种心理异常，与父母不当的教养方式密切相关；20 世纪 70 年代到 80 年代中期，自闭症谱系障碍越来越被认为是身体上的疾病，并且遗传扮演着重要角色；20 世纪 80 年代晚期到 90 年代早期，基本上确定了自闭症谱系障碍的遗传病因，一些研究发现其与大脑异常有关；20 世纪 90 年代晚期至现在，大量分子研究找到了多个与自闭症谱系障碍有关的基因，但仍未得到确切答案；此外，脑功能研究盛行，进一步确定了自闭症谱系障碍与大脑功能异常的相关关系。

（一）早期观点：由父母教养方式不当导致的心理疾病

由于早期技术、研究手段的限制，加上肯纳于 1943 年首次报告自闭症谱系障碍儿童病例之时，受弗洛伊德为代表的精神分析学派观点的影响，人们将自闭症谱系障碍的症状归于幼儿早期的不良经验。一种盛行的观点是：家长尤其是母亲的情绪冷淡、缺乏关爱、较差的人格特质、不当的教养方式以及情感剥夺等是造成儿童罹患自闭症谱系障碍的主要原因，而非其他生理性因素（"冰箱妈妈理论"）。还有研究者认为，自闭症谱系障碍儿童的症状与纳粹集中营中犯人的表现存在很多类似的地方，从而进一步支持了"心理因素"在自闭症谱系障碍病因中的重要地位②。

这一时期关于自闭症谱系障碍病因的探讨使自闭症谱系障碍儿童的家长蒙受了严重的心理折磨，因为他们坚信是自己的行为使孩子患上了疾病，但随着家庭遗传研究的进一步开展和研究技术、手段的进步，自闭症谱系障碍的生理病因浮出水面，逐渐改变了早期关于自闭症谱系障碍病因的论断。

①　COREN L A, GRETHER J K, HOOGSTRATE J, et al. The Changing Prevalence of Autism in California ［J］. Journal of Autism and Developmental Disorders, 2002a, 32（3）：207-215.

②　BETTELHEIM B. The Empty Fortress：Infantile Autism and the Birth of the Self ［M］. New York：The Free Press. 1967.

（二）基因和遗传因素

20 世纪 70 年代以后，遗传因素在自闭症谱系障碍儿童中的作用得到了一系列科学研究的证实和支撑。相关的大部分研究都是通过双生子同病率的研究进行的，通过分析同卵双生子和异卵双生子中同病率的差异，以确定遗传因素在其中的作用。1977 年，美国学者福尔斯坦对 21 对双生子进行了研究，发现其中 11 对同卵双生子中有 4 对均同时患有自闭症谱系障碍，而剩下 10 对异卵双生子中则没有 1 对同时患病。更大规模的针对 227 对双生子自闭症患者的研究表明，同卵双生子和异卵双生子的自闭症同病率分别为 88% 和 31%[1]，这些都说明自闭症谱系障碍的出现与遗传有着密切的关系。

此外，对于自闭症谱系障碍儿童致病基因的研究发现，自闭症谱系障碍儿童在多个关键基因上均存在问题和错误，是一种多基因遗传病。自闭症谱系障碍儿童的 1、2、4、7、13、15、16 号基因上均存在着异常的片段复制或删除，基因的表达量有所变化，从而参与了自闭症谱系障碍的产生。但是否还有其他的基因异常，这些基因之间的相互作用如何，仍有待进一步探索。虽然这将是一个困难而又漫长的过程，但自闭症谱系障碍与遗传和基因有着密切关系已是不争的事实。

（三）神经生理因素

近年来，脑结构和功能异常等神经生理因素在自闭症谱系障碍的致病原因中占据了越来越重要的地位，也得到了相关研究的证实。该类研究通过脑电图（EEG）和脑功能成像（fMRI）进行，取得了一些重要的结论：

1. 绝大多数的自闭症谱系障碍儿童脑体积都会异常增大，这种增大可能首先表现在出生后的几个月，但是新生儿的大脑是正常的；异常增长会在 1 岁左右突然出现，且具体时间不定[2][3]；儿童早期迅猛增长之后，其增长速度会逐渐减小，甚至出现体积相对缩小的现象，但其控制机制和规律仍不确定。此外，还有一项有意义的发现，即自闭症谱系障碍儿童在幼儿时期脑体积增大的程度越大、越早，此后的自闭症障碍越严重[4]。

2. 自闭症谱系障碍患者脑区之间的协调性降低或脑神经联结不足，导致自闭症症状的主要原因。例如，负责面孔加工的梭状回与双侧后扣带回、左楔状体、左杏仁核之

① ROSENBERG R E, LAW J K, YENOKYAN G, et al. Characteristics and Concordance of Autism Spectrum Disorder among 227 Twin Pairs [J]. Arch Pediatr Adolsec Med, 2009, 163 (10): 907-914.

② COURCHESNE E, KARNS C, DAVIS H R, et al. Unusual Brain Growth Patterns in Early Life in Patients with Autistic Disorder: An MRI Study [J]. Neruology, 2001 (57): 245-254.

③ LAINHART J E. Advances in Autism Neuroimaging Research for the Clinician and Geneticist [J]. Amercican Journal of Medical Genetics Part C, 2006 (142): 33-39.

④ COURCHESNE E, CARPER R, AKSHOOMOFF N. Evidence of Brain Overgrowth in the First Year of Life in Autism [J]. American Medicine Association, 2003 (290): 337-344.

间关联性下降导致了自闭症谱系障碍儿童的面孔识别障碍[1]；大脑的激活状态以及各脑区之间的协同程度较低导致了自闭症谱系障碍儿童的语言障碍[2]；眶额皮层与杏仁核之间的回路障碍导致了自闭症谱系障碍儿童的情绪匹配障碍[3]等。

（四）其他因素

还有一些研究从神经化学因素、环境因素等方面试图揭示自闭症谱系障碍的病因。大量研究表明自闭症谱系障碍儿童体内 5-羟色胺的含量高于普通儿童，由于该物质在调节睡眠、情绪以及身体温度上发挥着重要作用，因此有人认为这一现象可以解释自闭症谱系障碍儿童在睡眠、情绪上的异常表现。还有学者对自闭症谱系障碍儿童体内的多巴胺含量进行了研究，但也未取得说服力较强的结论。此外，一些人还认为自闭症谱系障碍与汞、疫苗等环境因素有关，但这些研究和报道均以个案形式发表，还需进一步探索和验证。

总之，自闭症谱系障碍的病因到目前为止仍是一个有待进一步破解的难题，需要借助先进的研究技术，从不同领域、视角进行探索和验证，以为自闭症谱系障碍的预防和干预提供科学的实证依据。

第二节 自闭症谱系障碍儿童的发展与评估

人们通常会认为自闭症谱系障碍是比较神秘的一类障碍，不同自闭症谱系障碍儿童之间往往存在着较大的个体差异。同时，自闭症谱系障碍对儿童的认知、语言、情感、社会性等多个领域都造成了不同程度的影响，而非单方面的缺陷。

一、自闭症谱系障碍儿童的发展特点

（一）认知发展

1. 智力发展

正如自闭症谱系障碍诊断标准中表现出来的那样，大约 70% 的自闭症谱系障碍儿童都同时伴随着智力障碍，并且存在着较大的个体差异，从轻度到极重度均有可能。同样，也有 30% 左右的自闭症谱系障碍儿童智力水平发展基本正常甚至超常，这部分儿

---

[1] KLEINHANS N M, RICHARDS T, STERLING L, et al. Abnormal Functional Connectivity in Autism Spectrum Disorders During Face Professing [J]. Brain, 2008（131）：1000-1012.

[2] JUST M A, CHERKASSKY V L, KELLER T A, et al. Cortical Activation and Synchronization During Sentence Comprehension in High Functioning Autism：Evidence of Underconnectivity [J]. Brain, 2004（127）：1811-1821.

[3] HOFER S, FRAHM J. Topography of the Human Corpus Callosum Revisited-comprehensive Fiber Tractograghy Using Diffusion Ensor Magnetic Resonance Imaging [J]. Neuroimage, 2006（32）：989-994.

童通常具备一定的学习能力，属于高功能自闭症谱系障碍儿童，通常能够在普通环境中接受教育。

此外，自闭症谱系障碍儿童的智力发展同样表现出较大的个体内差异，与智力障碍儿童智力水平的全面落后不同，自闭症谱系障碍儿童在智力的不同子领域上有差异较大的表现：在言语分测验上得分相对较低，而在数理逻辑、记忆、视觉加工等分测验上得分较高。还有相当一部分自闭症谱系障碍儿童能够表现出在阅读、计算、会话、音乐等方面的突出优势，远远超出其本身的智力水平，这一技能通常被人们称为"碎块技能"或"孤岛智力"，而具有超常才能的自闭症谱系障碍儿童也被称为"自闭症学者"。经典电影《雨人》中的主人公惊人的数字计算和记忆能力便是很好的表现。但是究竟是什么原因导致了自闭症谱系障碍儿童具备这样的突出才能，这些突出才能的形成机制是怎样的，至今仍难以解释。

整体来看，自闭症谱系障碍儿童虽然很有可能同时伴随着智力发展的障碍，但与智力障碍儿童有着本质的区别。一些智力正常或超常的高功能自闭症谱系障碍儿童能够基本正常地进行学习和认知活动。

 案例分析

自闭症的他，只看了一眼，便画出了整个纽约

Stephen Wiltshire 1974 年出生在英国伦敦，3 岁被诊断出患有自闭症，但他却有惊人的记忆力和画功。在一个陌生的城市，他只要在街上转一圈，就可以把街景建筑全都像电脑一样事无巨细地储存下来，再用画笔还原出来。

2001 年，他登上 BBC 电视台的《天才的片断》节目，在拍摄过程中，他乘坐直升机飞过伦敦上空，然后在 3 个小时内绘制完一幅细致完美的空中插画。这幅插画描绘了达 4 平方英里范围的景色，其中包括了 12 个历史景点和 200 个其他建筑。2006 年 Stephen Wiltshire 被授予英国皇家荣誉会员勋章。此后在伦敦开办了自己的永久性画廊，他所有的作品都将永久地在这里展出。

2009 年，他只用一周左右的时间就完成了一幅长约 5.5 米的"纽约轮廓"。目前，他已经分别为罗马、法兰克福、耶路撒冷、东京、香港、马德里和纽约等城市绘制了全景图，而每次绘画之前他仅仅需要 20 分钟时间乘坐直升机飞行于这些城市上空。

2. 感知觉发展

大多数自闭症谱系障碍儿童都表现出比较严重的感知觉过于迟钝或过于敏感的现象①，这也是很多自闭症谱系障碍儿童身上存在的自我刺激行为（自伤、前后晃动身体、甩手等）和不喜欢别人触碰他脖子以上部位的主要原因。

（1）听觉

听觉方面的异常是自闭症谱系障碍儿童感觉问题中最普遍、最严重的表现之一。很多自闭症谱系障碍儿童的听觉异常敏感，导致他们对环境中某些稍微有些尖锐或者响度较大的声音（汽车鸣笛声、工地施工的声音等）感到异常害怕，经常出现过激反应，如用手捂自己的耳朵，被吓一大跳等，同时也会对生活中普通人不太在意的声音过于关注，例如不停机械地重复某个电视中的广告语。但是，让人感到不解的是，同时有另外一部分自闭症谱系障碍儿童对声音的感觉却非常迟钝，例如别人叫他们名字的声音、家长和老师的指令等，甚至对汽车的鸣笛声毫无反应，严重威胁着自闭症谱系障碍儿童的健康和安全。

自闭症谱系障碍儿童的听觉异常还表现在无法听到声音中的一些细节，导致其表现出语音识别和辨别困难，因此对于自闭症谱系障碍儿童来说，环境中的声音信息经常是超负荷的，他们无法剔除无关信息，从而也不能对重要的信息进行有效加工。

（2）视觉

自闭症谱系障碍儿童的视觉极其敏感，并且对视觉信息中的细节具有高度敏锐的觉察和记忆能力，这一点可以从上述案例中得到充分显现。异常敏感的视觉也使得自闭症

---

① 王辉. 自闭症谱系障碍儿童的心理行为特征及诊断评估 [J]. 现代特殊教育，2007，（7）：86-89.

谱系障碍儿童在绘画方面的突出才能成为可能。视觉通道是自闭症谱系障碍儿童感知外部世界并进行学习的主要、优势渠道，因此使用照片、视频等图像信息进行教学对于自闭症谱系障碍儿童来说有着事半功倍的效果。但是自闭症谱系障碍儿童对某些视觉信息的加工同样存在困难，最典型的便是对他人视线接触的回避，有的还出现对视僵硬、斜视等问题①。

（3）其他感觉

除听觉、视觉两大主要感觉通道之外，自闭症谱系障碍儿童在味觉、嗅觉、触觉、平衡觉、本体觉等方面均可能存在一定的异常，但其障碍表现存在着较大的个体差异性。大部分自闭症谱系障碍儿童对于食物有着固执、刻板的喜好，只喜欢吃特定质地或味道的食物，改变食物将会给他们带来巨大的困扰和烦躁的情绪；有的自闭症谱系障碍儿童只喜欢穿特定材质的衣服，喜欢在原地转圈、前后晃动身体、甩手，或者迷恋荡秋千活动，这些自我刺激行为的出现均与其感觉功能方面的异常存在直接关系。

3. 注意发展

在注意方面，首先，自闭症谱系障碍儿童的关注点，即注意的对象往往显得比较奇怪，他们不太关注环境中与人物整体、情境相关的主流信息，反而将注意力集中在普通人不太关注的事物上，例如教室墙角的垃圾桶、超市天花板的吊灯等，同时，自闭症谱系障碍儿童的注意广度通常较小，对于环境中的细节过度关注，例如妈妈的鞋子、老师衣服上的装饰物品等。还有研究表明，自闭症谱系障碍儿童在对人像进行识别时，总是对面孔的局部信息给予高度关注，而难以对面孔特征进行整体加工。这种广度受限、局部优势的注意特征使得自闭症谱系障碍儿童在学习、社交方面均出现一定的困难。此外，更为明显的是，自闭症谱系障碍儿童在注意分配和转移上表现出明显障碍，他们总是沉迷于自己感兴趣的活动中，例如玩积木、玩电脑游戏、捏橡皮泥等，从而对外界环境的其他信息置之不理，这种对部分事物的高强度注意严重影响了自闭症谱系障碍儿童与外界的交流和沟通，他们的社会性发展受到严重限制。

4. 记忆发展

记忆力可以说是自闭症谱系障碍儿童认知功能中相对优势的领域，他们的机械记忆和视觉记忆能力大多没有受到损伤，反而经常有超常、特异的表现。例如上述案例中的自闭症人士能够对所见过的情景几乎过目不忘，很多自闭症谱系障碍儿童对数字、日期等都具有超乎想象的机械记忆能力，本章开头案例中的然然能够精确地记忆城市的地铁线路图和换乘站情况，这些都是常人难以企及的记忆能力。但是，并不是每个自闭症谱系障碍儿童都具备记忆力上的突出优势，存在着较大的个体差异，并且这种特异功能的产生原因和机制目前仍不清楚。与机械记忆不同，对材料的意义记忆通常需要建立在对材料的充分理解并建立内部有机联系的基础上，因此自闭症谱系障碍儿童在意义记忆上的表现并不理想，有时候他们能够准确地背诵一个童话故事，但并不能够真正理解其中的意思。

---

① 天宝·葛朗汀. 我心看世界——天宝解析自闭症谱系障碍［M］. 燕原，译. 北京：华夏出版社，2012.

（二）语言发展

语言发展的严重落后是自闭症谱系障碍儿童的主要缺陷之一，并且大约一半的自闭症谱系障碍人士终身难以发展出功能性语言。事实证明，很多家长正是因为关注到孩子最初在语言发展方面的障碍而去寻求专业诊断，最终确定为自闭症谱系障碍。

1. 语言理解

自闭症谱系障碍儿童在语义理解上表现出明显的异常，他们往往能够掌握大量的单个词汇，甚至具备比普通儿童更多的词汇量，也能够理解每个词汇的含义，并且具备正确的类别概念，例如他们可以将苹果、菊花、书桌、电视、香蕉等词汇进行正确的分类，能够回忆出每个类别中的词汇，但是却不能利用这种对语义的理解来完成更加复杂的记忆任务。有研究表明，自闭症谱系障碍在语义理解中很可能使用了与普通儿童不同的加工策略，即主要依靠语法策略而不是语义策略。自闭症谱系障碍儿童的语义理解能力更多地与其图形加工等非言语智力相关，说明他们在语义理解时大多依靠较低水平的能力，例如视觉能力，这使得他们对于语义的理解受到较大限制，具有较强的刻板性和机械性，也限制了其对于已掌握的词汇的灵活运用能力。

2. 语言表达

与语言理解相比，自闭症谱系障碍儿童在语言表达上存在的障碍更加明显，也更加严重。大量研究表明，约有四分之三的自闭症谱系障碍儿童存在明显的语言发展迟滞，并且有的自闭症谱系障碍儿童终身难以获得语言表达能力。即使在有语言的自闭症谱系障碍儿童中，也大多表现出机械重复的回声性仿说占主导、人称代词使用混乱、语音语调异常生硬等现象，远远落后于同龄普通儿童。如，你问自闭症谱系障碍儿童"你叫什么名字"，他们不会回答自己的名字，反而重复道"你叫什么名字"，这便是典型的"回声性语言"，同时也间接表现出自闭症谱系障碍儿童对于人称代词的混乱使用现象，他们难以分清"你、我、他"之间的关系，并且几乎很少使用"我"来指代自己，例如一个叫明明的自闭症谱系障碍儿童在想喝水的时候不会对成人说"我要喝水"，而是说"明明要喝水"。即使是具备一定语言表达能力的、程度相对较好的高功能自闭症谱系障碍儿童，他们在使用语言时也经常不符合所处的具体情境，经常在公共场所大声说"上厕所""要吃饭"等，并且难以主动发起并维持对话。总之，语言表达上存在缺陷是自闭症谱系障碍儿童的主要障碍表现之一，严重影响其社会性的发展和生活质量的提高。

（三）社会性发展

正如本章中一直提到的那样，自闭症谱系障碍儿童的核心缺陷便是社会性发展的落后和社交技能的障碍，难以表现出与年龄和社会期望相符的行为。主要表现在交往动机缺乏和交往方式不当两个方面。

1. 交往动机缺乏

对于很多自闭症谱系障碍儿童来说，最大的问题在于交往动机的缺乏。与普通儿童不同，他们在特定的年龄阶段难以发展出恰当的交往欲望，例如对爸爸妈妈的依恋、想要亲密的同伴关系等，也很难和其他人有持续的目光接触和交流。自闭症谱系障碍儿童往往活在自己的世界里，满足于自己某些非常规行为带来的快乐，例如不停玩弄积木、哼着歌在角落里独自玩耍等，而未能表现出与周围人交往的情感需要，更难以建立稳定、亲密的关系。

2. 交往方式不当

在有些阶段和某些特定的情境下，自闭症儿童能够有一定的交往动机，例如想要得到某些自己喜欢的东西，想要参加自己沉迷的活动等，这些交往往往和自身的需要紧密相关，此时他们也能够通过一些行为来表达这种交往需要，但这些行为通常都是不正当的。例如，一个自闭症儿童在和大家一起上课的时候想要玩他喜欢的橡皮泥，他不会像普通儿童一样先举手示意然后告诉老师自己的需要，而是会突然站起来跑到教室中放玩具的柜子中寻找，若没有找到，则会表现出异常焦虑、哭闹等行为引起教师或其他同学的关注，以获得想要的帮助。交往方式的不当往往给家长和老师带来很大的困扰，因此对于老师和家长来说，充分明确自闭症儿童的需要是非常重要的，能够帮助他们采用积极行为支持的策略训练其用正确的方式表达需要，逐渐建立良好的交往行为。

二、自闭症谱系障碍儿童的评估

自闭症谱系障碍儿童的病因尚不清楚，并且存在着巨大的个体差异，这使得大多数自闭症谱系障碍儿童由于心理和行为方面的问题难以参与常规的标准化测验，因此，对于自闭症谱系障碍儿童的评估一直是一个难题。

（一）评估目的

与针对其他儿童的评估目的类似，对于自闭症谱系障碍儿童的评估主要有以下两个方面：首先，明确自闭症谱系障碍儿童在动作、语言、认知、社会性等发展领域上的现实水平以及相对的优势和劣势领域，为个别化教育计划的制定提供直接依据；其次，在教育和干预项目进行的过程中或结束后为确定干预方案的有效性提供依据，了解评估实施的整体情况，包括取得的主要效果和仍需改进的地方，从而进一步调整和修订干预计划。

（二）评估主体

对于特殊儿童的评估通常是一个系统工程，需要来自不同学科领域的专家组成跨专业的团队开展评估工作，由于病因和行为表现的复杂性，对自闭症谱系障碍儿童的评估更是如此。一般来讲，在理想情况下，对于自闭症谱系障碍儿童的评估团队主要包括医生、普通教师、特殊教育教师或资源教师、专业康复人员、心理咨询师以及学生家长等，他们能够从不同角度、通过不同方式收集儿童发展的相关资料，并在评估会议上进行分享和讨论，从而对自闭症谱系障碍儿童的发展进行综合评估和判断。评估主体的多样化和综合化是评估结果专业、客观的重要保障。但在我国的现实情况下，虽然自闭症谱系障碍儿童能够通过努力获得不同方式的检查和评估，但是不同来源的评估结果和不同的评估主体很难有交流、商讨的机会，大大限制了对评估结果的综合判断。

（三）评估内容

对自闭症谱系障碍儿童进行评估的一个重要目的是为接下来教育干预策略的制定和调整提供切实的依据，因此，理想的评估内容和领域应与康复教学的需要密切结合，以提高评估结果的有效性和针对性。不同自闭症谱系障碍儿童的评估内容必然不容，但整体来看，包含以下领域（表8-1）：

表 8-1 　　　　　　　**自闭症谱系障碍儿童评估领域及内容**

领域	主要内容	举例
动作能力	粗大动作：站、坐、跑、跳、推、拍接球、平衡性、协调性、恰当的体育活动等	能抛球、接球
	精细动作：搭积木、使用剪刀、串珠子、拧瓶盖、描线等	能使用剪刀、能把瓶盖拧开
感知觉能力	视觉、触觉、听觉、本体觉等	能对触觉有正确的反应
认知能力	配对、分类、推理、物品识别、实践概念、数概念、学科性技能等	认识常见的水果、能够识别人民币、能按照一定标准对物品、形状进行配对和分类
沟通能力	接受性沟通：对眼神、肢体动作、面部表情、口语的理解	能读懂他人的眼神
	表达性沟通：使用非语言（眼神、肢体动作、面部表情、图片等）以及语言等进行沟通	能发出简单的、具有沟通功能的字词、音节
社会互动能力	靠近他人、打招呼、寻求信息、问候、游戏等	能主动和别的小朋友打招呼、能够寻求他人帮助、有交往意愿
生活自理能力	吃饭、入睡、如厕、保持清洁等	能自己吃饭
模仿能力	粗大动作模仿、精细动作模仿、物品操作模仿、语言模仿等	能模仿吹气、能模仿说单字或简单的词语
行为问题	重复刻板行为、攻击行为、自伤行为	长时间摇摆、晃动身体

（四）评估方法

如前所述，由于自闭症谱系障碍儿童障碍表现的复杂性以及个体之间的差异性，因此，对其的评估不能依赖单一的方法和手段，必须通过不同的方法获取儿童不同发展领域的资料，进行综合评估和判断。具体来看，对自闭症谱系障碍儿童进行评估的方法主要有以下几种：

1. 观察

行为观察法是对自闭症谱系障碍儿童进行评估的最主要方法之一，直接的观察往往能够获取自闭症谱系障碍儿童行为表现的一手资料，了解其真实情况。观察法主要用来评估自闭症谱系障碍儿童的社会交往能力，但需要评估者在观察之前制定详细的观察方案，对所要观察的行为进行清晰界定，并通过反复、较长时间的观察，以获取稳定、可信的资料。

在对自闭症谱系障碍儿童进行诊断时，有专门的《自闭症谱系障碍儿童诊断观察量表》（Autism Diagnostic Observation Schedule Generic，ADOS-G）。该量表是一个半结构化观察量表，需由专业人员根据模块要求设计情境，搜集观察数据，进而进行编码、分析，得出诊断结论。该量表的广泛使用充分说明观察法在自闭症谱系障碍儿童评估中的重要作用。

2. 访谈

为了弥补观察法在自闭症谱系障碍儿童评估中存在的固有局限性，专业人员和教师还应通过访谈其家长或养育者来获取评估资料。访谈的内容根据评估的目标确定，通常包括患儿的病史、目前的情况，尤其是在家中的语言、沟通以及认知发展状况。通过访谈能够更加有针对性地、细致地了解自闭症谱系障碍儿童的行为表现。同理，访谈的方式也可以用于家长向教师了解情况、医生向教师了解情况等方面。

同样，自闭症谱系障碍儿童筛查和诊断中常用的另外一个工具，即自闭症诊断访谈量表（修订版）（Autism Diagnostic Interview-Revised，ADI-R），要求专业人员对自闭症谱系障碍儿童的家长或监护人进行专门访谈，通过全面搜集儿童发展的相关信息得出结论。

3. 检核表或量表

目前使用较为广泛的、以自闭症谱系障碍儿童教育评估为目的的量表主要是由美国翻译并修订而来的《自闭症谱系障碍儿童心理教育评量（修订饭）》（Psychoeducational Profile-Revised，PEP-R），该量表主要适用于包括自闭症谱系障碍儿童在内的发展障碍儿童的个别化评估，不但能够全面地了解儿童发展的现实水平和偏离正常发展轨道的程度，其评估结果还可以直接转化为个别化教育和干预计划的内容，实现评估—教育的有效联结。

PEP-R 包括功能发展量表和行为表现量表两个部分：

（1）功能发展量表（七个领域）

➤ 模仿：主要用于评估孩子在动作和语言方面的模仿能力

➤ 知觉：用于评估孩子在听觉、视觉方面所具备的能力

➤ 小肌肉：用于评估孩子基本的精细动作技能

➤ 大肌肉：用于评估孩子的粗大动作技能、运动技能

➤ 手眼协调：主要评估孩子小肌肉和视知觉能力的配合运用

➤ 认知理解：主要评估孩子概念的认知能力和语言理解的运用，但这方面不需要孩

子作出适当的语言反应

➤ 认知表达：主要评估孩子概念和语言表达的运用，需要孩子作出适当的语言反应

（2）行为表现量表（四个领域）

➤ 语言：用于评估孩子语言使用上的表现

➤ 关系与情感：用于评估孩子情绪和社交上的表现

➤ 感觉反应：评估孩子对不同感官刺激的表现

➤ 游戏及对物件的兴趣：评估孩子对玩具和物件的兴趣和使用方式

对自闭症谱系障碍儿童进行客观、综合的评估是继诊断之后的又一重要工作，也是对其进行干预和训练过程中的最重要环节。评估需要贯穿整个干预和训练过程，并且以发展性、过程性评估为主，不仅仅是对现状和干预效果的简单判断，而是为康复训练和教育提供持续、直接的依据。此外，在对自闭症谱系障碍儿童进行评估时必须强调评估的综合性，开发出一套自闭症谱系障碍儿童的综合评估系统，通过多种渠道和途径获取儿童发展和表现的相关信息，并进行一定时间内的跟踪，从而对幼儿发展的现实情况进行综合判断。

（五）评估标准

目前世界范围内对于自闭症谱系障碍儿童的诊断主要依据 2012 年发布的《美国精神障碍诊断统计手册》（第五版）（DSM-V）进行，其详细内容如表 8-2 所示。

表 8-2　　　　　　　　　**DSM-V 中自闭症谱系障碍诊断标准**

A. 在不同的情境中出现社会沟通、社会互动方面的持续性缺陷，例如（当前或曾经出现过，并且不局限于下述表现）： 1. 互惠性社会情绪缺损，包括异常的社会沟通方式、难以维持对话回合、难以发起或维持社会互动以及较少地与他人分享兴趣、情绪和情感； 2. 在社会互动所需的非言语沟通行为上存在缺陷，包括难以整合言语和非言语沟通、眼神接触和身体语言上存在异常或难以理解和运用手势以及面部表情和非言语沟通方面的全面落后； 3. 在建立、维持和理解关系上存在缺陷，包括难以根据社会情境调整行为、在分享想象性游戏和交朋友上存在困难，或者完全对同伴没有兴趣。
B. 局限、重复的行为、兴趣和活动模式，至少满足下列两点（当前或曾经出现过，并且不局限于下述表现）： 1. 刻板或重复的动作、物体使用或言语（例如简单刻板的动作、排列玩具或敲击物体、模仿言语、异质性的短语）； 2. 坚守一致、固定的常规和程式化的言语和非言语行为（例如，对微小的变化异常不安、生活难以改变、严苛的思维模式、问候常规、每天必须走同样的路线或吃相同的食物）； 3. 具有高度局限、固定的兴趣，这种兴趣的强度和关注点上都是异常的（例如对不寻常的物体全神贯注以及过于局限、持续的兴趣）； 4. 对感觉刺激反应过激，或者对于环境中的感觉信息过于感兴趣（例如对温度觉或痛觉不敏感、对特定声音或质地完全相反的反应、过度触摸或闻某个物体、眼睛长时间盯着光或运动的物体）。

续表

C. 症状必须在儿童发展的早期出现（有可能在社会需求超越能力水平时才完全显现，或者被之后生活中学到的策略所掩盖）。
D. 症状在临床上导致了儿童在社交、职业以及其他重要领域的严重缺陷。
E. 上述症状不能被智力障碍或全面性发展迟缓更好地解释。

　　除了通用的国际诊断标准之外，学者们还根据自闭症谱系障碍儿童的核心症状——社交技能的缺陷和局限、刻板的行为和兴趣开发了多种不同侧重点和测查方式的诊断工具，目前较为常用的主要有：自闭症访谈量表（修订版）（Autism Diagnostic Interview Revised，ADI-R）、克氏自闭症评定量表（Clancy Autism Behavior Scale，CABS）、自闭症行为检核表（Autism Behavior Checklist，ABC）等，这些工具通常要求对自闭症谱系障碍儿童的家长进行访谈或直接观察自闭症谱系障碍儿童的行为来进行评定，有的已经翻译成中文在我国大陆地区广泛使用。但是需要说明的是，自闭症谱系障碍儿童的行为表现具有较大的差异性和复杂性，即使是使用最广泛、最权威的测查工具也难以对其进行直接、确定、结论性的诊断，可以说，自闭症谱系障碍儿童的客观诊断和评量仍然是一个世界性的疑难问题。对自闭症谱系障碍儿童的诊断应当建立在对儿童的充分观察、了解、病史分析的基础之上，并结合一定生理学指标，避免误诊或漏诊带来的消极后果。

第三节　自闭症谱系障碍儿童的学习与教育

一、自闭症谱系障碍儿童的学习特点

　　教师只有在了解自闭症谱系障碍儿童学习特点的基础上对其进行合理的教育训练，使他们的发展获得较大的帮助和改善。邓永兴在《试论孤独症儿童的学习特点与教学原则》中对自闭症谱系障碍儿童的学习特点进行总结，主要为以下几种：[①]

（一）学习动机薄弱

　　大多数自闭症谱系障碍儿童的兴趣范围都比较狭窄，普通儿童一般对玩具等东西感兴趣，他们并不感兴趣，学习动机也比较薄弱。因此，他们往往没有兴趣参与课堂活动，即使参与，也常常表现得非常被动，甚至作出许多与环境要求不适宜、不恰当的行为反应。

---

　　① 邓永兴. 试论孤独症儿童的学习特点与教学原则 [J]. 现代特殊教育，2007（10）：41-44.

（二）过分专注细节

自闭症谱系障碍儿童容易专注于特定的细节，而不注意该情景中更多的相关信息，倾向于专注于情景的某一个方面，这导致儿童在感知和行为之间更易于产生很局限的、单线条的关联关系。如有的儿童常常对某些自己有兴趣的刺激十分专注，如他们只顾看着笔杆上的图标、图案或者是作业本上的小虚线，而忘记了自己该学习连线、写字、画画等。自闭症谱系障碍儿童在细节方面能有过人的能力，但却难以理解完整的图画。除此之外，很多自闭症谱系障碍儿童的注意时间也是极其短暂的。因此，这种过度选择性的注意力常常会影响自闭症谱系障碍儿童的学习效果。

（三）机械记忆力为主

由于自闭症谱系障碍儿童的认知能力不足，语言理解力较弱，他们一般不能把不同的事物进行有效的组合形成有意义的概念，他们一般也不能明白事物背后形成的原因。他们较看重事物的某些部分或细节，未能掌握重要部分和整体概念，也不善于把相关的事情联系起来，找出其中的关系，归纳成有意义的概念或因果关系。

熊絮茸、徐海滨也在《学龄期自闭症儿童的学习特质与教学策略研究》中指出自闭症谱系障碍儿童通常将信息素材以整块的形式而不是重组和灵活整合的方式进行存储和记忆。自闭症谱系障碍儿童的记忆像照相机一样将所有进入记忆系统的刺激一幅幅地存在那儿，但每幅之间的连接是有限的，在提取时将有一点关联的几幅没经过整合加工的画面信息同时提取并表达出来，因此给人的感觉很混乱。①

（四）特有的视觉、听觉优势

大多数自闭症谱系障碍儿童的视觉辨别和记忆力较强，他们往往以视觉来分析和认识环境，常常用视觉来接受和处理外界刺激，因而视觉学习的能力往往优于听觉学习的能力；有的儿童听觉辨别和接收能力较弱，往往很难充分理解讲授和口语提示的内容，如他们在抄写或按颜色和形状进行分类、配对、排列、拼图等空间性方面表现出较佳能力，但对文字所表达的意义可能完全不理解，对教学时间、日常活动时间的理解也较弱。

（五）类化困难

类化是指将习得的知识、能力和技巧运用在需要的类似情境。有的自闭症谱系障碍儿童很容易学习到学业、社交、休闲和工作等方面的知识、技能和技巧，可是他们却很难运用学得的技巧，缺乏举一反三的能力，更缺乏灵活应用的能力。

（六）行为问题影响学习

大多数自闭症谱系障碍儿童都有一些行为问题。较轻的行为问题如冲动、固执、过

---

① 熊絮茸，徐海滨. 学龄期自闭症儿童的学习特质与教学策略研究［J］. 南京特教学院学报，2007（4）：40-42.

于焦虑而容易发脾气、不合作、自我刺激等，这些行为都会不同程度地影响他们的学习；严重的自我伤害和攻击行为问题还会严重地干扰课堂教学秩序；一些高功能自闭症谱系障碍儿童无法在普通学校学习而需要安置在特殊教育学校，甚至不能到任何学校而只能在家自行教育。

二、自闭症谱系障碍儿童的教育策略

（一）教育目标

由于自闭症谱系障碍儿童内部存在较大的异质性，在教育和干预中根据其自身特点进行目标设计显得格外重要。

1. 重度自闭症谱系障碍儿童

重度自闭症谱系障碍儿童往往伴有严重的智力障碍，有的甚至在身体发展上也受到一定的影响。大多数重度自闭症谱系障碍儿童几乎难以发展出语言，即使有语言，也不具备功能性，往往是机械的模仿或无意义的单字、单词重复。此外，这些儿童在社会交往方面的发展也明显落后，甚至难以进行目光对视或身体接触，严重的还伴有攻击性行为、自伤行为等。这些儿童障碍较重，而且预后效果一般不理想。因此，对于他们来说，难以提及学业、认知能力等方面的发展，而应当以消除其问题行为、发展简单的沟通性语言、提高其社会性、促进其同伴关系的发展为主要目标，使其具备最基本的自我照料和生活自理能力。在学龄前阶段，可以重点将重度自闭症谱系障碍儿童的学习目标定位为熟悉且不惧怕社交场景、产生交往动机、消除攻击和自伤等问题行为、发展简单的语言、服从指令和规则等，从而为今后的教育和干预做好准备。重度自闭症谱系障碍儿童学习目标的设定需要与其家长共同商议制定，并与家长充分配合，力求目标的有效实现。

2. 中轻度自闭症谱系障碍儿童

中轻度自闭症谱系障碍儿童伴随的智力障碍程度往往较轻，尤其是轻度或高功能自闭症谱系障碍儿童，很多智力水平都是正常的，有的在某些方面还能够达到超常的水平，同时在问题行为、社交障碍上的异常程度也相对较轻。对于这些自闭症谱系障碍儿童，除了发展其最基本的社会交往、生活自理能力之外，还可以适当地选择休闲娱乐、发展友谊以及职业能力等目标，重视其潜能充分开发。对于学龄前阶段的中轻度自闭症谱系障碍儿童，应当让其充分适应团体生活，发展交往动机和欲望，能够发起并维持简单的功能性对话，具有良好的规则意识，同时在学业和认知能力发展上也应进行适度要求，为小学阶段的进一步学习奠定良好的基础。中轻度自闭症谱系障碍儿童的发展潜力往往是较大的，教师应当充分基于其评估结果，确定恰当的教育目标，在早期阶段为其奠定良好的发展基础，避免因其具有自闭症症状而忽略客观评估和恰当要求，以致埋没其应有的发展潜能。

总之，自闭症谱系障碍儿童内部的异质性为其客观评估和目标设计提出了较大挑战。无论对于重度自闭症谱系障碍儿童还是中轻度自闭症谱系障碍儿童来说，教学目标的选择都是一个极其个别化的工作，绝不能一概而论、统一设计，应当在整体把握儿童发展水平的基础上充分考虑每个自闭症幼儿的优势、劣势、兴趣和需要进行个性化设计，并与家长、医务人员、专业康复师等专业人员共同商讨确定。

（二）教育内容

基于自闭症谱系障碍儿童的认知特点，他们在学习材料上往往有比较明显的偏好和兴趣。例如有的自闭症谱系障碍儿童对于色彩鲜艳的图画、文字有较强的学习动机和专注力，有的对于计算机或多媒体呈现的动画更有兴趣，还有的对于质地较为柔软、光滑的材料（橡皮泥）有明显的偏好。在学龄前阶段，可供教师选择的学习材料非常丰富，每一个自闭症谱系障碍儿童可能表现出不同的兴趣和需要，教师应据此进行恰当的选择。例如采用专门为自闭症谱系障碍儿童开发的计算机游戏或程序对其进行社交技能训练、利用色彩鲜艳、内容丰富的绘本图书吸引自闭症谱系障碍儿童注意并对其进行训练和干预，还可以在自闭症谱系障碍儿童独特兴趣的基础上将其转化为某方面训练的契机，从而达到事半功倍的效果。

图 8-3　自闭症谱系障碍儿童使用绘本示例

（三）教育策略

自闭症谱系障碍儿童教育策略的选择应当充分以其学习特点为依据，从而最大限度地提升教育教学的有效性。

1. 与自闭症谱系障碍儿童建立亲密关系

正如我们从本章有关内容中了解到的那样，自闭症谱系障碍儿童通常对自己不熟悉的人表现出明显的排斥，除家长或熟悉的养护者之外的人很难接近他们，接近他们往往会引起他们的情绪波动和过激反应。因此，在对自闭症谱系障碍儿童进行教育和干预时，首先要与他们建立亲密、友好并且信任的关系，创建和谐、融洽氛围。

亲密关系的建立必须以成人对自闭症谱系障碍儿童的充分接纳和较高程度的了解为基础，因此，教师需要对班中的自闭症谱系障碍儿童进行较为长期的持续性观察，对其性格、行为、情绪等特点有所掌握。建立亲密、信任关系的策略有很多，例如教师模仿儿童的语音、语调、动作等，还可以与其进行一定程度的身体接触，在儿童需要帮助的时候提供帮助，与其谈论他感兴趣的话题等。此外，教师还要了解自闭症谱系障碍儿童喜欢什么，在互动过程中的恰当时机利用具有强化作用的物品增进与自闭症谱系障碍儿童的亲密感和信任感。

2. 语言及沟通教学策略

如前所述，大多数自闭症谱系障碍儿童在语言和沟通能力发展上都存在严重的损伤，能够开口说话或对自己的情绪、需求等进行恰当的表达，是所有家长和教师对其的首要期望。因此，对自闭症谱系障碍儿童语言及沟通能力的干预是教师应该关注的主要问题之一。目前对于自闭症谱系障碍儿童的语言和交流能力的训练策略包括直接的操作性言语训练和借助其他媒介的交流能力训练两种。

（1）操作性言语训练（operate speech training）

操作性言语训练是运用一系列步骤直接促进自闭症谱系障碍儿童语言能力发展的训练策略，通常首先从促进其发声、语音语调的纠正等基础步骤开始。其次，让自闭症谱系障碍儿童模仿常见的简单物品发音，并逐渐能够独立说出词汇，进而命名常见物体、表达自己的需要等。操作性言语训练的基本目的是采用行为主义的原理发展自闭症谱系障碍儿童的语言能力，因此通常结合行为强化的策略和方式进行。在使用该方法时，应当避免仅通过反复的机械训练使自闭症谱系障碍儿童通过模仿习得某些发音而忽略其功能性语言的提升。真正有效的语言训练应当能够提高自闭症谱系障碍儿童交流的自发性和功能性，激发其交往动机，从而为其社会适应能力的提升奠定基础。

（2）借助其他媒介的交流能力训练（扩大替代沟通系统）

对于确实难以发展出语言的重度自闭症谱系障碍儿童，研究者提出采用"扩大替代性沟通系统"对自闭症谱系障碍儿童的沟通能力进行训练，使其学会正确的沟通、交流方式，从而取代哭闹甚至自伤等严重的不良行为来表达需要和回应交往需求。

在"扩大替代性沟通系统"中，图片交换系统是一种较为常用的技术。顾名思义，这种技术将图片作为沟通的媒介，以帮助障碍程度较重、语言发展极度落后的自闭症谱系障碍儿童完成沟通行为、表达自己的需要。例如，将各种食物或游戏的图片呈现给自闭症谱系障碍儿童，然后问他"你想要什么？"或者"你喜欢做什么？"，这时儿童则选择能够表达自己想法的图片并将其递给成人以完成交往行为，这就能够有效克服语言功能较差的自闭症谱系障碍儿童的沟通障碍，提高沟通的效率。随着科学技术的发展，以iPad等平板电脑呈现图片的方式得到了发展和推广，内容更加丰富，也更能够激发自闭症谱系障碍儿童的兴趣。

3. 行为干预策略

对于自闭症谱系障碍儿童的行为干预，目前世界上仍然以基于行为主义理论的应用行为分析策略为主要方向，但表现出明显的自然化、生活化趋势，即不仅仅局限于一对一的、专门场所的机械训练，而努力将训练融入自闭症谱系障碍儿童的日常生活中，在

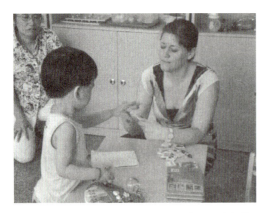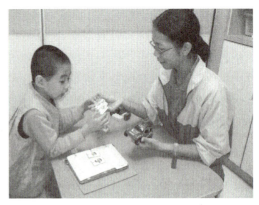

图 8-4 利用图片交换沟通系统进行沟通能力训练

生活中创造并有效利用恰当契机进行行为训练，从而促进训练效果的自然迁移。

行为干预可以分为两大部分，分别是良好行为的建立和不良行为的矫正。对于前者，可以采用塑造法、连锁法等方法，将目标行为或技能依据儿童的现有水平分解成恰当的"小步子"，按顺序和程序对自闭症谱系障碍儿童进行训练。训练过程中应当注重激发自闭症谱系障碍儿童的学习动机，同时给自闭症谱系障碍儿童清晰、明确的指令，必要的时候可以以图片的形式示意其需要完成的任务，使其最终能够独立、按步骤地完成目标行为。某些社交行为和生活技能性行为的训练应当尽量在真实的情境中进行，在自然的状态中寻找并利用训练的契机。例如，对于自闭症幼儿洗手技能进行训练，可以在其由于游戏或吃饭弄脏手的时候进行（这时他更有学习洗手的动机，而非在固定的上课时间），然后将洗手的动作分解为打开水龙头、沾湿手、涂抹洗手液、反复搓洗、冲洗干净、关闭水龙头、擦干手等几个步骤，并制作成便于理解的彩色图片或照片，张贴在盥洗室门口或水龙头上方并按顺序对自闭症幼儿进行训练。需要说明的是，行为塑造法的使用通常和强化法密切结合，即在儿童表现出期望行为或对目标行为做出有效的努力和尝试（虽然未完全拧开水龙头，但表现出用力拧的动作，或者仅完成整个洗手的前几个步骤）时，需要及时对其进行强化，以增强其任务完成的动机。强化物的选择对于自闭症谱系障碍儿童的训练来说尤其重要，因为他们对某些事物可能有着独特并且强烈的好恶，例如有的自闭症幼儿并不喜欢糖果、图画书等对一般儿童有效的强化物，反而对鼠标、电池、滑轮等相对奇怪的物体着迷。因此，教师应当在对儿童充分了解并与家长沟通交流的基础上选择恰当的强化物，既要能够充分发挥出强化效果，又避免对其身心造成不良影响。

对于问题行为的矫正，应当重视功能性行为分析原理的使用，即在对问题行为进行干预和矫正之前，首先通过系统的观察和分析确定自闭症谱系障碍儿童问题行为的原因，然后采用良好行为对其进行替代，从而有效地控制问题行为的发生。对于自闭症谱系障碍儿童来说，明确问题行为的原因更加重要。例如，有的自闭症幼儿哭闹、攻击性行为的出现可能是由于他想要某个东西而不知道如何正确表达，也可能是因为肚子饿了，还可能是因为午餐中有他难以接受的某种食物等。自闭症幼儿问题行为的类型和出现原因与普通儿童可能存在很大的差异，这就要求教师在教学和管理过程中细致、耐心地观察，捕捉有用信息，并经常与幼儿家长沟通，充分了解其行为习惯和特征。问题行为的矫正和干预同样应当和强化法结合使用，在自闭症幼儿问题行为频率减少或者逐渐学会用良好的行为取代问题行为时，教师应当及时给予强化。强化物和强化方式的选择如上文所述。需要说明的是，在对自闭症谱系障碍儿童的问题行为进行矫正时应当非常慎重地使用惩罚法，若惩罚的方式或强度不当则会造成意想不到的严重后果，例如威胁到自闭症幼儿的身心健康、问题行为更加严重等。

4. 社交干预策略

在学龄前阶段，结合学龄前儿童的认知特点和兴趣，社会故事法是对自闭症幼儿社交技能进行干预的有效方式。如前所述，社交技能的缺乏和社会性发展障碍是自闭症谱系障碍儿童的核心缺陷，通常在学龄前阶段便有比较明显的表现，他们通常不知道在特定的社交场景中什么样的行为和反应才是恰当的。

（1）社会故事法概述。基于上述考虑，社会故事法作为一种认知取向的干预方法于1991 年由美国心理学家 Carol Gray 首次提出[①]，主要是通过专业治疗师、家长或者教师为自闭症幼儿编写符合其社交技能发展需要和身心特征的社交小故事，在故事中用自闭症谱系障碍儿童能够理解的语言详细地描述事件发生的背景、包含人物的基本信息、不同情境中的感觉、想法和做法，并对其中重要的社会线索和信号进行放大和强调。通过这种社会情境和人物应对方式的详细描述，使自闭症谱系障碍儿童能够增进对于社会情境、规范的理解，从而提高社会交往能力。社交故事法并不直接教授社交技能，而是通过利用自闭症谱系障碍儿童的视觉加工优势和对故事、图片等的突出兴趣，将恰当的社会交往技能蕴含在简短、有趣的故事中来增进他们对于社交情境的理解，从而诱发出符合社会规范的社交行为和技能。由于社会故事法要求自闭症谱系障碍儿童具备最基本的认知和理解能力，因此该方法主要适用于中、高功能自闭症谱系障碍儿童的社交技能训练。

（2）社会故事的编写原则。由于针对自闭症谱系障碍儿童的社会故事有着特定的对象和特殊的目的，因此与一般意义上儿童阅读的小故事有着本质的区别。通常来讲，编写针对自闭症谱系障碍儿童的社会故事需要遵循以下几个原则：①社会故事要有目的地向自闭症谱系障碍儿童呈现可靠的信息，鼓励其取得进步；②编写的社会故事应当包括主题导言、故事主体以及结论三部分；③故事应当能够回答"是什么""为什么"以及"怎样做"等问题；④用第一人称或者第三人称写作；⑤使用肯定的语言和语气，少描述消极行为，以突出积极行为；⑥必须使用陈述句，少使用疑问句、反问句等句型；⑦描述多于指导，让自闭症谱系障碍儿童主动从故事中提取信息以规范自身行为；⑧编排形式符合自闭症谱系障碍儿童的能力和兴趣；⑨提供适合自闭症谱系障碍儿童认知特点的图画、照片等，以增进对文本的理解；⑩选择恰当的标题。

---

①　李晓，尤娜，丁月增. 社会故事法在儿童自闭症干预中的应用研究述评［J］. 中国特殊教育，2010（2）：42-47.

（3）社会故事范例：《唱歌》。

我叫小宝。

我很喜欢唱歌，唱歌很有意思。

我唱得还不错，老师和同学们都很喜欢听我唱歌。

在音乐课上可以唱歌。

在课间休息时可以唱歌。

小朋友过生日的时候可以给他唱歌。

上课的时候不能唱歌，会影响老师和其他小朋友。

午休的时候不能唱歌，别的小朋友会休息不好。

别人夸我唱得好的时候，我要说"谢谢"。

（四）教育环境

由于自闭症谱系障碍儿童在行为、生活常规上具有较强的刻板性，因此，结构化、系统化的学习环境能够有效提高自闭症谱系障碍儿童的环境适应能力和学习效果，同时减少其焦虑、烦躁、抵触情绪的出现。结构化的学习环境，即指将自闭症谱系障碍儿童活动的范围和功能进行清晰的设计并明显标注，例如"学习区""食品区""游戏区""休息区"等，并通过设计鲜艳、醒目的标识让自闭症谱系障碍儿童明确每一个区域的功能和使用时间，同时在明显的位置张贴"一日常规表"，从而有效规范自闭症谱系障碍儿童在幼儿园的学习和活动。结构化的学习环境既迎合了自闭症谱系障碍儿童行为刻板的特征，同时从某种程度上讲更是利用了他们规范性、固定性较强的优势。

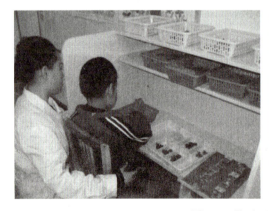

图 8-5 学习区和游戏区示例

在融合环境中进行结构化环境创设往往存在一定困难，但需要明确的是教师并不完全需要也不可能为自闭症谱系障碍儿童建立独立、专门的学习生活环境，应当在已有教室活动区域的基础上进行一定程度的"改装"和加工，例如张贴更加明显的区域标识、用彩色图像或卡片张贴在幼儿园内清晰显示上课流程、用文字和图像标出上课规则、用照片和文字进行洗手指导等，这些均有助于自闭症谱系障碍儿童的技能习得以及日常常规的建立。

第四节 自闭症谱系障碍儿童语言训练案例

一、基本情况

成成，男，5岁，3岁时被诊断为中度自闭症，并伴有轻度智力障碍。语言发展极度落后，4岁时才会叫爸爸妈妈，口腔功能也存在不足，发音不清。缺乏社会性模仿，不能参与集体游戏，不能建立并维持恰当的同伴关系。随着年龄的增长，虽能够发展出一定的语言，但往往不具有功能性，多为机械模仿和重复。身体动作能力发展基本正常，个子在同龄儿童中处于中等偏上。此外，成成的情绪很不稳定，遇到生气或没有如愿的事情就会变得烦躁，不会使用正确的方式表达情绪，想引起别人注意的时候会用手指着对方，嘴里发出"啧啧啧"的声音。

成成对音乐有着比较浓厚的兴趣，高兴的时候嘴里会哼歌，但是不喜欢节奏感特别强烈的歌，会引起他的焦虑和不适，听到时会捂着耳朵。

二、现状分析

整体来看，成成在语言发展方面的落后和障碍比较明显，这种落后既表现在对于语言的理解上，也表现在语言表达能力上。有时候老师对他一天的表现进行点评，既表扬了他做得好的地方，也指出了不太满意的地方，但是他不能完全理解老师在说什么，会以为老师一直在批评他，然后表现出不满情绪和哭闹、乱跑等问题行为；在语言表达上，表现出明显的机械化特点，例如，在家的时候妈妈对他说"叫我"，他会回答"妈妈我爱你"；到了幼儿园，老师对他说"叫我"，他同样回答"妈妈我爱你"，可见成成只知道"叫我"对应的是"妈妈我爱你"，但是并没有真正理解"叫我"的含义，仅靠反复、机械的练习形成固定的模式来发展语言。目前成成能够在成人示范的基础上说出生活中常见的物品名字、人名等，也能模仿出五六个字以内的短语，但清晰度不够理想，同时，几乎没有具有功能性的、主动的语言沟通行为，例如发起会话、表达自己的需要等。

三、训练目标

针对成成在语言发展方面存在的上述问题，并结合其实际情况，确定下述语言训练目标：

（1）消除成成的畏惧和紧张心理，激发其与人交往的动机和兴趣；

（2）学习理解常用的字、词、句，并帮助他学会运用语言与人进行简单的交流；

（3）进行口腔功能的恢复训练和汉语拼音发音练习，纠正他发音时舌头的错误位置以及其他导致发音不清的问题；

（4）培养老师和他之间信任、友好的关系，在相互交往中理解语言和情感。

四、训练过程

（一）在自然社会环境和交往中学会说话

对于成成进行的语言训练，并没有急于在教室中开展，而是先带着他在幼儿园里散步、看同伴们游戏，在这样一个轻松的环境中，成成很开心，也与老师建立了比较轻松、亲密的关系，没有一点不良和抵触情绪。在幼儿园里散步时，老师巧妙地利用出现的契机帮助成成建立物体和词语的关系，例如遇到滑梯时，就教他说"滑梯"，遇到其他小朋友在拍球时，就教他说"拍球"，迎面走来老师的时候，就教他说"老师好"。由于成成已经具备一定的语言模仿能力，因此这一阶段的关键是让他将语言和物体、情境相联系。同时，看到别的小朋友玩汽车的时候他也想玩，这时候引导他说出"我想玩汽车"，而不是用其他不正确的方式表达需要。只要他能够说出或者努力想要说出这句话，老师就把小汽车给他作为强化。自然情境可以为语言的学习提供很多机会，并且能够有效地提高训练效果。

（二）口腔肌肉训练，恢复口腔功能

学会使用简单的语言固然重要，但是"发音不准"是他语言发展中的另一个重要问题。成成存在着严重的发音不准问题，例如当他想去上厕所的时候会说"我要小伴（便）"。由于他唇舌肌肉僵硬，在说话的时候不能很好地进行自动化的组合和运用，导致很多音他都无法正确发出来。口腔肌肉的训练对他是至关重要的，直接影响到发音的清晰度。对成成进行口腔肌肉训练的具体方法包括：

1. 舌部运动训练，对其舌部肌肉进行适当的机械刺激，增强对舌内肌肉自身运动的感受。

2. 舌的强化运动，通过舌内肌肉的强化运动，强化对舌内肌运动的感受，使舌内肌的敏感性趋于正常。

3. 较为复杂的舌的运动，阻止异常舌部运动模式，增加舌部运动的多样性。

4. 打扫运动，通过舔硬颚、舌尖顶脸颊等训练来提高舌部功能。

（三）汉语拼音学习和气息训练相结合，提高发音准确度

汉语拼音是识字和学习说话的工具，只有具备了读音节的能力，才能把每个字读准。训练刚开始就出现了困难，发"a"这个音的时候，由于成成气息短，不能打开嗓子，总发成"ai"的音，根据这个情况老师调整了发音策略，放弃一遍遍地重复示范和

模仿训练，而是让他站起身，张开嘴，用手推他的肚子，这样他就会被动地大叫"a"，也就自然地发出了这个音，掌握了"a"的发音技巧和感觉。

成成的气息短促，同时不会运用气息，在学习发音的时候要配合气息训练一起进行，这样才能达到最终的效果。气息训练通常采用游戏的方式进行，例如，轻撮嘴，用嘴吹动贴在人中部位的小纸条，让其大笑，吹泡泡游戏等，从而加强他运动气息的能力。气息和发音训练相结合，能够使其大大提高发音的清晰度。

五、训练效果

经过两个月的系统训练，成成的语言能力有了显著的提高，主要表现在：

1. 可以发出更多的音节。之前只有"b、a、d、u"等，现在可以发出"o、e、i、u、v、b、p、m、f、d、t"等。

2. 发音的准确性有了很大提高。

3. 说话的声音大了。以前不够自信，说话声音很小，气息不足，现在每天都能够大声地朗读。

4. 主动交流的意愿更强了，有时候会尝试着表达自己的想法。例如，现在会经常使用"我要……"的句式，如吃饭、睡觉，或者其他喜欢的东西，有时候也会在一定的场合说一些符合场景的话，例如爸爸在睡懒觉，他会说"爸爸起床"，这些都是主动的。

5. 唱歌的时候，可以准确地唱出来一些歌词，以前只会哼曲调。

六、总结反思

（一）合理的计划让干预事半功倍

针对成成的情况，老师对他语言障碍的原因进行了分析，并确定了相应的干预目标，从情感上消除他的紧张情绪，增强他交往的欲望，在生活的自然情境中练习他对字、词、句的理解，通过口腔肌肉训练在一定程度上恢复其口腔功能。依据这几个目标，使得干预过程变得科学有序，在最后也取得了不错的干预效果。

（二）重点在自然情境中理解语言意义

在对成成的干预过程中，老师越来越深刻地体会到，对于自闭症孩子来说，单纯机械的字词训练是没有用的，必须将语言联系和生活中的自然情境相结合，让他们真正理解这些字词句的意思和对应的事物、情境，这样才能引导他们习得真正有用的语言。例如之前成成情绪不好的时候往往采用哭闹这种方式表达，但是老师并不知道他哭闹的原因，现在他能够说出"想妈妈"来正确表达自己的想法和感受，实现了与别人进行有效沟通的目标。

（三）让情感带动自闭症谱系障碍儿童沟通交往的学习

以前成成情绪经常不稳定，也不愿意参加老师的教学活动。但是在这段相处过程中，老师首先非常重视为成成营造一个宽松、安全的心理环境，让他感受到轻松和温暖，放松对周围环境和人物的警惕，和老师建立依赖、信任的关系，这就为干预和训练的开展奠定了坚实的基础。这种积极情感的参与使得训练能够顺利进行，孩子在此过程中也能够体验到积极的情绪，从而使训练目标更容易实现。

然然是一个比较典型的、轻度自闭症的孩子，在幼儿园里，老师应该重点发展她的社会交往能力，帮助她融入正常的幼儿园环境中。由于然然具备一定的认知能力，可以为她编写有趣的社会故事，把社会交往中一些常见的情境、规则、正确的行为反应融入故事中，并搭配然然喜欢的图片。运用这些故事能够帮助然然理解社会交往的基本知识，然后逐渐主动地表现出符合期待的社交行为。在幼儿园中，老师还可以充分发挥她的绘画特长，同学们夸她画得好的时候，教她回答"谢谢"，同时利用她刻板的行为特点，让她负责每天放学前的摆放桌椅、把玩具归位、检查门窗等工作，以提高她的自信心和同学对她的认可，帮助她建立良好的同伴关系。

1. 自闭症谱系障碍儿童的核心障碍主要表现在社会交往和刻板性行为两方面，并且语言能力发展落后，严重的可能终身难以发展出功能性语言。

2. 自闭症谱系障碍儿童的发病原因至今仍不明确，基因遗传因素和神经生理因素逐渐成为主要导向。

3. 自闭症谱系障碍儿童并不一定伴随智力障碍且个体差异极大，有的甚至在某些方面有超常表现，这种超常可能表现在绘画、音乐及记忆能力等方面。

4. 自闭症谱系障碍儿童表现出明显的视觉优势，但在听觉、触觉、本体觉等其他感觉上均可能存在异常。

5. 自闭症谱系障碍儿童的语言发展较为落后，表现出极强的机械性，具有功能性的主动语言较少。

6. 自闭症谱系障碍儿童社交能力发展落后，难以主动发起或维持社交行为，回避眼神接触，早期难以适应集体生活。

7. 自闭症谱系障碍儿童的评估应当由包括医生、家长、特殊教育专业人员、普通教师在内的所有成员共同参加，评估领域包括认知、语言、动作、社会交往等多个方面，以得出客观、全面的评估结果，服务教育决策。

8. 自闭症谱系障碍儿童的学习环境需精心安排，提高活动环境的结构化水平，并为其营造接纳、友好的心理环境，消除其紧张、焦虑和抗拒。

9. 自闭症谱系障碍儿童的学习材料应符合其认知水平并充分利用其视觉优势和兴趣，避免使用儿童敏感和抗拒的质地的材料。

10. 可以采用操作性语言训练和扩大替代沟通系统对自闭症谱系障碍儿童的沟通能力进行训练。

11. 以行为主义心理学为基础的行为干预策略是对自闭症谱系障碍儿童进行行为干预的主要策略，常用的包括塑造法、强化法、链锁法等，但行为干预应当尽可能在自然环境中进行，并重视强化物的选择。社交能力的干预应当在自然的生活情境中进行，重点在于激发其交往动机，积极发现并利用幼儿园生活中的训练契机。

12. 认知取向的社会故事法是学前阶段自闭症谱系障碍儿童社交技能干预的有效方法，通过编写符合儿童认知水平的、包含事件背景、人物以及良好行为的小故事来使自闭症谱系障碍儿童习得并表现出良好的社交行为。

 思考题

1. 自闭症谱系障碍儿童的核心障碍表现在哪些方面？目前主要使用的诊断标准是什么？

2. 自闭症谱系障碍儿童的致病原因可能有哪些？

3. 自闭症谱系障碍儿童在认知上具有哪些特点？举例说明如何利用这些特点进行教学设计？

4. 在融合幼儿园中如何为自闭症谱系障碍儿童营造良好的学习和生活环境？

5. 对自闭症谱系障碍儿童进行评估的目的是什么？主要包括哪些领域？你认为有哪些注意事项？

6. 对自闭症谱系障碍儿童进行行为干预常用的方法有哪些？应当注意什么？

7. 为自闭症谱系障碍儿童编写社会故事时应当遵循哪些原则？

8. 如果班上有一名轻度的自闭症谱系障碍儿童，你将会怎么办？（简要说明你将要实施的步骤和每一步的注意事项）

 推荐读物

[1] ELLEN N. 孤独症孩子希望你知道的十件事 [M]. 秋爸爸, 燕原, 译. 北京：中华夏出版社, 2014.

[2] WING L. 孤独症谱系障碍：家长及专业人员指南 [M]. 孙敦科, 译. 北京：华夏出版社, 2013.

［3］GRANDIN T. 我心看世界：天宝解析孤独症谱系障碍［M］. 燕原，译. 北京：华夏出版社，2012.

［4］刘学兰. 自闭症儿童的教育与干预［M］. 广州：暨南大学出版社，2012.

［5］周念丽. 自闭症谱系障碍儿童的发展与教育［M］. 北京：北京大学出版社，2011.

参考文献

［1］李晓，尤娜，丁月增. 社会故事法在儿童自闭症干预中的应用研究述评［J］. 中国特殊教育，2010（2）：42-47.

［2］天宝·葛朗汀. 我心看世界——天宝解析自闭症谱系障碍［M］. 燕原，译. 北京：华夏出版社，2012.

［3］王辉. 自闭症谱系障碍儿童的心理行为特征及诊断评估［J］. 现代特殊教育，2007（7）：86-89.

［4］BETTELHEIM B. The Empty Fortress：Infantile Autism and the Birth of the Self［M］. New York：The Free Press，1967.

［5］CHAKRABARTI S，FOMBONNE E. Pervasive Developmental Disorders in Preschool Children［J］. Journal of the American Medical Association，2001，285（24）：3093-3099.

［6］COREN L A，GRETHER J K，HOOGSTRATE J，et al. The Changing Prevalence of Autism in California［J］. Journal of Autism and Developmental Disorders，2002a，32（3）：207-215.

［7］COURCHESNE E，KARNS C，DAVIS H R，et al. Unusual Brain Growth Patterns in Early Life in Patients with Autistic Disorder：An MRI Study［J］. Neruology，2001（57）：245-254.

［8］COURCHESNE E，CARPER R，AKSHOOMOFF N. Evidence of Brain Overgrowth in the First Year of Life in Autism［J］. American Medicine Association，2003，290：337-344.

［9］GILLBERG C，WING L. Autism：Not an Extremely Rare Disorder［J］. Acta Psychiatrica Scandinavica，1999，99（6）：399-406.

［10］HOFER S，FRAHM J. Topography of the Human Corpus Callosum Revisited-comprehensive Fiber Tractograghy Using Diffusion Ensor Magnetic Resonance Imaging［J］. Neuroimage，2006（32）：989-994.

［11］HONDA H，SHIMIZU Y，IMAI M，et al. Cumulative Incidence of Childhood Autism：A Total Population Study of Better Accuracy and Precision［J］. Developmental Medicine & Child Neurology，2005，47（1）：10-18.

［12］JUST M A，CHERKASSKY V L，KELLER T A，et al. Cortical Activation and Synchronization During Sentence Comprehension in High Functioning Autism：Evidence of Underconnectivity ［J］. Brain, 2004（127）: 1811-1821.

［13］KLEINHANS N M, RICHARDS T, STERLING L, et al. Abnormal Functional Connectivity in Autism Spectrum Disorders During Face Professing ［J］. Brain, 2008（131）: 1000-1012.

［14］LAINHART J E. Advances in Autism Neuroimaging Research for the Clinician and Geneticist ［J］. Amercican Journal of Medical Genetics Part C, 2006（142）: 33-39.

［15］ROSENBERG R E, LAW J K, YENOKYAN G, et al. Characteristics and Concordance of Autism Spectrum Disorder Among 227 Twin Pairs ［J］. Arch Pediatr Adolsec Med, 2009, 163（10）: 907-914.

第九章 感官障碍儿童的发展与学习

 **学习目标**

从降生那一刻起，人每一方面的发展都依赖工作有序的感觉系统。从婴幼儿开始，我们就通过感觉通道认识自身和外界事物。听觉和视觉的损伤是最常见和最严重的感觉通道问题。听觉损伤和视觉损伤会对儿童的语言、认知、社会性等方面的发展带来不可消除的负面影响。因此，为感官障碍儿童创设适合的学习环境，并及时给予专门的训练和干预，对儿童未来的发展具有重要意义。

知识目标：

（1）了解感官障碍儿童的相关概念。

（2）理解感官障碍儿童的发展特点。

（3）掌握感官障碍儿童的学习特点、教育目标、教育方法等。

能力目标：

（1）能根据感官障碍儿童的特点对其进行协助评估。

（2）能根据感官障碍儿童的特点设计教学活动，创设教学环境。

（3）能根据感官障碍儿童的特点开展班级融合活动。

教学重难点

（1）掌握感官障碍儿童的学习特点、教育目标、教育方法等。

（2）能根据感官障碍儿童的特点进行评估、设计教学活动、创设教学环境等。

教学课时

4课时。

人有视觉、听觉、味觉、嗅觉、触觉等感觉器官。人体主要依靠视觉和听觉从外界获取信息，最常见的也是最严重的问题是失去听觉和视觉。因此，本章主要关注听觉障碍和视觉障碍两类儿童。听觉障碍儿童包括听障儿童和重听儿童，他们由于听力完全丧失或不足，需要接受特殊教育与训练。听力的损伤对言语和语言的发展有不可逆转的消极影响，因而对认知发展也有很大的负面影响。视觉障碍包括盲童和低视力儿童，他们由于丧失视力或视力严重不足，需要接受特殊的教育与训练。听觉障碍和视觉障碍儿童的发展需要也和普通儿童一样，他们同样需要良好的学前教育。随着融合教育理念和实践的不断深入，越来越多的感官障碍儿童进入普通幼儿园接受教育，因此，每一名幼儿园的未来教师，都应当对感官障碍儿童的概念、特点和行为表现有基本的了解和认识，并掌握在普通教育环境中对这类儿童进行教育的有效策略。

第一节　听觉障碍儿童的发展与学习

超越无声

她，1980年出生在一个普通的工人家庭，她的耳聋是先天性的，一岁半时因发烧打了一针庆大霉素，犹如雪上加霜，导致双耳全聋。然而她3岁半开口说话，6岁认识了2000多个汉字，就读普通小学后连跳两级，8岁会背圆周率小数点后1000位数字，打破了吉尼斯世界纪录，10岁被评为"全国十佳少年"，与父亲共同著书《从哑女到神童》，并以优异的成绩提前学完高中课程。16岁成为我国第一位少年聋人大学毕业生、中国的"海伦·凯勒"。21岁赴美留学，攻读硕士、博士学位。她的事迹已被编成书《墙角的小婷婷》，以激励和引导更多的人：没有不幸的人，只有不幸的教育！

这个奇迹的创造者叫周婷婷。3岁时，同龄孩子已在咿呀学语，她还"一言不发"。当时，幼儿园里别的孩子嬉笑欢闹，婷婷却无法与他们交流，只能一个人默默地坐在一边，看着小朋友玩，一心盼望着爸爸早点来接她。在接送女儿时，许多孩子只要看到心事重重的爸爸，都会一起喊道："小哑巴的爸爸来了。"幼时婷婷因为听不见，也不会说话，很自卑，在幼儿园里想小便也不会表达，憋不住时就尿在裤子上。而在家里，小婷婷小手直摆，全家人围着她，半天猜不出她是要吃、要喝，还是要玩，小婷婷急得直哭，全家人也被折腾得精疲力竭。女儿的病痛，深深刺痛着父母的心，一家人常常抱头痛哭。

当时3岁的婷婷已经到了学习语言的黄金时期，但全家人不死心，一有时间，就训练她的语言能力，开发她的智力。奶奶无数次指着鼻、眼、嘴，在婷婷的耳边喊；在去医院的路上，爸爸总是指着沿途的商店、汽车、行人，讲个不停，他多么希望婷婷知道学会语言的美妙！然而婷婷对大人焦急的呼喊，常常不理不睬。

一天中午，小婷婷又用手势表示要吃饼干，奶奶没有错过这一训练孙女发音的好机会，老人手拿饼干，反复教婷婷念"饼干"两字，一遍、十遍、百遍……，小婷婷急得满脸通红，可就是发不出音。奶奶曾几次心软，想把饼干递过去了事，可又怕孙女失去一次发音的机会，就这样，祖孙俩僵持了40多分钟。"饼干"，突然，婷婷憋出含混不清的两个字来。奶奶简直不敢相信自己的耳朵，她老泪纵横，一把揽过孙女紧紧地搂在怀里，把整个饼干盒端在小婷婷的面前，不停地呢喃："婷婷，你吃，你吃个够呀！"

一年级的一堂语文课，班主任龚老师教韵母"ai, ei, ui"。当老师教完 ai，挑每组一名代表上台板书比赛时，从未发过言的婷婷却被老师选中，她忐忑不安地写好后竟得了唯一的 100 分，这下可点燃了这个听障儿童的自信之火。教完第二个韵母 ei 时，小婷婷居然举手发言了，又被选中，她代表三、四小组同学与一、二小组的李娟同学比赛，结果又是 100 分，还加了个五角星，全班同学不禁为婷婷鼓起掌，掌声像一阵春雨洒入这个残疾儿童干枯的心田……当老师教完第三个韵母时，婷婷的小手举得高高，几乎站了起来。这次是老师和婷婷比赛，又是 100 分，还加了一个大大的五角星；老师激动地问："同学们，是老师写得好，还是婷婷写得好啊？""婷婷写得好！"异口同声的回答，接着是热烈的掌声，唯有婷婷没有鼓掌，只见她面颊挂着两滴晶莹的泪珠。

婷婷刚上小学时，遭到少数同学的歧视和嘲笑。大队辅导员夏老师看在眼里，急在心里，因为这是在残疾儿童的心灵创伤上抹盐啊！怎么办？夏老师认为除了对这些同学加强教育外，更重要的是要让婷婷成为生活的强者，才能在同学中站稳脚跟。

经过一段时间观察，兼教美术的夏老师发现婷婷在绘画方面有一定的基础和天赋，何不以此特长补其短呢?! 从此，每逢美术馆有什么画展，他总要带婷婷去观赏一番；针对婷婷的生理缺陷，上课之余，夏老师总抓紧点滴时间对婷婷进行个别辅导；为加快进度，夏老师不仅白天在学校教，还经常晚上到婷婷家手把手地教，终于使婷婷在短时间内进步突出，屡次获奖，以一技之长获得了所有同学的敬佩和尊重。夏老师不仅身体力行，更注重发挥少先队的组织作用，他在少先队中举行"假如我是一个聋儿"的专题讨论，许多同学把耳朵堵住几十分钟就吃不消了，从而更加理解了周婷婷学习的艰难。少先队委们纷纷表示：要以最大的耐心，让婷婷体会到组织的温暖。于是，一个"我们听到，就要让婷婷知道！"的活动就自发地在少先队员中开展起来。就这样，婷婷在父母、老师的呵护下，同学们的帮助下，自己的努力下完成了一次又一次的飞跃。

思考问题

哪些因素促使一个智力普通的听力障碍儿童冲破重重难关，成长为一名优秀的大学生呢？

听觉是人体接受外界信息重要的感觉通道。然而有这样一群孩子，他们生活在寂静的世界中，他们听不清或听不到周围的声音，他们是听障儿童和重听儿童。听觉的缺失导致其在教育、社会适应及职业适应等方面的沟通障碍。只有了解他们在发展和学习方面的特征，才能有效地帮助其学习与成长。

一、听觉障碍儿童概述

（一）听觉障碍的概念界定

听觉障碍在不同时期、不同地区有不同的称谓。这类儿童在过去常被称为聋哑儿童，甚至"哑巴"，坊间也有"十聋九哑"之说，事实上聋与哑既有关联，也有区别。聋未必哑，很多全聋的儿童因为丧失听力，失去了学习语言的机会，造成口头语言丧失。其实，这些儿童的言语器官本身没有疾病。因此，聋是因，即第一缺陷；哑是果，即第二缺陷。目前，听觉障碍也被称为听力残疾、听力残障等。

我国在 2006 年第二次全国残疾人抽样调查时，将听觉障碍（hearing impairment）称为听力残疾，是指人由于各种原因导致双耳不同程度的永久性听力障碍，听不到或听不清周围的环境声及言语声，以致影响日常生活和社会参与。

听觉障碍的类型和出现率

听觉障碍的分类可以根据听力损失的程度、听觉障碍的部位和发生的年龄加以分类。

1. 依据听力损失程度分类

听觉障碍的分级标准，我国与世界卫生组织（WHO）、国际标准化组织（ISO）的标准基本一致，但我国规定的听力损失起点高一些。

表 9-1　　　　　　　　　　　　听力障碍标准对照表

听力损失程度	中国标准		WHO、ISO 标准		残疾人奥运会标准
	类别	分级	分级	程度	可参加世界聋人运动会
>110	聋	一级聋	G	全聋	
90~110			F	极重度	
71~90		二级聋	E	重度	
56~70	重听	一级重听	D	中重度	
41~55		二级重听	C	中度	
26~40			B	轻度	
0~25			A	正常	

注：听力损失程度主要考察的是听力的灵敏度，听力灵敏度一般用频率和强度来表示。听力损失程度一般都是以言语频率比较集中的 500、1000、2000 Hz 三个频率纯音的平均听力损失来衡量的。较好耳指若双耳听力损失程度不同，以损失较轻的一侧耳为准。此外，听觉障碍一级、二级统称为聋，三级和四级统称为重听。

2. 依据听力损失部位分类

当外界有声音出现时，外耳集音、中耳传音、内耳感音，人就会产生听觉（图 9-1）。耳廓收集声波，经过外耳道传到鼓膜，引起鼓膜震动；震动通过听小骨传到内耳，刺激了耳蜗内的听觉感受器，产生神经冲动；神经冲动通过听神经传递到大脑皮层的听觉中枢，就形成了听觉。在上述传递系统中任何一部分发生缺损都会造成不同程度的听觉障碍。依据损失部位的不同，将听觉障碍分为下列三类：

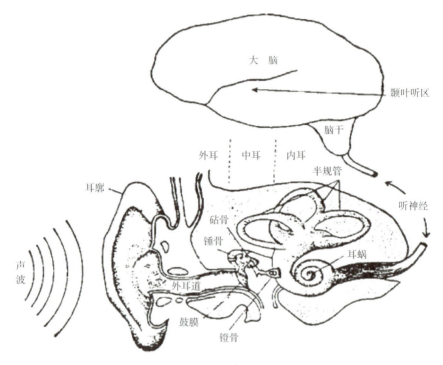

图 9-1 听觉产生示意图

（1）传音性听觉障碍：也称传导性听觉障碍，听觉障碍的发生部位在外耳和中耳，使声音传导受阻。此类听觉障碍，通常以后天因素居多，听力损失程度一般不会超过 60 分贝，因内耳功能正常，故大多数传音性听觉障碍患者只需通过佩戴助听器放大声音、手术或药物治疗等方式缓解障碍问题。一般来说，中耳出现问题比外耳出现问题导致听力障碍的程度要重一些。最常导致中耳出现问题的是中耳炎，任何年龄都有可能感染，但儿童患病率较高。

（2）感音性听觉障碍：也称感觉神经性听觉障碍，听觉障碍发生的部位在耳蜗内以及耳蜗后的听神经，此类障碍降低患儿对声音的接受能力，常会导致患儿对声音产生曲解现象。电子耳蜗可以改善耳蜗病患者的问题，而对于听神经问题却没有多大帮助。此类听觉障碍可能由遗传、疾病或外伤导致，其发生时间在出生前后都有可能。

造成幼儿听觉障碍常见的原因有遗传、后天性病毒感染（如脑膜炎、腮腺炎、麻疹）、出生时缺氧、母体产前感染、母子血液不合、头部受创、抗生素的不当使用导致药物中毒、长期置身于高噪音环境中等因素。

（3）混合性听觉障碍：指患儿同时具有传音性听觉障碍和感音性听觉障碍，此类障碍训练的难度更大。

3. 依据听觉障碍发生的时间分类

依据听觉障碍发生的时间最常用的分类方式有两种。

（1）先天性听觉障碍和后天性听觉障碍：以出生前后为分界线，从母亲怀孕到分娩时由于各种原因导致胎儿出生时就为听觉障碍的称为先天性听觉障碍。出生时正常，但因病变或者意外造成患儿出生后发生的听力受损称为后天性听觉障碍。

（2）学语前听觉障碍和学语后听觉障碍：一般以语言学习的关键期 4 岁为分界线，通常指先天或婴幼儿时期即丧失听力的儿童，缺乏经由听觉渠道学习语言的经验，这类患儿称为学语前听觉障碍。如果儿童在学会说话后丧失听力，称作学语后听觉障碍。在口语训练时，学语前听觉障碍较学语后听觉障碍遇到的困难要多一些。

在我国，1987 年第一次全国残疾人抽样调查显示，我国 6 类残疾人（视力残疾、听力言语残疾、智力残疾、精神残疾、生理残疾、综合残疾）总数为 5164 万余人，其中听力言语残疾人为 1755 万余人，居六类残疾之首。2006 年第二次全国残疾人抽样调查显示在我国 8926 万残疾人中，听力残疾人为 2004 万人，占 24.16%。

（二）听觉障碍的病因

关于听觉障碍产生的原因，学术界有各种不同的说法。有的学者认为，半数以上的听觉障碍在出生前就已经形成。有的学者认为，听觉障碍的原因，1/3 是由遗传引起的，1/3 是由环境或后天因素导致的，还有 1/3 是找不到原因的。还有的学者认为，遗传因素和环境因素致聋各占 50%。

根据 2006 年第二次全国残疾人抽样调查的结果，我国听觉障碍的致残原因包括 15 种原因，除老年性耳聋原因不明以外，排在前几位的分别是中耳炎、全身性疾病、药物中毒及噪声和爆震。

3 月 3 日全国爱耳日

1998 年，针对我国耳聋发生率高、数量多、危害大，预防工作薄弱的现实，卫生部、教育部、民政部、国家计划生育委员会、国家质量技术监督局、国家药品监督管理局、国家广播电影电视总局、中华全国妇女联合会、中国老龄协会、中国残疾人联合会等 10 部委局共同确定：每年的 3 月 3 日为全国爱耳日。

二、听觉障碍儿童的发展与评估

(一) 听觉障碍儿童的发展特点

1. 认知发展

听力障碍儿童的认知能力一直是一个颇具争议的话题，早期研究认为听力障碍儿童的认知能力较低，但随着研究者更加深入的研究，发现若采用非语文测验工具，且测试内容用手语表示，则听觉障碍儿童的表现就和同年龄的健听儿童相近。也有学者对学龄听力障碍儿童进行智力测试，结果发现 8 岁之前，听力障碍儿童的智力结构与智商均与普通儿童无明显差异，但 8 岁以后，逐渐落后于普通儿童。虽然有众多理论支持大多数听力障碍儿童可以和普通儿童一样，但听力障碍儿童在学业成绩上与普通儿童存在的差异依然存在，因此我们应该了解听力障碍儿童的认知发展特点，旨在根据其特点更好促进他们的发展。

(1) 感知觉发展。听力障碍的幼儿由于听知觉受限，导致他们在感知事物时最大的特点是知觉信息加工不完整。当面对复杂的事物和环境时，由于缺乏听觉信息加工，导致对事物认识不全面。

听力障碍儿童视觉的优势地位明显，即通常提到的以目代耳。有研究表明，听力障碍的幼儿辨别细小物体或远处物体的技能高于听力健全的同龄幼儿，比如在拼三角块的测试中，4 岁组的听力障碍幼儿成绩比普通儿童高，这说明听力障碍的幼儿观察敏锐。国外也有研究表明，听障儿童在一年级时，视觉反应速度比普通儿童慢，但到了三年级，听障儿童的视觉反应速度与普通儿童的差距缩小了，到六年级时，听障儿童的视觉反应速度甚至超过普通儿童。此外，听觉障碍儿童也借助触觉和动觉等感官来认识世界，如在语言训练的时候，听力障碍的幼儿往往通过视觉观察老师发音时口形和舌位的变化，利用触觉和动觉感知发音时是否送气，声带是否振动。

(2) 注意的发展。与普通儿童一样，听觉障碍儿童的注意是由无意注意逐步发展到有意注意的。但由于听觉障碍、语言发展迟缓，听觉障碍儿童的无意注意和有意注意形成和发展都比较缓慢。3~6 岁听障儿童注意的主要特点是无意注意占优势，所以要求听力障碍幼儿的教师根据幼儿的兴趣，善于利用教具、创设灵活多变的活动以保持听障儿童的注意力。值得注意的是，声音刺激一般不易引起听觉障碍儿童的注意，来自视觉、触觉、振动觉的刺激容易使他们产生和保持注意，所以听力障碍的幼儿教师应注意不能像对普通儿童一样背对着学生一边板书一边讲解，一定要有先有后，不能同时进行。此外，面对听力障碍儿童说话时应注意语速、位置、光线条件等影响儿童的视觉注意的因素。

(3) 记忆的发展。与普通儿童一样，听觉障碍儿童的记忆是由无意记忆逐步发展到有意注意的。但由于听觉障碍受限，有意记忆发展较普通儿童缓慢。学前期，听力障碍儿童无意记忆占优势，提升他们有意记忆需要创设有趣的游戏以增强幼儿的兴趣，通过奖励的方式促使儿童积极参加活动，以及调动多种感官的参与来提升记忆的效果。此外，听觉障碍儿童的头脑中留下的视觉、触觉、运动觉表象比听觉多，因此他们对直观形象的东西记得比较快，保持也比较好，也容易回忆出来，相反，对语言材料记忆的总体效果较差。

（4）思维的发展。与普通儿童一样，听觉障碍儿童的思维发展的顺序是由动作思维、形象思维到抽象思维。但语言滞后影响听力障碍儿童的思维发展过程，最大的特点体现在他们的思维水平比较长时间地停留在直观形象思维阶段。例如，他们会将一"架"飞机，写成一"空"飞机。首先，能够掌握具体事物的概念，但不易掌握抽象的概念。比如知道鸡、鸭、鹅等，但难以理解动物的概念。其次，分类事物的时候较少按照事物的本质特征进行分类，而更多地依赖感知的特点、生活情景或物体的功用来分类。比如，把桌子、椅子和电话分为一类，把衣服、鞋子分为一类，被子和床分为一类。此外，听觉障碍儿童存在概念的扩大化和缩小化。例如，把"买"的概念扩大到所有用货币的地方，他们往往认为理发店理发是"买"。同时也有研究表明听力障碍儿童思维发展最终达到的思维水平比较低，能进入形式运算的几乎为 0。

2. 语言发展方面

听觉障碍对于儿童最直接的影响在于语言能力的发展，而影响的情况又与听力障碍的程度及障碍发生的时间密切关联。听力障碍的幼儿和普通儿童一样进入学语期，但由于听觉障碍导致缺乏听觉反馈和语言增强造成其喃语期独特的语言模式。因此，学语后听力障碍儿童语言能力优于学语前听力障碍的儿童，即听力障碍发生的时间越早，语言上的缺陷就越大。

从口语方面来看，听力障碍儿童在构音、音质及语调方面常常出现问题。从书面语方面来看，听力障碍儿童在缺少口语的基础上学习书面语有很多困难，他们的语言能力较同龄普通儿童落后，并且有措辞不当、语序颠倒、错别字、漏字等现象。近几年的研究表明如果对听力障碍儿童实施早发现、早干预、早训练，最大限度利用残余听力发展语言，听力障碍儿童的语言能力提高是很有希望的。

此外，手语同样能帮助听力障碍儿童提高学习语言的能力，有研究早就发现父母亲为听力障碍者的听障儿童比那些父母亲听力正常的听障儿童在学习语言几日后，学业上表现更好。

3. 社会适应方面

社会适应与人格的发展都有赖于语言沟通，听觉障碍经常会导致沟通问题，而沟通问题会造成社交与行为问题。由于听觉障碍儿童与人互动存在困难，他们较普通儿童有更多的适应问题，自我中心、易冲动、自信心低、情绪不成熟，因此可能造成社会适应不良的现象。试想一下一位听觉障碍儿童想到应该轮到自己玩荡秋千了，但他无法简单地说"轮到我玩了"或者"现在该我玩了"。这时候该怎么办？他可能会直接把其他小朋友推开。值得注意的是，这些问题到青少年时期会更加激烈。有研究表明主流环境的听觉障碍儿童会感到寂寞和被拒绝，这些青少年大多数只有 1~2 个亲密朋友。

此外，听觉障碍儿童更加倾向与自己的同伴交流而非普通儿童交往，即使那些聋健融合的幼儿园，老师在创设机会让听觉障碍儿童有机会和健听儿童在一起游戏，可是不难发现听觉障碍儿童只与自己的伙伴互相追逐，而不和健听幼儿交往。听障儿童想要聚集在一起的现象会一直延伸到成年期，他们在这个群体中相互交往和通婚，这种自成一个社会团体而且孤立的现象被称为"聋文化"。

（二）听觉障碍儿童的评估

听障儿童的评估是专业人员运用一定的设备和方法，了解听障儿童的听力状况，判断听觉障碍的性质、程度和部位的一项测验。幼儿的听力测试要由训练有素的听力专业人员担任。但是，幼儿园教师和保育员在发现幼儿听力损伤方面起到了关键性的作用。比如，他们会发现幼儿长期的耳部感染、耳部流脓、耳被戳破等，这些发现都有助于帮助识别幼儿的听觉障碍。幼儿园教师还可能发现幼儿发音很不协调，尤其是对 p、h、s、f 等这类声母辨别不清。他们也可能发现幼儿根本听不见声音，也不能对声音做出反应。对于存在严重听觉障碍的儿童，言语和语言发展明显滞后是一个主要的警告信号。

给教师的建议：学语期儿童出现的征兆①

当学语期儿童表现出下列行为时，教师应当引起注意：

- 当教师讲话时，儿童未做任何回答；
- 当直接对他（她）提出某个问题时，他（她）不理解和表示迷茫；
- 把头转到一边，看着说话人的脸和嘴；
- 经常要求对方重复他们的讲话；
- 把一只耳朵转向声源或语源；
- 看上去有些害羞，避开同伴和老师的目光；
- 注意力分散；
- 做出不连贯的或不相关的回答；
- 抱怨在耳朵里有铃声或蜂鸣声；
- 存在发音不清的问题；
- 说话声太大或太低。

当教师发现上述问题时，首先就是立刻通知孩子的父母，寻求医生的帮助。

三、听觉障碍儿童的学习与教育

（一）听觉障碍儿童的学习特点

由于听力的缺陷，相比于普通儿童，听障儿童在学习上存在很多困难，主要表现为

---

① K·S·艾伦，J·S·施瓦兹. 特殊儿童的早期融合教育［M］. 周念丽，等译. 上海：华东师范大学出版社，2005：144-145.

以下几点：

第一，听障儿童接受信息的方式主要以视觉为主。听障儿童的听力存在一定的缺陷，他们要么没有听力，要么只能听见微弱的声音，这对他们的学习存在很大的影响。因此，在学习的过程中，听障学生主要依靠视觉的方式来接受学习的信息，他们主要通过看话（唇读）和手语的方式进行学习。

第二，听障儿童学习的主动性不高。很多听障儿童学习的主动性普遍不高，具体表现为在没有教师或家长的敦促下，他们一般很难自己进行自主的学习；即使是在教师或家长的敦促下，他们的学习态度仍比较被动。这可能与他们自身发展的缺陷有一定联系，自身的缺陷使他们在学习的过程中遇到很多困难，再加上教师或家长对他们的期望不高，从而影响他们学习的积极性。

第三，听障儿童学业成就感不高。听障儿童的学习效果要落后于普通儿童，整体学业水平较低。例如，聋校儿童所使用的教材内容困难程度一般都比同龄普通儿童的要低。另外，学习成绩好的听障儿童数量并不多。

（二）听觉障碍儿童的教育策略

1. 教育内容

听障儿童的教育内容根据其培养目标的普通性与特殊性而选择。一般来说，普通儿童的课程和活动，也适用于听障儿童，其关键是要解决语言沟通的问题，为此，还应该为听障儿童设置一些语言康复课程，提高听障儿童的听力技能和语言技能。因此，"听觉训练"和"语言训练"是听障教育的重要内容。

（1）听觉训练。听觉训练主要包括如下内容：①听觉察觉，让听障儿童了解生活环境中形形色色的各种声音，并逐渐知道声音的有无。②听觉注意，避免无关刺激的干扰，集中要听的内容，养成聆听的兴趣和习惯。③听觉定位，要求老师利用日常生活声音的环境，让听力障碍儿童学会辨别声音的来源、方位。④听觉识别，认识和识别各种声音所包含的意义和代表的事物。⑤听见记忆，需要通过多次、反复的刺激，促使听力障碍儿童大脑的记忆编码得以强化。⑥听觉选择，在两种或两种以上的声音中，或者在环境噪音中选择性听取某种声音的能力，即能够听取希望得到声音的能力。⑦听觉反馈，即发音或说话时，无意识地通过听觉进行自我调整的过程。⑧听觉概念形成，要求听力障碍儿童不仅"听到了"，而且"听清了"，更重要的是"听懂了"。

（2）语言训练。听障儿童的语言训练是从建立语音意识开始的，然后是通过言语矫治来训练正确发音，并逐步积累词汇，并在边学边用的过程中加深理解，加以巩固，继而则是在交往和使用的过程中发展他们的语言。①

①口语训练：口语训练主要从语音、理解和表达三方面进行。语音训练包括呼吸与控制训练、呼吸与声带配合训练、口腔训练、音位训练、音节拼读训练及正音训练；语言理解训练包括丰富的语言输入、培养听（看）话的兴趣与习惯、习得语言规则系统、以特定的语境中的最小语言成分对比理解训练及转述训练；语言表达训练包括培养说的

① 雷江华. 学前特殊儿童教育［M］. 武汉：华中师范大学出版社，2008：91-93.

习惯、仿说训练、句子训练及看图说话训练、复述训练、叙述训练及构建良好的语言环境。

②看话训练：也称唇读、视话等，是通过眼睛观察对方的唇形变化，了解说话者所讲述的内容。看话是一项复杂的技能，需要适当的训练内容和有效的训练方法。培养听障儿童的看话能力，包括两个方面：一是培养听障儿童用眼睛准确而快速地感受语言动作和重复语言的技能，二是发展学生根据上下文进行推测、理解语言的能力。值得一提的是重度听力障碍儿童口语训练的效果往往不理想，但良好的看话能力可以使他们与健听人沟通更加通畅。需要注意的是这种方法对同音字的辨别较困难，因此老师在与听力障碍儿童说话时要尽量放慢点，千万不要背对着学生讲话，最好加上表情和肢体动作，有助于听力障碍儿童提高理解力。

③书面语训练：也称笔谈，指双方通过阅读书面语言来理解对方的用意，又通过自己的书写来向对方表达自己的想法和观点以达到交流目的的一种手段。大多数听力障碍尤其是重度听力障碍儿童获得口语的能力是有限的，而健听人群通常也不了解手语，因此笔谈的方式是交流常用的形式。能否有效地运用这种交流方式，取决于听力障碍儿童是否具备快速阅读和写作的能力。因此老师应注重培养听力障碍儿童阅读及积累词汇的习惯，可采用写日记等方式提高他们的书面表达能力。

（3）社会技能训练。发展听障儿童的语言等能力最终是为了促进他们更好地融入社会，获得社会性发展，因此，社会交往能力的培养也是听障儿童教育的主要内容。听障儿童应该学会用适当方式，包括手语、口语、书面语等，与家人、同伴、老师进行交流，准确地表达自己的意愿和情感，让对方理解自己的感受和需求，同时要提高主动交流的意识，最终达到社会融合的目的。

语言训练之语音

活动目标：会模仿三种声音。

教材教具：动物叫声音乐拼图。

教学过程：

（1）让孩子坐在安静舒适的角落，让孩子维持双手能操作且能看见物品的姿势。

（2）将三个形状拼图拿出来（可先选择孩子熟悉的动物），放在孩子的前方，请孩子拿一个拼图，告诉孩子这是什么动物，"狗狗，汪汪汪"，重复发出狗的叫声，观察并引导孩子跟着模仿叫声，然后请孩子将拼图放入对应的位置，当放出汪汪叫声时，再一次观察并引导孩子模仿。

图9-2　动物叫声音乐拼图

（3）重复上述方式，并反复练习几次，介绍动物名称及叫声，然后让孩子将拼图放入对应的位置。

（4）请孩子从三个形状拼图中选出一个，并问孩子：这是小狗，小狗怎么叫？示范一次：汪汪汪。并等孩子模仿叫声，若孩子有模仿叫声，则模仿孩子的叫声基于反馈，并让孩子将形状拼图放入对应位置。重复上述做法，直到观察到孩子能模仿三种叫声。

延伸活动：在日常生活中，当孩子发出声音时，要给予立即的回应，若无特定意义可模仿其发出的声音，若有特定的意义，则满足其需求或回应其意图。

2. 教育方法

（1）听觉训练策略。听障儿童听觉训练的目的是最大限度地开发听障儿童的残余听力，尽量减少由于听力缺损给儿童带来的不良影响，养成使用听觉的习惯，培养儿童感受、辨别、确认和理解声音的能力。在学习过程中，要了解助听器等辅听设备和技术的使用效果，尽量使辅助设备调试到最适状态。在听觉训练中，可充分利用生动活泼的游戏和情景，结合儿歌、视频、图片等资源促进听障儿童对声音的理解。常用的听觉训练的方法有：声物配对法、声音辨别法、听动协调法。

 知识链接

听觉训练的主要方法

声物配对法：这是最基本的听觉训练方法，适用于听觉训练的初级阶段。训练时把发声的物体和它们的声音同时呈现给听觉障碍儿童，帮助他们在声音和物体之间建立起联系。

声音辨别法：声音辨别法可以分为两类，一类为辨别不同的声音，另一类为听声音辨别物品或图片。前者是指同时呈现几种不同的声音让听觉障碍儿童辨别出是什么声音，或者呈现嘈杂的声音让听觉障碍儿童从噪音中辨别出某种声音。后者是在听觉障碍儿童听到声音之后，让他们辨别是什么物体发出的声音。

听动协调法：这是一种巩固声物配对效果的方法。这种方法可分为听觉-动作法和听声复述法。听觉-动作法指当听觉障碍儿童听到声音时，需要根据发出声音的物体或动物做出相应的动作反应。如听到敲门的声音起身去开门、听到乐曲声就合着节拍跳舞等。听声复述法则是当听到声音或语言时，要进行复述。如：听到狗叫模仿狗叫；听到"ü"的声音，自己也发出"ü"的声音。

听觉训练游戏活动"抢椅子"

目的：培养听障儿童分辨声音节奏的快慢。

准备：鼓一面、椅子数把。

方法：把椅子围成一圈，儿童站在椅子圈外。游戏开始，教师敲鼓，儿童听到快节奏的鼓声就快跑；听到慢节奏的鼓声就随着节奏慢慢走；当鼓声停止，马上抢椅子坐下。

提示：每一次游戏后，要拿走一把椅子，直至最后剩一把椅子；此活动可让听障儿童和普通儿童一起参与。

（2）语言训练策略。听障儿童言语方面的问题多为功能性的问题，其语言训练的实质即为帮助他们掌握发音要领。听觉障碍儿童语言的学习和训练可以从语音、理解和表达三方面进行。[1] 在语音的训练中，可以结合呼吸训练、构音器官训练等促进听障儿童呼吸和构音器官的灵活性。在语言理解和表达训练中，教师应遵循小步子、循序渐进、生活化、功能性的原则，通过系统的词句训练和师幼互动、同伴互动的游戏形式，帮助听障儿童建立基本的词语库、句子库，使儿童形成通过口语进行沟通和交流的能力。[2] 在语言训练过程中，尽量丰富学习和训练内容，使用多元化的学习活动形式，让训练生动活泼有趣，增强听障儿童学习的积极性。

图9-3 使用游戏法开展语言训练　　　　图9-4 绘本阅读促进语言学习

---

① 汤盛钦，曾凡林，刘春玲. 教育听力学［M］. 上海：华东师范大学出版社，2000：205-217.

② 黄昭鸣，周红省等. 聋儿康复教育的原理与方法——HSL理论与1+X+Y模式的构建与实践［M］. 上海：华东师范大学出版社，2006：5.

给教师的建议：幼儿教师如何为听障儿童提供适合的训练？①

（1）根据儿童的身高，采用坐在地上、趴着或其他合适的姿态和儿童交谈。原则上是要互相看到对方的脸部。听障儿童特别需要这种面对面的交谈。

（2）用发音清晰、平和和偏慢的语调与听力障碍儿童交谈，切忌声音过大或发音过于做作。

（3）可使用适度的体态语言，但避免过分的体态语言，因为过分的体态语言分散儿童的注意力，又会妨碍他们的读话能力。

（4）当儿童已经达到语言发展期时，要用简短而完整的句子和儿童交谈。对听力正常的儿童来讲，独词语和电报语言是儿童语言发展的一个特别阶段。

（5）直接坐在听障儿童的对面和他们谈话，以便听障儿童能看清教师说话的口形。

（6）与听障儿童说话时，教师要面对光源，让儿童看到教师的面部表情。照明要聚焦到教师脸部和嘴巴，而不是儿童的脸。

（7）教师可以通过轻拍儿童的肩膀和手来吸引儿童的注意力，但教师要时时意识到会惊吓听障儿童的可能性。

（8）当谈到摆在眼前的某些东西时，最好是能用手直指、拿起某物。例如，上手工课，教师要让学生拿起剪刀操作，这样便为他们的深入理解提供了机会。

（9）提供大量的机会，让听障儿童参与音乐活动。

（10）在讲故事时，一定要让听障儿童参与。选用图画清晰的故事书，要根据故事的内容运用一定的体态语言和比较丰富的脸部表情。

（11）保持每天有规则的活动日程。

（12）有些重度和中度的听力损伤儿童常常会不自觉地发出尖叫声和怪声，他们自己听不见，但会影响其他儿童。教师应该学会用一定的手势和方法来阻止这类行为，帮助他们保持安静。

（13）在幼儿园，教师要避免在教室里边讲话、边走路、边板书，因为这样会影响听障儿童观察教师讲话的口形。

3. 辅助手段

科学技术水平的提高，有助于改善听觉障碍儿童的教学及日常生活。目前应用于听障儿童的辅助技术主要是各种听力辅助设备，如助听器、人工耳蜗等。

（1）电子助听器。助听器可以理解为一种小型的扩音器，它可以放大声音。助听

---

① K·S·艾伦，J·S·施瓦兹. 特殊儿童的早期融合教育［M］. 周念丽，等译. 上海：华东师范大学出版社，2005：148-149.

器的主要构造有麦克风、扩大器和接收器，麦克风收集声音并将声音转换为电波，扩大器将电波增强，接收器将增强的电波转为声波。电池是它的能量来源。除此之外，助听器还有开关、音量调节、电话接收等装置。

助听器通过耳膜连接人耳，因此耳膜合适与否影响助听的效果。虽然可以买到现成的耳膜，但是若考虑到个别需要与舒适定制的效果更好，6 岁以前的儿童耳朵仍在成长，3~6 个月耳膜需要更换一次，6~10 岁每年换一次，10 岁以后如没有耳膜破损或变形不需要更换。

但是，无论哪一种助听器，都有使用是否得当的问题。教师和听障儿童的父母都应该注意幼儿佩戴的助听器的问题。例如，不合适、裂开或破碎的耳膜都会使儿童感到疼痛和不适。电池问题，助听器内置电池用完是经常发生的事情，教师和家长应该警觉当孩子不回答问题的时候，是否由于助听器电池用完了。回音的问题，有时耳膜的不适可能会引起回音，造成儿童耳内疼痛、尖叫或啸音。教师和家长还需定期检查幼儿的助听器的启动开关是否出现故障。幼儿初戴助听器往往会忘记启动或关闭开关，成人至少每天要检查一次。耳膜没有插好或破裂、感染都可能引起耳朵疼痛。发现儿童耳疼时，教师和家长应寻求儿科医生的帮助。

（2）人工耳蜗。电子耳蜗是种精密的电子装置，它将声音转为电能，传入经手术植入的电极，直接刺激听神经，再传入大脑，产生听觉。人工耳蜗能替代内耳毛细胞的功能，因为大多数重度听力障碍儿童，多因内耳耳蜗毛细胞萎缩、坏死甚至消失，以致无法传达声音至听神经。人工耳蜗包括内、外两个部分，前者是通过手术将电极插入耳蜗中，后者由传声器、言语处理器和传送线圈组成。

但是人工耳蜗并非适合所有儿童，主要针对重度及以上的感音性听觉障碍儿童。人工耳蜗是一项精细的内耳手术，有一定的风险性，因此是否让儿童接受人工耳蜗植入颇具争议。此外，人工耳蜗费用较高，佩戴一个 22 频道的人工耳蜗，手术及之后的康复费至少需要约 10 万元人民币，因此选择需要慎重。

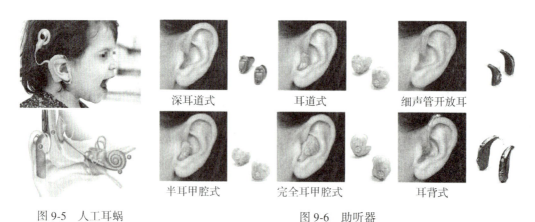

图 9-5　人工耳蜗　　　　　　图 9-6　助听器

4. 教育环境

在物理环境方面，幼儿园应充分考虑听障儿童的特殊需要，提供无障碍的设施。例如，在教室中增加视觉提示；为儿童提供各类听力辅助设备和技术帮助其语言康复；让听障孩子坐在视听效果最佳的位置；减少环境中的噪声，因为对佩戴助听设备的听障儿童而言这些噪声同样是不可忍受的；老师教给使用助听器的孩子调节助听器音量大小的方法，减少孩子感觉不舒服或听不见的时间等。

同时，还需为听障儿童创设温馨、和谐、包容、平等的学习氛围，引导健听儿童正确认识听障儿童。比如，当听障儿童没听明白的时候，健听孩子细心解释；同伴之间有任何信息，或者老师的指令、通知等，引导健听儿童主动告诉听障孩子。教师应多鼓励健听儿童与听障儿童主动交往，让听障儿童感受到温暖和爱护，增强他们的自信心和对自身的认可，促进他们社会参与能力的提高，为他们健康的心理发展创造良好的环境。

四、听觉障碍儿童的发展与学习案例

（一）基本情况

小聆，××普通幼儿园学生，女，5 岁，父母为健听人。在 10 个月左右的时候，没有牙牙学语的迹象，可是妈妈坚持相信"贵人语迟"，2 岁左右经医院诊断，才知道小聆有听觉障碍。经过测试，双耳听力损失均为 90 分贝以上，致聋原因不明。父母一时无法接受，带着她四处寻医问药，无果后 3 岁多植入人工耳蜗，经过母亲的家庭教育就近入学。此外，无其他类型的障碍。

小聆上课时基本能够遵守规章制度，但注意力短暂，个性倔强，好动不合群，时而有与小朋友打架现象或者哭泣行为。

（二）现状分析

（1）听觉方面：背后呼唤时而有反应，时而没反应；对不同的频率声音反应不同；分析原因是因为不同频率损失程度不同，针对的听力训练不足，如早期接触的声音素材少。

（2）言语方面：发音不清楚，时断时续。原因分析是因为早期干预不足，错过语言干预的最佳时间。母亲的家庭教育方法单调、缺乏一定的合理性。

（3）社交方面：本身存在一定的行为问题，究其原因与家庭教育观念及沟通障碍有关，父母一直觉得亏欠孩子，以溺爱的方式教养。致使孩子形成以自我为中心的行为习惯，到了幼儿园又因为其语言问题导致与小朋友的沟通存在障碍，因此试图通过"暴力"或者"示弱"的方式解决问题。

（三）训练过程

上课时，鼓励小聆有效地参与课堂教学。老师将小聆的座位调到离自己较近的位置，教学内容采用多媒体辅助技术最大限度地调动她的视觉注意，当个案注意力不集中的时候老师会常常提醒她，鼓励她开口说话。此外，还调动家长为孩子提前预习。在老师的表扬及小红花的奖励下，小聆上课时注意的时间越来越长，并且愿意讲话了。

课余时间，针对其听力及语言进行个别化训练。通过测听了解小聆补偿后听力情况，测试得出言语、语言发展现状。再据此坚持每天固定时间进行循序渐进的听能及言语训练。如每次练习前先做 3~5 分钟的舌操；然后熟悉各种声音养成聆听的习惯，培养聆听的兴趣；通过游戏练习吹气和吸气的呼吸运动；纠正错误的发音等。此外，整合多方力量营造良好的语言环境，促使其在听力、言语方面取得有效进步。

疏导与惩罚并重，矫正其不良行为。一方面通过体验活动让同学们了解听力障碍在处理问题时出现不当的原因，积极行为支持。在出现好的行为的时候积极鼓励，出现不适宜的行为时也绝不袒护，适当的惩罚或者冷处理也是十分必要的。伴随着小聆自身改变及同学们的理解，孩子们相处得越来越融洽了。

（四）总结反思

听力障碍幼儿在选择进入普通幼儿园前，双方都应该做好相关准备。听力障碍幼儿应该在适宜的助听设备辅助下，在康复中心进行一定的言语康复训练，学会沟通交往的技巧，通过综合测评者才可以进入普通幼儿园就读。而对即将接受听障幼儿的幼儿园来说，应该从物理环境、心理环境做好接纳听障幼儿的准备，如幼儿教师应该基本了解听障幼儿的身心特征，并能通过体验等游戏方式促使普通幼儿了解听障儿童与大家在学习上的差异。

听力障碍幼儿进入普通幼儿园后，针对情况实时进行个别化辅导。毕竟，听障幼儿与普通幼儿存在差异，普通幼儿教师面对所有幼儿的时候难免会有照顾不周，孩子存在信息遗漏是正常的，但是日积月累会影响听障幼儿的学习效果，进而影响其学习兴趣。所以并非进入普通幼儿园后，就不再需要关注其特殊的学习需要。适时监控孩子学习的情况，及时解决问题是十分必要的。此外，也应关注听障幼儿的行为问题，避免影响心理健康。加强听障儿童的心理健康教育，既符合听障儿童心理健康成长的需求，也是听障儿童融入主流群体的需要，更是我国教育方针的需求。教育的过程中学校、老师、家长需要密切配合起来，共同担负起聋儿教育这一艰巨的任务。

第二节 视觉障碍儿童的发展与学习

盲童刘浩的故事①

盲童刘浩母亲亢桂琴：我怀了三胞胎，后来早产、吸氧过量，两个在医院里就没

---

① 北京新闻广播. 2012 北京榜样候选人：盲童刘浩和母亲［EB/OL］. http://news.qq.com/a/20120530/000747.htm, 2012-05-30.

了，只剩一个。回家 3 个多月，他几乎不怎么睁眼，给他什么东西他都不看。到我们当地医院看了，医生说他可能以后就一点都看不见了。我知道他将看不见了，就要让他多听点东西。他很小的时候我就买很多磁带给他听，后来我发现不管他怎么哭只要给他放录音机磁带他就立刻不哭了。当他刚学会坐时我们邻居给他一个电子琴，琴里有几首音乐，他听完了就能用那个小电子琴把那几首音乐弹出来。那时候我就觉得他肯定很有音乐天赋，想给他找个老师教他。

图 9-7　盲童刘浩和母亲

刘浩才 3 岁，显露出的音乐天赋让母亲亢桂琴仿佛在黑暗当中又看到了希望。"砸锅卖铁也要让娃子学琴"，这是亢桂琴暗自下的决心。

思考问题

刘浩看不到外面的世界，但是他能听到外面的世界，在音乐方面很有天赋，如果你是刘浩的老师，你会怎么做呢？

俗话说"眼睛是心灵的窗口"，视觉在日常生活中扮演着重要的角色，视觉障碍（以下简称"视障"）给日常生活与活动带来不便，同时也影响其他各方面的发展。教师了解视障儿童发展与学习的特点，鉴别视障儿童并对他们进行针对性的教育，使他们很好地融入普通儿童，从而提高特殊教育的质量，更好地促进视障儿童的发展。

一、视觉障碍儿童概述

视觉器官障碍、全身性疾病、心因性因素和眼外伤等因素都有可能影响视障儿童的发展与学习。根据视障程度的不同，视觉障碍可分成分为盲和低视力两种。

（一）视觉障碍儿童的概念界定

美国 1975 年颁布的《障碍者教育法案》中对视障的定义是以一个人如何体验和学习社会为核心，认为视障是一种视觉上的损伤，即使经过矫正，其损伤对教育活动仍有不利的影响。[1]

在第二次全国残疾人抽样调查标准（2006 年）中，视觉障碍又称视力残疾，其定义一般是指由于各种原因导致双眼不同程度的视力障碍或视野缩小，而难以从事正常人

---

[1]　邓猛. 视觉障碍儿童的发展与教育 [M]. 北京：北京大学出版社，2011：4.

所能从事的工作、学习或其他活动。①

视障儿童的分类和出现率

1. 视障儿童的分类

视觉障碍主要分为盲和低视力两类，盲狭义上是指视力丧失到全无光感，广义上是指双眼失去辨析周围环境的能力；低视力是指能利用残余视力接受教育及进行工作和生活的能力。

2006 年第二次全国残疾人抽样调查残疾标准把视觉障碍分为盲和低视力两类，按照严重程度分为一到四级，具体如表 9-2。②

表 9-2　　　　　　　　　　　　我国视觉障碍分类表

类别	级别	最佳矫正视力
盲	一级	无光感~<0.02 或视野半径<5 度
	二级	0.02~<0.05 或视野半径<10 度
低视力	三级	0.05~<0.1
	四级	0.1~<0.3

注：（1）盲或低视力均指双眼而言，若双眼视力不同，则以视力较好的一眼为准。如仅有单眼为盲或低视力，而另一眼的视力达到或优于 0.3，则不属于视力残疾范畴。

（2）最佳矫正视力是指以适当镜片矫正所能达到的最好视力，或以针孔镜所测得的视力。

（3）视野半径<10 度者，不论其视力如何均属于盲。

2. 视障儿童的出现率

根据 2006 年第二次全国残疾人抽样调查的资料推算，按照国家统计局公布的 2005 年末全国人口数推算出本次调查时我国总人口数为 130948 万人，残疾人总数为 8296 万人，视觉残疾人为 1233 万人，占残疾人总数的 14.86%。根据数据推算，视觉障碍出现率为 0.94%。③ 世界卫生组织估计全世界有盲人 4500 万人，13500 万为低视力者。我国每年新增盲人大约 45 万人，低视力约 135 万人，视障儿童占同龄儿童总数的 0.06%~0.1%，而其中 0~5 岁的学前视障儿童 7.45 万人。

① 雷江华. 学前特殊儿童教育［M］. 武汉：华中师范大学出版社，2012：73.

② 第二次全国残疾人抽样调查办公室. 第二次全国残疾人抽样调查主要数据手册［M］. 北京：华夏出版社，2007：118.

③ 第二次全国残疾人抽样调查办公室. 第二次全国残疾人抽样调查主要数据手册［M］. 北京：华夏出版社，2007：118.

（二） 视觉障碍儿童的病因

造成视力障碍的因素除了视觉器官本身的疾病，如白内障、青光眼、角膜炎、沙眼、视网膜色素变性等外，偶然事故、中毒、脑肿瘤和其他全身性疾病也可能产生视觉障碍。造成视觉障碍的原因很多，主要归为以下几类：①

1. 视觉器官因素

视觉器官包括眼球、视神经传导系统和眼附属器三部分，只要其中一部分出现病变都有可能产生视觉障碍。如白内障是一种因水晶体或囊的浑浊造成水晶体透明度消失的疾病，是我国当前致盲的主要疾病之一；青光眼大多是因眼压增高造成的，也是常见的视觉障碍因素之一；大部分角膜炎是由于外来感染引起的，轻微的角膜外伤容易引起角膜炎的感染；视神经萎缩是因小血管闭塞、正常毛细管消失或神经纤维消失而导致神经胶样组织沉积，从而造成不同程度的中心视力减退或丧失及视野变小；沙眼一般是通过与不干净的手、污染的手巾及公共盥洗器等接触，从而引起慢性结膜炎；屈光不正是指眼球的屈光力与眼球轴长不相适应，以致平行光线经屈光系统曲折后不能聚焦于视网膜黄斑中心凹上；弱视是指眼部无器质性病变，其功能性因素引起远视力低于 0.9 且不能矫正者。

在这些视觉障碍中，有的是由遗传等先天因素造成的，如家族遗传、近亲结婚和胎儿期的影响等，而有的又是由后天因素造成的。

2. 全身性疾病

全身性疾病主要包括传染性疾病和一般性疾病两类。② 传染性疾病如麻疹、风疹、脑炎、肺炎、伤寒、结核病、白喉和猩红热等，一般性疾病如糖尿病、高血压、肾炎、贫血及维生素缺乏等，这些都有可能造成不同程度的视力损伤。

3. 心因性因素

除了眼部本身出现的疾病，情绪及心理问题也是导致视觉功能异常的重要因素。短期的情绪困扰往往在视觉功能上立刻显出异常症状，长期的情绪问题甚至有可能导致失明。③

4. 眼外伤

眼外伤是指眼球遭到损伤而致使患者视力减退甚至失明。④ 如炸药和雷管等爆炸物使眼球受伤，机械、化学药物、离子辐射、中毒等致眼球受伤，从而造成严重的视功能损坏。

二、视觉障碍儿童的发展与评估

由于视障儿童身心发展障碍，导致他们的感知觉、社会适应、语言、言语、沟通、

① 沈家英，陈云英，彭霞光. 视觉障碍儿童的心理与教育［M］. 北京：华夏出版社，1993：28-38.

② 沈家英，陈云英，彭霞光. 视觉障碍儿童的心理与教育［M］. 北京：华夏出版社，1993：38.

③ 沈家英，陈云英，彭霞光. 视觉障碍儿童的心理与教育［M］. 北京：华夏出版社，1993：39.

④ 沈家英，陈云英，彭霞光. 视觉障碍儿童的心理与教育［M］. 北京：华夏出版社，1993：39.

认知、生活自理等能力存在缺陷。在日常生活与学习的过程中，教师通过了解视障儿童的表现，对他们进行筛查测验收集资料；了解、掌握一些简单的视障评估手段，并根据评估结果对视障儿童进行有效的教育。

（一）视觉障碍儿童的发展特点

1. 感知觉特点

人的认识活动始于感觉，通过感觉器官产生感觉，经过大脑的分析综合产生知觉，进而实现对客观世界的认识。而视觉在人的感性认识活动中起着主导作用，是人类获取信息的主要渠道，使人们能够感知物体的形状、大小、色彩、明暗、动态变化方向，以及物体之间的关系和联系，并且是在一定距离上完整、同时地从长、宽、高三个维度观看到物体。① 由于视觉障碍儿童的视觉感知渠道完全或部分受阻，难以了解物体的具体形象，所以他们的认识活动主要依靠听觉、触觉、味觉、嗅觉等感觉功能来实现。

（1）视障儿童的感觉。由于视障儿童部分或全部丧失了视觉，所以听觉成为他们认识世界、获取外界信息的重要手段。由于视障儿童更多依靠听觉，客观上使听觉得到了锻炼，所以他们常常被认为听觉比普通儿童好。而通过相关实验和脑成像技术验证也证明相比于明眼儿童，受过训练的视障儿童的听觉注意力和听觉记忆力都比较强。② 但是，近年来的研究表明，视障儿童的听力损失比普通儿童更普遍，视障儿童听力损失的出现率高达 41.5%，主要的原因可能是先天获得性因素在影响视觉器官发育的同时可能也影响到听觉器官的发育，也可能是对听觉的更多依赖而使听觉系统受到更大的压力而引起的，还可能视觉功能缺陷妨碍或歪曲了听力机能的发展。③

触觉不仅可以认识物体的部分特征，而且还可以同其他感觉联合起来更加深入地了解物体的特征。触觉在视障儿童的学习和生活中起着其他任何一种感觉通道都不可替代的作用，而对于视障儿童来说，在一定程度上手可以代替眼睛的部分功能，如手的触觉可以帮助他们感知周围的环境及分辨盲文，为他们生活、学习提供方便。

（2）视障儿童的知觉。由于视障儿童的视觉出现障碍，他们在形成空间知觉时遇到很多困难，因此，他们主要借助听觉、触觉、动觉、嗅觉等方面的信息来形成空间知觉。换句话说，视障儿童通过除了视觉之外的感觉器官搜集信息，了解物体的形状、长度和重量，判断物体方位和距离，从而促进视障儿童对空间关系的认识。但是，与普通儿童相比，视障儿童空间知觉的准确性不高。

视障儿童受视觉缺陷的影响，无法对时间进行感性的体验，只能从生活经验及活动规律中判断时间。一般来说，视障儿童对短时距的精确判断主要是依赖于人体自身的生理节律性活动和计数，而对长时距知觉的精确判断主要靠计时工具。④

① 华国栋. 特殊儿童随班就读师资培训用书 [M]. 北京：华夏出版社，2014：68-69.

② 马艳云. 视听觉障碍儿童的认知能力 [J]. 中国特殊教育，2004（1）：59-61.

③ 刘艳虹，焦青，韩萍，谌静. 视力残疾学生纯音听阈测试研究 [J]. 中国特殊教育，2004（6）：51-55.

④ 方俊明，雷江华. 特殊儿童心理学 [M]. 北京：北京大学出版社，2011：23.

如何对视障儿童进行触觉、味觉、嗅觉的训练①

1. 触觉训练

人们对事物空间特性的认识和触觉分不开。触觉不仅可以帮助人们认识物体的软、硬、粗、细、轻、重等特性，而且通过同其他感觉联合起来，还能够帮助人们认识物体的大小和形状。触觉是视障儿童获得经验与知识的重要感觉。

触觉训练首先是要教会视障儿童认识物体，包括认识日常实物和模型。在6~12个月时，可以给幼儿提供一些既方便抓握又能避免吞食的触觉玩具，鼓励儿童玩耍，在玩耍的过程中认识物体。在婴幼儿1~2.5岁的时候，可以帮助儿童认识事物的一些特性，如冷、暖、干、湿、软、硬等。当视障儿童在辨认物体的时候，家长和教师应给予生动的语言描述，如柔软的枕头、硬的地板、冷的水、热的馒头等。在他们2.5~3.5岁的时候，就要给视障儿童介绍尺寸的概念。在他们4~5岁的时候可以指导儿童串珠子，走路时让儿童感受不同的路面，如人行道、泥土、草皮、柏油路面等。

在训练的过程中教给视障儿童正确的触摸方法，要按照一定的顺序来进行触摸：先整体、再局部、再整体；从头到尾、从上到下；触摸较大的物体要借助基准点、线、面，避免观察遗漏和重复。另外，还要进行视障儿童的触摸分配训练，可以让视障儿童的两手同时触摸两种不同的物体，观察其异同。这对提高触摸效率、拓展观察范围非常有效。

2. 嗅觉与味觉训练

美妙的气味会引导视障儿童去主动探索外界的事物，嗅觉可以帮助视障儿童辨认物体、辨别方位以及为定向行走提供线索。首先要帮助孩子认识和分辨不同的气味，然后区分各种物品特有的气味特征，以此来区分不同的物体。等孩子稍大一些，可以让他们根据气味来认识环境，如小吃店的气味、书店的气味等。在味觉训练中，视障儿童一方面必须能够区分不同的味道，如酸、甜、苦、辣、咸等，另一方面还要能通过品尝来辨认食物。

2. 社会适应能力发展特点

视障儿童除了睡眠之外，其余时间都在进行着社会交往。也就是说，视障儿童的社

---

① 中国特殊教育网. 如何对视障儿童进行触觉、味觉、嗅觉的训练[EB/OL]. http://www.spe-edu.net/Html/mangjiaoxue/201303/33287.htmll.2012-10-30.

会交往不但贯穿了他的整个学习活动，也贯穿了他的课余生活。社会交往是多渠道且用各种感觉进行的，视障儿童除了听觉之外，无法从视觉得到对方的非语言的信息和交往，如生动丰富的表情、借助表达感情的手势和肢体语言以及交往的气氛等。视障儿童也无法借助手势、表情、姿态来表达内心的思想感情，限于上述原因和知识的匮乏，势必影响到他们对别人意见的全面理解，造成了视障儿童社会交往中的被动性、不准确性，以及由此而产生的猜疑和畏惧。因此，视障儿童社会交往一般局限于小群体，畏惧社会交往，对其他人产生不信任感等，这样大大削弱了视障儿童的社会交往能力，也影响了视障儿童的健康成长。

3. 语言、言语特点

就言语表达能力的发展而言，听觉起着关键作用。儿童能够听到别人讲话，便有了模仿学习的榜样，能把自己的言语同成人的作比较，及时发现和矫正自己的错误。由于视觉障碍儿童失去视觉的协同作用，因此，他们的语言的形成和发展主要依靠听觉的作用。但一般情况下，儿童理解词义首先会结合视觉形象。因此，视障儿童对大量词义的理解缺少相应的表象基础，即对词的理解与词的本意不一致。[1]

视障儿童的语言特质及训练[2]

➤ 视障儿童的语言特质

（1）语言理解困难：因为看不到，没办法将听到的话和实际情境相结合，所以常会误解真正的意思，尤其更难以体会和视觉相关的抽象词汇，如美丽、肮脏等。

（2）语汇缺乏：因为视觉障碍，理解语汇较困难，也较无法将语汇类推到其他情境使用，有些语汇只能死背，如物品的颜色。通常都是使用具体的语汇，如名词（东西、人物的名称）、动词（动作的名称），我要吃××、我要买××等，这些是比较容易学的；而形容词、副词、虚词等抽象的用语就学得很慢。

（3）语法不完整：视障幼儿的语句发展相对较慢，句长也普遍较短。很少用疑问句或因果关系的表达语句，如"我可不可以××××？"。

（4）语用能力差：较少命名或要求他们无法碰触或遥控的物品。因为无法判断与听者的距离，所以常说话较大声。多数孩子常低头说话，没有面对和他对话的人。有时会自己一直说，很少中途停下来和别人轮流发言。

---

① 华国栋. 特殊儿童随班就读师资培训用书［M］. 北京：华夏出版社，2014：71.

② 中国特殊教育网. 视障儿童的语言特质及训练［EB/OL］. http://www.spe-edu.net/Html/mangjiaoxue/200711/13184.html，2007-11-22.

（5）仿说现象多：和自闭儿类似，有时是立即仿说，有时是过些时候的延宕仿说。有时与情境有关，有时是不合情境，也会有代名词错用的情形。

➤　视障儿童的语言训练

（1）借由多感觉途径教导新词汇，尤其触觉最重要，带孩子触摸所有物品的形状及质地，并尽可能让孩子练习操作，语意的学习才能落实。

（2）跟随简单指令做动作，增进理解能力，如拿报纸、穿鞋子。

（3）辨识环境中常听到的声音，如动物叫声、电话声。由环境中先听过，再用录音带或CD练习。

（4）尚无口语的幼儿先学拟声词，建立发音技巧，如小狗汪汪、小猫喵喵、电话铃铃等；再来仿说词汇、词组，才会自动表达需求、回答问题及叙述事件。

（5）当孩子说出不合情境的句子时，应以简单易懂的句子示范正确的说法。

（6）充实生活经验，才能发展认知，学习相关的语汇。如图书馆、动物园、超级市场等幼儿常去的场合。同时，在情境中学习，较容易理解不同语汇的意义，学习效果较佳。

（7）多阅读绘本故事：亲子共读图画书，既能丰富孩子的生活，又能和孩子一起谈论一些事物，比起其他的亲子活动提供更多的情感分享、语言交流机会，所以亲子关系会更加和谐亲密。开始时可选择触觉书、嗅觉书，孩子较易理解，平面书可将图中外形轮廓加边，让孩子触摸感受其中的意思。

幼儿的学习是靠着一点一滴的累积而成的，语言的学习也不例外，家长配合老师及其他相关专业人员的建议，多带领孩子重复一遍遍地练习，只要有耐心和毅力，成功是指日可待的。

4. 认知特点

（1）思维特点。视障儿童思维活动具有概念不完整、不准确的特点。如在词义的理解上，视障儿童对大量词汇缺乏相应的表象认识，因此，他们很难把握住词汇所表达的概念；在概念的形成上，视障儿童缺乏丰富的感性材料，因此，他们很难把同类事物的共同特点归纳和总结出来；视障儿童的空间概念的形成也很困难，他们很难把握物体之间的相互位置及其联系等问题。除此之外，相比于普通儿童，视障儿童思维活动发展也相对比较落后。[①]

（2）注意力特点。视觉障碍儿童的视力出现障碍，他们只有把注意集中在较小范围内才能获得相对较多的有关刺激物的信息，注意的广度比较窄小。同时，他们的注意也不容易受周围其他刺激物的影响，因此注意比较稳定。但是，视障儿童一般不能同时

①　华国栋. 特殊儿童随班就读师资培训用书 [M]. 北京：华夏出版社，2014：72-73.

从事其他的注意活动，注意分配能力较差，注意力较难转移。① 值得注意的是，视障儿童拥有较高的听觉注意力，他们有较强的听觉选择性，自觉地排除无意义声音的干扰而把注意力集中在有意义的声音上。

（3）记忆力特点。视障儿童的瞬时记忆不全面、不完整。其原因主要是视障儿童的视觉经验匮乏，主要靠声音记忆，获取的信息往往是不全面、不完整的，视觉表象难以形成，致使年龄较低的视障儿童表现出主要以机械记忆为主的记忆特点。② 由于视障儿童在视觉方面的障碍，相比于普通儿童，他们在空间知觉、视觉搜索、视觉表象、视觉形象记忆和观察模仿能力等方面都比较差。视障儿童在生活和学习中主要是通过听觉获取信息，他们的听觉记忆力得到不断强化，听力记忆的技巧也不断增强。③

（二）视觉障碍儿童的评估

先天性的全盲通常能在出生后的一年之内被确诊。儿童的父母亲会明显发现孩子看不见其他人或他们手中摆弄的玩具。但是有部分残余视力的视障儿童则是比较难以鉴别的。对于视觉障碍儿童的视觉功能的精确评估，对于确定适当的干预和教育对策是必不可少的。教师在视障儿童的评估中主要起协助、辅助的作用。

1. 观察

在幼儿的视力鉴别中，教师和家长往往是首先发现儿童视觉障碍的主要人员。因此，教师和家长可以根据儿童的行为、外部表情和言语，通过观察，来判断儿童是否可能出现视觉障碍。视觉障碍儿童在行为上往往会表现出以下特征：④

（1）目光呆滞，表情呆板。

（2）走路时胡乱躲闪，或蹒跚不稳。

（3）无法看清物体、图画的颜色或细节。

（4）害怕有光的物体。

（5）常斜眼阅读或看物体。

（6）看东西上身前倾、颈部前伸。

（7）看细微物体时揉眼、皱眉、眯眼、眨眼或出现焦急状。

（8）阅读书籍过远或过近。

（9）阅读时找不到句子、页码，或跳行、跳字。

（10）书写不整齐，字句常超出格子。

（11）看书时间不能长，否则会出现恶心、头晕、呕吐的症状。

当儿童出现上述两种或两种以上情况时，家长及教师应该及时请专业人员对其状况做进一步诊断。除此之外，当儿童的眼睛出现通红或长痂，有过多的分泌物，瞳孔有白斑或泛白，眼睛充血，瞳孔大小不一，眼球不停震颤转动，眼球过大或过小等症状时，

① 方俊明，雷江华. 特殊儿童心理学［M］. 北京：北京大学出版社，2011：43.
② 贺荟中，方俊明. 视障儿童的认知特点与教育对策［J］. 中国特殊教育，2003（2）：41-44.
③ 方俊明，雷江华. 特殊儿童心理学［M］. 北京：北京大学出版社，2011：59.
④ 雷江华. 学前特殊儿童教育［M］. 武汉：华中师范大学出版社，2012：73.

家长及教师也应该及时带儿童到医院进行确诊。

2. 协助视觉筛查

许多有视觉障碍的儿童是在上幼儿园时常规的筛查测验中被鉴别出来的。其中，Snellen 非文字网上测验（Snellen Illiterate Etest）是广泛使用的鉴别视敏度的测验。更年幼的幼儿和能力偏低的儿童还可以使用 Teller 视敏度卡（Teller Acuity Cards）来进行。早期阶段，儿童视力发展标准如表 9-3 所示。

表 9-3 婴儿视力初步筛查标准

儿童年龄	视力初步筛查标准
初生婴儿	2~3 米以内物体轮廓
1 个月	能做双眼追随一个光源的同向运动，但持续时间短（数秒钟）
2~3 个月	开始出现注视，双眼能追随人的活动，视力相当于 0.01~0.02
3 个月以后	出现防御反射
4~5 个月	婴儿视力为 0.02~0.05，能看自己的手，试图用手接触物体
5~6 个月	婴儿视力为 0.04~0.08
7~8 个月	已有固视，能长时间看一个方向
1 周岁	能识别眼、耳、鼻等器官；视力可达 0.15~0.25
2~3 岁	视力达到 0.5~0.6
3~4 岁	视力达到 0.7~0.8
4~5 岁	视力达到 0.8~1.0
5~6 岁	正常视力接近 1.0

视觉专业检查包括哪些内容？

视力即视敏度或称视觉敏锐度，是指眼睛视网膜的敏锐度，尤其是指视网膜上黄斑部中央凹分辨两个光点的敏锐度。视力包括中心视力和周边视力，而中心视力是指视网膜中央凹的视力，包括远视力和近视力；周边视力是指中央凹周围的视力，因而也称为边缘视力，周边视力的检查也称为视野的检查。[1] 视觉专业检查的内容一般包括视力检查、视野检查、色觉检查、眼位检查及立体视觉等方面的检查。[2]

（1）视力检查。2 岁以下的儿童一般采用观察法，还可以采用遮盖法，也可以采用不依赖于被检测儿童主观反应的视觉诱发电位法。

① 沈家英，陈云英，彭霞光. 视觉障碍儿童的心理与教育［M］. 北京：华夏出版社，1993：46.
② 雷江华. 学前特殊儿童教育［M］. 武汉：华中师范大学出版社，2012：73.

2～5 岁的儿童可以使用《儿童图形视力表》或实物测量法进行检查。《儿童图形视力表》是根据《国际标准视力表》的原理设计，采用我国儿童普遍熟悉和感兴趣的物品或动植物的图形（如花、钟、鱼等）做视标的法定的视力表，其视力检查方法与《国际标准视力表》检查方法相同。实物测量法一般使用乒乓球或硬币作为测量的工具，视力计算公式如下：

$$视力 = \frac{1.5}{实物大小（毫米）} \times \frac{实物距离（米）}{5}$$

5 岁以上的儿童可以采用《国际标准视力表》进行视力检查，儿童通过辨认并指出"E"字开口方向检查儿童视力状况。

图 9-8　儿童视力检查

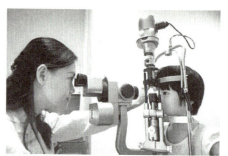

图 9-9　医护人员为儿童检测视力

（2）视野检查。视野是当眼球固定注视不动时，所能看见的空间范围，也称为视力所及的三度空间。[1] 视野可以使人们感知周围环境、物体的方位以及外界物体的运行及其速度。

视野的检查包括周围视野检查和中心视野的检查。周围视野的检查方法有对比视野检查法、视野卡片检查法和周围视野计检查法。中心视野的检查一般使用平面视野屏和《A msler's》表检查。

（3）色觉检查。色觉是人类的视觉器官辨别外界事物颜色的能力[2]，色觉障碍轻重程度分为色弱和色盲两种类型。检查色觉障碍的方法有很多种，主要有假同色检验法和彩色绒线团挑选法。3 岁以下的儿童可用配对彩色笔等方法检查色觉，而 3 岁以上的可用色盲表进行。

（4）眼位检查。眼位检查主要检查儿童是否有斜视的情况，根据斜视情况程度的不同又可以分为隐斜和显斜两种，其检查方法主要有角膜反光检查法、两眼交替遮盖法两种。

（5）立体视觉检查。立体视觉是视觉器官对三维空间的立体知觉，即眼睛及视中枢用以辨别周围物体远近、深浅、凹凸和高低的能力，也称为深度视觉和三维视觉。[3] 立体视觉检查主要是通过专门的仪器来进行的。

---

[1]　沈家英，陈云英，彭霞光. 视觉障碍儿童的心理与教育 [M]. 北京：华夏出版社，1993：61.

[2]　沈家英，陈云英，彭霞光. 视觉障碍儿童的心理与教育 [M]. 北京：华夏出版社，1993：65.

[3]　沈家英，陈云英，彭霞光. 视觉障碍儿童的心理与教育 [M]. 北京：华夏出版社，1993：67.

（6）功能性视觉评估。功能性视觉是指儿童在环境中使用视力的能力，而对儿童进行功能性视觉评估，就可以了解其在日常生活情境中使用残余视力的情况。①目前阶段，学龄前儿童还缺乏一套完备的评估工具。但教师可以根据评估的项目自制评估量表，并对儿童的视觉功能进行评估。

视障儿童功能性视觉评估的结果可以帮助教师针对视障儿童拟定最适宜的个别化教育计划，为对视障儿童进行有效早期干预打下良好的基础。

三、视觉障碍儿童的学习与教育

由于视障儿童的感知觉、社会适应、语言、言语、沟通、认知、生活自理等能力存在缺陷，导致他们的学习特点和普通儿童明显不同，他们的学习内容除了基本的知识和技能外还包括针对自身缺陷所进行的补偿性教育内容。因此，视障儿童对学习环境的要求较高，同时，教师只有结合他们发展和学习的特点进行教学才有可能取得更好的教学效果。

（一）视觉障碍儿童的学习特点

1. 学习方式

视障儿童的学习主要是通过听老师讲课、听各种媒体信息、摸盲文课本及盲文资料、摸各种教具学具、手工操作等来获取知识、掌握技能的。② 视障儿童需要通过除视觉之外的其他感官来进行学习，尤其是听觉与触觉两种感官。他们只有听到、听清、听懂、摸到、摸懂等，才能更好地获取知识和掌握技能。

2. 需要特殊的教学设施

视障儿童一般要使用盲文课本、资料和盲文试卷，通过触觉感知并获取相应的内容。因此，视障儿童在学习的过程中需要准备用于书写盲文的盲板、盲笔和盲纸等学习工具。此外，他们还可以通过有声读物进行学习。

图 9-10　盲文板和盲文笔

图 9-11　盲文书

对于还有残余视力的视障儿童，教材、学习资料及试卷要根据儿童的需要放大尺

---

① 雷江华. 学前特殊儿童教育［M］. 武汉：华中师范大学出版社，2012：75.
② 华国栋. 特殊儿童随班就读师资培训用书［M］. 北京：华夏出版社，2014：79.

寸、增加对比度、选择合适的颜色复印制作，并且，纸张不能太光滑，以免产生眩光。① 学具教具也需要进行放大和着色，以满足视障儿童的特殊需要。此外，还有残余视力的视障儿童有时还需要不同的注视设备，如放大镜、望远镜、闭路电视放大器、计算机屏幕显示放大软件和阅读裂口器等。

图 9-12　光学助视器

图 9-13　电子助视器

3. 识字、写字和阅读方面的困难②

汉字量大，结构复杂，笔画繁多，视障儿童缺少视觉所能提供的形象的信息，因此，在掌握汉字的过程中出现很多困难。教师要注重培养视障儿童用汉语拼音读准字音的能力，用构字规律分析记忆字形并能用字典、上下文和生活实际理解字义的能力。

由于视障儿童容易出现看不清老师的示范过程、分不清相近笔画间的微小差别和动作缓慢等问题，他们在写字的过程中也遇到很多困难。因此，很多视障儿童只能使用盲文进行书写。

视障儿童使用盲文或有声读物进行阅读。由于近距离看书视野小、眼球震颤等原因，还有残余视力的视障儿童阅读普通阅读材料时阅读速度明显低于普通儿童。

(二) 视觉障碍儿童的教育策略

1. 教育原则

（1）因材施教。视障儿童的病因和障碍程度可能都不同，个体间差异也很大，因此，不同的视障儿童的教学要求、教学内容、教学进度和教学方法等方面都要因人而异。如还有残余视力的视障儿童在学习的过程中可以使用大字课本等一些专门设计的设备利用残余视力进行学习，而大部分全盲的视障儿童只能靠触觉和语音进行学习。因此，在教学的过程中，教师要根据不同视障儿童的特点进行教学，以满足各个视障儿童不同的学习需要。

（2）感知与语言指导相结合。视障儿童能通过触觉了解物体的性质与状态，但由于触觉的局限性，他们不易对物体形成正确、完整的了解，如视障儿童就很难通过触觉感知一个物体的颜色。此外，对于一些比较抽象的事物，视障儿童也很难通过触觉来掌握。因此，视障儿童在直接感知某一物体时，教师还需给予他们有条理的说明，以使他

---

① 华国栋. 特殊儿童随班就读师资培训用书［M］. 北京：华夏出版社，2014：80.
② 华国栋. 特殊儿童随班就读师资培训用书［M］. 北京：华夏出版社，2014：80-81.

们对事物形成一个完整的认识。①

（3）参与实践活动。除了课堂的学习，视障儿童还应该注重参与实践活动，在活动中丰富经验，形成对事物较完整的认识。如视障儿童在活动中不断遇到新的事物，并不断了解这些新的事物，久而久之，他们也就认识了更多的事物，而通过与事物的不断接触，也会促使他们对这些事物形成更加深刻的认识。同时，实践活动不仅有利于视障儿童把学到的知识运用到实践中，也增加了视障儿童与人交往的机会，还可提高他们的社会适应能力。

（4）早期教育原则。早期教育原则，即应该尽早抓住时机，对特殊儿童进行早期诊断、早期教育和早期干预与训练。② 由于视障儿童的视觉障碍，特别是出生后才出现视觉障碍以及还有残余视力的视障儿童，更需要进行早期教育。教师应该根据早期诊断制定教育教学目标，并进行有效教学干预，实现视障儿童的缺陷补偿和潜能开发。

（5）直观性教学原则。视觉障碍直接影响儿童对事物的认知、理解程度，仅仅通过语言的描述和指导是无法使其形象、具体地认知事物的，因此，我们需要对之进行直观性教育。对于视障儿童来说，教师需要大力发挥儿童听触觉的作用来进行直观教学。在直观教学过程中，除了选择的教具要具有直观性外，教师在讲授过程中应尽量使用最简洁、最通俗的语言来进行课堂教学，避免使用晦涩、难懂的语言，还应力求把抽象、概括的知识通过通俗易懂的语言使之具体化、形象化。③

2. 教育内容

（1）盲文。盲文是法国盲人路易·布莱尔在1829年创造的，一个盲文字母占一方，一方由六个点位按三排两列组成。六个点位按有无凸起的半球形盲符点构成64种符形，不同的语言用其表示不同的字母和符号。中国盲文是用不同的盲文符形表示汉语拼音的21个字母、34个韵母、4个声调符号和若干个标点符号，一个汉字由一至三方组成，第一方为声母，第二方为韵母，第三方为声调。为了更好地获取知识，视障儿童需要学习盲文。同时，视障儿童还需要学习摸读盲文，学习摸读盲文时正确的姿势和动作，并能熟练使用盲文工具书写盲文。

布莱尔盲文和汉语盲文

世界各国视障者通用的盲文，是法国人路易·布莱尔创造的。它以六个凸点排列成两纵行组成一个单元叫做"方"，有63种不同的点的变化，可以用来拼写各种不同的语言，为纪念路易·布莱尔对视障教育的贡献，国际上将这种盲文统称为布莱尔（Braille）。

---

① 沈家英，陈云英，彭霞光. 视觉障碍儿童的心理与教育［M］. 北京：华夏出版社，1993：174.
② 方俊明. 特殊教育学［M］. 北京：人民教育出版社，2005：19-20.
③ 邓猛. 视觉障碍儿童的发展与教育［M］. 北京：北京大学出版社，2011：4.

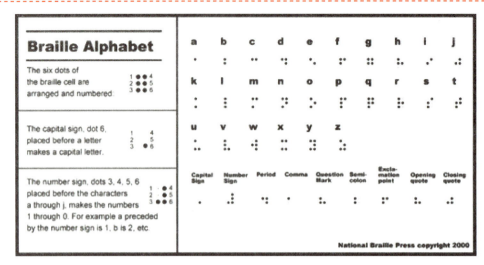

图 9-14　布莱尔（Braille）字母对照表

　　我国现行的盲文是由黄乃于 1952 年设计的，它以北京语音为标准音，普通话为基础，采用分词连写的方法。汉语盲文包括 55 个字母、声调符号和标点符号。视觉障碍儿童必须先学会字母符号、拼音规则、书写方法以后，才能进行阅读和书写的学习。汉语盲文拼音表见图 9-15 所示。

图 9-15　汉语盲文拼音表

（2）感官训练。视觉功能是视觉障碍儿童用眼看东西的能力，视觉功能包括视觉基本能力和视觉基本技能，而视觉基本能力包括视觉认识能力、视觉记忆能力，视觉基本技能包括视觉定向技能、视觉定位技能、视觉搜寻技能和视觉追踪技能。视障儿童只要还有光感，就应该训练他们利用光线帮助他们进行学习和生活。

视障儿童大多善于借助听来辨别人及人的态度，借助摸来辨别物体，他们的听觉和触觉一般比其他同龄的普通儿童更加灵敏。因此，教师在教学的过程中应该注意开发视障儿童的听觉和触觉的潜能。

图 9-16　多感官训练　　　　　　　　　　图 9-17　触觉训练

（3）定向行走。视障儿童运用各种感官确定自己在一定环境中及其他物体之间的相互位置关系，能在各种环境中进行有目的地、安全、有效、独立自如的行动。视障儿童可用三种安全的行走方法：明眼人带路、独走及使用盲杖。教师要训练视障儿童掌握定向行走的技能，提高生活质量。定向行走的训练主要包括辨别方向、自我保护法、取桌面上的物品、寻找掉落的物品、入座、沿物行走、进出门、上下楼梯、使用盲杖行走和在明眼人的引导下行走等内容。①

图 9-18　视障儿童练习定向行走　　　　　图 9-19　盲生学走盲道②

①　华国栋. 特殊儿童随班就读师资培训用书［M］. 北京：华夏出版社，2014：109-116.
②　图片来源：东莞市特殊幼儿中心 http://www.dgcj.org.cn/xyfm/html/？112.html。

（4）生活自理能力。生活自理能力是一个人最基本的能力，是一个人为了满足生理需要和精神需要所必须具有的自理能力，也是发展其他能力的基础。视障儿童生活自理能力的培养主要包括熟悉环境、盥洗梳漱、饮食、使用卫生间、着装等内容，在掌握前面提到生活自理能力内容的基础上，教师还应培养视障儿童整理打扫房间、洗衣服、做饭和管理钱财的能力等。①

（5）发展智力。视觉缺陷影响儿童对事物的感知，难以形成正确的概念。视障儿童智力发展包括认识周围生活中常见的事物和现象，如四季变化、周围环境、日常生活用品、交通工具、蔬菜水果等，还包括学习一些基本的概念，如自我概念、各种感知、方位与距离、时间与量等。② 教师从身边最常见的东西教起，利用视障儿童的优势感官并结合语言进行教学，促进智障儿童形成正确、全面的概念。

（6）培养言语技能。视觉障碍对语言的发展也是不利的，特别是儿童早期语言的发展。视障儿童在学习说话的过程中先通过触摸说话者的脸和嘴，感受唇、颊和下颚的运动以及说话时气流的运动，再进行模仿。同时，教师也要尽量让视障儿童理解词语的意义，鼓励他们多与人交往，促进语言的发展。

3. 教育方法

图 9-20　凸线图示法帮助视障儿童认识地图

（1）听说法。听说法是利用音频制成教材和读物等，方便视障儿童进行阅读。听说法既适合还有残余视力的视障儿童，也适合全盲的视障儿童，可有效地克服盲文书籍和大字体书籍缺乏的困难。③ 此外，视障儿童的学习过程主要通过教师的"说"和他们自己的"听"来进行。因此，教师在教学过程中应该注重把这两者有效结合在一起。

（2）多重感官法。各种感觉器官的功能不同，视障儿童通过不同感觉器官认识事物，充分利用各个感觉器官的优势功能，对事物形成更准确、完整的认识。如视障儿童虽然不能直接看到汽车的大小或载重的多少，但通过触摸可以感知汽车的大小和载重的多少，甚至通过汽车发出的声响，也可以感知汽车的大小和载重等。④

（3）凸线图示法。凸线图示法是一种改变视觉感受途径为触觉感受途径的教学方法，它将视障儿童无法感知的平面图形、图表、图案，经过特殊的加工处理，变为视障

①　华国栋. 特殊儿童随班就读师资培训用书［M］. 北京：华夏出版社，2014：116-119.

②　雷江华. 学前特殊儿童教育［M］. 武汉：华中师范大学出版社，2012：79.

③　沈家英、陈云英、彭霞光. 视觉障碍儿童的心理与教育［M］. 北京：华夏出版社，1993：175.

④　沈家英、陈云英、彭霞光. 视觉障碍儿童的心理与教育［M］. 北京：华夏出版社，1993：175.

儿童可以利用触觉感知的凸起图画，便于视障儿童摸认和理解。①

（4）语言直观教学法。由于视觉的缺陷，语言是视障儿童进行学习的主要方式之一。因此，在教学的过程中，为了促进视障儿童更好地理解教师所讲的内容，教师要注重语言的直观性。如教师在板书时，要边写边读；要注重语言的停顿，区分不同的语言意思；尽量多用物体的具体名称，少用代词。同时，和视障儿童说话时，要先叫他们的名字，引起他们的注意后再说。

视障儿童应该怎样教才有效？②

1. 让视障儿童知道正在发生什么事

幼儿园的日程组织，有一些活动是固定的，这能使视障儿童有所预期，当然中间的内容可以变化。预期会使视障儿童有一种安全感。一天内容的相对固定，可以协助视障儿童了解开端—完毕。有些孩子在两件事交接或转换时会发生困难、莫衷一是，教师可以进行一些协助，预备一些感知的标记符号（如音乐课可以用乐器表示）。从儿童早上来园、相互问候等开端，就通知他今日要参与哪些活动，要做些什么，在每一活动转换前，要把下一活动内容通知他。

活动区域的划分也要很清楚，上课在哪里，活动在哪里，就餐在哪里，便于视障儿童能清楚地知晓各项活动的场所。

2. 在视障儿童已有的经历基础上开展新的技术

视障学前儿童的认知开展与普通儿童遵从着相同的规律，即在原有常识经历的基础上开展新的技术。如：认识生果，从单一的认识苹果、梨等，到经过认识、比较，知晓这些都是生果，有大、小、扁、圆、长，粗、细、硬、软等不同。

3. 所教授的技术或常识对视障儿童是有意义或有实用性的

给视障儿童教授常识和技术，首先要考虑给他们的常识是适应社会开展的，是适合他们开展的，是与他们的生活密切相关的，是有意义的。如：拿勺吃饭、定向与行走等。

4. 在自然的环境下运用真实的物体

视障儿童对常识的迁移才能低，他们很难了解抽象的、含糊的概念，以及

---

① 沈家英，陈云英，彭霞光. 视觉障碍儿童的心理与教育 ［M］. 北京：华夏出版社，1993：176.

② 中国特殊教育网. 视障儿童应该怎样教才有效？［EB/OL］. http://www.spe-edu.net/Html/mangjiaoxue/201505/41076.html.2015-05-05.

与生活环境关系不密切的常识、技术，因此就应尽量在自然的环境中进行教育并运用真实的物品。大自然和社会是我们的活教材。可以在户外自然的环境中，辅导视障儿童认识时节、花草、树木、公共设施等；可以去超市，让视障儿童经过自己在货架旁选购来认识食物；在视障儿童吃点心时，让他们自己去取杯子、拿点心，吃完后放回去，这样他们就知道这些物品从哪里拿来，要放回哪里去。如果教育中没有真实的资料，可以寻觅替代品，但要考虑替代品尽量接近真实的物品。

5. 运用视障儿童感兴趣且能带来快乐的资料

学前儿童的年纪特点是注意力易涣散，视障儿童学习时更需求供给理性的资料。教师在供给资料时，必须考虑视障儿童的年纪、性别、他们共同的学习方法，要与他们的认知开展相适应。要供给视障儿童感兴趣并能带来快乐的学习资料，还要让他们有所选择。

6. 运用多种感觉渠道

视障儿童丧失了视觉信息的来历，活动时就要让他们学习、掌握、运用多种感觉渠道。如体育游戏亲亲娃娃、拾沙包等，就是经过游戏让视障儿童多种感官得到训练的活动（跑、抱、擦、亲、听等动作触及多种感官）。如感知活动认识生果，经过闻（嗅觉）、摸（触觉）、品尝（味觉）和低视儿童的调查（视觉），使视障儿童的多种感官得到综合运用。

7. 认真倾听视障儿童试图通知你什么

学前教师要做到了解身边的每一个儿童，了解他们的喜好和能力水平，使孩子喜欢教师，情愿和教师说话。但并不是每个视障儿童都能流利地说话。教师在倾听视障儿童想表达或想发表一下自己的意见和建议时，遇到他们表达有困难的情况要在言语上帮一下，或用"哦，我听懂了，你是说……"这样的话予以鼓舞，使他们能较顺畅地把话说完，这样能协助他们今后想说，敢说。同样的，如果视障儿童做某一件事并遇到了困难，教师的协助使他成功地完成这件事，就能使儿童有信心尝试做其他的事。

4. 教育环境

（1）物质环境。还有残余视力的视障儿童对光线有特别的需求，根据儿童不同的需求，改善周围环境的照明情况，从而增强视觉的功能，如台灯、窗户、窗帘、遮阳帽、眼睛上的遮阳板等，都可以根据需要加强照明或减弱照明。对于怕光的儿童，他们可以佩戴滤光镜来减少进入眼睛的光线，把浅黄色的透明胶片放于文字上，可增强对比度。[①] 为了便于视障儿童在校园、教室里行走，可以在书桌、门口、扶手、路口等处安放标志物。如今，无障碍设施校园应该大力倡导。

① 华国栋. 特殊儿童随班就读师资培训用书［M］. 北京：华夏出版社，2014：97.

图 9-21　某盲校走廊上的扶手　　　　图 9-22　某盲校的电梯按钮

（2）心理环境。由于视力的缺陷，视障儿童极易出现盲相，主要表现为行走时的异常状态和重复性呆板动作。随着年龄的增长，自我意识的不断增强，他们在与同龄儿童的游戏中，在旁人的言语中逐渐发现自己与同龄儿童不同，会感到自己在很多方面都不同于别人，再加上同龄儿童的讥笑，这些不仅容易使周围的人很难立刻接受他们，也容易引起他们自卑的心理。因此，他们需要理解和尊重，需要为他们创设宽松的适合视障儿童学习的心理环境及和谐的人际环境。

四、视觉障碍儿童的发展与学习案例①

（一）基本情况

贝贝（化名），一个很普通的小女孩，5 岁，先天性视觉障碍，原因不明。

（二）现状分析

贝贝从出生起一直由妈妈在家中养育。由于她有一个姐姐，同样是先天性视障，妈妈在养育姐姐过程中的经验都用在贝贝身上，因此贝贝虽然眼睛看不见，但她生活自理能力、语言发展、认知发展都很好。也正由于她各方面发展都不错，盲校的教师建议并帮助其进入普通幼儿园进行早期融合教育。

（三）训练过程

研究从贝贝入园开始，共一个学期的时间。根据贝贝在幼儿园融合教育的情况，大致分为以下三个阶段：

1. 入园期（入园第一个月）

进入幼儿园之前，盲校学前班的教师、家长及幼儿园的园长和教师已经就该幼儿的

---

① 欧阳新梅. 视障幼儿早期融合教育的个案研究［J］. 现代特殊教育，2011（Z1）：28-30.

情况进行了多次的交流与沟通。而且，幼儿园还专门为此做过一次家长调查，征询班级家长们是否愿意接受一个视障儿童和他们的孩子在一起接受早期教育。结果是非常令人鼓舞的——所有的家长都投了赞成票。在家长们的支持下，幼儿园还专门组织班级的全体幼儿与盲校学前班的孩子进行了一次集体联谊活动，让幼儿园的明眼孩子到盲校去亲眼看看、亲身体会与他们同龄的视障儿童的生活。

在教师、幼儿和家长们都作好充分准备的基础上，贝贝来到幼儿园，根据她的年龄以及她的能力发展，安排在事先确定的中班。该班共有 23 名幼儿，全部日托。即使如此，入园第 1 天，贝贝还是不适应，一直粘在妈妈身边。从家庭进入幼儿园，贝贝的生活环境发生了很大的变化。由于原来贝贝的活动范围只限于自己的家庭，家里环境安静，而且交往的对象也很简单——只是自己的家庭成员，特别是自己的妈妈。而幼儿园全班有 20 多个小朋友，小朋友们每天都在叽叽喳喳说话，整个班级比家里人数多了，也吵闹多了。在一个月的时间里，贝贝胆小、害怕，整天缩在自己的小椅子上，不敢走，不敢动，有什么要求也不敢和老师说。但她在一直在学习慢慢熟悉新的环境，熟悉老师和小朋友。

2. 适应期（有妈妈陪伴）

鉴于贝贝的特殊情况，幼儿园一直允许贝贝的母亲陪读，同时盲校学前班的教师每周到幼儿园来看望贝贝，与幼儿园的教师一起讨论本周教学中出现的贝贝不太容易学习和接受的难点，商量下周的教学计划，尽量使幼儿园的教学最大可能地考虑到贝贝的个别需要。因为贝贝看不到，所以很多时候，幼儿园教师还专门为贝贝制作教学中需要的教具，即把明眼幼儿用眼睛就能看到的视觉图像转换成贝贝用手摸的触觉物品。有的时候，实在做不出来，妈妈会在旁边用语言给贝贝描述，辅助教学。

在这个阶段，贝贝已经逐渐熟悉了幼儿园一日生活的流程，认识了班级中大部分特别是同一个组的小朋友。而且，她能够自己的事情自己做，自己搬小椅子上位、自己如厕大小便、自己吃饭、自己喝水、自己穿脱衣服睡觉等，其他小朋友自己能做的事情，贝贝都能自己做到。而且，她现在越来越喜欢幼儿园了，喜欢幼儿园的小朋友们，喜欢幼儿园的老师。

3. 融合期（妈妈适时离开）

大约经过两个月的适应，贝贝已经完全能够适应幼儿园。这时，妈妈陪读的时间逐渐从刚开始的一天变为半天，然后改为有的时候来，有的时候不来；最后就只有教师教学活动需要的时候才来，其他时间都不来幼儿园。贝贝一个人在幼儿园与其他小朋友一样正常晨间锻炼、如厕、盥洗、吃点心、参加早操、律动、集体活动、自由游戏、午餐、午睡及户外锻炼等。有的时候，贝贝需要教师和其他幼儿的特别帮助。当她不知道应该怎么做的时候，她会站在那里，很仔细地听其他小朋友的声音，感觉其他小朋友的动作，并会主动寻求老师和其他幼儿的帮助。如在卫生间里，她请其他小朋友帮她拿卫生纸，因为她看不到纸放在哪里。在户外活动玩滑梯的时候，其他幼儿会主动照顾她，牵着她的手给她指引路线。有了什么事情，她也会主动和小朋友说说，和老师说说。每天回家，贝贝都会很高兴地和妈妈讲讲幼儿园发生的事情。

（四）总结反思

首先，融合教育是一个普通儿童与特殊儿童双方融合、共同成长的过程。早期融合教育不仅是特殊儿童融入普通儿童的过程，同时也是一个普通儿童融入特殊儿童的过程。研究者在幼儿园的半年时间里，每天都在班级中观察一个视障儿童面对困难和挑战的时候，是如何艰难地调整自己以融入环境，也同样看到明眼儿童也在调整自己以融入这个变化了的环境。对孩子们而言，融合不仅是指特殊儿童融入普通教育，同时也是普通儿童融入另一种变化了的充满挑战的环境，促进自我成长的过程。

其次，加强早期融合教育师资培训工作，建立各种类型的特殊教育资源中心。在融合教育中，幼儿园教师面临的最大问题是不知道该怎么教。在实际的工作过程中，特殊儿童的特殊需要不同，我们应该为他们提供的特殊服务也应该不同。比如，视障幼儿就应该在幼儿园教师或者母亲的帮助下，增加一些与明眼儿童不一样的课程：如定向行走的训练、社会交往技能的训练以及视障儿童感官代偿的训练等。因此，我们可以在已有的条件较好的幼儿园和特殊教育学校，联合相应的儿童医院的专业医生，开展早期融合教育师资培训工作，建立多种不同类型的资源中心，为不同需要的特殊儿童提供从0岁开始的早期医疗、早期养育与教育服务。如果条件允许，有特殊儿童的班级最好配备一名具有资质的早期融合教育专职教师，负责特殊儿童的保育与教育工作。

听觉障碍和视觉障碍对儿童的发展会产生不可逆转的消极影响。但是，早期的训练和干预常常可以解决许多儿童的问题，正如本章中所提及的周婷婷和刘浩的案例一样。随着社会的进步和科技的发展，越来越多的辅助设备可以应用于感官障碍儿童的缺陷补偿中，弥补儿童的听力缺陷和视力损伤。但是，更为重要的是，如何为这些孩子提供适合的教育？显然，教师和幼儿园做好充分的准备是必要条件；无障碍环境的创设是基本要求。我们坚信，随着社会的不断进步，会有更多的听觉障碍和视觉障碍儿童在全社会的共同支持下超越自身限制，健康发展，融入社会。

本章小结

（1）听觉障碍称为听力残疾，是指人由于各种原因导致双耳不同程度的永久性听力障碍、听不到或听不清周围的环境声及言语声，以致影响日常生活和社会参与。教师在听障儿童的早期发现中起关键性作用。教师可以通过观察学前儿童的一些行为对疑似听力有问题的儿童做出转介。

（2）听力障碍幼儿由于听力损失导致其在认知发展、语言发展、社会适应等方面都遇到了一些困难，需要老师给予特别的教育与训练。听觉教育和语言教育是听力障碍幼儿教育的重要内容。其中语言教育又包括口语、看话、书面语的训练，抓住早期教育的关键期，在助听设备的辅助下最大限度地利用残余听力实行个别化教育，营造良好的语言环境，是语言教育中必须遵循的原则。

（3）学龄前听力障碍幼儿多在康复中心经过语言训练后进入普通幼儿园就读，设置教育环境时一定要考虑到幼儿自身的康复程度及幼儿园的实际情况。听力障碍幼儿教育是一种需要家长、老师、同伴共同参与的过程，需要全社会的关怀与支持。

（4）视力残疾，其定义一般是指由于各种原因导致双眼不同程度的视力障碍或视野缩小，而难从事正常人所能从事的工作、学习或其他活动。影响视觉的因素除了视觉器官本身的疾病，如白内障、青光眼、角膜炎、沙眼、视网膜色素变性等外，偶然事故、中毒、脑肿瘤和其他全身性疾病也可能产生视觉障碍。

（5）由于视障儿童身心发展障碍，导致他们的感知觉、社会适应、语言、沟通、认知、生活自理等能力存在缺陷。

（6）在幼儿的视力鉴别中，教师和家长往往是首先发现儿童视觉障碍的主要人员。因此，教师和家长可以根据儿童的行为、外部表情和言语，通过观察，来判断儿童是否可能出现视觉障碍。许多有视觉障碍的儿童是在上幼儿园时常规的筛查测验中被鉴别出来的。

（7）视障儿童的学习主要是通过听老师讲课、听各种媒体信息、摸盲文课本及盲文资料、摸各种教具学具、手工操作等来获取知识、掌握技能的。视障儿童在学习的过程中需要准备用于书写盲文的盲板、盲笔和盲纸等学习工具。此外，他们也可以通过有声读物进行学习。对于还有残余视力的视障儿童，教材、学习资料及试卷要根据儿童的需要放大尺寸、增加对比度、选择合适的颜色复印制作，并且，纸张不能太光滑，以免产生眩光。视障儿童存在识字、写字和阅读方面的困难。

（8）视障儿童早期教育的原则包括因材施教、感知与语言指导相结合、参与实践活动、早期教育原则、直观性教学原则。视障儿童的主要教育内容有盲文学习、感官训练、定向行走、生活自理能力培养、发展智力、培养言语技能。教师可以使用听说法、多重感官法、凸线图示法、语言直观教学法对视障儿童实施教学。

（9）为了促进视障儿童的发展与学习，应为其创设良好的学习环境，包括无障碍的物理环境及和谐、融合的心理和人际环境。

 思考题

1. 听障儿童的发展特点有哪些？

2. 听障儿童的学习特点有哪些？

3. 设计一个活动方案，通过切身体验了解听觉障碍带来的心理感受。

4. 通过查找资料或实地访谈归纳有效促进普通儿童与听力障碍儿童融合教育的措施。

5. 视障儿童的学习有什么特点？

6. 视障儿童对学习环境有哪些要求？请设计一个教室环境方案。

7. 请根据视障儿童的身心特点，设计一个适宜视障儿童参与的班级活动。

［1］陈军. 言语康复系列［M］. 厦门：厦门大学出版社，2013.

［2］陈淑云，范先军. 听障宝宝做游戏［M］. 北京：华夏出版社，2009.

［3］林秋满. 随声听小孩［M］. 台北：小鲁出版社，1998.

［4］梁巍，王丽燕等. 聋儿康复实用教案汇编［M］. 北京：中国社会出版社，2007.

［5］全国三项康复工作办公室. 聋幼儿听力语言训练教材——学说话［M］. 北京：华夏出版社，2011.

［6］桑迪·尼尔曼，等. 听障儿童早期教育指南［M］. 吴安安，译. 南京：江苏教育出版社，2009.

［7］周婷婷. 墙角的小婷婷［M］. 海口：南海出版社，2006.

［8］徐白仑. 视障儿童随班就读教学指导［M］. 北京：华夏出版社，1996.

［9］周念丽. 学前融合教育的比较与实证研究［M］. 上海：华东师范大学出版社，2008.

参考文献

［1］K·S·艾伦，J·S·施瓦兹. 特殊儿童的早期融合教育［M］. 周念丽，等译. 上海：华东师范大学出版社，2005.

［2］邓猛. 视觉障碍儿童的发展与教育［M］. 北京：北京大学出版社，2011.

［3］第二次全国残疾人抽样调查办公室. 第二次全国残疾人抽样调查主要数据手册［M］. 北京：华夏出版社，2007.

［4］方俊明，雷江华. 特殊儿童心理学［M］. 北京：北京大学出版社，2011.

［5］方俊明. 特殊教育学［M］. 北京：人民教育出版社，2005.

［6］顾定倩. 聋校课程与教学［M］. 北京：北京师范大学出版社，2011.

［7］贺荟中，方俊明. 视障儿童的认知特点与教育对策［J］. 中国特殊教育，2003（2）：41-44.

［8］贺荟中. 听觉障碍儿童的发展与教育［M］. 北京：北京大学出版社，2011.

［9］华国栋. 特殊儿童随班就读师资培训用书［M］. 北京：华夏出版社，2014.

［10］华国栋. 特殊需要儿童的心理与教育［M］. 北京：高等教育出版社，2005.

［11］黄昭鸣，周红省等. 聋儿康复教育的原理与方法——HSL 理论与 1+X+Y 模式的构建与实践［M］. 上海：华东师范大学出版社，2006.

［12］雷江华. 学前特殊儿童教育［M］. 武汉：华中师范大学出版社，2008.

［13］刘春玲，江琴娣. 特殊教育概论［M］. 上海：华东师范大学出版社，2008.

［14］刘艳虹，焦青，韩萍，等. 视力残疾学生纯音听阈测试研究［J］. 中国特殊教育，2004（6）：51-55.

［15］马艳云. 视听觉障碍儿童的认知能力［J］. 中国特殊教育，2004（1）：59-61.

［16］欧阳新梅. 视障幼儿早期融合教育的个案研究［J］. 现代特殊教育，2011（Z1）：28-30.

［17］沈家英，陈云英，彭霞光. 视觉障碍儿童的心理与教育［M］. 北京：华夏出版社，1993.

［18］汤盛钦，曾凡林，刘春玲. 教育听力学［M］. 上海：华东师范大学出版社，2000：205-217.

［19］张嘉纾，蔡淑桂等. 特殊幼儿教育［M］. 台北：永大书局，2011.

［20］张宁生. 听觉障碍儿童的心理与教育［M］. 北京：华夏出版社，1995.

［21］中国特殊教育网. 如何对视障儿童进行触觉、味觉、嗅觉的训练［EB/OL］. http://www.spe-edu.net/Html/mangjiaoxue/201303/33287.html.2012-10-30.

［22］中国特殊教育网. 视障儿童的语言特质及训练［EB/OL］. http://www.spe-edu.net/Html/mangjiaoxue/200711/13184.html，2007-11-22.

［23］中国特殊教育网. 视障儿童应该怎样教才有效？［EB/OL］. http://www.spe-edu.net/Html/mangjiaoxue/201505/41076.html.2015-05-05.

第十章　肢体障碍和病弱儿童的发展与学习

 学习目标

　　身体活动与整体健康对于早期发展至关重要。由于幼儿的学习是建立在活动这一基础上的，而肢体障碍或健康问题会妨碍儿童的各种探索和活动，进而可能会影响儿童整个阶段的发展。因此，适当的辅助和支持、恰当的早期干预将对肢体障碍或病弱儿童未来的发展起到重要作用。

　　知识目标：

　　（1）了解肢体障碍儿童和病弱儿童的相关概念。

　　（2）理解肢体障碍儿童和病弱儿童的发展特点。

　　（3）掌握肢体障碍儿童和病弱儿童的学习特点、教育目标、教育方法等。

　　能力目标：

　　（1）能对肢体障碍儿童和病弱儿童进行评估。

　　（2）能根据肢体障碍儿童和病弱儿童的特点设计教学活动，进行教学环境创设。

　　（3）能根据肢体障碍儿童和病弱儿童的特点开展班级融合活动。

　　教学重难点

　　（1）掌握肢体障碍儿童和病弱儿童的学习特点、教育目标、教育方法等。

　　（2）能根据肢体障碍儿童和病弱儿童的特点进行评估、设计教学活动、进行教学活动创设等。

　　教学课时

　　4课时。

 **故事专栏**

故事一：　妈妈是最好的老师①

　　特殊儿童入学不易，把书读好更不易。忆及儿时读书的经历，哥哥周先其用一句

---

　　①　戴淑凤，刘振寰. 让脑瘫儿童拥有幸福的人生［M］. 北京：中国妇女出版社，2009：423-424.

"像坐飞机"来形容，没接触过外界的他们，同学的一个恶作剧，老师对其他孩子的一声呵斥，都能吓得他们哇哇大哭。这时，守候在教室外的妈妈，会来到他们身边，轻声安慰。兄弟俩听不懂，妈妈总会伸出大拇指，不断重复道："孩子，你是最棒的！"两个孩子也会伸出拇指，断断续续地说着："最……棒，最……棒！"

除了肢体障碍，兄弟俩还有不同程度的智力落后。平时作业和考试，多是一排红叉。妈妈仔细分析了孩子的状况后，决定放弃理科，把更多精力放在语文等文科科目上。为教好孩子，妈妈买回了普通话磁带自己先学习。"我上班念，回家念，甚至做梦也在念。"孩子接受慢，每一个发音都要教成百上千遍。日复一日努力，终于见到成效，孩子们不仅发音准了，还对语文产生了浓厚的兴趣。教师节兄弟俩登上演讲台朗诵"你们吃的是粗茶淡饭，却用慈母般的心培养了我们……"抑扬顿挫的节奏，使全校师生为之震惊。

故事二：Beth 的转变①

Beth 快 4 岁了。她的祖父母经过长时间的争取后，才成为她的监护人，那时候她还无法行走。Beth 在婴儿时就患有明显的发育问题，但她却一直被忽视，也没有获得足够的医疗照顾。Beth 被祖父母带到自己的家居住。第一周，Beth 的祖父就为她准备了一辆儿童轮椅，这样就能够带着她到处去"行走"。第二周，祖母带着 Beth 去了医学院的小儿科治疗。一个月内，祖父母安排 Beth 到家附近的融合幼儿园就学。一年半内，Beth 成为了健康、快乐的女孩，她能走、能骑小三轮车、能攀爬游乐园内的任何一项设施。是什么使她发生如此惊人的转变？

思考问题

肢体障碍儿童在发展的过程中遇到很多困难，如果你是他们的老师，你会怎么做呢？

第一节　肢体障碍儿童的发展与学习

吃得好、睡得好、行动自如的婴幼儿更有可能获得认知范畴、语言、社会和运动技能的有机整合。如果健康或运动神经出现问题，就会干扰儿童完成自己想去完成的事。著名的早期教育研究专家 Caldwell 曾指出，有运动功能障碍的儿童通常无法移动身体，从而无法进入一个发展状态更有利的情景。② 由于幼儿的学习是建立在活动这一基础上的，而肢体障碍会妨碍到活动、探索、重新排列物品以及寻找其他玩具或玩伴，因此肢体障碍可能会影响儿童整个阶段的发展。

---

① K·S·艾伦，J·S·施瓦兹. 特殊儿童的早期融合教育［M］. 周念丽，等译. 上海：华东师范大学出版社，2005：168.

② CALDWELL B M. The Importance of Beginning Early［A］. JORDAN J，DAILEY R F. Not All Little Wagons are Red［M］. Reston，VA：Council for Exceptional Children，1973. 转引自：K·S·艾伦，J·S·施瓦兹. 特殊儿童的早期融合教育［M］. 周念丽，等译. 上海：华东师范大学出版社，2005：168.

一、肢体障碍儿童概述

（一）肢体障碍儿童的概念界定

2011 年《残疾人残疾分类和分级》规定：肢体障碍是指人体运动系统的结构、功能损伤造成的四肢残缺或四肢、躯干麻痹（瘫痪）、畸形等导致人体运动功能不同程度丧失以及活动受限或参与的局限。肢体障碍主要包括：①上肢或下肢因伤、病或发育异常所致的缺失、畸形或功能障碍；②脊柱因伤、病或发育异常所致的畸形或功能障碍；③中枢、周围神经因伤、病或发育异常造成躯干或四肢的功能障碍。

肢体障碍儿童的分类和出现率

2011 年《残疾人残疾分类和分级》将肢体障碍分为以下四类：

（1）肢体障碍一级：不能独立实现日常生活活动，并具备下列状况之一：①四肢瘫：四肢运动功能重度丧失；②截瘫：双下肢运动功能完全丧失；③偏瘫：一侧肢体运动功能完全丧失；④单全上肢和双小腿缺失；⑤单全下肢和双前臂缺失；⑥双上臂和单大腿（或单小腿）缺失；⑦双全上肢或双全下肢缺失；⑧四肢在手指掌指关节（含）和足跗跖关节（含）以上不同部位缺失；⑨双上肢功能极重度障碍或三肢功能重度障碍。

（2）肢体障碍二级：基本上不能独立实现日常生活活动，并具备下列状况之一：①偏瘫或截瘫，残肢保留少许功能（不能独立行走）；②双上臂或双前臂缺失；③双大腿缺失；④单全上肢和单大腿缺失；⑤单全下肢和单上臂缺失；⑥三肢在手指掌指关节（含）和足跗跖关节（含）以上不同部位缺失（一级中的情况除外）；⑦二肢功能重度障碍或三肢功能中度障碍。

（3）肢体障碍三级：能部分独立实现日常生活活动，并具备下列状况之一：①双小腿缺失；②单前臂及其以上缺失；③单大腿及其以上缺失；④双手拇指或双手拇指以外其他手指全缺失；⑤二肢在手指掌指关节（含）和足跗跖关节（含）以上不同部位缺失（二级中的情况除外）；⑥一肢功能重度障碍或二肢功能中度障碍。

（4）肢体障碍四级：基本上能独立实现日常生活活动，并具备下列状况之一：①单小腿缺失；②双下肢不等长，差距大于等于 50 mm；③脊柱强（僵）直；④脊柱畸形，后凸大于 70 度或侧凸大于 45 度；⑤单手拇指以外其他四指全缺失；⑥单手拇指全缺失；⑦单足跗跖关节以上缺失；⑧双足趾完全缺失或失去功能；⑨侏儒症（身高小于等于 1300 mm 的成年人）；⑩一肢功能中度障碍或两肢功能轻度障碍；⑪类似上述的其他肢体功能障碍。

肢体障碍在独立实现日常生活活动中都会存在不同程度的障碍。常见的肢体障碍有四肢瘫、截瘫、偏瘫、脑瘫、脊柱强直或严重畸形、上肢或下肢部分或全部缺失、单手或双手拇指或其他四指缺失、双足趾完全缺失或失去功能，以及身高不足130厘米的成年侏儒症患者等。

据 1987 年残疾人抽样调查，我国肢残人士有 755 万人，占残疾人口的 14.6%。0～14 岁肢体障碍儿童的出现率为 0.2%，全国肢体障碍儿童约有 62 万人，6～14 岁的学龄肢体障碍儿童约有 48.8 万人，肢体障碍儿童数量占残疾儿童总数的 7.6%（叶立群，1995）。按 2006 年第二次全国残疾人抽样调查的资料推算，我国 8296 万残疾人中，肢残为 2412 万人，占残疾人总数的 29.07%。①

（二）肢体障碍儿童的病因

肢体障碍分为原发性障碍和继发性障碍。原发性障碍指直接由某种疾病或情况引起的障碍，继发性障碍指由与疾病相关的病情间接引起的障碍，如关节挛缩等。总的来看，导致儿童肢体障碍的因素主要有以下几类：

（1）生物因素：①微生物，如脊髓灰质炎病毒致小儿麻痹症，从而造成肢体障碍。②遗传，由于遗传缺陷，可致先天畸形、精神发育迟滞等，近亲结婚可导致残疾儿童出生的可能性大大提高。

（2）化学因素：①药物滥用。药物滥用是导致疾病和残疾的主要原因之一。②环境污染。随着各国工业生产的提高，环境污染及其所造成的对人类健康的危害已经成为全球瞩目的问题，世界上有名的环境污染事件都会造成成千上万的人在这些事件中致病或致残。

（3）物理因素，如核辐射可致胎儿畸形等。

（4）医疗性因素：如粗暴接生、滥用药物和注射部位错误，常常导致残疾的发生，如坐骨神经损伤等。

（5）政治因素：政治冲突导致恐怖活动与局部战争的发生会导致肢体障碍。战争致残的途径有两种，一是直接致残，如枪击、炮弹爆炸导致的伤残；二是间接致残，即战争导致贫穷和动荡，难民无家可归、卫生营养状况下降导致病、残。

（6）社会经济因素：①文化教育与风俗。在教育落后的地区，存在不良的卫生习惯和风俗，而这些习惯和风俗往往是致病甚至致残的根源所在。②经济状况：贫困地区营养不良、卫生条件差、卫生和康复服务设施缺少，容易在原发性疾病基础上导致继发性残疾。

（7）心理行为因素：长期的不良心理状态和行为方式，可导致疾病的发生，进而导致障碍的发生。有研究表明，长期处于紧张状态，可致高血压，而在血压偏高的状态下，可发生脑血管意外而致偏瘫等。

---

① 刘春玲，江琴娣. 特殊教育概论 [M]. 上海：华东师范大学出版社，2008：217.

（8）自然灾害，如地震等。

调查表明我国造成肢体障碍的前十个原因依次为脑血管病、骨关节病、小儿麻痹症、工伤、交通事故、发育畸形、脑性瘫痪、脊髓疾病、感染和地方病。其中脑血管病在城市占肢体障碍原因的 25%；骨关节病在农村占 19%；脑性瘫痪、发育畸形以及先天性发育障碍是 0～14 岁肢体障碍儿童最主要的致残原因；而脊髓灰质炎、其他外伤、交通事故、工伤等是 25～54 岁青壮年肢体障碍的最主要致残原因；脑血管疾病、骨关节病和其他外伤等是 55 及 55 岁以上老年肢体障碍的最主要致残原因。[①]

二、肢体障碍儿童的发展与评估

（一）肢体障碍儿童的发展特点

1. 身体运动能力的发展特点

肢体障碍影响最明显的是运动功能的发育。肢体障碍儿童由于自身运动功能受到影响，其身体姿势难以保持，他们无法协调地翻滚、起坐、行走，有的甚至无法采用正确的方式进食。同时运动功能的发育还直接与肌肉的发育，尤其是与中枢神经系统的发育有密切的关系，而运动功能的发育反过来又影响大脑的发育过程。肢体障碍儿童由于运动能力的发展受阻，其中枢神经系统和大脑的发育也会受到影响。

感觉和运动不能正常发育使肢体障碍儿童的日常功能性活动毫无保障，从而使整个发育延迟。以脑瘫儿童为例，他们运动发育阶段中的各个阶段会不同程度地出现延长、甚至停顿。

肢体障碍还造成各种程度不等的生长障碍，如小儿麻痹症患者，受累的肌肉乃至骨骼生长延缓，还可因肌力不均衡继发脊柱弯曲等异常的生长形态。此外，肢体障碍儿童一般体质较弱，多数患儿由于长期患病导致家庭环境欠佳，加上儿童心理负担等诸因素均可导致儿童生长发育水平较低。

2. 心理和社会性发展的一般规律

肢体障碍儿童是一群心理极易受到伤害的儿童。他们或由于疾病的反复发作，或由于肢体的障碍而遭受诸多不幸，如疼痛、运动受阻、缺乏正常的生活经历、与家人分离、害怕疾病发作、家庭气氛紧张、社会环境不适应等。多种因素的综合使得此类群体极易产生心理和社会调整方面的不适。比较常见的有抑郁、焦虑和缺乏自尊心等。此外，不同年龄阶段的肢体障碍儿童其心理发展表现出不同的特点。

（1）婴儿期：婴儿期是孩子与父母建立信任的时期。肢体障碍儿童一生下来就被发现"不正常"，父母会感到异常焦虑、甚至恐惧，并进而对亲子关系的建立产生消极影响，导致父母对儿童的情感投入不足，缺乏足够的关心和爱护。各种因素使得儿童产生对父母的不信任感，这种早期建立的不信任感会影响儿童未来与他人的相处和对他人的信任。

---

① 南登崑. 肢体障碍儿童的教育与训练［M］. 北京：华夏出版社，1995：3-5.

（2）幼儿期：1~2岁的幼儿开始显露独立意识，但肢体障碍儿童由于可能存在的运动功能障碍和生活自理问题等，其独立能力的发展受到影响，以致无法完成一些有助于建立自信的简单活动，如进食、爬楼梯等。他们可能会表现出抑郁和攻击行为，他们还会产生被遗弃的感觉。

（3）学龄前期：学龄前期的儿童更加关心周围的事物，表现出强烈的参与外部活动的意愿。但肢体障碍会干扰儿童正常发育的连续性并使他们趋向独立的愿望受到打击。

由于肢体障碍，他们往往受到父母和他人的特殊对待，甚至吃饭、穿衣、上厕所这些基本的活动都要在别人的帮助下才能完成。因此，他们无法像普通孩子那样度过这一时期，而在心理和行为上仍表现得比实际年龄要小。同时，因患病和治疗而进入陌生的环境中，与家人分离等都会使孩子感到紧张，产生焦虑情绪，加上缺乏玩耍和娱乐活动也会使孩子的性格发生某些改变。

（4）学龄期：学龄期的儿童开始注意自身的能力和与同伴的关系。有上进心是学龄期儿童的特征，他们不希望自己在学习和运动技能上比别人差。但对于肢体障碍儿童来说，他们却可能因身体外形不正常，或运动技能较差而遭到同伴的嘲笑，加上与外界接触的机会少，因而在与他人交往时表现出胆怯、害羞。

从另一方面，肢体障碍儿童往往为了弥补自己在身体方面的不足而特别用功学习。他们中有一些通过调整能很好地适应现实，经过刻苦努力学习取得比普通儿童还要好的成绩。然而，不幸的是，大多数肢体障碍儿童或由于长期因病不能上学，或由于伴有智力低下或视、听觉等其他障碍而使学习成绩低于同龄儿童的一般水平。经常缺课加上心理上的不平衡，也使肢体障碍儿童感到自己低人一等，因此害怕上学，宁愿待在他认为较安全的家里，从而使得这部分儿童难以重返学校，重新加入社会生活。

（5）青春期：随着孩子进入青春期，社会心理压力将明显增加。他们的自尊心也越来越重。但是由于身体障碍，使他们的自尊心受损，他们会觉得自己低人一等或社会对他们不公，并以此作为脱离社会的借口。甚至那些曾经能与同伴相处很好的肢体障碍儿童，也会由于青春期的到来而与社会隔离。

此阶段的肢体障碍儿童，还会因面对陌生人的惊讶和嘲讽而遭受沉重的打击。同时，肢体障碍青少年还会出现压抑、否认和攻击行为；表现为对任何事情失去兴趣，有的变得更加抑郁，甚至会想到自杀。

肢体障碍儿童还可能由于对自身残疾的不满以及对缺乏自我保护能力的恐惧和无法有助于他人而产生的羞怯和窘迫心态而形成内心无名的怒火，不能控制地向外发泄，常常导致出格和攻击行为，包括动作的和言语的，如无端辱骂医务人员、父母或同伴等。

肢体的障碍加上缺乏社会适应的技能使肢体障碍儿童必须接受父母给予的照顾，甚至向父母索求照顾，久而久之将进一步失去独立能力乃至独立意识而时时处处依赖他人。

3. 认知发展的特点

（1）感知觉。肢体障碍儿童由于身体缺陷，导致他们的感知觉和运动能力存在一定的障碍。很多肢体障碍儿童遗留有感知觉障碍，包括视、听、触觉、位置觉等的障碍。这会使他们对外界刺激的感知能力下降甚至缺失，但同时，由于肢体障碍儿童经常会伴随身体疼痛，所以他们的痛觉感受性要高于普通人。

（2）注意。肢体障碍程度较轻的儿童，他们的注意力相对较好，而那些肢体障碍程度较重，经常伴随身体疼痛和其他疾病的儿童，他们的注意力不能集中，难以专注从事某项活动，习惯于随兴而动。

（3）语言。大多数肢体障碍儿童，尤其是在学语后由于后天原因导致肢体障碍的儿童，他们的语言发展与普通儿童并无太大差异。但有的肢体障碍儿童如脑瘫儿童，他们的语言发展缓慢，经常会伴随无法控制的自言自语。

（4）思维。思维的发展依赖于语言、表象或动作的发展。大多数肢体障碍儿童由于长期因病不能上学，或由于伴有智力低下或视、听觉等使他们的语言发展缓慢，他们行动困难，表象和动作发展也落后于普通儿童，这都使得他们的思维发展缓慢，形象思维多于抽象思维。

4. 人格发展的特点

肢体障碍儿童是一群心理极易受到伤害的儿童。他们或由于疾病的反复发作，或由于肢体的残缺而遭受诸多不幸，如疼痛、运动能力低下、体型与众不同、缺乏正常的生活经历、害怕疾病发作、害怕死亡、家庭氛围紧张、社会环境不适应等。多种因素作用下，肢体障碍儿童更易产生心理和社会适应方面的问题。比较常见的有动机不强、缺乏自尊心和自信心，情绪经常处于抑郁、紧张、焦虑状态，他们比较自卑、个性孤僻，同时由于父母包办代替，养成一切依赖他人的习惯。在肢体障碍儿童动机方面，国外研究显示肢体障碍儿童的成就动机远远低于健全儿童。健全儿童比肢体障碍儿童更倾向于选择复杂的游戏，具有挑战性的活动，在活动中遇到困难时有更好的坚持性。

有资料表明，肢体障碍儿童人格的形成与儿童年龄、性别、家庭经济条件、障碍程度无绝对相关，而与社会环境因素有直接关系。同龄人对肢体障碍者的态度是构成社会环境的关键。因此，肢体障碍儿童怎样适应自身的障碍，怎样对人际交往的各种情况做出反应，很大程度上取决于他们的父母、兄弟姐妹、教师、同伴乃至社会对他们的态度。

（二）肢体障碍儿童的评估

对肢体障碍儿童进行鉴定可以了解儿童的整体状况，为儿童的康复训练和教育服务。通过鉴定对肢体障碍儿童进行训练与教育，协助儿童进行有效的机能训练和学习。因此，鉴定是实施训练与教育的先决条件。通过鉴定可以为儿童的训练与教育计划提供基本依据，鉴定每一位儿童具备的能力和已经掌握的技巧，确定儿童在短期或长期内的训练目标，动态评估并及时了解训练与教育干预的效果，为计划的调整与改进提供依据。

儿童是否有肢体障碍，其鉴定主要由医生来进行，但为了在鉴定之后为儿童的康复训练和教育制定切实的计划，所以在鉴定的过程中可以邀请其他专业人士参与，这些人士主要包括家长、心理学家、特殊教育专家、物理治疗师、康复训练师等人员。肢体障碍儿童的具体鉴定过程如表 10-1 所示：

表 10-1　　　　　　　　　　　　肢体障碍儿童的鉴定过程

观察	
教师和家长的观察	儿童在系统有效的运动方面，在精细动作的肌肉活动方面，像穿衣这样的日常生活活动、姿势的控制、说话、理解或组织方面有明显困难
医生的观察	儿童发展迟缓，身体某一侧的运动较好，肌张力太低或僵硬。儿童在平衡或协调方面有问题，或有明显的神经运动迹象表明有肢体障碍

⇩

医学筛查	
发展性评估	儿童没有达到发展的标志或者医生、肢体理疗师、专业治疗师和心理学家实施的测量显示出其低水平的运动能力
功能性评估	日常生活活动受到影响

⇩

预诊
肢体障碍儿童通常不需要预诊，因为确定肢体障碍所需要的时间较短，同时，大多数肢体障碍儿童在开始上学前将接受医生的诊断

⇩

转介
诊断为肢体障碍的儿童应该接受早期干预服务并在入学前接受评估。因为一些肢体障碍儿童可能在入校后会有所发展，教师应该注意那些运动肌肉活动有明显困难的学生

⇩

合适的教育
对肢体障碍儿童进行诊断的最终目的就是根据他们的情况制定合适的教育计划，促进他们的发展

　　关于肢体障碍儿童鉴定的具体内容，主要包括生理、心理和教育、社会行为等方面。

　　1. 生理方面

　　（1）一般性的体检：包括身高、体重、心肺功能、营养状况、眼科和耳鼻喉科的常规检查、肌肉萎缩状况、脊柱裂及脊柱神经损伤等。

　　（2）骨外科检查：重点针对肢体障碍儿童的骨骼与肌肉的结构和外形进行检查。

　　（3）神经病学检查：通过检查了解神经系统的功能与结构，如颅脑 CT 鉴定、脑电图检查等。

（4）康复医学科检查：主要检查与肢体障碍儿童接受康复训练和教育有关的各项因素，如肌力、关节活动度、日常活动能力等。

2. 心理和教育方面

（1）认知能力的鉴定：认知能力的评估通常使用各种个别智力测验量表及团体智力测验量表来进行。常用的测验有斯坦福-比奈智力量表、韦克斯勒智力量表、瑞文推理测验等。但这些测验往往是纸笔测验，有时测验不适用于某些肢体障碍儿童，因此，在对他们进行测验时，应调整评估方式。如对双上肢功能差的儿童进行评估时，应选择斯坦福-比奈量表或瑞文推理测验比较合适。

（2）感觉-动作能力的评估：对肢体障碍儿童的视觉、听觉、言语能力、四肢运动、行为灵活度加以鉴定。一方面通过这些检查可以评估肢体障碍儿童的残疾程度，另一方面可以确定肢体障碍儿童是否伴有其他残疾。

（3）人格评估：人格特征是个体在生活早期形成的，并且人格的形成与个体的伤残密切相关。例如，由于肢体障碍会影响别人对他们的看法，同时也会影响他们对自己的认识。及时进行人格评估，对于促进肢体障碍儿童身心的健康发展很重要。

（4）学业潜能评价：对于肢体障碍儿童来说，最大限度地开发他们的学习潜能是教育的最重要问题。学业成就的评估可以了解肢体障碍儿童在学习上的优点和缺点，能够及时检验教学效果，为下一步教学调整提供建议，同时能够根据儿童状况制定个别化教育计划。

3. 社会行为方面

（1）日常生活的活动能力：评估肢体障碍儿童日常生活的自理和生活能力。如吃饭、喝水、穿衣、大小便等基本能力，或更进一步的能力，如打扫房屋、使用公共交通工具的能力等。这些都是衡量肢体障碍儿童能否独立生活的重要能力，所以在评价中应该优先考虑。

（2）沟通交流能力：肢体障碍儿童中，尤其是那些神经系统受到损伤的脑性瘫痪者，他们的交流能力可能受到一定的影响。在评价他们交流能力的时候，应注意他们理解别人的能力水平和表达自己意思的能力水平。

三、肢体障碍儿童的学习与教育

（一）肢体障碍儿童的学习特点

除一些因中枢神经系统损伤而引起的肢体障碍（如脑瘫）会并发智力和感官缺陷外，大多数肢体障碍儿童的智力状况和听觉、视觉等感觉功能是正常的。一般来说，肢体障碍儿童的学习特点与普通儿童没有多大差异，但是有的肢体障碍儿童其障碍的严重性使他无法交流、活动或玩耍，为了弥补这些缺陷带来的不利影响，肢体障碍儿童某些课程内容异于普通儿童，例如，肢体障碍儿童需要学习自理能力课程、功能训练课程等。同时，许多肢体障碍儿童同时还会伴随其他症状。例如，一些患有严重大脑性麻痹的孩子无法在没有帮助的情况下移动，无法清晰地说话，这些都会限制肢体障碍儿童某些学习资源的有效使用。

（二）肢体障碍儿童的教育策略

1. 教育目标

对肢体障碍儿童进行教育，其教育目标主要体现在以下几个方面：使肢体障碍儿童能够充分发挥其潜能；确保肢体障碍儿童在生理、心理和社会等方面的需求尽可能得到满足；使肢体障碍儿童尽可能全面地参加家庭、学校和社会生活。

2. 教育内容

（1）自理能力。对于肢体障碍儿童来说，生活自理能力是非常重要的。自理能力包括饮食、如厕、穿衣、洗澡等。训练肢体障碍儿童基本实现生活自理对于他们今后的生活、学习、工作至关重要。

（2）安全知识。让肢体障碍儿童懂得日常生活环境中有哪些不安全的因素，如过街时要注意车流、注意交通信号，上下楼梯时要小心，在冰天雪地里行走时要注意别滑倒。另外，要教育他们安全地使用一些设施，如电闸开关、煤气开关等，通过安全教育增加他们的自我保护能力，防止意外伤害①。

（3）功能训练。功能训练课对于肢体障碍儿童也很重要，通过功能训练课程肢体障碍儿童能够更加自如地控制自己的身体，同时能够不断促进身体感知觉的发展，为他们的其他活动打下基础。

图 10-1 用脚写字的雷庆瑶

3. 教育方法

肢体障碍儿童教育的方法并没有特殊之处，但是，就肢体障碍儿童的教育方法而言，下列事项是必须注意的。

（1）功能代偿和功能重建。对于许多后天肢体障碍儿童，顺利度过适应期之后，最重要的任务就是身体功能的代偿。这是肢体障碍儿童的生活所必需的。人的代偿功能是令人惊异的，已经有许多用嘴写字、用脚代替手的部分功能的例子。失去的肢体无法再生，肢体障碍儿童要适应丰富的社会生活和复杂的学习任务，必须不断地将尚健全肢体的代偿作用与残肢的剩余功能重新组合，使它们协调动作。这种功能上的重建，一方面需要肢体障碍儿童自己摸索努力，另一方面也需要教育上的帮助，给予有目的、有计划的训练，使功能重建的过程尽可能加快②。

（2）心理重建。不管是先天肢体障碍还是后天肢体障碍，在发展的某一个阶段都会或多或少地出现以自卑甚至轻生为主要特征的心理适应期。先天肢体障碍的儿童在他

① 方俊明. 特殊教育学［M］. 北京：人民教育出版社，2005：273.

② 叶立群，朴永馨. 特殊教育学［M］. 福州：福建教育出版社，2007：274-275.

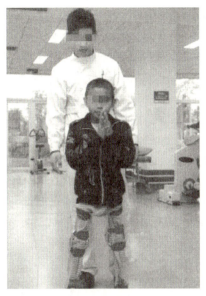

图 10-2 穿戴矫形器进行站立训练

们有了意识，认识到、发现自己和其他人不同时就会问为什么，这时就开始了艰难的心理适应期。那些后天肢体障碍的儿童，在生命的危险消失后，马上就进入"我为什么会这样"的心理适应期。这时建立心理自信是非常重要的。各种各样的方法如心理咨询的方法和技术，都可以使用。同时，那些历史上的、现代的著名肢体障碍人士的事迹和其他可歌可泣的英雄人物的事迹，都是促使他们顺利走完心理适应期的好素材。

（3）采用多种教学方法。在文化课的学习上，相应的教学方法与普通教育差别不大，但是，在身体能力的训练、生活能力的培养等方面，却有一些独特的方法，如物理疗法、运动疗法、作业疗法、感觉统合训练等。此外，肢体障碍儿童的教育要遵循一些特殊的教学原则，如教学内容和教学方法的个别化原则、文化知识教育和身体缺陷补偿相结合的原则、心理康复和教学训练相结合的原则等①。

此外，要加强肢体障碍儿童的人格修炼。要积极培养肢体障碍儿童团结、助人、乐观向上、吃苦耐劳等精神品质，同时，父母以及其他家庭成员不要过分溺爱、娇惯肢体障碍儿童，要培养他们独立的生活习惯以及顽强的意志品质。

4. 学习环境

数量占绝大多数的轻度、中度肢体障碍儿童主要在幼儿园接受教育，伴随智力落后的肢体障碍儿童有可能被安置在特殊班级或特殊学校，对于那些程度较重的肢体障碍儿童，首要的目标就是进行康复训练，他们可能在康复机构一边进行康复治疗、训练，一边进行学习。

图 10-3 专家指导儿童穿戴矫形器

肢体障碍儿童因自身障碍而减弱的功能通过使用辅助技术可以不同程度地得到补偿。甚至通过一定的辅助器具可以代偿肢体障碍带来的功能丧失。例如，截肢患者装配假肢后，可以行走、骑车、负重劳动以及和健全人一样生活。肢体障碍儿童使用的辅助器具一般有生活辅具、帮助肢体障碍的残疾人实现生活自理的辅助器具、行动辅具、帮助下肢功能障碍的残疾人行走和进行位置移动的辅助器具，以及假肢、矫形辅具等。

在教学中，教师还可以通过改编一些常用于学前教育的材料，以适应儿童的特殊需

---

① 刘全礼. 特殊教育导论 ［M］. 北京：教育科学出版社，2003：220.

要。比如，对于必须长时间站立或坐轮椅的儿童，需要将材料安放在板子上，并把板钉在墙上。教师还可以选择一些特殊的教具和学具，比如大号的蜡笔、粉笔或画笔，或者可以在笔的外层包上一层塑料，使儿童能握紧。也可以把铅笔、蜡笔及彩色钢笔插入小的海绵橡皮球。儿童能抓住球来涂鸦或画画。教师也可以将纸固定在桌上，这样当孩子涂色、画画、粘贴时就能防止纸滑来滑去。

一个安全、舒适的学习环境也是非常重要的，因此，教室与操场也需要进行调整。比如安装适合轮椅的配套设施，在进出的关键位置安装栏杆，铺设弹性好、稳定、防滑的地毯。另外，教师还需考虑肢体障碍儿童的视线水平，即在他们视线水平所看到的教室是怎样的呢？教室的布置有没有让每个儿童产生兴趣？

在心理环境上，肢体障碍儿童由于自身生理缺陷，容易出现自卑、退缩、情绪化等消极倾向。因此，教师应引导其他儿童为肢体障碍儿童创设一个宽容、接纳、温馨的环境。比如，协助肢体障碍儿童与人沟通交流、帮助其在同伴交往中获得友情、建立自信等。

肢体障碍辅助技术的发展

著名物理学家史蒂芬·霍金与英特尔联手开发的新技术，能够帮助残障人士通过眼球运动控制软件应用。为肢体障碍者设计的计算机界面可以让大约15%的全球人口直接受益。实际上，这种创新能帮到所有人。

近年来，关于高科技产业多元化的报道屡见不鲜，尤其是针对不同性别和种族的创新。这种多元化甚至开始扩展到另一个常被人们忽视的群体——肢体障碍者，尽管这种变化很微妙，但它的确正在发生。当然，所谓的"辅助"技术已经面世有一段时间了。这种技术能够帮助那些无法使用键盘、鼠标甚至触摸屏等传统输入方式的人操作电脑和移动设备。

前段时间，英特尔（Intel）为这个领域带来了新的亮点。尤其特别的是，该公司将发布一款与世界著名物理学家史蒂芬·霍金共同研发的新系统。这项技术于2015年初上市，可以让霍金这样罹患运动神经元疾病的残障人士通过眼球运动控制软件应用。

与霍金使用了近十年的平台相比，这款新平台最大的差别在于性能出色。英特尔的新技术可以让霍金的"打字"速度提高一倍。这意味着他可以更快地完成撰写电子邮件、用浏览器上网等任务，还能更加无缝地在各个应用间切换。英特尔估计，全球大约有300万人可以受益于该系统。

霍金表示："近20年，英特尔一直为我提供支持，让我每天能做自己喜欢的事。这个系统的开发完成将有可能大大改善全球残障人士的生活，它在人际互动及克服曾经阻碍人们的沟通界限方面处于领先地位。"

英特尔开发的言语合成器和用眼球控制的指针设备，只是辅助技术类产品的两个例子。一些通常跟玩电子游戏相关的设备，如游戏摇杆或动作识别器，也有着非常明显的用途。英特尔研究院（Intel Labs）的研究员拉玛·纳赫曼认为："供残疾人使用的技术常常被证明就是未来的技术。"

四、肢体障碍儿童的发展与学习案例①

（一）基本情况

妮妮（化名），出生时由于脑出血被诊断为脑瘫，并伴有轻度的智力障碍，目前在幼儿园大班就读，属于中度脑瘫儿童，粗大动作能力较好，会自己走、抓、举等，但是精细动作较差，穿珠子、抓握勺子等需要手指参与的动作基本无法完成，且动作迟缓。该幼儿母亲为医院护士，父亲为公务员，家庭条件尚可。因母亲工作繁忙，无暇顾及女儿，生活基本由父亲照顾。

（二）现状分析

1. 行为表现

妮妮六岁的时候才进入幼儿园，直接进入大班。自进入班级起，妮妮就一直表现得胆小、木讷、不愿与人交往。与班级其他小朋友相比，妮妮特别害羞、被动、沉默寡言，有时一个动作会定格几十分钟甚至更长时间。

课堂上妮妮从不举手发言，也不愿意参与到教学活动中，老师提问也不会回答，点到名也只会目光呆滞地看着老师。在休息和自由活动时间，她总是一个人坐在位置上看着其他同学玩耍，喜欢固定玩一个玩具，经常抱着玩具发呆，对老师的话充耳不闻。

2. 原因分析

首先，家庭的教养方式不当。妮妮的父母平时在家中事事包办，使她从心理上、行为上过分依赖成人；家长还常以自己的标准去评价孩子的某些行为，妮妮尝试交往时，家长不但未能及时鼓励，甚至还会指责其错误行为，导致妮妮产生强烈的自卑心理，从而产生退缩行为。

其次，环境和自身生理因素的限制。妮妮是一名脑瘫儿童，父母很少带她出门，她总是一个人在家，呆呆地在床上睡一天，有时甚至吃饭都在床上。来到幼儿园后，周围环境的变化让她很不习惯，很容易产生退缩行为。

（三）训练过程

教师采用自然情境教育法和同伴介入法对妮妮的社会退缩行为进行干预，以幼儿园活动为载体，利用平时生活中的点滴，让她在周围同伴的带领和帮助下，潜移默化地慢

---

① 案例改编自：潘瑾，柳笛. 社交退缩脑瘫儿童的个案研究［J］. 现代特殊教育，2014（10）：47-48.

慢转变，渐渐融入周围生活，自然而然地减少其社交退缩行为。

1. 培养独立性

让妮妮管理自己的事情，增强她的独立性，逐步培养"我能行"意识。平时生活中，有意识地鼓励妮妮去做一些自己力所能及的事情，比如自己吃饭、如厕、喝水、放杯子等。所有这些事情，都是日常学习生活场景中最常见的。对于妮妮来说这些事情并不困难，但是事事亲力亲为，却是她从未体验过的，让她充分感受到了自己动手的乐趣。

2. 培养自信心

鼓励她多参加社交活动，与小伙伴交往，每次搞各种活动，总是鼓励她积极参与。在各种社会活动中，让她体验成功的滋味，不管做得如何，都要给予针对性的肯定。孩子有了自信心，就能较快地适应外界的环境，对于改善社交退缩行为有很大帮助。

3. 同伴介入

不管是面对带班老师、保育员还是其他老师，妮妮往往会产生紧张的情绪。但是，对于自己班中的同伴，虽然她并不主动搭话，但是也不会排斥他们在她身边出现，而且还喜欢他们的包围，看着其他小朋友玩耍总会露出可爱的笑脸。根据这种情况，我们有意识地从班级中选择几位小朋友陪伴在她周围，在平时的各种活动中及时帮助她。在同伴的介入下，妮妮逐渐开始有一些与其他小朋友一起玩耍的表现，与人交往、与人合作的能力有所提高，逐步形成了一定的"社会化"能力。

4. 适时强化，及时鼓励

脑瘫儿童对于教师语言、要求的理解能力相对较差。妮妮是一名较为典型的脑瘫儿童，癫痫发作频率较高，因此语言、记忆和理解能力都更弱于班中其他小朋友。但是，她特别喜欢得到别人的肯定，只要老师喜欢她、表扬她，其表现就会马上变得特别好。因此，对于妮妮的教育应遵循及时、适时的原则，对孩子在社交中表现出的合群现象给予及时的鼓励，对她所表现出的参与、交往的具体行为进行及时强化。比如，当她主动举手发言时，应马上表扬她这种行为，并给她一个强化，如"妮妮举手了，真棒"。

（四）总结反思

经过一段时间的干预后，妮妮能够主动与老师和同学打招呼，慢慢成长为一名开朗爱笑的小女孩。妮妮的自信心明显提高，还在班级文艺表演中担任角色。妮妮的课堂参与度更高了，上课思想集中，积极举手发言，受到老师的好评。

1. 自然的情境有助于社交退缩脑瘫儿童的干预

妮妮不仅动作迟缓，也有理解力差、语言能力差等特点。若采用一对一干预模式，需要选择时间、地点，而脑瘫儿童动作迟缓，从教室到训练室既费时又费力，有时学生还会抗拒，效果并不显著。更重要的是，她还有社交退缩的心理与行为。若采用一对一的干预模式，儿童知道自己要和老师单独在一起，会更紧张，甚至根本无法配合。

本案例中，对妮妮的干预是在自然、常态的学习生活中进行的，以妮妮为中心，整个过程强调多样性和自然性。与作业疗法不同，教师没有选择固定的时间、固定的地点对幼儿进行一对一的干预，而是将干预融入日常的学校生活之中，根据幼儿每时每刻的情况，针对具体的事件来对幼儿进行干预。在教师的有意引导下，幼儿在完全自然、放松的状态下慢慢消退了社交退缩行为。

2. 同伴的介入有助于创造更多互动机会

本研究采用同伴介入法，在干预活动中建立社交退缩儿童与班级同学间的同伴关系，通过同伴的带领、与同伴间的游戏等，使其能够逐渐融入班级，学会与人交往、沟通，逐步消退社交退缩行为。

同伴实际上是干预的实施者，教师通过培训同伴来引导社交退缩儿童积极参与各项活动，达到干预的目的。如笔者要求同伴与妮妮一起学习，并提出一些要求，如："你能去教妮妮读读这个数字吗？"随后，同伴应要求去教妮妮。这样，就为他们创设了互动的机会。

3. 家庭教育的配合十分重要

通过干预，妮妮在幼儿园中的行为已经明显改善，但是，在她最熟悉的环境——家中，妮妮的表现却不尽如人意，除了灵活度有所改善之外，依然是吃饭要喂、走路要背的被动状态。产生这种情况的原因主要还是与家庭教养方式有关。在长期的干预过程中，家长从未主动参与到干预活动中来，这就直接导致了妮妮在家庭与幼儿园这两个她最为熟悉的环境中表现出截然不同的两种情况。

可见，干预成效的明显与否，干预成果是否能巩固，与家庭和幼儿园的配合度息息相关。在考虑个体生理特点、家庭教养和幼儿园教育等因素后制定辅导方案，支持脑瘫幼儿在不同学习环境下锻炼自己的生活能力与社交能力，有助于其成长为适应社会的成年人。

第二节　病弱儿童的发展与学习

儿童在婴儿期与幼儿期都会遇到各种健康问题。多数情况下，这些问题都不太严重，不会对儿童的成长和发展产生严重影响。另一方面，有些孩子患有慢性疾病，每天生活都伴随有严重的健康问题。在整个发展期内，这些问题会不断地对儿童、家庭、教师提出考验。

一、病弱儿童概述

（一）病弱儿童的概念界定

身体病弱儿童是指长期患有慢性疾病，体质虚弱，并因此需要特别照顾与教育的儿童。这类儿童通常不存在感官性生理限制和障碍，貌似普通儿童①。病弱和虚弱都不是严格的医学定义，只是社会教育方面的用语。哪些病弱儿童可作为特殊的教育对象，有的国家曾作出比较明确的规定。例如，日本文部省 1978 年发布的《关于教育方面需要特殊照顾的儿童和幼儿的教育措施》的通告中就规定病弱儿童是："①患有慢性胸部疾

---

① 周兢等. 学前特殊儿童教育［M］. 大连：辽宁师范大学出版社，2002：63.

病、心脏疾病、肾脏疾病，其状况需要 6 个月以上的医疗或生活限制者；②身体虚弱的状况需要 6 个月以上的生活限制者。"当然，这主要是指专为病弱儿童设置的养护学校的幼儿而言的。凡病弱状况不满半年疗程的，可安排在特殊班级或普通班接受特殊教育。

案例阅读：身体病弱女童①

日本某初中二年级幼儿，从两岁半起就患有支气管哮喘，多次住院治疗。在未接受特殊教育之前，哮喘病不仅造成体质虚弱，精神上也受到创伤。她缺课太多，学习成绩差，不能与人很好地相处，有孤独感，经多方评估鉴定后安排在某养护学校接受特殊教育。

对这一病弱女孩进行特殊教育的出发点是在与医疗配合的基础上进一步改善健康状况，增强体质；根据健康水平，进行个别指导，提高她的学习兴趣，着重消除她的病弱感，增强生活和学习的信心，使之成为思想灵活、意志坚强的人。

在实行特殊教育的过程中，大约用了 1 个月的时间训练她习惯于寄宿型的学校生活。与医护人员配合，尽量减少大剂量用药，把重点放在呼吸法、干布摩擦、哮喘体操等养护性训练上，帮助她制定有助于健康的训练目标，增强与疾病作斗争的信心与耐力，多次和她个别交谈。

讨论　身体病弱儿童的发展明显不同于普通儿童，如果你是他们的老师，你会怎么做呢？

我国大陆地区还没有从立法上将身体病弱儿童列为特殊教育对象，对身体病弱儿童也没有明确的定义。而很多其他国家和地区都把身体病弱儿童列为特殊教育的对象，并对身体病弱儿童做了具体的规定。例如，美国《残疾人教育法》将身体病弱界定为：由于慢性或急性的健康问题如心脏病、肺结核、风湿热、肾炎、哮喘、镰状细胞性贫血、血友病、癫痫、铅中毒、白血病或糖尿病等，所产生的缺少活力并对个人的教育成就有不良影响的状况。我国台湾地区在 1978 年修订发布的《特殊教育推行办法》中，将"身体病弱"列入特殊教育对象，规定身体病弱儿童是指生理状况羸弱，致使活动受到限制，或是在学校内需要特别医护照顾的儿童②。2002 年，台湾依据"特殊教育法施行细则"对身体病弱的定义进行了修订，规定身体病弱是指罹患慢性疾病，体能虚弱，需要长期疗养，以致影响学习者，其鉴定由医师诊断后认定③。

在对身体病弱儿童进行定义和鉴别时，需要注意的是：①儿童偶尔的轻微疾病，例

---

① 互动百科. 病弱儿童［EB/OL］. http://www.baike.com/wiki/%E7%97%85%E5%BC%B1%E5%84%BF%E7%AB%A5&prd=button_doc_jinru,2015-07-11.

② 郭美满. 身体病弱学生辅导手册［M］. 台北：台北市立教育大学特殊教育中心，2006：2.

③ 郭美满. 身体病弱学生辅导手册［M］. 台北：台北市立教育大学特殊教育中心，2006：3.

如感冒等，虽然也影响了个体的健康，但是并没有对其学业产生太大的影响，因此，不属于身体病弱的范畴。②人们常将身体病弱儿童和肢体障碍儿童综合起来研究，将二者统称为身体障碍儿童，但是二者并不等同。二者最大的区别主要表现在行动能力方面。一般来说，肢体障碍往往限制一个人的行动能力，而身体病弱对患者行动能力的限制则相对较少。身体病弱儿童最大的困扰在于他们容易倦怠、缺乏活力、充满恐惧与压力，以及无法参与学习活动①。

病弱儿童的分类和出现率

1. 病弱儿童的分类及常见类别

下面对几种常见的、且教师在教学中需要特别注意的几类身体病弱儿童进行简单的介绍：

（1）先天性心脏病儿童。先天性心脏病是由于心脏、血管在胚胎发育过程中的障碍所致的心脏、血管形态、结构、功能、代谢上的异常。先天性心脏病常见的症状包括：心脏跳动剧烈、运动时呼吸困难、缺氧、出冷汗、经常性的肺部感染、易疲倦、生长迟缓现象，部分患者还会出现心衰竭症状②。

（2）哮喘病儿童。哮喘是儿童最常见的健康问题之一，而且是最严重的健康问题。哮喘是一种反复发作的气流阻滞病变，会自行缓解或经过适当的治疗而恢复，其严重程度有很大的差异：儿童可能只是经历一段时间的轻微咳嗽，也可能呼气困难，需要急救。过敏（花粉、宠物、食物）、刺激物（如香烟烟雾）、锻炼或情绪压力等通常会引发哮喘。

（3）癫痫病儿童。癫痫发作是由大脑神经元异常放电导致的活动、感觉、行为和意识的混乱。有的患者发作时发出类似羊的吼叫声，故俗称"羊角风"③。患者在两次癫痫发作之间的脑功能是正常的。按照发作类型对癫痫进行分类，常见的类型有：①局部性发作，是指局部的一群神经元异常放电，根据受影响的大脑部位不同而有不同的表现，例如肌肉的局部抽搐；②全面性的发作，是比较严重的发作。发作时，患者会丧失意识，跌倒在地，同时有全身僵硬、眼睛上吊、牙关紧闭等现象，接着便是四肢肌肉剧烈地收缩与全身抖动。发作过后，患者并不记得发作时发生的事情，只觉得十分疲惫，需要休息一段时间。全面发作的时间可能长达二十分钟，也可能不到一分钟。如果超过五至十分钟全身仍僵硬时，必须送医作紧急处理④。③失神性发作，俗称小发作。这种发作轻微且短暂，有时旁观者不大看得出来，最常见的症状就如同发呆一般，发作时突然不言不语、目光迟滞、对他人叫喊无反应，有时还会舔嘴唇、眨眼或动手指头等。儿童可能被误解为在做白日梦或者没有听讲。

---

① 何华国. 特殊儿童心理与教育［M］. 台北：五南图书出版公司，1987：223.
② 刘凯波. 先天性心脏病病因研究进展［J］. 中国优生与遗传杂志，2006（9）：7-9.
③ 雷江华. 学前特殊儿童教育［M］. 武汉：华中师范大学出版社，2008：99.
④ 何华国. 特殊儿童心理与教育［M］. 台北：五南图书出版公司，1987：247.

（4）糖尿病儿童。糖尿病是一种常见的儿童期疾病，是由于胰腺停止产生或产生过少的胰岛素而导致的。这是一种慢性新陈代谢失调。当糖尿病发作时，细胞无法吸收葡萄糖，无法吸收的糖分便会堵塞在血液里，肾脏试图把这些多余的糖分过滤出去。糖尿病控制不住时，通常会表现出以下迹象：急剧的口渴，尿频，体重减轻。葡萄糖含量增加并持续一段时间，会对眼睛、肾脏、神经系统和心脏产生一定的损害。患有Ⅰ型糖尿病（或青少年糖尿病）的儿童胰岛素不足。这种病在10~16岁的青少年身上出现最为普遍。患这一类型糖尿病的青少年在诊断之前表现出的症状类似于重感冒，但发作非常迅速。如果不尽快注射胰岛素，他们会昏迷或死亡。Ⅱ型糖尿病是一种非胰岛素依赖性糖尿病，是由于人体无法产生、也无法正常使用胰岛素而产生的。这类糖尿病通常和肥胖症及遗传因素有关。现在有不少儿童和青少年被诊断出患有此病。病弱儿童大多数超重。

（5）人类免疫缺陷病毒（HIV）。人类免疫缺陷病毒是一种逐渐影响并最终摧毁人体免疫细胞的病原体。随着病原体的发展，人体的免疫系统会变得脆弱不堪。一个感染人类免疫缺陷病毒的人，属于易感染者，增加了感染其他疾病的机会，如癌症、循环菌感染、肺炎等。人们发现，人类免疫缺陷病毒存在于一定的体液中，而且可以通过血液、精液、阴道液体、乳汁以及其他一些液体传输。人类免疫缺陷病毒会通过性接触和血液感染从一个人传染给另一个人，包括共用针头和注射器具。

人类免疫缺陷病毒的发展经历了几个不同的阶段，各个阶段都由疾病的不同水平和症状的严重性作为标记。人类免疫缺陷病毒的早期患者处于无症状期或者潜伏期。他们的血液里有病毒存在，但是没有任何外部的疾病症状。人类免疫缺陷病毒发展到中期，即症状期，病毒更加活跃地繁殖，免疫系统开始失效，一些轻微的症状开始出现。中期的症状包括疲劳、持续发烧、盗汗、长期习惯性的腹泻、复发性阴道酵母菌感染以及腺体肿胀。人类免疫缺陷病毒发展到后期，即被称作获得性免疫力缺陷综合征（AIDS），此时感染的机会更加频繁并且程度更加严重。症状通常包括突然中风、心脏病发作、失忆、视觉受损、失明等。在儿童患者身上还会出现认知能力丧失，甚至进食发生困难。机体从食物中吸取营养的能力也会受到影响。

2. 身体病弱儿童的出现率

2003学年，美国6~21岁在校学习的病弱幼儿有45242人。据美国教育部2005年的统计，美国公立学校6~17岁的儿童中，因身体病弱而接受特殊教育服务的大约占幼儿总数的0.76%（约365000名），而且有逐年增加的趋势①。根据近年来我国台湾教育行政部门出版的《特殊教育统计年报》的统计资料，高级中等（高级中学和高级职业学校）以下学校身体病弱幼儿的总人数已逐年增加，其占身心障碍幼儿总人数的比例也呈现增加的趋势。我国对病弱儿童没有做过抽样调查或详细的统计，因此，目前我国病弱儿童的发生率尚不清楚。但从现实情况看，我国病弱儿童有逐年增加的趋势。目前大约有两百多种病弱状况存在，其中大多数是罕见的。

① 詹姆士·M·考夫曼. 特殊教育导论［M］. 肖非，等译. 北京：中国人民大学出版社，2006：509.

（二）病弱儿童的病因

身体病弱儿童的成因是多种多样的，一般可大致将其分为先天因素和后天因素。先天因素主要包括：①母亲怀孕时发生疾病；②母亲受孕时受到细菌或病毒的感染；③怀孕时接触过量放射线的照射；④怀孕期的营养不良；⑤怀孕期氧气供应不足；⑥妇女怀孕时酗酒；⑦妇女怀孕时滥用药物等①。后天因素主要是指婴儿出生后，外部环境对个体健康造成的损伤。其中铅中毒是儿童时期最常见的一种病，饮食因素也可能会导致健康损伤。

二、病弱儿童的发展与评估

（一）病弱儿童的发展

身体病弱儿童因疾病因素、服药或接受必要的医疗措施，生理上会出现若干反应，但是也有少部分儿童无明显的特征，主要是因疾病的种类与严重程度而有不同的变化。常见的特征有：身体虚弱，精神不佳，容易疲累；胃口差、食欲不佳，有部分身体病弱儿童身体异常肥胖、瘦弱或发育不良，或因身体病弱产生肢体活动的障碍；常需忍受身体的疼痛；疾病导致外貌上的明显特征，或因治疗而产生外貌上的改变，例如身体浮肿、月亮脸、掉发等；因疾病或治疗因素，身体有异味②。这些生理因素也会影响身体病弱儿童的心理发展与人际关系。

但是，病弱儿童的认知发展、人格发展、情绪情感的发展等往往会受到疾病的影响。主要表现在如下方面：

1. 认知发展一定程度上受到影响

除了因身体疾病造成的体能不足以外，大部分身体病弱儿童在智力发展上是正常的，其认知发展也与普通儿童无大的差异。但是，身体病弱儿童由于体弱多病，容易产生注意力不集中，注意的持久性差、情绪不够稳定等问题，这些可能会对他们的认知能力发展产生一些负面的影响，也会使得他们的生活经验比较贫乏。

2. 易形成不良人格发展特征

身体病弱儿童因需接受长期照顾，对家长过度依赖，家长也常会给予过度的保护，导致儿童缺乏独立的意愿，很难独立自主。另一方面，疾病会造成身体外观及功能的改变，身体病弱儿童会担心同学异样的眼光，有时因不佳的自我形象，产生自卑心理、自我封闭、脱离群体，容易形成孤僻、退缩等不良人格特征。

3. 学习动机与成就动机低

父母和教师常常优先考虑身体病弱儿童的身体状况，而对他们的学习成就的期望值较低，使身体病弱儿童的学习动机与成就动机也较低。

4. 消极的情绪情感体验

身体病弱儿童的饮食和作息等受到多方面限制，使生活起居和活动无法自由，而造

①　何华国. 特殊儿童心理与教育［M］. 台北：五南图书出版公司，1987：238.

②　郭美满. 身体病弱学生辅导手册［M］. 台北：台北市立教育大学特殊教育中心，2006：5.

成烦躁不安的心情；或因为他人的好奇眼光或取笑，而容易产生自卑或自我贬抑的现象；或因为意识到自己的疾病可能会导致死亡而产生焦虑和恐惧的心理。总之，身体病弱儿童在心理调适的过程中会经历许多冲击与挣扎，其间的情绪反应包括焦虑、否认、忧伤、沮丧、愤怒、攻击以及无助感等。这些消极的情绪如果长久持续，对儿童的人格发展自然会产生不利的影响。

身体病弱儿童心理特征并不是绝对的，儿童如何适应他们的身体限制以及他们如何应对社会人际关系，在很大程度上都取决于父母、教师、同伴及公众对儿童的反应。如果周围的人拒绝或者歧视身体病弱儿童，那么这些孩子就容易形成自卑、羞愧的心理；如果周围的人认为他们很无助，处处需要帮助，孩子就容易养成依赖的性格；如果其他人能够把他们当作是有一定限制的人，而在其他方面和每个人都一样，孩子就会受到鼓舞而成为独立的人①。

（二）身体病弱儿童的评估

对身体病弱儿童的评估不仅可以帮助教师了解儿童的整体状况，为制定有关的活动和训练提供依据，而且可以判定所实施的活动和训练方案的效果，为创编进一步的活动训练方案提供依据。在对身体病弱儿童进行定义和鉴别时，需要注意的是：①儿童偶尔的轻微疾病，例如感冒等，虽然也影响了个体的健康，但是并没有对其学业产生太大的影响，因此，不属于身体病弱的范畴。②人们常将身体病弱儿童和肢体障碍儿童综合起来研究，将二者统称为身体障碍儿童，但是二者并不等同。二者最大的区别主要表现在行动能力方面。一般来说，肢体障碍往往限制一个人的行动能力，而身体病弱对患者行动能力的限制则相对较少。身体病弱儿童最大的困扰在于他们容易倦怠、缺乏活力、充满恐惧与压力，以及无法参与学习活动②。

1. 基本信息的收集

病弱幼儿最大的困扰是健康损伤，他们在认知、动作、情绪行为方面存在的问题大多是由健康问题引发的。所以教师在对幼儿实施干预时，重点先应该关注幼儿的疾病问题，尽量避免各种诱发因素，减少幼儿疾病的发作次数。例如，对于有哮喘的幼儿，灰尘、粉笔灰、花粉、霉菌、香水、油漆等强烈的气味、剧烈的锻炼、过度的压力有可能干扰幼儿正常的呼吸，从而引发哮喘。因而，教师要详细了解每位病弱幼儿的病情以及幼儿所需要的特殊照顾。

教师可以从家长和多学科的专家成员那儿得到帮助，还可以从其他资源中获得信息，最重要的是每日更新儿童的健康记录，并对儿童的用药情况进行了解。教师同时还需指导在例行与紧急情况时，如何处理好班级中具体的健康问题。一旦有健康问题的儿童进入班级，教师需要从儿童家长、专业人士处提前获得相关的信息。一般可以从以下方面来收集信息：

（1）幼儿是否在服药？多久服用一次？数量如何？

（2）幼儿病症的特性、持续性、阵发性、可预期性、稳定性如何？

（3）当幼儿出现癫痫发作、糖尿性昏迷、哮喘发作等问题时，基本的处理方法。

① 詹姆士·M·考夫曼. 特殊教育导论 [M]. 肖非，等译. 北京：中国人民大学出版社，2006：509.
② 何华国. 特殊儿童心理与教育 [M]. 台北：五南图书出版公司，1987：223.

学校如何与家长或医护人员联系？

（4）幼儿在饮食、作息、服药等方面有何特殊的规定？

（5）幼儿在饮食、穿着、如厕等自我照顾方面，需要何种协助？

（6）哪些因素会引发幼儿疾病发作，需要如何加以控制？

根据搜集的资料，教师可以为幼儿拟定个别健康照料计划，以防范病弱幼儿在幼儿园发生突发状况，个别健康照料计划内容参考表10-2。

表 10-2　　　　　　　　　　　个别健康照料计划①

幼儿姓名＿＿＿＿＿＿＿＿	出生年月＿＿＿＿＿＿＿＿
年　　级＿＿＿＿＿＿＿＿	进校时间＿＿＿＿＿＿＿＿
家长、监护人＿＿＿＿＿＿＿	电　　话＿＿＿＿＿＿＿＿
家庭住址＿＿＿＿＿＿＿＿	
父亲工作地点、电话＿＿＿＿＿＿＿＿	
母亲工作地点、电话＿＿＿＿＿＿＿＿	
教师姓名、电话＿＿＿＿＿＿＿＿	

幼儿医师姓名＿＿＿＿＿＿＿　服务医院＿＿＿＿＿＿＿＿　电话＿＿＿＿＿＿＿＿

学校医师姓名＿＿＿＿＿＿＿　电话＿＿＿＿＿＿＿＿

- 治疗史简介：

- 过敏症状：

- 服用药物：

- 特别健康照料需求：

- 紧急状况处理计划：

- 活动许可与限制：

- 特殊饮食设计：

- 特殊安全评量：

- 特殊仪器设备：

家长/监护人同意书：

　　本人同意上述为我的孩子＿＿＿＿＿＿＿＿所拟定的个别健康照护计划，校方依此提供服务，若依此处理所产生的责任校方不需负责。如有任何内容变动，我将立即告知校方。

　　家长签字＿＿＿＿＿＿＿＿　日期＿＿＿＿＿＿＿＿

---

① 郭美满. 身体病弱学生辅导手册［M］. 台北：台北市立教育大学特殊教育中心，2006：18.

给教师的建议：　紧急情况下需要考虑的事①

一旦招收了有健康问题和身体有障碍的儿童，就需要为每个儿童制定个别化计划，包括：

- 与家长（或儿童的医生）一起协商，为紧急的健康危机情况提前做出计划；
- 理解危急情况产生的原因及可能发生的频率；
- 熟悉在危急情况产生前、产生时、产生后儿童的行为；
- 了解危急情况发生时、发生后该做什么病理解释，何时需要求助。

教师还应准备一份班级活动列表，并交至家长或治疗师，让他们指出需要避免或修改的活动。另外，班级中的其他孩子或同伴可能出现的情况也应该做好各种准备。教师可以做简单解释，使儿童相信他们能够照顾好所有儿童，而不是仅仅照顾好有障碍的儿童。

2. 对病弱儿童的能力进行评量

在与幼儿的家长、医生进行深入交谈的基础上，对幼儿在幼儿园的表现进行2~3周的跟踪观察，以深入了解幼儿的活动功能、优势能力和发展不足以及所需的特殊辅助等。

（1）对幼儿的活动功能进行评量。将活动功能分为以下五类：情况良好、活动功能不受损；重度活动才有症状；中度活动就有症状；轻微活动就有症状；严格禁止活动。在跟踪观察中对幼儿的活动功能进行初步的判断，并根据幼儿的活动功能为其选择相应的可参加的活动以及评量其医疗需求和安置需求，详细情况请见表10-3。例如，如果幼儿的活动功能被界定为重度活动才有症状，那么教师在教学过程中，则会限制幼儿

表10-3　　　　　　　　　　　**病弱幼儿活动功能及相关需求表②**

活动功能	活动分类	医疗需求	安置需求
情况良好，活动功能不受损	活动不受限制	不需要医疗追踪	普通班
重度活动才有症状	限制剧烈活动	定期医疗追踪	资源班
中度活动就有症状	只准轻微活动	不定期医疗追踪	特教巡回教师
轻微活动就有症状	禁止易受伤活动	需作教室记录	特殊班
严格禁止活动	在家或卧床治疗	需要医疗急救设备	在家教学

---

① K·S·艾伦，J·S·施瓦兹. 特殊儿童的早期融合教育［M］. 周念丽，等译. 上海：华东师范大学出版社，2005：192-193.

② 赵文崇. 身体病弱学生鉴定与评量［EB/OL］. http://www.google.com.hk/webhp?.

参与剧烈的竞赛活动，例如拔河等运动项目。当班级安排有剧烈活动而幼儿不适合参与时，可以将幼儿安置在幼儿园中的资源班，对其实施个别化教学。

（2）对幼儿的优势能力和弱势能力进行评量。教师在教学过程中注意观察幼儿的表现，对幼儿进行全面考量，以了解幼儿的优势、不足以及他们的兴趣爱好，以给予病弱幼儿充分的表现机会，激发他们学习的兴趣，并拟定指导方案，对他们的弱势能力加强训练。

三、病弱儿童的学习与教育

（一）病弱儿童的学习特点

了解身体病弱儿童的学习特征，对设计其所需要的特殊教育和相关服务计划有重要的指导意义。不同的病因、不同的病情程度以及不同的生活环境都会影响儿童的学习表现，因此，在对身体病弱儿童进行教育时，要对个体的具体情况进行综合分析。不过，一般来说，身体病弱儿童在学习方面会呈现以下特点：体力较差，上课时容易感到疲倦而趴在桌子上；可能需要定期看诊而经常请病假缺课，导致学习进度落后，很难保持其所处年级应达到的水平；在诸如走路、提重物、体能训练等肢体动作方面存在困难；可能会因为缺乏与同伴的互动而造成人际关系的疏离；可能会因为自己的病情而产生自怨自艾的情绪，给自己找合理化的借口而放弃学习或消极学习；可能会因为家长、教师的低要求而学习动机较低。

（二）病弱儿童的教育策略

1. 教育目标

无论采取哪种教育和养护的形式，身体病弱儿童的教育目标都应从以下几个方面来考虑：使儿童能积极配合医生、护理人员接受治疗，恢复健康，增强体质；增强与疾病作斗争的信心，锻炼意志，消除病弱感、自卑感，稳定情绪和适应环境；学习一定的文化科学知识，最大限度地发挥个人的潜能，培养正确的生活观念和自强不息的精神。总的来讲，病弱儿童教育的出发点是提高病弱儿童身心健康的水平[①]。

2. 教育内容

一般来说，对于仅存在某一种身体健康方面问题的儿童，其学习内容应该与普通儿童没有差别，课程安排应该包括语文、数学以及让他们与周围世界熟悉的常识课。但是由于其存在的健康问题，教师在为这类儿童拟定学习目标时，可能会有所删减、变化或增列。例如身体病弱儿童因为经常要请假看病或休养，很难完成所有的学习内容，而不得不删减部分次要的学习内容；对于心脏病儿童则需要变更其学习目标，例如避免其参加剧烈的竞赛活动，而辅导其从事安全性较高的活动；有些儿童因为身体康复的需要以及特殊的心理特征，幼儿园需要增设相应的机能训练和心理辅导的课程。

对于疾病程度较重，且伴有智力障碍、脑瘫等多重障碍的儿童，对于他们的教育通常需要跨学科的知识，其学习内容的范围一般会超出幼儿园提供给其他儿童的目标和课程。例如，对于同时伴有脑瘫的身体病弱儿童，则需要加入独立生活能力的训练，例如

---

① 方俊明. 特殊教育学［M］. 北京：人民教育出版社，2005：279.

吃饭、行走、整理书包等，同时还需要融入专业的物理治疗的内容。

3. 教育形式

（1）养护学校。这种学校是以医疗养护为主的学校，有的附设在儿童医院，儿童疗养所、露天学校、海滨学校、湖畔学校、日光学校等属于这一类的养护学校，学校内有专门的医生、护士和其他医务工作者，也有专业教师、心理辅导工作者和社会工作者。安排在养护学校就读的儿童一般都是有半年以上医疗史和生活限制比较严重的病弱儿童。他们在接受治疗和进行疗养的同时，进行一些力所能及的学习活动。这类学校所收的幼儿数量十分有限，在经济发达的国家也只有较大的城市才设立，所以很难满足大多数病弱儿童的需要。

（2）病弱儿童特殊教育班。这是为较严重的病弱儿童开设的特殊教育的班级，同样配有教师、医护人员和心理辅导员。这种特殊教育班有时设在普通学校内，有时也附设在儿童医院或儿童疗养所。

（3）普通班。把一些尚可坚持正常学习的较轻的病弱儿童安排在普通学校的普通班中进行学习。当然，对他们要进行个别辅导。在安排各种班级活动时，也要考虑到病弱儿童的具体困难。既要鼓励他们尽可能参与集体活动，又要做到不使他们过分劳累和健康受损。

（4）家庭学习小组。也称家庭班级。这是一种以家庭为学习养护基地的学习小组。由巡回教师和医护工作者对他们进行定期的教学和辅导，家长可参与养护和教育活动，这种家庭学习小组常由居住得比较接近的数家病弱儿童组成。家庭教育也可以与电视教学、函授教育等远距离教学形式结合起来。这种特殊教育形式更适合于人口不太集中、居住比较分散的地区。

4. 教育策略

一个儿童的健康状况出现问题，必然会使他的体力、活力或警觉性都受到一定程度的限制，从而对他的学习产生不利的影响。他们需要在医教结合的环境中接受特殊的指导和帮助。因此，病弱儿童也是特殊教育的对象，教师需要为此类儿童提供必要的支持策略。

（1）教师支持策略。

第一，创造良好的学习环境。教师首先要为身体病弱儿童创造良好的将医疗养护和教育教学融为一体的教养环境。例如，教室里光线充足、空气新鲜、噪声小、座椅舒适等，这样可减轻身体病弱儿童的病弱感和疲劳感。其次，要为身体病弱儿童创造无障碍的学习环境。有些身体病弱的儿童行动不便，教室尽量安排在一楼。针对身体病弱儿童的发展状况，教室或活动场所加装安全防护措施，例如加装扶手栏杆或海绵垫等。对于有癫痫的身体病弱儿童需要采取必要的预防措施，例如使用有床栏的床，有扶手的椅子，在幼儿园上厕所、上下楼梯时尽量有人陪伴。

第二，增进对疾病及障碍状况的了解。教师需要常与家长讨论身体病弱儿童的病情，了解其医疗史，紧急处理病况发生程序以及医生给予的限制警告，当身体病弱儿童出现突发状况时，能够从容应对，并帮助班上的同学对疾病建立正确的认识。

第三，帮助班上同伴建立疾病的正确认识，营造良好的班级氛围。教师应该让儿童了解与身体病弱儿童有关的知识，以避免班上同学因误解疾病会传染而产生排斥、恐惧的心理。辅导同学尊重身体病弱儿童与同学间的差异，不宜对身体病弱儿童嘲笑或乱取绰号，并和班上同学讨论病情。如果在幼儿园内发生突发状况，应如何协助身体病弱儿童并作适当的处理①。同时，教师可以鼓励同学分批前往医院或家中探视身体病弱儿童，一方面让身体病弱儿童仍然有机会分享与了解幼儿园、班级的活动内容，另一方面也能感受到幼儿园教师与同学们对他的关怀。

第四，调整教学内容，加强跟踪辅导。对于身体病弱儿童教学计划的安排和课程的设置都要考虑到儿童的实际情况，不能一味地强调教学计划的同步性。班主任需要和其他科任老师共同协商，为身体病弱儿童拟定合理的个别化教学计划，调整对其的学习要求。在家庭作业、考试内容、学习目标等方面做出相应的调整。在身体病弱儿童离园后，班级的教师可以轮流到身体病弱儿童所在的机构或家中为其提供教学服务，或者多与家长、身体病弱儿童沟通，让他们了解幼儿园的学习进度，并为身体病弱儿童提供情绪上的支持。当身体病弱儿童返校上课后，教师则应该提供补救教学服务，对身体病弱儿童的学习表现设定合理的期待水准。

第五，提供适应性体育课程。有些身体病弱儿童在体质上受到限制，不能参加剧烈的体育运动，但他们仍需要有适度的运动，以增强体能，而不是在体育课课堂上在一旁观看、休息。体育教师在安排课程时，需要先了解身体病弱儿童的病情、应注意的事项，以及突发状况的处理程序。此外，幼儿园的运动设备也应作调整，如篮球架高度调低，有些运动活动的规则也可以视情况予以调整，例如缩短跑步距离，以增加身体病弱儿童参与群体活动的机会。

给教师的建议：　儿童哮喘的征兆②

哮喘是儿童最常见的健康问题之一，而且是最严重的健康问题。发作时，儿童的胸口会感到不适与紧绷。当儿童尽力排出肺中的气体时，呼吸会变得困难，并演变为气喘。某类食品、花粉、动物皮毛、温度改变（尤其是冷空气）、剧烈运动、呼吸道感染都会引起哮喘发作。

发作开始前，儿童可能会流鼻涕、干咳。发作时，呼吸（喘气）变得费力，呼吸声也变响。由于缺氧，嘴唇、指甲会变紫。发作初期，应鼓励孩子休息、放松、保持镇静，坐正，多喝温水（不要饮用冷水）。

为这类孩子工作的人都必须了解急救方式。许多患有哮喘的儿童都有医药治疗（通常用吸入器），以缓解发作症状与呼吸困难。特别是当孩子出现呼吸困难时，教师应毫不犹豫地立即联系医生，因为儿童可能会死于缺氧或氧气耗尽，甚至两者同时出现的情况。

图 10-4　哮喘常见过敏源

① 郭美满. 身体病弱学生辅导手册［M］. 台北：台北市立教育大学特殊教育中心，2006：15-16.
② K·S·艾伦，J·S·施瓦兹. 特殊儿童的早期融合教育［M］. 周念丽，等译. 上海：华东师范大学出版社，2005：180-181.

知识链接

儿童糖尿病的预防和管理

运动：每日安排幼儿 1~2 小时的户外游戏与活动。鼓励儿童参加适度的活动和游戏，使儿童保持合理的体重增长，避免儿童瘦弱、超重和肥胖。

生活模式管理：帮助儿童学会缓解生活和学习压力，形成规律的作息时间，避免长时间看电视、用电脑等。建立健康的生活模式对Ⅱ型糖尿病的预防及糖尿病患者血糖水平的控制有极大帮助。

健康教育：儿童、青少年及其家属需要了解预防Ⅱ型糖尿病的相关知识及预防措施。

健康饮食：从小培养儿童的良好进食习惯很关键。饮食安排上要逐渐做到定时、适量、有规律地进餐。幼儿食物的选择应根据营养全面丰富、易于消化的原则，充分考虑满足能量需要，增加优质蛋白质的摄入。一日可进 5~6 餐，进主食 3 次，上下午两顿主食之间各安排加餐，晚饭后也可加餐或给予零食。

保持健康体重：身长和体重等生长发育指标反映幼儿的营养状况。父母可以在家里对幼儿进行定期测量，1~3 岁幼儿每 2~3 个月测量 1 次。

药物控制：Ⅰ型糖尿病患儿每日注射胰岛素。Ⅱ型糖尿病患儿在饮食和运动控制的基础上可能需要胰岛素或降糖药物进行控制。

（2）同伴支持策略。教师可以安排有爱心的同学坐在身体病弱儿童的周围，随时给予身体病弱儿童关怀，并请同学多协助其生活及作业的辅导。教师也可以引导其他小朋友与身体病弱儿童友好相处，主动邀请身体病弱儿童参与各项学习活动，增加他们与同伴互动的机会，建立自信。其他小朋友可以留意身体病弱儿童的身心状态，尽量保证其身边有同学跟随，当他出现突发情况时，第一时间告诉老师，并实施处理措施。上下楼梯时，将设有扶手的那边空出来以便身体病弱儿童抓握扶手，或挽扶身体病弱儿童上下楼梯。班级同学组成关爱小组，在身体病弱儿童请假离校时，通过互寄卡片、登门拜访、打电话等活动形式与该儿童保持联系，并轮流为该儿童提供学习辅导。

四、病弱儿童的发展与学习案例①

（一）基本情况

月月，女，6 岁零 9 个月，幼儿园大班，已被诊断出患有癫痫。月月的癫痫属于小发作类型，且发作时症状不明显，有时瞪目直视，有时动作突然停止，但几秒后就会恢复，不发生抽搐。除了癫痫，月月还伴有智力障碍、语言障碍、动作发展迟缓等问题。

月月的妈妈是小学老师，很重视对月月的教育，也很配合幼儿园的教学，但因为工作比较忙，常常忽视月月生活自理能力的培养，对于月月的吃穿住行一手包办。爸爸是公司职员，也没有很多时间关注月月的学习和生活。爷爷、奶奶、外公和外婆特别宠爱月月，对她百依百顺。例如，当月月身体不舒服的时候，外婆就会陪她去上学。

（二）现状分析

1. 能力现状

（1）智力障碍。月月的家长认为智力测试没有意义，所以没有带她去做过正式的智力测试。根据月月的日常表现，教师与家长初步判断她的智力是轻度障碍。

（2）语言发展缓慢。月月说话比较晚，大概 3 岁才开始说话，且一般不愿意表达。当她模仿老师说话时，最多只能模仿 4 个字的句子，例如"我爱吃葡萄"，她只会说"吃葡萄"或"我吃葡萄"。

（3）动作不协调。精细动作和粗大动作发展均缓慢。手部精细动作差，例如，控笔能力差，写字的时候需要老师扶着手写；身体协调能力差，例如跳舞时，只会做简单的手部动作或脚部动作，很难手脚配合做动作。

（4）伴有问题行为。上课时，有时她会离开座位去翻同伴的书包。当不想上课时，她会一直大声地说"奶奶""上厕所""拉屁屁"……

（5）体质差。由于体质差，再加上服用药物的副作用，月月经常会出现胃部不适或者感冒等问题。一旦生病，她就不能按时上学，还会不定期请假。

（6）独立生活能力差。由于体质差，动作比较迟缓，月月吃午餐的时候特别慢，需要老师喂食；上完厕所不会提裤子，需要老师帮忙擦屁股和提裤子；喝水的时候不能自己拧开瓶盖，需要老师或同伴帮忙打开瓶盖……

（7）学习动机较强。虽然月月身体状况不佳，在学习的过程中存在很多困难，但是她乐于学习，学习动机较强，尤其希望得到老师与家长的表扬。每次上课之前她都会

---

① 案例改编自：雷江华，刘慧丽. 学前融合教育［M］. 北京：北京大学出版社，2015：114-119.

提前准备好上课用品，当老师讲课的时候，她都会很认真听，当老师表扬其他儿童的时候，她也很想让老师表扬她。

2. 原因分析

（1）家庭的教养方式不当。月月的父母比较忙，没有时间培养她独立的生活能力，对于她的吃穿住行一手包办。再加上爷爷、奶奶、外公和外婆对她特别宠爱，对她百依百顺。因此，她的独立生活能力没有得到很好的锻炼，独立生活能力比较差，问题行为也比较多。

（2）自身生理因素的限制。因为月月被诊断出患有癫痫，平时还要服用防止癫痫发作的药物，经常会出现胃部不适或者感冒等问题，体质比较差，一旦生病，她就不能按时上学，还会不定期请假。

（三）训练过程

月月的动作能力、语言能力、生活自理能力等都比较差，为了让她能够更有效地提升这些能力，班主任、家长和幼儿园的资源教师共同努力，让她在比较自然的环境中，得到全方位全天候的教育干预。

	普通班	资源教室	同伴	家长
动作技能	在体能课和舞蹈课上，安排月月在队伍的最前面，以便她能够看清楚老师的动作 当老师要求表演时，尽量多地给月月表现的机会，让她学会欣赏自己，增强自信心	手部精细动作：撕纸，做粘贴画；独立握笔，自由涂画；独立握笔，点连线； 粗大动作：双脚跳跃；跳台阶；跳蹦床	安排有爱心的小伙伴轮流当月月的小老师，下课的时候负责带领月月骑自行车（有三车轮）	尽量给月月独立做事的机会，让她在尝试自己做事的过程中提高动作能力；在家陪月月玩抛接球、跳绳等游戏
语言能力	老师要给她表达的机会，对于月月不太清楚的问题，可以先让她周围的儿童大声回答，然后再问她，让她尝试模仿回答	看图说故事：先认识故事中的事物，然后让月月仿说"故事里有××"等语句；过家家游戏：在游戏中教她简单的会话语句	和月月一起玩"吹泡泡""捉迷藏"游戏，使她的语言在游戏中得到潜移默化的影响，还体验到语言交流的乐趣	当月月有需求时，尽量让她先用语言表达，再满足她的需求；要养成凡事和月月沟通的习惯，不能因为她情况特殊就什么都不懂

续表

	普通班	资源教室	同伴	家长
生活自理技能	相信月月的能力，月月动作缓慢，要对他充满耐心，尽量让她自己的事情自己做，包括整理书包、吃午餐、睡完午觉后整理衣服，老师可以在一旁协助，但是不要全部帮她做	接受家长的咨询，指导家长在家中如何锻炼月月的生活自理能力	课间休息时，"小老师"提醒月月喝水，教她打开杯盖；陪伴她上厕所，监督她将裤子提好后才能走出厕所	让月月的妈妈在家里教月月洗脸、刷牙、穿衣、吃饭、上厕所等基本的生活技能。家庭成员统一教养态度，不过度宠爱月月，让她学会自己的事情自己做
问题行为	尽量多利用图画、动作、音乐等辅助教学，帮助月月理解活动内容，避免过多的语言描述；多给月月表现的机会，并表扬她，提高她课堂的积极性，避免她因为无聊而出现问题行为		当月月说与课堂无关的话时，"小老师"轻声地提醒她"上课安静"；当她随意翻同学的书包时，告诉她："不能乱翻别人的书包"	
注意事项	在教学过程中，不给月月施加过大的压力，以享受玩的乐趣为主； 避免月月参加竞争性太强的游戏； 当下课人比较多的时候，提醒她上下楼梯要多加注意			

此外，月月除了智力障碍，还伴有癫痫，每天要服用防止癫痫发作的药物。因此，老师和同伴需要对月月的病情有所了解。教师定时提醒月月服用药物，并且知道如何根据月月的病情调整教学活动，以防止激发月月癫痫的发作。同时，因为月月运动能力受限，她的动作不灵活，在幼儿园的生活她还需要老师的辅助。

（四）总结反思

在老师、家长和同伴的共同努力下，经过 3 年的幼儿园融合生活，月月在情绪、行为、生活自理、动作技能、语言等方面都有了明显的进步。例如，月月变得开朗了很多，动作技能、生活自理能力都有了明显的提高，行为问题也有所改善。导致月月发生改变的最重要因素有：

（1）教师的态度。教师要公正地对待班上的每一个儿童，只有正视每一个儿童的发展，才会努力想办法解决儿童在学习的过程中遇到各种问题。

（2）同伴的支持。同伴从孩子的角度对待特殊幼儿，其语言和游玩方式等都是儿童所喜欢的，因此更容易接受。

（3）家长的配合。父母是孩子的老师，家庭是孩子最重要的教育场所。儿童良好生活习惯的培养需要从家庭做起，如果家长不配合，光靠学校的努力，也很难让特殊儿童有持续性的发展。

儿童肢体障碍和健康状况的情况有所差异，从轻度到危及生命。但是，患有肢体障碍和健康问题的儿童能从学前融合教育中获益。经过科学的评估，家长、医生、专业人员与教师一起制定、实施教室范围内的活动，针对儿童采取一系列干预训练，对儿童的发展能够起到积极作用。

普通班级的活动、材料、仪器通常都能调整到适合肢体障碍或病弱儿童的需求。教师如果能够帮助儿童尽可能地积极参与活动。儿童尽可能地独立完成任务，这样，疾病或障碍就不会主导他们的生活。教师掌握应对紧急状况的方法，就能在面临紧急情况时，保持镇定，也能帮助幼儿更好度过难关。

正如本文开头所提到的周先其兄弟和 Beth，正是家庭、学校、社区的共同努力，使这些身患障碍的孩子出现了惊人的转变。家人细心的关怀和照顾、来自专业团队的治疗、教师恰当且有效的教育干预以及孩子自身的发展性恢复和个人意志使障碍儿童的未来走向光明，充满了希望。

（1）肢体障碍儿童和病弱儿童由于其生理缺陷，在发展过程中往往会遇到一定的困难和阻碍，这些困难和阻碍是多方面的，如运动方面、认知方面、语言方面等。

（2）缺乏探索世界和认识社会的机会，导致他们在学习的过程中往往需要特殊的教学策略和教学环境。

（3）肢体障碍儿童和病弱儿童数量相对较少，同时他们在身心发展方面与普通儿童相比没有太大差异，对于肢体障碍和病弱儿童来说最大的困难在于行动不便，如果能够为他们提供无障碍的或支持性的生活和学习环境，相比于视觉障碍、听觉障碍和智力障碍儿童，他们能更好地融入社会生活。

（4）对于肢体障碍儿童，教会他们使用辅助技术，帮助自己生活和学习、提升克服困难的毅力；对于身体病弱儿童，则教会他们正确的自我护理以及为其提供高度支持化的学习生活环境等，这些都能够帮助他们更有效地融入课堂、幼儿园、家庭以及社会。

1. 肢体障碍儿童的心理发展有什么特点?

2. 病弱儿童的心理发展有什么特点?

3. 如何对肢体障碍儿童和身体病弱儿童进行教育?

4. 如何针对肢体障碍儿童设置无障碍的校园环境?

5. 选择一个常见的学前操作性材料,演示一下如何通过调整,使精细活动有障碍的儿童也能成功使用?

6. 设计一个适用于4~5岁儿童,让坐轮椅的儿童也能参与的球类游戏。

[1] K·S·艾伦,J·S·施瓦兹. 特殊儿童的早期融合教育 [M]. 周念丽,等译. 上海:华东师范大学出版社,2005:168.

[2] 戴淑凤,刘振寰. 让脑瘫儿童拥有幸福的人生 [M]. 北京:中国妇女出版社,2009.

[3] 陈旭红. 图解脑瘫康复技术 [M]. 北京:华夏出版社,2007.

[4] 姜勇. 儿童发展指导 [M]. 北京:北京师范大学出版社,2004.

[5] 南登崑. 肢体障碍儿童的教育与训练 [M]. 北京:华夏出版社,1995.

参考文献

[1] CALDWELL B M. The Importance of Beginning Early [A]. JORDAN J,DAILEY R F. Not All Little Wagons are Red [M]. Reston,VA:Council for Exceptional Children,1973. 转引自:K·S·艾伦,J·S·施瓦兹. 特殊儿童的早期融合教育 [M]. 周念丽,等译. 上海:华东师范大学出版社,2005:168.

[2] K·S·艾伦,J·S·施瓦兹. 特殊儿童的早期融合教育 [M]. 周念丽,等译. 上海:华东师范大学出版社,2005:192-193.

[3] 戴淑凤,刘振寰. 让脑瘫儿童拥有幸福的人生 [M]. 北京:中国妇女出版社,2009.

[4] 方俊明. 特殊教育学 [M]. 北京:人民教育出版社,2005.

[5] 郭美满. 身体病弱幼儿辅导手册 [M]. 台北:台北市立教育大学特殊教育中心,2006.

[6] 何华国. 特殊儿童心理与教育 [M]. 台北:五南图书出版公司,1987.

[7] 雷江华. 学前特殊儿童教育 [M]. 武汉:华中师范大学出版社,2008.

［8］雷江华，刘慧丽. 学前融合教育［M］. 北京：北京大学出版社，2015.

［9］刘春玲，江琴娣. 特殊教育概论［M］. 上海：华东师范大学出版社，2008.

［10］刘凯波. 先天性心脏病病因研究进展［J］. 中国优生与遗传杂志，2006.

［11］刘全礼. 特殊教育导论［M］. 北京：教育科学出版社，2003.

［12］南登崑. 肢体障碍儿童的教育与训练［M］. 北京：华夏出版社，1995.

［13］潘瑾，柳笛. 社交退缩脑瘫儿童的个案研究［J］. 现代特殊教育，2014（10）：47-48.

［14］叶立群，朴永馨. 特殊教育学［M］. 福州：福建教育出版社，2007.

［15］詹姆士·M·考夫曼. 特殊教育导论［M］. 肖非，等译. 北京：中国人民大学出版社，2006.

［16］赵文崇. 身体病弱学生鉴定与评量［EB/OL］. http://www.google.com.hk/web-hp?.

［17］周兢等. 学前特殊儿童教育［M］. 大连：辽宁师范大学出版社，2002.